特殊教育系列丛书

[美] 利奈特·K.钱德勒　　卡罗尔·M.达尔奎斯特　著

Lynette K.Chandler　　Carol M.Dahlquist

昝飞　译

（第三版）

学生挑战性行为的预防和矫正

Functional Assessment：
Strategies to Prevent and Remediate
Challenging Behavior in School Settings

上海人民出版社

序 言

就功能评估这一内容，我们已经开设了工作坊、大学课程，以及在职培训超过 20 年。我们也在多个情境、跨不同年龄的学生，以及有障碍和无障碍的学生身上拥有了丰富的开展功能评估的经验。我们写此书是因为我们需要一个专门应对学龄人群和情境的实用的、容易理解的功能评估模式。当我们开设功能评估工作坊、教授这一门课时，学生和参与者常常问我们是否有出版的资料，他们可以给其他教师、父母或管理人员，当他们试着应用功能评估时也能够阅读。本书就是他们要求的结果：我们将理论和研究转化为学校情境和状况下的实际应用。

我们介绍了一种全面的、积极的方法，通过使用功能评估来预防和矫正挑战性行为。本书是写给那些负责预防和处理挑战性行为的小组的。这个小组包括特殊教育教师和普通教育教师、管理人员、在学校情境和家庭中工作的咨询员。

本书分为四个部分，它将带领读者了解从开展功能评估到基于行为功能的干预实施这一过程。

● 第一部分（第一—三章）对挑战性行为和功能评估进行了介绍。它为处理挑战性行为提供了理论依据，描述了有关挑战性行为产生原因的常见的错误观念，为使用功能评估提供了理论依据，并介绍了功能评估的假设和目的。

● 第二部分（第四—五章）介绍了在学校情境中开展功能评估以及确定行为功能的过程。

● 第三部分（第六—十一章）介绍了有关选择和实施基于功能的干预的建议和技巧。它也描述了与行为功能有关的特殊的干预策略：正强化、负强化以及感觉调整/感觉刺激增加和减少。最后，它介绍了有关预防挑战性行为发展的策略的实施建议。

● 第四部分（第十二章）介绍了方案实施和咨询的指导原则。它讨论了功能评估过程中和在向教师提供咨询过程中常常碰到的问题。然后提供了预防和矫正这些问题的策略。这一章讨论了将家庭纳入到小组中成为其一部分的理论依据，并提供了相关策略。它也介绍了关于全校范围内积极行为支持方案及其如何与对干预的反应这一模式产生联系这一方面的内容。

　　本书提供了许多学校情境中应用功能评估的案例,这些案例覆盖了所有年龄的学生(从学前到高中),普通教育情境和隔离的特殊教育情境,以及其他学校和家庭情境,多种挑战性行为以及有障碍和无障碍的学生。这些案例也涵盖了开展评估并实施干预策略的不同小组成员。一些案例基于我们与学生、基于学校的小组一起工作的经验,另一些案例则来自于已经发表的研究。每一章都有案例研究和活动,这些内容可以让读者去练习功能评估并制定干预计划,从而处理挑战性行为,也纳入了与那一章所介绍主题有关的活动或者一些问题。

前　言

　　当前，教师、管理人员、有或无障碍学生的父母都将挑战性行为看作是我们学校中最显著和最费力的问题之一（Cangelosi, 1993；Hemmeter, Fox, Jack, & Broyles, 2007）。在学校这个情境中，挑战性行为常常制造出许多问题。它要求教师、父母以及管理人员花费无数的时间和精力；减少了他们用于学业技能教学以及促进学生适当行为的时间；会给学生社会发展和积极的自尊造成阻碍；为了减少这些行为，学生可能要服用药物，或者被转介去进行深入的干预或被安置到更受限制的环境中。

　　许多教师和家庭成员在挑战性行为的预防与矫正方面没有接受过充分的培训（Cangelosi, 1993；Carr, Langdon, & Yarbrough, 1999；MaMahon & McNamarra, 2000；Nelson, Roberts, Mathur, & Rutherford, 1998；Watkins & Durant, 1992）。因此，他们常常不能处理挑战性行为，有些则在挑战性行为形成之后应用密集的惩罚程序或者没有效果的策略（Iwata, Dorsey, Slifer, Bauman, & Richman, 1982/1994；Scott et al., 2005；Walker, Colvin, & Ramsey, 1995）。虽然有许多策略可用于处理挑战性行为，就如应用行为分析和特殊教育文献中介绍的那样，但是在选择特殊的干预措施以处理特殊的挑战性行为时，仍旧只有很少的指导原则可用于辅助教师和家庭。教师常常应用一些他们最熟悉的策略或者看起来很容易在课堂情境中使用的策略。这些策略在处理个别学生的挑战性行为方面可能是有效的，但也可能是无效的（Chandler, Dahlquist, Repp, & Repp, & Feltz, 1999；Ingram, Lewis-Palmer, & Sugai, 2005；Mace, 1994）。而教师需要的是他们可以应用到学校情境中、用来预防和矫正挑战性行为的高效的方法。

　　这本书介绍了功能评估，这样一种在学校情境中处理挑战性行为的积极主动的方法。功能评估被普遍认为是有效的行为改变方案和积极行为支持方案中的关键组成部分（Association for Positive Behavior Support, 2007；Carr, 2002；Carr, Levin, McConnachie, Carlson, Kemp, & Smith, 1994；Reichle & Wacker, 1993；Repp, 1999；Steege & Watson, 2008）。许多研究记录了功能评估在减少所有年龄学生的挑战性行为以及多种行为上的效果（如，Arndorfer, Miltenberger, Woster, Rortvedt, & Gaffaney, 1994；Chandler et al., 1999；Iwata, Dorsey, et al., 1982/1994；Journal of Applied Behavior Analysis, 1994；Kern & Dunlap, 1999；Najdowski(Pvi), Wallace, Ellsworth, MacAleese, & Cleveland, 2008；Repp

& Karsh，1990；Steege & Watson，2008；Vaugn，Hales，Bush，& Fox，1998；Wacker，Cooper，Peck，Derby，& Berg，1999；Zuna & McDougall，2004）。

功能评估的有效性使其被纳入 1997 年和 2004 年障碍者法案修正版中。该法案的这些修正版都描述了教育小组被要求为有障碍和有挑战性行为的学生制订功能性行为评估和行为干预计划的具体情况，并确定了与此决定和程序有关的学生和家庭的权利（Armstrong & Kauffman，1999；Bateman & Linden，1998；Bradley，2007；Council for Exceptional Children，2004，2006；Maloney，1997；McCarthy & Soodak，2007；National Association of State Directors of Special Education，1997；Turnbull & Cilley，1999）。

用于功能评估的不同方法包括：课堂情境中严格控制的实验室分析、实验室或者临床情境中的模拟分析，以及教室和家庭情境中的自然主义的功能评估。本书所介绍的功能评估和干预模式是一种在学校和家庭情境中被用于预防和矫正挑战性行为的基于团队的方法（Repp，1999）。它是一种很实用的模式，可以由教师和父母在自然情境中实施，比如在学校的教室、体育馆、操场和家里。我们的模式将帮助团队确定诱发和支持挑战性行为和适当行为的变量。评估信息可用来确定挑战性和适当行为的功能。继而，这一模式将指导团队选择积极的干预措施，这些干预措施不仅处理挑战性行为的功能，同时，也教学生适当行为以替代挑战性行为，并对其提供支持。

虽然许多文章和一些教科书也介绍了功能评估的理论，但我们发现，它们常常较少为职前和在职教师提供实用性的案例。本书中，我们的目标是将理论、常常又是技术性的信息翻译为容易理解、并可应用的材料。我们写这本书是为了那些对在学校里开展功能评估和处理挑战性行为的指导原则和程序感兴趣的教师、治疗师、管理人员以及家庭成员。我们仅仅在必要时会使用一些技术性的术语或者专业名词，我们也努力地对它们进行了清晰的解释，并结合基于学校或者家庭的案例进行了描述。

功能评估可以与其他方法联合使用以处理挑战性行为，比如咨询、认知中介，也可以单独使用。本书所介绍的功能评估和干预模式已经被个别教育人员成功地实施。但是，我们的经验是，当它被团队应用时，它将更高效、更成功，这个团队包括与学生或者某组学生一起工作的人员。团队的方法促进了小组成员之间就有关挑战性行为为什么发生以及为了处理挑战性行为干预措施为什么必须被实施等内容形成共识。团队的方法也促进了应用这些干预策略的不同专业人员之间的一致性。

功能评估和干预模式可以应用于表现出挑战性行为的个别学生，也可以应用于全班范围水平，以影响这一情境中许多学生的行为（Chandler et al.，1999；Conroy，Sutherland，Snyder，& Marsh，2008）。它也是许多全校范围的积极行为支持方案的一部分（Crone，Hawken，& Bergstrom，2007；Simonsen，Sugai，& Negron，2008；Sugai，Simonsen，& Horner，2008）。我们使用功能评估去处理学生的挑战性行为，包括：

1. 有障碍和无障碍的学生；

2. 所有年龄的学生；

3. 在多种情境中（如教室里、体育馆、操场、餐厅、家）；

4. 在多种活动期间（如个人学习、小组学习、讲课、转衔、午餐）；

5. 有不同类型的障碍（如自闭症、感觉统合问题、注意力缺陷多动障碍、学习障碍）；

6. 不同严重程度的障碍（如轻度、中度、重度）；

7. 表现出不同严重程度和频率的挑战性行为（如非经常发生的严重行为，或者经常发生的中度行为）。

这本书介绍了一些案例研究，这些案例都是几类学校情境中学生出现挑战性行为的例子。这些案例研究介绍了不同年龄的学生，以及有障碍和无障碍的学生。当你看这些案例研究时，我们希望你思考你当前工作的学生或者个体、你将要去工作的学生或者你过去曾经工作过的学生。虽然学生、行为以及情境随案例在变化，但是这些概念和原则是可以应用于所有有挑战性行为的个体的。将原则和概念应用到你的学生、他们的行为以及他们所处的独特情境中，这是你的责任。我们希望，你从本书中学到的将与我们在写它时学到的一样多。

致　谢

我们感谢以下人员：

来自伊利诺斯州迪卡白（DeKalb）教育研究和服务中心的艾伦·拉普（Alan Repp）、凯西·卡尔斯（Kathy Karsh）、佩吉·威廉姆斯（Peggy Williams），感谢他们的指导、鼓励、合作和友谊。

来自伊利诺斯州伍德戴尔（Wooddale）早期儿童教育中心的芭芭拉·特鲁尔（Barbara Truel）及其同事和学生，感谢他们允许我们参加他们的方案，当我们测试并重复测试我们的模式时与我们合作。

北伊利诺斯州大学教学和学习系的埃德·卡恩西奥（Ed Cancio），以及巴塔维亚公立学校学区101、路易斯·怀特小学的苏珊·索科林斯基（Susan Sokolinski）和凯瑟琳·麦克林（Catherine Mclean）。这些专业人员很慷慨地出借了他们的专长，向我们提供了深入的案例研究，这些案例研究放在了本书一些章节的最后部分。他们的案例研究介绍了另一些团队工作的例子以及功能评估和积极行为干预在学校情境中的有效应用。

为本书提供反馈和建议以及对第三版的修改意见的审稿人，他们是：玛丽伍德大学的帕特里夏·阿特（Patricia Arter）；阿巴拉契亚州立大学的帕米拉·基德尔·阿什丽（Pamela Kidder Ashley）；德克萨斯农工大学——特克萨卡纳的伊莱恩·比森（Elaine Beason）；格林斯伯勒学院的柏斯·海尔（Beth Hair）；以及明尼苏达大学的乔伊斯 A.斯特莱恩德（Joyce A. Strand）。

安·达维斯（Ann Davis），我们在梅里尔/皮尔逊教育出版社的编辑，感谢她的鼓励和指导。

最后，我们也要感谢我们的家庭，感谢他们在这一整年中的支持和鼓励：罗杰·卢贝克（Roger Lubeck），萨姆·钱德勒（Sam Chandler）和鲁斯·钱德勒（Ruth Chandler），约翰·达尔奎斯特（John Dahlquist），小约翰·达尔奎斯特（John Dahlquist, Jr.），大卫·达尔奎斯特（David Dahlquist），蒂姆·达尔奎斯特（Tim Dahlquist）。你们的鼓励和支持使得这一切成为可能！

目　录

第一部分　挑战性行为与功能评估和干预模式概述

第一章　确定和处理挑战性行为的重要性 ……………………………………………… 003

　　目标 ………………………………………………………………………………… 003

　　关键术语和概念 …………………………………………………………………… 003

　　确定挑战性行为以及是否应该改变 ……………………………………………… 003

　　挑战性行为的消极影响 …………………………………………………………… 009

　　障碍者教育法案 …………………………………………………………………… 011

　　总结 ………………………………………………………………………………… 013

　　案例研究：这是挑战性行为吗？这个行为应该改变吗？ ……………………… 014

第二章　确定挑战性行为发生的原因 …………………………………………………… 018

　　目标 ………………………………………………………………………………… 018

　　关键术语和概念 …………………………………………………………………… 018

　　坏孩子 ……………………………………………………………………………… 019

　　障碍 ………………………………………………………………………………… 021

　　坏家庭或者糟糕的教养和管教 …………………………………………………… 022

　　糟糕的家庭环境 …………………………………………………………………… 024

　　以往的创伤和糟糕的经验 ………………………………………………………… 025

　　总结 ………………………………………………………………………………… 026

　　案例研究：确定关于挑战性行为为什么发生的错误假设 ……………………… 027

第三章　功能评估的假设和目标 ………………………………………………………… 029

　　目标 ………………………………………………………………………………… 029

　　关键术语和概念 …………………………………………………………………… 029

假设1：挑战性行为和适当行为受当前环境所支持 ·············· 030

假设2：行为服务于功能 ·············· 031

假设3：挑战性行为可以通过处理行为功能的积极干预策略而被改变 ·············· 036

假设4：功能评估应该是基于团队的过程 ·············· 038

功能评估的目标 ·············· 039

功能评估和干预以及积极行为支持方法 ·············· 040

总结 ·············· 041

案例研究：确定行为的功能及分析干预策略 ·············· 041

第二部分　实施功能评估

第 四 章　评估当前环境 ·············· 047

目标 ·············· 047

关键术语和概念 ·············· 047

通过转介、访谈和其他间接方法收集信息 ·············· 048

通过直接、自然主义的观察收集信息 ·············· 055

观察适当和挑战性行为 ·············· 065

其他观察方法 ·············· 065

总结 ·············· 068

案例研究 ·············· 069

第 五 章　确定挑战性和适当行为的功能 ·············· 071

目标 ·············· 071

关键术语和概念 ·············· 071

获得积极的事物（正强化） ·············· 075

回避/逃避厌恶的事物（负强化） ·············· 075

感觉调整/感觉刺激 ·············· 076

确定行为的功能 ·············· 078

为确定行为的特殊功能提供理论依据 ·············· 081

验证行为的功能 ·············· 084

总结 ·············· 087

案例研究：什么是学生挑战性行为的功能？ ·············· 087

第三部分　选择和实施基于功能的干预

第 六 章　选择情境事件、前奏事件和结果策略及适当替代行为 …………… 097

目标 ……………………………………………………………… 097

关键术语和概念 ………………………………………………… 097

基于情境事件和前奏事件的干预策略 ………………………… 098

综合性的干预计划 ……………………………………………… 099

基于结果的干预策略 …………………………………………… 100

选择干预策略 …………………………………………………… 102

选择适当的替代行为 …………………………………………… 108

总结 ……………………………………………………………… 111

案例研究:确定适当的替代行为及制定匹配行为功能的综合性干预计划 … 112

第 七 章　与正强化功能有关的干预策略 …………………………………… 114

目标 ……………………………………………………………… 114

关键术语和概念 ………………………………………………… 114

正强化干预策略 ………………………………………………… 116

使用正强化的技巧 ……………………………………………… 127

总结 ……………………………………………………………… 131

案例研究:制定干预计划 ……………………………………… 132

第 八 章　与负强化功能有关的干预策略 …………………………………… 135

目标 ……………………………………………………………… 135

关键术语和概念 ………………………………………………… 135

教导致逃避或者回避结果的适当行为 ………………………… 137

控制与挑战性和适当行为有关的前奏条件和结果 …………… 139

综合性干预 ……………………………………………………… 160

总结 ……………………………………………………………… 161

案例研究:制定干预计划 ……………………………………… 162

第 九 章　与感觉调整/感觉刺激功能有关的一般策略 …………………… 165

目标 ……………………………………………………………… 165

关键术语和概念 ·················· 165

感觉调整/感觉刺激的一般策略 ·················· 169

总结 ·················· 181

案例研究:制定干预计划 ·················· 181

第 十 章　与增加和减少感觉调整/感觉刺激功能有关的特殊干预策略 ·················· 185

目标 ·················· 185

关键术语和概念 ·················· 185

匹配产生或者增加感觉调整/感觉刺激功能的策略 ·················· 185

匹配减少感觉调整/感觉刺激功能的策略 ·················· 196

总结 ·················· 203

案例研究:制定干预计划 ·················· 204

案例研究:分析并加入到干预计划 ·················· 206

第十一章　促进行为迁移和维持及预防行为发展和再次发生的策略 ·················· 209

目标 ·················· 209

关键术语和概念 ·················· 209

迁移和维持 ·················· 210

促进迁移和维持的策略 ·················· 211

实施策略以促进迁移和维持 ·················· 218

预防策略 ·················· 219

总结 ·················· 229

案例研究:确定迁移、维持及预防的策略,确定其他可应用的策略 ·················· 229

案例研究:制定促进迁移、维持及预防的策略 ·················· 233

第四部分　学校情境中的功能评估

第十二章　方案实施和咨询的指导原则 ·················· 239

目标 ·················· 239

关键术语和概念 ·················· 239

用于开展功能评估和实施干预的指导原则 ·················· 240

对干预的常见反对意见或者抗拒理由 ·················· 254

提供功能评估咨询的技巧 ·················· 259

总结 ·· 266

案例研究：减少抗拒 ·· 267

案例研究：为茱莉亚制定并实施干预 ························· 268

参考文献 ··· 270

第一部分　挑战性行为与功能评估和干预模式概述

第一章　确定和处理挑战性行为的重要性
第二章　确定挑战性行为发生的原因
第三章　功能评估的假设和目标

第一章

确定和处理挑战性行为的重要性

目标

    1. 描述如何决定一个行为是否应该被确定为挑战性行为。如果是，是否应该采用功能评估进行改变。

    2. 确定用于定义挑战性行为的标准。

    3. 描述挑战性行为对学生及其他个体的消极影响。

关键术语和概念

挑战性行为	挑战性行为的发生率
功能评估	挑战性行为的消极影响
挑战性行为的影响	

    本章对如何定义挑战性行为以及决定行为是否需要功能评估和干预进行了概述。同时也讨论了障碍者中以及有、无障碍学龄学生中挑战性行为的发生率。最后，我们讨论了挑战性行为对学生、同伴、教育人员以及家庭的消极影响。

确定挑战性行为以及是否应该改变

    教育小组需要做的第一个决定就是学生的行为是否应该被确定为有挑战性，以及该行为是否要求功能评估和干预。在处理挑战性行为时至少应考虑到两个方面的因素。一是表现出这一行为的学生方面的因素。小组应该认识到，即使行为被确定为是有挑战性的，对于学生来说，行为实际上仍旧是具有功能性的、有效的；它产生了对学生来说很重要的结果或者说满足了学生的需要(Carr, Langdon, & Yarbrough, 1999; Foster-Johnson & Dunlap,

1993；Weiss & Knoster，2008)。例如，12 岁的罗纳德(Ronald)说脏话时他的同伴看着他，并且大笑——他的脏话引起了他期望的来自同伴的关注。同样的，当 16 岁的萨拉(Sarah)撕坏了她的数学学习任务单后，她被带到了校长办公室。萨拉破坏学习单的行为使得她离开数学学习一段时间，也不用去完成学习单。罗纳德和萨拉所表现出的挑战性行为都产生了令他们个人很满意的结果。罗纳德得到了同伴的关注，而萨拉则逃避或者延迟了数学的功课。从每个学生的角度来说，这些行为都是很有逻辑的，也是很有效的(O'Neill，Horner，Albein，Storey，& Sprague，1990；O'Neill et al.，1997)。不幸的是，许多可为学生产生理想结果(就如罗纳德和萨拉这样的)的行为会被教育人员、同伴和家庭成员认为是挑战性行为。这导致我们在确定挑战性行为时应考虑第二个方面的因素：那些认为行为具有挑战性的个体这一方面的因素。

当我们说一个学生表现出良好行为时，我们通常的意思是这个学生的行为是可以接受的，也符合我们的期望或者情境的要求。当我们说一个学生表现出挑战性行为时，常常意味着这个学生的行为不符合我们的期望或者情境的要求，我们想让他或者她的行为改变。从我们的角度来说，行为就是有挑战性的，也是应该被改变的。与这第二个方面有关的一个问题是个体之间和不同情境之间在哪一个行为被认为是适当的以及哪一个行为被认为是有挑战性的问题上具有相当大的变化性。因此，有一些指导原则可帮助我们确定什么时候某个行为是有挑战性的、应该被改变。

挑战性行为的定义

当我们确定行为是有挑战性的时候，我们应该考虑到直接影响学生、同伴、成人和家庭成员的一些事情。在确定挑战性行为时，有三个方面的重要因素要进行检查：学习、社会关系和安全。这三个因素包含在我们对挑战性行为的定义中。我们将挑战性行为定义为这样的一些行为，它们(a)干扰学生的学习或者其他人的学习，(b)阻碍积极的社会交往和关系，或者(c)伤害学生、同伴、成人或者家庭成员(Bailey & Wolery，1992；Conroy，Sutherland，Snyder，& Marsh，2008；Muscott et al.，2008)。

在特殊教育、应用行为分析以及发展障碍领域，有许多术语常常用于我们希望改变的行为。这些术语包括不适当行为、适应不良行为、干扰行为、不当行为、异常行为。我们用挑战性行为这一术语，因为我们发现它很具描述性。挑战性行为反映了对学习和发展的一种挑战。这就回到了我们对挑战性行为的定义以及行为对学生和教室里其他人的影响的考虑。行为成为一种阻碍学生最佳学习和发展的障碍物甚至可能伤害到学生或者其他人时，也会被确定为是挑战性行为。

学生可以表现出许多种挑战性行为，程度可以从轻度到严重。严重的挑战性行为常常是很有干扰性的、破坏性的、甚至是很危险的。严重的挑战性行为也常常会导致对学生或者其他个体的伤害。诸如扔掷椅子、自我伤害、打同伴、发脾气以及从教室里跑出去等。严重的挑战性行为相对地很容易被鉴别出来，也是常常被转介去干预的行为。

　　轻度和中度的挑战性行为更难以被鉴别出来，因为它们没有过度的破坏性、干扰性、危险性或者危害。轻度和中度的挑战性行为包括睡觉、拒绝参与、注意力分散、作业分心、拖拉、拒绝完成学习任务单或者家庭作业、消极的不服从等。这样轻度和中度的行为常常不会被转介去干预。

　　仅严重性不应该用于决定一个行为是否具有挑战性或者一个行为是否应该通过功能评估进行处理。为了判断一个行为是否应被确定为具有挑战性，我们应该考虑以下几个因素。第一，我们应该考虑行为对学生和其他个体的影响。但是我们常常代之以考虑的是行为采取的形式，比如攻击。或者我们会关注到行为的表现形式或者物理特征（比如打或者踢），以及挑战性行为的严重性或者强度（Berkson & Tupa，2000；Derby，Hagopian，Fisher，Richman，Augustine，Fahs，& Thompson，2000；Horner，Carr，Strain，Todd，& Reed，2002；Neilsen，Olive，Donovan，& McEvoy，1998）。这样做的危险在于我们忽视了更多轻度的挑战性行为，虽然他们不具有破坏性和危险性，但它们会对学习和发展产生消极的影响。

检查行为对学生和其他个体的影响

　　当确定一个行为是否是具有挑战性时，更有用的策略是检查行为对学生和其他个体的影响。这里我们参考了挑战性行为的定义。伤害到其他个体的行为或者干扰到学习和社会关系的行为应该被确定为挑战性行为，且不论行为的严重性如何。例如，一个在教室里扔椅子的学生显然没有在学习适当的行为或者学业技能，还会伤害到其他人。很明显，这一严重的挑战性行为必须进行处理。然而，想一下课堂作业时间在教室里游荡的这个学生。他跟扔椅子的学生一样，也没有在学习适当的行为或者学业技能，也干扰到其他学生。为了最大限度地增加这个学生以及其他学生的学习机会，类似这样的掉入轻度边缘的行为也必须被处理。这就是我们作为教育人员的责任，对学生和其他人有消极影响这一连续体（轻度—中度—重度）上的挑战性行为进行确定和处理。

　　除了严重性，在确定行为具有挑战性时，另一个要考虑的变量是行为的频率。许多不常见的行为，比如尖叫、推搡、拖沓或者发脾气，不需要通过功能评估和行为管理计划进行处理（Alberto & Troutman，1999）。例如，所有学生都有一些很糟糕的日子，在这些日子里，他们会拒绝参与活动或者朝同伴尖叫。在这种情况下，你可能会采用一些策略来处理学生的行为，而这些策略已经是你课堂管理技巧的一部分（比如提醒学生使用语言而非发脾气或者打别人，或者重新引导学生的行为）。然而，常常发生的这些行为，比如娜奥美（Naomi）每天打同伴几次，或者不常发生但可以预见的行为，比如斯科特（Scott）每月探望一次监狱里的父亲之后,随后的那个周一,他会很有破坏性、攻击性,这些行为都应该通过功能评估进行处理——只要它们干扰了学习和社会关系或者伤害到学生或者其他人的行为。

教育人员也必须考虑行为与学生发展或者年龄的适切性(Heineman, Childs, & Sergay, 2006)。许多适合于学生年龄的轻度和中度行为可能不会被考虑为需要功能评估验证的挑战性行为。大多数这些行为将随着学习经验、不断成熟而改变。例如,绝大多数的婴儿在他们生命的第一年或第二年里会表现出类似轻度的打头和身体转圈行为。这些行为会随着时间而自然地消失,到 3 岁时绝大多数儿童将不会再出现这类行为(Berkson & Tupa, 2000)。这些行为在很年幼的儿童身上不会被认为是挑战性行为。又如,对于一名 3 岁的儿童来说,从同伴那里拿走玩具和拒绝与同伴分享,抑或是,对一名 5 岁的儿童来说,通过攻击来解决与同伴的意见不一致,都是适合他们发展水平的行为。然而,如果一名 7 岁的儿童在早晨的圆圈活动时间表现出打头行为,10 岁的儿童一直在分享艺术材料方面有困难,或者 15 岁的儿童一直通过攻击来解决分歧,我们就应该考虑这些学生的行为是具有挑战性的,要实施功能评估以便制定处理这些行为的干预措施。

最后,在确定一个行为具有挑战性之前,我们需要考虑那些令人烦恼的行为或者说是那些"让我们发疯"的行为。这是一个困难的问题。不同教育人员、不同特定学科的环境(比如科学与体育)、不同家庭成员对行为的容忍性有很大的变化性(Strain & Hemmeter, 1997)。一个老师也许认为某个行为是可以接受的,但另一个则可能认为其是有挑战性的。不妨看看例子。在个别化教育计划的会议时间,语言艺术老师克拉奇菲尔德(Crutchfield)女士要求行为协调员处理劳埃德(Lloyd)糟糕的课堂作业行为。她说,在自学活动期间,劳埃德一条腿坐在椅子上,在座位上不断地晃动身体,在空中挥舞铅笔,扭动手指。即使劳埃德准时完成了作业并获得了好的分数,克拉奇菲尔德女士还是说这个行为"让她发疯"。她要求学生在他们学习时能安静地坐着。她认为劳埃德的行为不够尊重她,并确定他的行为是挑战性行为。而科学老师博伊德(Boyd)先生则有另外的看法。他没有受到劳埃德行为的打扰,而且不认为这个行为应该被处理。事实上,他认为劳埃德是他班上行为表现最好的学生之一。

在这个例子中,回到我们对挑战性行为的定义是很有帮助的。坐在一条腿上、在座位上晃动、扭动手指,并没有干扰到劳埃德的学习。实际上,动作可促进劳埃德的学习,这对许多学生来说也是真的(Colby Trott, Laurel, & Windeck, 1993)。劳埃德的行为对其他学生来说也不具有破坏性。其他学生已经习惯劳埃德做出这些动作,他们并没有受到他的行为的打扰;他的行为没有干扰到他们的学习。在这个例子中,劳埃德的行为不应该被认为是挑战性行为,也不需要干预,即使克拉奇菲尔德女士觉得这令她很烦恼。实际上,如果我们实施干预来限制劳埃德的动作,我们也许会降低他课堂作业时间的学习能力。

现在,考虑一下卡尔(Karl)的例子和他的家庭。3 岁大的卡尔常常在晚餐时间用叉戳他青春期的姐姐乔迪(Jody)。当他这么做的时候,乔迪就会尖叫,朝他吼。他的父亲罗恩(Ron)用很响的声音叫乔迪停止朝他弟弟尖叫,叫卡尔停止戳他姐姐。孩子的继母贝特西(Betsy)叫罗恩不要朝孩子吼叫。罗恩则告诉贝特西他在用他认为合适的方式管教他的孩子。在此同时,卡尔继续戳他的姐姐,乔迪则继续朝卡尔尖叫。最后罗恩则将乔迪送进她的房间,并惩罚了卡尔。这个家庭成员中没有一个人用完他们的晚餐。卡尔的行为符合我们对挑战性行为的定义。卡尔用叉戳他姐姐的行为并没有真正伤害到乔迪,但他的行为仍旧破坏了每天的晚餐,减少了所有家庭成员之间积极交流的机会。卡尔的行为对他姐姐、父亲和继母来说都是相当恼人的。他的行为被认为具有挑战性,是因为对社会关系产生了消极的影响。卡尔的挑战性行为应该通过功能评估进行处理,而且也很容易被处理。

比如,评估显示,卡尔戳他姐姐是因为他引发了来自他姐姐和他父母的关注。当卡尔安静地就餐时,他很少获得来自家庭成员的关注。这个评估导向的干预就是当卡尔用叉戳乔迪时让乔迪、罗恩以及贝特西把脸转过来避开他。避开他时,他们不与卡尔保持眼神接触,也不与他说话。但是,当卡尔适当地吃饭或者就餐时表现出适当的行为时,家庭成员就时常与他互动。经过 3 天的干预,卡尔用叉戳他姐姐的行为就不再发生。

表 1-1　在鉴定行为为挑战性行为前要思考的问题

1. 行为干扰到学生的学习吗?	5. 行为对学生有危害或者危险吗?
2. 行为干扰其他学生的学习吗?	6. 行为对其他人有危害或者危险吗?
3. 行为干扰或者阻碍社会关系吗?	7. 行为常常或者不常发生吗?
4. 行为对学生的自尊有消极影响吗?	8. 行为与年龄相适应吗?

总之,对行为具有挑战性以及必须改变这一点不应该武断地做出决定。作为教育人员,我们必须考虑到行为对学生以及其他人在安全、社会关系和学习等方面的影响。表 1-1 列举了我们在决定行为是否应该被确定为挑战性以及是否要用功能评估验证时应考虑的问题。

在判断一个行为应被确定为挑战性之后,处理这个行为以减少它对学生及其他个体的消极影响和它在学校里的出现率是很重要的。接下来,我们将要讨论挑战性行为的流行率以及对所有参与者的消极影响。

挑战性行为的流行率

研究者对障碍者挑战性行为的流行率已经记录了很多年。他们报告,相比正常发展的个体,所有年龄的障碍者出现挑战性行为的概率都更高,程度更重。但是,基于研究的人口特征(比如年龄、障碍严重性、障碍类型)、调查的行为(比如自我虐待、不服从或者作业分心行为)、用于研究的情境(比如诊所、学校和机构),不同研究之间有相当大的差异(Berkson & Tupa, 2000; Hemmeter, Fox, Jack, & Broyles, 2007; Horner, Carr, Strain et al., 2002; Kern & Dunlap, 1999)。例如,流行率调查显示,14%到38%的障碍个体会表现出类似打人、扔家具或者咬人这样的破坏性或者攻击性行为;40%到60%会表现出拍手、重复发声或者转圈这样的刻板行为;6%到40%会表现出咬手、打头或者抠眼睛这样的自我虐待行为;47%的生活在机构中的个体会表现出严重的行为问题;估计在美国有25 000障碍个体会表现出严重的自我伤害的挑战性行为(Borthwick, Meyer, & Eyman, 1981; Borthwick-Duffy, Eyman, & White, 1987; Corbett & Campbell, 1981; Fidura, Lindasey, & Walker, 1987; Griffen, Williams, Stark, Altmeyer, & Mason, 1986; Hill & Bruniks, 1984; Mace & Mauk, 1999; Oliver, Murphy, & Corbett, 1987; Paisey, Whitney, & Hislop, 1990; Repp & Barton, 1980; Sprague & Horner, 1999)。有一项研究报告对挑战性行为的估计从婴幼儿期很低的1%上升到青春期很高的50%到70%(Berkson, McQuiston, Jacobson, Eyman, & Borthwick, 1985),更近的研究,比如,美国儿科学会(2001)估计,12%到16%的0—3岁儿童会表现出挑战性行为。

障碍个体的挑战性行为有着更高的流行率和发生率,这一点也在学龄儿童中被记录到(Kern & Dunlap, 1999; McGee & Daly, 1999; Shores, Wehby, & Jack, 1999; Tobin & Sugai, 1999),也有一些研究表明,挑战性行为的发生率正在增加(Franzen & Kamp, 2008)。虽然障碍学生出现挑战性行为的风险很高,但挑战性行为并不仅仅是特殊教育的问题。实际上,大多数学校中的暴力不是由接受特殊教育服务的学生实施的(Council for Exceptional Children, 1999)。布莱登伯格、弗里德曼和西尔维(Brandenburg, Friedman, & Silver, 1990)估计,有14%到20%的正常发展学生会表现出挑战性行为。其他对正常发展的学龄学生挑战性行为流行率的估计为2%到30%不等(Guevremont, 1991; Reichle et al., 1996; Rhode, Jenson, & Reavis, 1993; Walker & Bullis, 1991)。儿童和青年在很年幼的时候就会出现暴力的行为(Walker, Colvin, & Ramsey, 1995)。在作者附属的一个学区中,每年有26%的要求行为干预的转介来自于参加普通教育的正常发展学生。罗德(Rhode)和她的同事(1993)报告,普通教育班级(包括有障碍或者无障碍的学生)中的教育人员应该预料到每个班级每年至少有2名学生会表现出常见的挑战性行为。

在学校里,不管是有障碍还是没有障碍的学生都会表现出挑战性行为。挑战性行为在所有年级水平(从学前开始)、各种形式的班级(普通教育和特殊教育班级)都会发生(Chandler, Munk, & Smith, 2004)。它们也会发生在不同性别、不同能力水平(从天才到严重障碍)、不同社会经济地位(从低收入到高收入)、家庭人口统计特征(比如父母年龄、父母人数、父母能力水平等)的个体身上(Lucyshyn, Dunlap, & Albin, 2002; Repp, 1999; Rhode et al.，1993；Walker & Walker，1991）。

许多教育人员对挑战性行为的容忍力很低，在挑战性行为的预防和矫正方面训练不足（Cangelosi，1993）。一些教育人员感到，他们在处理挑战性行为方面的努力不太成功，或者对行为改变的可能性以及"最新流行的行为策略"抱有怀疑态度（Blair，Umbreit，& Bos，1999；Soodak & Podell，1993）。因此，他们常常采取密集的惩罚程序、身体和化学的限制以及转介到更受限制的安置机构中（Kern，Childs，Dunlap，Clarke，& Falk，1994；Kurtz et al.，2003；Schloss，Miller，Sedlacek，& White，1983；Scott et al.，2005；Strain & Hemmeter，1997；Walker et al.，1995）。学生被转介到特殊教育服务、行为干预和更受限制的安置机构（包括学校和家庭）的一个最常见原因是挑战性行为（Carta et al.，1994；Soodak & Podell，1993；Sprague & Horner，1999）。

普通教育人员和特殊教育人员，以及其他教育小组的成员，都应该拥有对所有学生的挑战性行为进行预防和干预所必需的技能。特殊教育和普通教育教师都认为，挑战性行为是他们压力的首要来源，也是影响他们决定离开教师这一职业的关键因素（Hemmeter et al.，2007；Reynaud，1999；Rhode et al.，1993）。一些教育人员和管理人员将学校内挑战性行为确定为培训和咨询的首要领域，并认识到需要拥有处理挑战性行为所必需技能的教育人员（McMahon & McNamarra，2000；Stephenson，Linfoot，& Martin，2000）。如果我们要减少挑战性行为的流行率，降低它对表现出挑战性行为的学生以及学校内其他个体的消极影响，满足这一需要是非常关键的。

挑战性行为的消极影响

挑战性行为可以对表现出这一行为的学生产生短期和长期的消极结果。挑战性行为也常常会对同伴、教育人员和家庭成员产生消极影响。

表现出挑战性行为的学生常常不能从教育安置中获得最大或者最佳的效益（Wills，1984）。这是因为挑战性行为常常不能与参与活动和学业学习的行为相容。学生常常不能在表现出适当行为的同时出现挑战性行为（Paisey et al.，1990；Polsgrove & Reith，1983；Repp & Karsh，1990）。例如，扔纸团与参加测验或者记录课堂讲义是不相容的；发脾气与听一个故事也是不相容的。扔纸团的学生或者发脾气的学生不能从他或者她的教育环境中受益。另外，当他们不在教室里时，表现出挑战性行为的学生也会错失学习的机会。在封闭的特殊教育班级中表现出挑战性行为的学生，特别是那些有社会/情绪障碍的学生，比起普通教育中的学生则更可能被开除或者停学（Tobin & Sugai，1999）。未经允许的缺课每年从1％到22％不等（Guevremont，1991）。罗德、詹森和雷维斯（Rhode，Jenson，& Reavis，1993）估计，有65％的有严重并且常常出现挑战性行为的学生会从高中退学。很明显，从学校退学的学生、旷课或者缺席的学生、被开除以及停学的学生也都不能从他们的教育环境中获得最佳的效益。

除了无法从教育环境中受益之外,表现出挑战性行为的学生常常会被同伴避开或者拒绝(Abrams & Segal, 1998; Kurtz et al., 2003; Walker, 1998; Wehby, Symons, & Shores, 1995)。因此,他们很少有机会在小组学习以及休闲活动(比如课间、午餐时间)中向同伴学习。当干预措施导致他们离开课堂活动,比如,学生被安置在隔离室、被带到校长室或者身体受到限制,此时也会让他们失去学习的机会(Buschbacher & Fox, 2003; Horner, Carr, Strain, et al., 2002; Kern, Childs, et al., 1994; McGee & Dally, 1999; Repp & Karsh, 1990)。

作为教育人员,我们的目标是为所有学生提供有质量的教育。当挑战性行为破坏或者阻碍了课堂内的学习时,这个目标就会受到损害(Reynaud, 1999)。如果(a)一个学生的挑战性行为具有破坏性或者干扰性,(b)他们用攻击或者其他形式的挑战性行为(比如朝着表现出挑战性行为的学生尖叫或者打这个学生)进行回应,或者(c)他们模仿他们观察到的挑战性行为,同伴就会减少学习的机会。例如,当彼特(Peter)被要求朗读课文中的一个段落时,他就会用"超人"的嗓音进行回答。当他开始朗读时,其他学生就会发笑而不是听他朗读,当他们被叫到读课文时他们也会用"超人"的嗓音。彼特的挑战性行为干扰了他的朗读练习,同时也对同伴产生了消极影响,让他们注意到他而不是课文,而且他们也会模仿他的挑战性行为。

在学校情境中,在挑战性行为发生、教育人员对其做出反应,随后制定并实施干预以矫正已经形成的挑战性行为时,挑战性行为常常要求教育人员付出额外的时间和精力。这也会使得教师投入到教所有学生学业技能和促进他们适当行为的时间和精力减少(Chandler, Dahlquist, Repp, & Feltz, 1999; Conroy, Sutherland, Snyder, & Marsh, 2008; Hains, Fowler, & Chandler, 1988; McGee & Daly, 1999; Polsgrove & Reith, 1983)。有挑战性行为的学生常常与回避、责备或者害怕他们的老师有着很糟糕的关系。教师常常更少与表现出挑战性行为的学生进行沟通,当学生表现出挑战性行为时,他们也更少将时间花费在学业方面(Carr, Taylor, & Robinson, 1991)。

挑战性行为也会对学生和他们的家庭产生负面的结果(Boulware, Schwartz, & McBride, 1999; Timm, 1993)。挑战性行为常常会干扰到积极人际关系的发展,以及与家庭成员的沟通。父母、兄弟姊妹和照料者也许会回避或者拒绝有挑战性行为的儿童,用攻击或者具有厌恶性的沟通方式进行回应,采用惩罚,让儿童服用药物以控制挑战性行为,或者将儿童转介到更受限制或者更缺乏自然的生活环境中,比如收养机构和寄宿机构(Munk & Karsh, 1999; Soodak & Podell, 1993)。当自我伤害和攻击行为对儿童以及其他人员造成身体伤害时,比如出血、淤伤、组织损伤等等,以上做法就特别有可能(Kurtz et al., 2003;

Repp & Karsh，1990）。

挑战性行为的影响可以是终生的。如果没有干预，挑战性行为常常得不到任何改善，也不会随着年龄增长而消失。伯格和萨索（Berg & Sasso，1993）估计，被转介到诊所进行行为干预的儿童在转介之前，其挑战性行为已经平均持续了 10 年之久。一般来说，未得到处理的挑战性行为会随着时间变得更加严重，发生也更加频繁（Berkson et al.，1985；Horner，Carr，Strain, et al.，2002；Kern & Dunlap，1999；Reid & Patterson，1991）。例如，扔玩具、撞他妈妈的学前儿童可能到青春期时出现将桌子扔出窗外、攻击老师的行为。挑战性行为也可能一直持续到成年期，并对其产生消极影响。儿童期对抗的、挑衅的以及攻击的行为对之后的犯罪行为、重复犯罪、药物滥用、失业、转介到州机构、精神障碍诊断是一个强有力的预测指标（Mehas，Boling，Sobieniak，Sprague，Burke，& Hagan，1998；Reid & Patterson，1991）。

障碍者教育法案

在联邦和州的法律政策中，特别解释了确定和处理挑战性行为、并且用主动积极的方式开展这项工作的重要性。针对 0—21 岁障碍学生教育的联邦法律《障碍者教育法案》（Individuals with Disabilities Education Act，简称 IDEA）最早在 1975 年颁布（名称为《所有残疾人教育法案》，the Education for All Handicapped Act）。这一法律确定了障碍者及其家庭的教育权利，描述了州在提供特殊教育服务方面的责任和要求。类似 IDEA 这样的联邦法律预定每 5 年重新授权一次，尽管它可能需要几年后才最终被完善。在重新授权时，议会必须决定和批准州为了执行国家法律所获得的经费水平，同时它也有机会对法律进行修订（Chandler & Loncola，2008）。1997 年，议会增加了有关挑战性行为的特殊条款以及接受特殊教育服务学生的准则（Armstrong & Kauffman，1999；Bateman & Linden，1998；Egnor，2003；Katsiyannis & Magg，1998；Maloney，1997；National Association of State Directors of Special Education，1997；Turnbull & Cilley，1999；Turnbull，Turnbull，& Wilcox，2002）。这些准则条款在 2004 年 IDEA 的重新授权中被增补进来，现在我们将之称为《障碍者教育改进法案》（Individuals with Disabilities Education Improvement Act，简称 IDEIA）。

2004 年的 IDEIA 推进用主动积极的方法去处理干扰学生学习或者其他学生学习的挑战性行为。这个法律鼓励干预团队在儿童个别化教育计划中增加目标和积极行为干预策略及支持，以处理挑战性行为（Bradley，2007）。它确定了在干预团队制定处理学生挑战性行为的计划时将功能性行为评估（functional behavioral assessment，简称 FBA）和积极的行为干预计划（behavioral intervention plans，简称 BIP）作为他们的工具（Ingram，Lewis-Palmer，

& Sugai，2005)。2004 年的修订版也描述了当学生表现出严重的挑战性行为、犯罪行为或者其他违反校规导致学生可能停学、开除以及/或者安置改变的行为时要遵循的工作程序(McCarthy & Soodak，2007)。

当学生违反了校规，学校工作人员也许会将学生从当前的安置转移到另一个适当的临时教育情境中，或者他们会让学生停学不超过 10 个连续的学校工作日。法律指出，这一做法仅仅适用于无障碍的学生也采用同样程序的时候，如果没有对同样被开除的无障碍学生提供这些教育服务，那么，也不需要为障碍学生提供这些教育服务(Bradley，2007；Council for Exceptional Children，2004，2006)。

将学生从当前的安置中移除连续超过 10 个学校工作日，就被认为是一种安置的改变。学生的 IEP 小组也需要基于案例的具体情况判断在学年中多个安置移除是否构成安置改变。如果小组认为这是一种安置改变，学校必须为学生提供教育服务和支持，以允许学生参与普通教育课程，并在其 IEP 目标上获得进展(Zirpoli，2008)。另外，如果合适，学校必须开展一项功能性行为评估，并实施行为干预计划以处理学生的挑战性行为。如果小组决定多个安置移除没有构成安置的改变，那么就要决定所需要的教育和功能性行为评估/行为干预计划(FBA/BIP)服务为何种程度。

当有了安置的改变时，另一项对 IEP 小组的要求是要在 10 天内开展一项表现测定来决定改变学生的安置。表现测定是由小组开展的评估，以判断：(a)学生的行为是否与其障碍有关系或者有关联；(b)挑战性行为是否是学校实施 IEP 失败的直接结果。麦卡锡和桑代克(McCarthy & Soodak，2007)指出，当学校努力在障碍学生权利以及提供安全的学校这一需要之间进行平衡时，那么，表现测定的结果就会让学校产生紧张。他们建议，表现测定应该让"一个由受到训练的老师、父母、学校和学期管理人员组成的合作性小组"来进行(P.472)。在开展表现测定时，小组要回顾学生的资料，包括 IEP 和诊断性评估、课堂观察以及其他由小组成员提供的相关信息。如果小组决定学生的行为是儿童障碍的一种表现，他们必须开展一项功能性行为评估，并实施行为干预计划去处理挑战性行为。他们也必须让儿童回到其最初的安置，除非包括父母在内的小组同意，安置的改变是行为干预计划的一部分(Bradley，2007；Zirpoli，2008)。如果行为干预计划已经存在，小组必须对这一计划进行回顾，对其做出必要的调整以处理学生的行为。

例如，瓦尔特(Walter)是一名在幼儿园就读的自闭症儿童，被安置在融合性班级。瓦尔特在教室里常常出现大声发脾气的破坏性行为，也很有攻击性，常常会打同伴和成人。他被转移到另一个临时的教育安置中已经超过 10 天了。因此，小组开会决定要开展一项表现测定。对其 IEP、教师和家庭信息、课堂观察材料的回顾显示，瓦尔特绝大多数的发脾气发生在课堂环境或者日程无计划改变时，比如消防演习、教室家具重新布置、临时教师或者活动顺序变化等。小组知道，许多自闭症儿童的一个特征是他们更偏好能够预测的环境和日程。因此，小组认定瓦尔特的障碍和他的挑战性行为具有关联。他们完成了一项功能评估，然后制定了一个积极的行为干预计划，以帮助瓦尔特能够在其难受时采用另一个适当的行为。另外，小组也确定了一些减少教室内和日程计划变化的策略，以及让瓦尔特为无计划的变化做好准备的策略。

如果小组决定挑战性行为不是障碍的一种表现，他们就能实施一项已有的用于无障碍学生的纪律惩戒程序。然而，他们必须继续提供这些教育服务，以允许学生参与普通教育课程，并在 IEP 目标上获得进步。小组也要开展功能性行为评估并实施行为干预计划来处理挑战性行为。

最后，在确定安置的改变是否适合违反了校规的学生时，学校工作人员要基于个案的具体情况考虑其独特的背景因素。如果学生携带枪支或者拥有武器，明知拥有、使用、售卖违禁药物，或者让其他人遭受严重的身体伤害，让学校、校舍或者学校功能遭受损害，即使没有开展表现测定，他们也要将学生转移到另一个临时的场所，但最多不超过 45 个学校工作日。

总结

正如邓·拜尔(Don Baer, 1970)所说，"不将一个人从其不愉快的行为组织中解救出来就是在惩罚他，这会让他留在反复惩罚的状况中"(P.246)。虽然挑战性行为立即产生了对学生来说偏好或者期望的结果，比如杰瑞(Jerry)由于破坏性行为被送进了隔离室，他就不用参加活动了，它也会同时产生短期和长期的消极结果，包括惩罚、其他人的回避、与他人的糟糕关系、低自尊、丧失学习机会、失去工作岗位、药物和身体限制，以及更有限制性的安置。当我们确定挑战性行为时，我们应该考虑行为对学生以及其他人的影响，包括学习、社会关系和安全等内容。当挑战性行为被确定之后，我们需要去处理这些行为，以减少它们发生时所产生的消极影响，并预防未来的再次发生。

案例研究：这是挑战性行为吗？ 这个行为应该改变吗？

对这两个案例，你的任务是确定这个学生的行为是否应该被确定为挑战性行为，以及是否应该采用功能评估和书中描述的干预模式进行改变。为了做出这个决定，你要复习下与行为被确定为挑战性行为有关的讨论以及挑战性行为的定义。

● 齐娥瑞(Cheeri)

齐娥瑞是一个五年级学生，她参加了她所在学区的天才学生班。齐娥瑞真的很喜欢学校。她与她的同伴相处得很好,平时也服从教师的教学指导,她在学业性任务和合作性小组活动中都非常努力。齐娥瑞最喜欢的课程是体育,最不喜欢的是音乐。齐娥瑞在所有课程上都取得了优秀的成绩。

除了是一个天才儿童外,齐娥瑞被诊断为有一些障碍。她被诊断有妥瑞氏综合征、固执违拗性障碍和注意力缺陷障碍。齐娥瑞在服用针对这些障碍的药物,并接受私人的校内咨询。齐娥瑞很担心其他学生若知道她的障碍的话会拒绝或者嘲笑她。因此,她和她的父母要求对她的诊断保密。

齐娥瑞的教室里有 1 个教师鲁德(Ruder)女士和 25 名学生。鲁德女士要求对齐娥瑞进行行为咨询,以处理她的破坏性行为。她指出,齐娥瑞在一天中的不同时间表现出以下挑战性行为:

> 用铅笔或者钢笔在桌子或者纸上敲;
>
> 摩擦腿;
>
> 在椅子上摇晃;
>
> 将橡皮泥弄成各种形状;
>
> 没有举手突然回答问题或提问;
>
> 从嘴里吹气,清喉咙;
>
> 将钢笔和其他学具拆开。

当齐娥瑞表现出上述这些行为时,鲁德女士就会担心这些行为对同伴产生的影响,以及齐娥瑞参与课堂和完成作业的能力。她继而感到,齐娥瑞应该有更多的自我控制,应该对同伴和她有更多的尊重,她希望这些行为能够停止。

行为咨询员观察了齐娥瑞在课堂上的情况,也观察到一些被她老师确定的行为。咨询员也观察到一些适当行为,记录到齐娥瑞行为发生的一些情境,以及这些行为可能的结果。这些情况都反映在下面的 ABC 记录表中。这个表列举了齐娥瑞行为发生之前的事件(前奏事件和情境事件),以及行为之后的结果(前奏事件—行为—结果)。

前奏事件和情境事件	行　　为	结　　果
个人写作业(5 人共用的课桌)	写字,每次回答之后用钢笔敲纸 5 次,然后转到下一个问题,常常清喉咙	大多数同伴忽视她的行为,安迪(Andy)告诉她要安静,触觉和听觉刺激
安迪告诉她要安静	说"对不起",安静地坐着,看前面	同伴说"很好,就这样安静了"
个人作业,努力安静不动	扮鬼脸,告诉安迪"对不起,我不能做到"。敲纸 5 次,摩擦腿 5 次,吹气 5 次,然后开始做作业	触觉和口腔刺激

（续表）

前奏事件和情境事件	行　　为	结　　果
完成作业	与安迪讲话，同时在椅子上摇晃	同伴互动
小组项目 发表，学生在地板上坐着，她坐在小组的后面位置	玩橡皮泥，清喉咙，扮鬼脸，问发表的学生问题，当发表结束时为发表学生鼓掌	触觉、口腔刺激，同伴回答问题
轮到她发表	参与小组发表活动，发表她承担的一部分项目内容，回答有关项目的问题	同伴互动、动作
轮到同伴发表	当同伴发表他们的内容时安静地等着，摇晃	动作
回到座位，其他组发表	摩擦腿，发出哼哼声5次，摩擦脸，拿起钢笔，将它拆开	触觉、口腔刺激
坐在课桌上，由老师引导的有关州和首都的回答问题游戏	玩橡胶球，叫喊着回答问题，在位置上摇晃，吹气5次	教师确认了她的答案，为她的小组获得绩点，触觉、动作和口腔刺激

　　鲁德老师要求行为咨询员开展行为干预以停止齐娥瑞的行为。基于行为咨询员最初的观察：

　　1. 齐娥瑞的行为应该被认为是挑战性行为吗？为什么是？为什么不是？回答这个问题时你要看一看表1-1中的8个问题。

　　2. 齐娥瑞的行为应该通过本书中介绍的功能评估和干预模式进行改变吗？为什么是？为什么不是？

● 列昂纳德（Leonard）

　　列昂纳德是一个三年级学生，与另外27名学生一起在一个普通教育班级里就读。在他的班级里有一个教师、一个助教。列昂纳德真的很喜欢他的学校以及他的老师和助教。他的老师描述列昂纳德是一个很有礼貌、服从、可以很好地对积极的反馈进行回应的学生。然而，他在学校里表现得并不是很好。实际上，他在大多数课程上都得到了很差的分数。他一天中最喜欢的时间是体育课、午餐和休息时间。他最不喜欢的、最不成功的科目是书写和数学。

　　列昂纳德的课桌被放置在教室的后面，因为他常常坐不定，并离开座位。他的老师艾莉森（Allison）建议列昂纳德进行ADHD的测试，并接受特殊教育服务的评估，但是他的父母拒绝了这两个建议。艾莉森老师之所以建议做诊断性测验和评估，是因为列昂纳德在一天中很少完成作业，不交家庭作业，在学习期间常常离开座位，当成人对其功课给予帮助时他经常逃离这些成人。

为了处理列昂纳德的行为，艾莉森老师建议进行特殊教育/行为咨询。她的转介资料中列举了她在 20 分钟的时间里观察到的行为，此时同学们刚刚做完课堂作业，正在参加大组的小组教学活动：

一会儿坐在脚上，一会儿坐在椅子边上；

一会儿坐在课桌上，一会儿站到课桌上面；

摇晃椅子，用椅子腿平衡，爬椅子；

反复掉下和捡起铅笔；

在课桌上摩擦肢体和整个身体。

敲铅笔，打书；

咬铅笔，咬手指；

反复削铅笔；

反复提问；

反复离开座位，在教室里游荡；

大声地打哈欠。

特殊教育咨询员观察了列昂纳德，并记录了与他行为有关的一些信息：

前奏事件和情境事件	行　　为	结　　果
个人课堂作业，教师和另一个学生在其桌子那儿，助教在学生周围巡回以提供帮助	离开座位，跳到房间的后面，玩学具	教师告诉他回到自己的座位学习，动作和触觉刺激
教师告诉他回到他的座位学习	开始回到座位，但停下来与同伴聊天	同伴停止学习，与他说话
教师给全班学生上课	站在课桌上面，走向削铅笔机，削铅笔	教师让他坐下，动作
教师让他坐下	继续削铅笔	教师再次让他坐下
教师再次让他坐下	回到座位，坐在椅子边缘，咬手指	教师继续讲课，每次他咬手指的时候，助教走到其桌子旁边，将手指从他嘴里拿出来，触觉刺激
礼堂，等待学校演讲	跪在座位上，摇晃，与同伴聊天，从座位上掉下来	教师让他坐在自己椅子上，动作刺激，同伴互动
被要求坐在座位上	回到座位上，与同伴聊天，走到过道捡起纸	教师让他坐在自己座位上，同伴互动，动作
被要求坐在座位上，演讲开始	回到座位上，咬手指，在椅子上下弹跳	同伴让他坐下来，这样他们才能看见，助教坐到他旁边，反复要求其坐好，触觉、动作

（续表）

前奏事件和情境事件	行　为	结　果
演讲结束	跳着离开座位，奔回教室，绊倒同伴	教师追他，批评他的奔跑行为，同伴推开他的身体并尖叫，动作刺激
与老师一起完成功课单	离开桌子	被要求回到课桌那里学习，动作
校长来了，教师离开与校长说话	跑向植物，给他们浇水	被要求做三道题目，然后帮忙搬东西到校长办公室
被要求做三道题目，然后帮忙搬东西到校长办公室	回到课桌那里，做三道题目，跑向教师，交功课单（注：功课单很潦草，没有完成，绝大多数问题没有正确回答）	同意其搬东西到校长办公室，动作

艾莉森老师看着 ABC 记录表说，这是绝大多数时间里列昂纳德的典型行为。她说，在几乎所有的日常活动和常规时间里，他都表现出这样的行为。艾莉森老师要求特殊教育咨询员制定干预措施，以制止列昂纳德的行为。基于特殊教育咨询员的初期观察：

1. 列昂纳德的行为应该被认为是挑战性行为吗？为什么是？为什么不是？回答这个问题时你要看一看表 1-1 中的 8 个问题。

2. 列昂纳德的行为应该通过本书中描述的功能评估和干预模式进行改变吗？为什么是？为什么不是？

第二章

确定挑战性行为发生的原因

目标

1. 确定常见的关于挑战性行为为什么发生的错误观念或者错误解释。

2. 描述每一个错误观念，并解释为什么那不是关于挑战性行为发生原因的恰当的或者富有成效的解释。

3. 针对每一个错误观念描述另一种功能评估角度的观点，并解释为什么它们是关于挑战性行为发生原因这一问题的富有成效的解释。

4. 从功能评估角度总结有关行为发生原因以及处理挑战性行为的策略。

关键术语和概念

挑战性行为产生一个结果	错误解释
当前挑战性行为的支持	功能评估观点
环境变量	错误观念

关于"挑战性行为为什么发生"这个问题，是教育人员和父母常常询问、且应该询问的一个问题。是功能评估的第一步（Repp, 1999）。不幸的是，有关这个问题的答案或者我们所提供的解释，常常是以对行为发生原因的奇谈怪论或者被误导的观念为基础的（Skinner, 1953, 197; Strain & Hemmeter, 1997; Sulzer-Azaroff & Mayer, 1991; Zuni & McDougall, 2004）。这些错误的解释并不具有成效。它们常常会使得我们去指责某些人或者某些事造成了挑战性行为，而不是确定处理挑战性行为的策略。

错误的解释无助于我们确定当前挑战性行为的支持（即诱发和加强或者维持挑战性行为的变量），它们也很少产生有效的、积极的干预策略。这是因为我们关于行为为什么发生的观念决定了我们所选择的干预（Kauffman, Mostert, Trent, & Hallahan, 1993; Walker

& Shea, 1999)。它们很有可能在改变挑战性行为方面是不成功的(Heineman, Childs, & Sergay, 2006；Kauffman et al., 1993；Repp & Karsh, 1990；Repp, Karsh, Munk, & Dahl-quist, 1995)。

在我们的经验里,最普遍的有关挑战性行为发生原因的错误观念可以分为以下几类:(a)坏孩子;(b)障碍;(c)坏家庭或者糟糕的教养和管教;(d)糟糕的家庭环境;(e)以往的创伤或者糟糕的经验。在本章中,我们将对每一个被误导的观念或者错误解释进行讨论,确定每一个观念为什么毫无帮助,反而是真正有害的,并从另一个行为角度介绍了挑战性行为发生的原因。表 2-1 和表 2-2 总结了有关挑战性行为发生原因的错误解释,以及关于挑战性行为和处理策略的另一个功能评估观点。

表 2-1 关于挑战性行为发生原因的错误解释

1. 挑战性行为之所以发生是因为儿童的个性(比如坏孩子)。
2. 挑战性行为是由于障碍而造成的。
3. 挑战性行为是由于儿童的家庭以及他们糟糕的教养和管教而造成的。
4. 挑战性行为之所以发生是因为糟糕的家庭环境(即糟糕的家庭背景)。
5. 挑战性行为是以往创伤或者糟糕的经验的结果。

表 2-2 关于挑战性行为发生原因和处理策略的功能评估角度的观点

1. 学生的行为是有挑战性的(而不是学生本身)。
2. 挑战性行为为学生产生了一个理想的结果。
3. 挑战性行为能够被改变。
4. 处理挑战性行为的最重要的地方是当前行为发生的教室或者环境。
5. 挑战性行为可以通过改变当前诱发和支持这一行为的环境中的变量而得到处理。

坏孩子

有时,当一个学生表现出挑战性行为时,我们会认为,他或者她是有目的地在做这个行为,也就是说,挑战性行为是学生的过错,或者学生是有问题的(Council for Exceptional Chil-dren, 1999；Zuni & McDougall, 2004)。当我们做出这个假设时,我们就相信问题来自于(坏)儿童本身(Alberto & Troutman, 1999；Cangelosi, 1993；Epstein & Skinner, 1982；Skinner, 1989；Sulzer-Azaroff & Mayer, 1991；Walker & Shea, 1999)。你也许听到过,相信这一解释的老师或者父母这样地描述:"她做这个就是为了让我发疯"、"他长这么大一直是这样的,他有点儿卑鄙"或者"这就是他个性的一部分"。

这种说法或者解释认为,儿童就是坏孩子或者儿童有很糟糕的个性特征。换句话说,学生内部的某些东西是挑战性行为产生的原因(Powers & Osborne, 1975)。在某些案例中,指责学生,允许我们对学生生气,对学生进行反击,或者忽视学生。在另一些案例中,当我们认为学生本质上是个坏孩子或者有着糟糕的个性特征时,我们就不会努力去处理学生的挑战性行为,因为"你不能改变坏孩子或者孩子的个性"。或者,我们会采用密集的惩罚程序让学生停止行为。我们也会寻求将学生从我们的教室里赶出去(比如去一个更受限制的安置环境),这个同样也是因为我们不能改变坏学生或者其个性的观点(Kern et al., 1994; Soodak & Pdell, 1993; Sprague & Horner, 1999; Strain & Hemmeter, 1997)。这些结果没有一个是理想的或者富有成效的。功能评估观点认为,学生本质上并不是坏的,没有理由去指责学生或者学生的个性。然而,学生的行为是有挑战性的,通过改变支持它的环境变量,挑战性行为能够被改变。

想一想亨利(Henry)的例子,当学生们被要求完成数学作业时,他常常睡着或者眼睛看窗外,也从来不完成他的数学家庭作业。亨利的老师马歇(Maxie)描述他为一个懒惰的学生(即他有懒惰的个性特征),还说如果亨利总是太懒且无法完成作业,那么,他的学业就会失败。马歇先生将亨利的挑战性行为归因于他的个性,并放弃了他。但是,对亨利在其他课程上、休息时间以及放学后的观察表明,亨利也踢足球、在课堂上说话、与同伴开玩笑等等。换句话说,亨利在其他情境中非常活跃。在这个案例中,将亨利与数学有关的行为归因于其懒惰的个性是毫无益处的。他有时候也表现出马歇先生所认为的"懒惰"的行为,但他仅仅只是在某些情境中表现出来。因此,他不是有懒惰的个性,他只是在要求完成数学作业时表现出了挑战性行为。

运用功能评估观点,我们第一步就是要确定导致马歇先生将亨利描述为懒惰的行为,比如睡觉、凝视,以及不完成数学家庭作业。然后,我们要直接处理这些行为;而不是他的个性。通过功能评估,我们要确定诱发和支持他的挑战性行为的因素,并利用这些信息制定干预措施以改变他的行为。例如,我们可能通过对亨利及其家庭的观察发现,亨利每天睡得很晚,这也解释了他在数学课(一天中第一节课)时昏昏欲睡的原因。我们也发现,当被问到家庭作业时,亨利告诉他的父母他没有家庭作业。对亨利课堂中的观察说明,亨利在数学技能上有发展落后,他之所以没有完成数学作业,是因为这对他来说太难。这些信息能够让我们制定处理亨利之所以出现挑战性行为的真正原因的干预措施。例如,我们可以制作一个每天由老师和亨利的父母签名的家庭作业记录本。或者,像一些学校一样,我们可以将家庭作业发布到网络上。亨利的父母也可以制定一个睡眠时间表,这样,亨利可以在一个合理的时间上床睡觉。在学校里,马歇先生可以在数学课上为其提供辅助,或者为亨利配一个同伴,这样,亨利就能成功地完成作业。类似这样的干预策略直接处理了亨利的挑战性行为——睡眠、凝视,以及不完成家庭作业。没有证据可以将他的个性归结为挑战性行为的发生原因。

障碍

有障碍的学生在表现出挑战性行为方面存在很高的风险。当挑战性行为发生时，我们常常会认为它是因为障碍而发生的（Powers & Osborne, 1975）。换句话说，我们假设，挑战性行为是障碍的特征或者它是直接由障碍而造成的。我们经常将挑战性行为归因于诸如自闭症、行为障碍、注意力缺陷多动障碍、或者学习障碍等之类的障碍。例如，汉克（Hank）反复地在房间里奔跑，常常碰翻同伴的作品。当汉克的老师被要求预测他为什么做这个时，她说这是因为他有注意力缺陷多动障碍（ADHD）。

有关挑战性行为发生原因的障碍解释，就像坏孩子的解释一样，是没有用的。如果我们将挑战性行为归因于某种障碍或者某个综合征，我们就很少有理由去进行干预，因为我们不能改变学生存在特殊障碍的事实。将挑战性行为归因于某种障碍的个体会认为行为是不能改变的，这样，他们就不用努力去处理挑战性行为，于是就允许它继续存在（Blair et al., 1999）。

功能评估的观点认为障碍不是造成挑战性行为的原因。即使某种特殊的障碍被鉴定出来，也不能认为某种特殊形式的挑战性行为是该障碍的直接结果（Alberto & Troutman, 1999）①。功能评估的观点提出，有障碍和无障碍的学生之所以出现挑战性行为是因为它为学生产生了一个理想的结果。在汉克这个例子中，绕着房间奔跑可能为他提供了动作刺激，而碰翻同伴的作品可能激发了来自同伴或者老师的注意。我们不认为，ADHD 会引起他绕着房间奔跑和碰翻同伴作品；换句话说，我们不应该将他的挑战性行为归因于他的障碍。但是，这并不意味着，知道一个学生有某种障碍是不重要的。在一些案例中，它是非常有帮助的。

在处理挑战性行为时，有关儿童有某种障碍的信息仅仅让我们能够对与障碍有关的特征进行判断。知道一个学生有某种特殊的障碍并没有告诉你如何去处理该学生的挑战性行为（Martin & Pear, 1999）。事实上，霍纳、卡尔和斯特雷恩等人（Horner, Carr, Strain, et al., 2002）报告，诊断与所表现的某种特殊形式的行为、所选择的干预策略种类或者干预的成功没有关系。但是，知道一个学生有某种特殊的障碍，可以帮助我们理解可诱发和维持挑战性行为的变量。例如，如果我们知道汉克存在 ADHD，那么，我们就知道，跟许多 ADHD 的学生一样，汉克可能需要通过动作、接触、发声等等之类的行为来增加感觉输入。然而，他如何获得加强了的感觉输入并不是他的障碍的一部分。他挑战性行为的具体形式不是由其

---

① 少数综合征与自我伤害行为有特殊的关联，比如，里奇-尼汉综合征、狄兰氏综合征、赖利-戴综合征（Shore & Iwata, 1999）。

障碍所造成。并不是所有的 ADHD 学生都会在教室里奔跑、碰翻同伴的作品。功能评估的观点假设，汉克可以学会其他更适当的获得感觉输入的形式，比如，将笔记本送到校长办公室，如第一章中提到的劳埃德那样在座位上移动，或者在课上帮助老师。

当我们发现某个儿童存在某种特殊的障碍时，我们也许会问一个问题，就是"当我们要确定他的或者她的挑战性行为为什么发生时，我对这个障碍知道些什么，会有助于我思考"？比如，戈恩（Gain）先生转介了一名自闭症学生乔伊（Joey），要求对其进行行为干预，因为乔伊表现出严重的发脾气行为，每周有好几次。对教学策略小组成员、行为专家卡伦（Karen）来说，知道乔伊有自闭症是非常有帮助的，因为她知道，自闭症儿童常常在日程或者常规改变时出现问题。这一认识指导她对乔伊进行了第一阶段的观察，这样，她就可以检查他的发脾气是否与教室情境和常规的不可预测的变化存在关联。卡伦在转衔期间的观察表明，每次班级去参观图书馆和体育馆以及巴士晚点时，乔伊就会发脾气。然后，她就制定了干预措施，教乔伊用更适当的方式与他人沟通，告诉别人他的不舒服或者不安，以及尽可能提醒乔伊即将到来的日程变化。在这个案例中，指出乔伊的发脾气行为可能很容易因另外一些与其特征无关的原因而发生也是非常重要的，这些特征常常是与自闭症有关联的。于是，卡伦必须在日程改变的时候做更多的事情，而不仅仅是观察。例如，卡伦也发现，每当乔伊被要求去做他不喜欢做的作业或者同伴拿他的玩具时，他都会发脾气。在这个例子中，卡伦没有认为，自闭症造成了乔伊的发脾气行为。而是在乔伊表现出挑战性行为的时候对她进行了观察，然后确定了诱发挑战性行为的变量。

知道一个学生存在某种特殊的障碍能够有助于引导我们的观察，但是我们需要记住，这仅仅只是一部分有关学生的信息，并不是儿童挑战性行为的发生原因。不管诊断的术语或者障碍是什么，都是因为挑战性行为引发了焦虑，因而这个行为需要被处理（Martin & Pear，1999）。

坏家庭或者糟糕的教养和管教

许多人有关挑战性行为的另一个误解是，学生之所以出现挑战性行为是因为他们的父母（或者主要照料者）有着糟糕的教养技能或者没有采取有效的管教措施。在这种情况下，我们将挑战性行为的原因归于其他变量，比如儿童的家庭（McGee & Daly，1999）。这一假设基于这样一种观点，如果学生的父母在家里做得很好，那么，学生就不会在学校里出现挑战性行为。我们常常听到小组成员大声说"那些父母需要设置行为界限"、"他的父母需要教他尊重别人"或者"难怪她在学校里打别人——看看她的父母，你就知道她在那里学了什么"。这种态度导致小组去指责父母，对父母生气，并认为父母的行为在儿童的行为改变之前必须改变。很明显，这不是一种有效的方法，因为这一方法并没有着眼于教室情境中发生的行为,它也会让挑战性行为继续发生。

功能评估的观点承认,许多学生生活在功能混乱的家庭中,他们的父母有着糟糕的教养技能。事实上,许多儿童在家里学会了挑战性行为,并受到了父母以及其他家庭成员的强化(Patterson,1982;Wahler & Dumas,1986;Wahler & Fox,1981;Walker & Sylwester,1998)。然而,从功能评估的观点来说,学生的挑战性行为之所以在学校发生,是因为它在学校产生了一个理想的结果。不管挑战性行为最初是在哪里或者如何学会的,如果它在学校没有"作用",那么,就不会继续在学校里表现出来(Kazdin,2001)。例如,一个通过父母的榜样在家里学会打人行为的学生,现在在学校里打人是因为打人在学校里是有效的。

这并不是意味着,我们应该忽视糟糕的教养或者其他与家庭有关的变量。事实上,家庭变量能够并正在对学生的行为产生影响,正如以后几章中所讨论的那样。如果我们能,我们应该处理家庭的变量。例如,我们可以提供教养课程、转介去咨询、与父母一起改变早晨的日程安排等等(Wielkiewicz,1986)。在处理挑战性行为时,家庭是学校最伟大的同盟者,但仅仅只有他们,也不是改变挑战性行为的答案。我们还需要在挑战性行为发生的情境中处理它们;也就是说,在教室、午餐室、操场等等地方。

为了说明这一点,请考虑一下处理与学生在学校里打人有关的家庭变量的三个可能结果。首先,我们将家庭转介去咨询和父母教育班,家庭拒绝了这些服务,学生仍旧在学校里打人。或者,我们将家庭转介去咨询和父母教育班,他们开始接受这种服务。在他们接受服务的同时,学生在学校里打人。最后,学生的家庭完成了父母教育班。他们停止在家里使用身体惩罚的方式,现在他们采用更积极的管教策略。学生也在家里停止打人,但是继续在学校打人。

在上述的每一个场景中,我们都认为家庭存在一些问题,家庭需要改变。我们试图通过改变家庭的行为来处理学生的行为。一个家庭拒绝了改变,一个正在改变中,还有一个已经改变。但是,在每一种情况中,学生的行为都在学校里继续着。我们不应该对这个结果感到惊讶——学生的行为在学校里之所以继续存在,是因为它在学校里产生了一个有效的结果。如果学生在父母完成学习、并开始使用积极的管教策略之后,在家里停止了打人而在学校里继续打人,我们也不应该对之感到惊讶。学生学会了在不同的情境中表现出不一样的行为(Zirpoli,2005;Zirpoli & Melloy,2001)。即使打人在家里不再有效,如果它在学校里继续出现,我们必须认为它在学校里仍旧是有效的。干预必须是在行为发生的情境中处理行为(Wielkiewicz,1986)。功能评估的方法通过确定学校中对挑战性行为的支持因素,着眼于学生学校里的行为(如果在家里发生,就是确定家里的支持因素),并制定干预措施以改变那些支持(Walker & Sylwester,1998)。

糟糕的家庭环境

当挑战性行为发生时,除了看一看家庭,我们有时还会将之归因于学生的家或者生活环境。当学生来自于低收入家庭、生活在嘈杂的环境中、父母正在离婚或者吵架、家庭成员/或者家里的朋友增加或者改变时,我们就会经常将挑战性行为归因于家庭环境。当家里有吸毒、酗酒的人,以及学生是无家可归者的时候,我们也会这么做。

这个解释,就跟坏家庭的解释一样,导致我们离开当前的行为发生情境去寻找挑战性行为的解决方案,在这一情况中,是在学生家里寻找答案。我们认为,家庭环境在学生行为改变之前必须改变。这个解释有一个显而易见的问题,就是我们不能有效地改变许多与家有关的重要变量,比如离婚、吸毒或者无家可归。

另一个与糟糕的家庭这一挑战性行为的解释有关的问题是,我们常常自动地认为,生活在环境不利的家庭中的儿童会表现出挑战性行为。这可能造成我们对这些儿童的学业技能和行为有着较低的或者不同的期望。凯格劳斯(Cangelosi,1993)提醒教育人员"不要将人口学的统计结果应用到判断个体中"(P.9)。不是所有生活在环境不利的家庭中的儿童或者父母有着糟糕的教养技能的儿童都会表现出挑战性行为。凯格劳斯建议,我们对这些学生的期望(学业上的和行为上的)应该反映出学生的能力,而不是他们出身的环境类型。

功能评估观点承认,一些学生确实生活在糟糕的家庭环境中,而且这些变量也会对学生的挑战性行为产生影响。越来越多的儿童从糟糕的家庭环境中来到学校(Reynaud,1999)。一旦有可能并被家庭所欢迎,我们就应该通过转介、与家庭交谈、提供父母教育和父母支持小组,以及提供资源转介和联系等方式来处理家庭的环境。然而,最终、最迅速处理学生行为的地方是教室。这在约翰尼(Johnny)、他母亲以及他学校这一例子的描述中可以看到。约翰尼被诊断为有自闭症、智力落后,以及 ADHD。约翰尼被转介到教学策略小组,是因为他在被要求开始做功课时表现出严重的攻击和破坏性的发脾气行为。约翰尼与他的母亲朱迪(Judy),一个单身妈妈,生活在一个低收入的家庭里。朱迪还在学校里的时候就被诊断为有学习障碍,以及社会和情绪发展迟滞。家庭访问显示,其家庭环境非常嘈杂,包括不一致的管教措施、杂乱肮脏的房间、多种安全隐患,以及难以预测的日常生活。朱迪表示,约翰尼"统治了家",只要他想就可以做他任何想做的事情。帮助朱迪在家里处理约翰尼的行为的努力只取得了微小的成功。朱迪没有听从有关管教、建立日常常规、保证安全,以及清洁家庭或者转介到公共机构要求辅助等方面的建议。幸运的是,在学校里处理约翰尼行为的努力更为成功。约翰尼学会了听从指令、完成功课、与他的老师和其他成人交流他的期望。尽管约翰尼仍旧生活在一个不是最佳的家庭环境中,他在学校里的行为随着支持他学校里的行为变量的改变而得到了改变。

　　虽然我们必须在行为发生的情境里处理挑战性行为,但是知道家庭环境会影响学生的行为也是很有帮助的。其中一个原因是这能引导我们的干预。例如,我们也许能够通过改变我们对学生的期望(适当时候),以及在教室或者其他学校情境中提供额外的个别化的支持,来帮助这些学生,以缓和与家庭有关的因素对学生的影响。有两个例子可以揭示这一点。第一,一个老师告诉我们,为了处理大量的不完成家庭作业的问题,她的学校每日上学前提前一个小时开放教室,放学后延迟一个小时关闭教室。这为那些不能在家里做功课的学生(比如无家可归的学生,生活在拥挤、吵闹的家里的学生)提供了完成功课的场所。这个学校的老师义务、轮流在家庭作业教室工作。

　　第二,在我们的学区里有几个学前班全天供应食品(不仅仅是在原定的点心时间),这是因为他们的许多学生来自于收入非常低的家庭,不能在家里获得良好的营养。这些学前班的老师报告,在这项措施实施后,学生发脾气和攻击同伴的行为下降了。在这两个例子中,学生们都来自不利的家庭环境,而且不能通过教育系统得到轻易改变。然而,以学校为基础的干预措施能够通过减少与家有关的因素对学生的影响,来降低学生在学校里的挑战性行为(不完成作业、攻击和发脾气)。

以往的创伤和糟糕的经验

　　最后一个我们对挑战性行为的错误解释就是认为当前的挑战性行为是由学生过去发生的某些创伤性事件或者令人痛苦的事情所造成的,比如性、情感或者身体上的虐待。或者,我们认为挑战性行为是潜意识变量(比如伊底和自我)的结果,或是固着于心理发展的早期阶段(Alberto & Troutman, 1999; Epstein & Skinner, 1982; Malott, Malott, & Trojan, 2000; Skinner, 1989; Sulzer-Azaroff & Mayer, 1991; Zirpoli & Melloy, 2001)。例如,每当老师要给她一对一的指导时,7 岁的伊丽莎白(Elizabeth)就会表现出严重的自我虐待和攻击行为。小组知道,伊丽莎白在其 3 岁的时候受到了来自她叔叔的性虐待。他们认为,她的攻击行为和自我虐待的行为是因为以往的性虐待而造成。他们估计她必然会害怕成人。他们将伊丽莎白转介到学校的咨询员那里,并停止为其提供个别化教学。

　　将当前的挑战性行为归因于以往的创伤,就像对伊丽莎白那样,这一解释所存在的问题是我们没有直接地处理挑战性行为——我们认为,我们不能改变以往的创伤,因此,挑战性行为被允许继续发生。我们常常通过将学生转介去咨询或者其他类似的服务而试图不直接处理挑战行为。所抱的希望是咨询将帮助学生适应以往的创伤性经验,并且通过这种调适,学生将改变其当前的挑战性行为。转介到治疗性的咨询是很好的第一步,也不应该被忽视。但是,绝大多数的教育人员希望现在行为就能改变,考虑到挑战性行为对学生的消极影响(比如丧失学习机会、被同伴拒绝),等待咨询起作用就显得不太合理。功能评估的观点承认,咨询对经历过创伤的学生非常有益,但是,学生现在表现出来的行为服务于受当前情境维持的目的,而不管其行为最初的发生原因(Alberto & Troutman, 1999; Skinner, 1953)。

卡兹丁(Kazdin, 2001)将早期的问题或者创伤看作是最初的行为发生原因或者对行为有影响,他谈到了发现这一最初发生原因的重要性。然而,他也指出,决定干预的首要问题是:"什么是对当前行为产生影响的因素,以及为了改变行为,这些因素将如何改变?"导致挑战性行为获得的最初状况可能不是现在维持行为的状况。卡兹丁也提到,"影响当前问题已经好几年的因素不能被抹除掉,但有些事情现在还是能够做的"(P.5)。在伊丽莎白的例子中,观察结果表明,当她有自我虐待和攻击行为时,老师就会停止跟她一起学习。然后,她就被允许去挑选她自己的任务,可以不用做老师指定的作业。虽然伊丽莎白的行为在其3岁被性虐待时就可能获得了,但最初的发生原因并不是当前维持行为的变量。逃避老师指定的作业在当前的环境中维持着她的行为。伊丽莎白成功地完成咨询、处理了她以往的创伤,但是在教室里继续出现自我虐待和攻击性行为,这个可能性还是存在的。为了减少她在教室里的挑战性行为,有必要实施一项着重当前挑战性行为的支持的功能评估。在这个案例中,小组假设,伊丽莎白继续表现出自我虐待和攻击行为的原因是当她表现出挑战性行为时,老师们停止了对她进行教学和一对一的辅助。换句话说,伊丽莎白之所以表现出攻击和自我虐待的行为,是因为老师们留给她一个人的空间,然后她能够参加她自己选择的活动。这个假设所指向的干预应该是老师们继续对其提供教学和身体辅助,以帮助伊丽莎白听从指令。但是,当她完成(在身体促进下)了一小部分活动之后,他们就对其功课进行表扬,并让其休息一小会儿,在此期间,允许她去做她自己偏好的事情。最终,伊丽莎白独立地听从了指令。

请注意,我们并不是说,对最初的发生原因的认识是不重要的。例如,对虐待或者忽视这样的最初行为发生原因的认识可以用于预防未来虐待和忽视的再次发生(Kazdin, 2001)。请注意,我们不是说,类似咨询、游戏治疗、同伴小组治疗和家庭咨询之类的服务是不被支持的,或者对这些学生是没有帮助的。对许多学生和家庭来说,这样的服务是非常适当的。但是,它们不应该代替功能评估,它们也不应该延迟或者阻止积极的行为干预的实施。功能评估和咨询服务应该同时实施。

总结

功能评估的第一步就是要问挑战性行为为什么会发生。对这一问题的回答由我们对挑战性行为的发生原因的假设而决定。有许多错误的解释,就像本章中所讨论的那些。这些解释无助于我们理解挑战性行为现在为什么发生,它们无助于我们制定干预计划去处理挑战性行为。在某些情况中,它们会阻止我们去处理挑战性行为。它们也会使得我们去指责学生、其他人或者家庭及家庭环境,进而干扰到及时制定主动积极的干预措施去处理挑战性行为。

功能评估方法假设,绝大多数的挑战性行为是学习而来的,它之所以持续存在,是因为它为学生产生了一个理想的结果。要将重心放在鉴别支持行为的当前变量上,而不是判断行为最初发展的原因。在制定处理挑战性行为的干预措施时,要考虑的是当前的情境,而不是过去。功能评估方法鉴别的是当前挑战性行为发生的情境中所存在的变量。接下来的干预就是要改变这些情境中直接影响挑战性行为的变量。

案例研究:确定关于挑战性行为为什么发生的错误假设

案例研究由凯瑟琳·马克雷恩(Catherine McLain)提供

● 达科塔(Dakota)

达科塔是一名6岁小男孩,在一个全日制的幼儿园就读。在幼儿园里,达科塔非常活跃、没有目标、也很冲动。他对其他人常常很有攻击性,反抗,不服从,好辩。他不参加小组活动,也不与同伴分享。他不太容易理解其他儿童的观点,绝大多数时间都比较关注内心。达科塔喜欢来自成人的关注,热爱做艺术作品,喜欢休息时间,以及允许他移动的其他活动和作业。达科塔曾经挥舞着拳头,并用语言威胁成人。常规的管教程序包括带到办公室、隔离、拒绝特权、持续的课堂规则和行为期望的提醒。他常常在办公室和隔离室呆很长时间,以至于放学时还难以完成功课,要带回家里去做。

达科塔的老师要求对他提供行为支持,以处理他的挑战性行为,因为班级中其他儿童的父母正在写有关达科塔攻击性和破坏性行为的信。在老师与学校心理咨询学家的第一次对话时,心理学家问老师,她认为什么可能导致了达科塔的行为。老师提供了以下信息。

达科塔与他母亲、两个兄弟及奶奶、叔叔生活在一起。他不定期地与他父亲见面。达科塔的家庭生活看起来很不稳定,甚至有点混乱。管教措施倾向于集中在威胁、吼叫、冷酷的语言,以及身体惩罚。达科塔常常表现出一种对成人不可信任的感觉,当他努力地想让人知道他的需要和想要什么的时候,他就会变得很好辩。对什么是男孩能接受的事情或者活动的看法也是可疑的。例如,他叔叔常常借来有暴力内容的录像看。

托马斯(Thomas)老师在过去的几年里已经从事了好几个工作。她通过选择性高中课程方案获得了高中的证书。她也表现出对教育重要性的认识,但是,她也说学校对她来说太强硬了,如果她的儿子需要那种为行为障碍儿童提供的特殊安置,她就接受。她非常抵制给达科塔服用药物。

达科塔已经参加了2年的早期儿童方案。该方案的目标虽然集中在所有发展领域,但是绝大多数都集中在言语、语言和行为上。学区提供了校外心理服务和评估。虽然已经进行了两次访问,但是托马斯女士早在最初的两次访问之后就不再继续了。托马斯女士也为其家庭寻求咨询。咨询的重心在于教养技能和学习更适当的方式与孩子交流。但是在过去的几年里,她参加这些活动都是断断续续的。

达科塔被诊断同时患有行为障碍和学习障碍,他的哥哥在学校里表现很好;但是他那个已经参加了早期儿童方案的弟弟也像他一样表现出一些相同的困难。达科塔也表现出胎儿酒精综合征所具有的轻微神经症状特征,虽然在这方面没有任何诊断。

达科塔能够陈述班级行为守则,这一守则与每日活动的日程表一起被张贴在墙壁上。老师会对儿童的适当行为进行强化,并在班级里采用了字符计数方案。她对帮助达科塔很有兴趣,但是,因为达科塔生活中发生的其他事情以及她有许多学生要管,她无法保证她的班级对于他来说是最好的安置。

1. 这个老师,很关心人,但是对达科塔的行为发生原因有一些错误的假设。确定她对其行为发生原因所持有的错误想法或者错误假设。

2. 针对每一个你确定下来的错误假设,描述做出该假设过程中可能产生的问题。

3. 就达科塔的挑战性行为为什么会发生,基于功能评估方法描述另一种解释。

第三章

功能评估的假设和目标

目标

1. 确定诱发和支持挑战性行为的变量。
2. 解释功能的概念。
3. 对正强化进行定义。
4. 对负强化进行定义。
5. 对感觉调整/感觉刺激进行定义。
6. 描述应用积极干预策略以及处理行为功能策略的根据。
7. 确定与惩罚有关的问题。
8. 为使用基于团队的方法提供依据。

关键术语和概念

前奏事件	正强化
结果	惩罚
功能	感觉调整/感觉刺激
负强化和逃避、回避	感觉系统：听觉、视觉、嗅觉、触觉、味觉、前庭觉、本体感觉
积极的干预策略	

　　功能评估和干预模式建立在一组关于适当行为和挑战性行为的发展与维持的核心假设基础上。这些假设引导我们确定支持挑战性行为的因素，制定处理挑战性行为的干预措施。下面介绍了这些假设(Chandler, 1998；Chandler & Dahlquist, 1999a, 1999b；Repp, 1999；Repp & Karsh, 1994；Repp et al., 1995)：

　　1. 挑战性行为和适当行为受当前环境所支持。

2. 行为服务于功能。

3. 挑战性行为可以通过处理行为功能的积极干预策略而被改变。

4. 功能评估应该是基于团队的过程。

假设1：挑战性行为和适当行为受当前环境所支持

第一个假设是基于这样一个信念，即挑战性行为和适当行为是通过同样的过程发展与维持的。不管是挑战性行为，还是适当行为，它们都是由当前的环境学习而来，并维持着(Arndorfer & Miltenberger, 1993; Cangelosi, 1993)。功能评估的观点认为，绝大多数的行为由当前环境事件所诱发，并随着当前行为之后结果的加强或者减弱而变化(Kazdin, 2001; Repp, 1999; Zirpoli, 2005)。产生积极结果的行为受到加强并继续发生，而产生厌恶或者惩罚结果的行为则被减弱而不再继续出现。这是一个非常重要的假设。不管挑战性行为什么时候开始、为什么开始或者已经发生了多长时间，我们感兴趣的是行为现在为什么发生。功能评估试图确定当前诱发和支持行为的变量(Steege & Watson, 2008)。那些变量是我们能够在干预计划中进行处理的。

当我们希望改变挑战性行为时，我们必须检查行为发生的当前环境，以便首先确定挑战性行为出现之前或者几乎伴随挑战性行为出现的变量(Darch & Kame'enui, 2004)。这些变量被称为前奏事件(Carr, Langdon, et al. , 1999; Repp, 1999)。前奏事件为行为发生创设了一个场合，影响到行为发生的可能性。我们常常将前奏事件描述为诱发刺激(Chandler, 1998; Chandler & Dahlquist, 1999b)。另一类发生在挑战性行为之前的变量被认为是情境事件或者已形成事件。这些变量影响学生对前奏事件和结果的反应；在第4章中我们将详细介绍这些变量。

下一步则是确定跟随在行为之后的结果(Iwata, Dorsey, Slifer, Bauman, & Richman, 1982/1994)。在完成前奏事件和结果的评估之前，我们不应该制定干预措施(Carr, 1977; Repp, 1994)。这是因为即将开展的干预将着重在改变诱发挑战性行为的变量和/或者改变支持行为的结果上。干预也强调引入和/或者改变诱发适当行为的前奏事件，以及提供支持适当行为的结果。

当我们希望改变挑战性行为时，我们必须检查支持适当行为和支持挑战性行为的环境(Heineman, Childs, & Sergy, 2006; Kazdin, 2001, Zuna & MaDougall, 2004)。这意味着对每一类行为都要确定其不同的前奏诱发刺激和/或者结果。苏珊娜(Suzanne)的例子就说明了这一点。当老师关注其他学生时(前奏诱发刺激)，苏珊娜就会说脏话(挑战性行为)。随后，老师就因苏珊娜用不恰当的语言而批评了她(结果)。苏珊娜的挑战性行为在不同环境情况下是不同的。当老师一对一地指导苏珊娜时(前奏诱发刺激)，她与老师很恰当地交流、做她的功课(适当行为)。然后老师会因为其学习而表扬她(结果)。在这个例子中,从苏珊娜的角度来说,挑战性行为和适当行为都出现了相似的结果(比如与老师互动)。然而,前奏诱发刺激对适当行为(注意苏珊娜)和挑战性行为(注意同伴而不是苏珊娜)来说是不同的。这个信息可用于制定干预措施以减少挑战性行为。例如,老师可以更多地关注苏珊娜,这样,就减少了诱发挑战性行为的前奏刺激(不关注或者不经常关注),同时,增加了诱发适当行为的刺激(经常关注)。老师也可以通过在苏珊娜说脏话时忽视她,以及仅仅当她表现适当时才与其交流,来停止对其挑战性行为提供积极的结果。

前奏事件和情境事件	行　　为	结　　果
教师关注同伴	说脏话	批　评
一对一指导,常常关注	做作业	表　扬

当我们试图回答"挑战性行为为什么发生"这个问题时,我们必须检查行为发生的当前环境,确定行为发生之前的变量以及跟随行为之后的结果。然后,干预措施必须着重在改变这些环境变量上,这样,它们才会不再诱发和支持挑战性行为。对当前环境中的变量的检查常常会提到 ABC 评估或者三相相依法(又可译三阶段偶联性)。通过这一评估,我们可确定发生在行为之前的前奏事件(和情境事件),以及跟随行为之后的结果(Bijou, Peterson, & Ault, 1968; Kauffman et al., 1993; Kazdin, 2001; Sulzer-Azaroff & Mayer, 1991)。这一描述性的 ABC 评估为我们提供了有关挑战性行为和适当行为发生的情境的关键信息。然而,在我们的经验中,仅仅 ABC 评估不能为制定有效的干预计划提供足够的信息。来自于功能评估的第二、三个假设的分析框架对制定个别化的、有效的、积极的干预是非常关键的。

假设 2：行为服务于功能

第二个假设建立在第一个假设之上。第一个假设即挑战性行为和适当行为是受当前环境支持的——指导我们去描述行为之前和行为之后存在的环境情况。第二个假设即行为服务于功能——指导我们去确定行为"为什么"发生。我们利用通过对当前环境的 ABC 描述性评估而获得的信息,做出有关行为"为什么"发生的假设。功能评估认为,挑战性行为之所以发生,是因为它产生了环境或者身体内部的改变,而这个改变对学生来说又是期望的结果(Carr, 1977; Carr, Robinson, & Palumbo, 1990; Dunlap, Foster-Johnson, & Robbins, 1990; Repp & Horner, 1999)。在回答"挑战性行为为什么发生"这个问题时,我们根据前奏事件、行为、结果这一序列做出了一个有关学生获得什么的假设。换句话说,我们确定了行为的功能。对这一问题的回答将引导我们制定积极的干预策略去预防和矫正行为（March，2002）。我们发现，确定行为的三个基本功能（栏目3-1）是很有帮助的。在这里，我们只是简短地介绍这每一个功能，在以后的章节中将对之进行更详细地讨论。

栏目3-1　行为的三个功能

1. 正强化
2. 负强化
3. 感觉调整/感觉刺激

正强化功能

第一个基于正强化的功能是指从儿童的角度，挑战性行为的功能是产生了一个积极或者期望的结果（Carr，Langdon，et al.，1999；Iwata et al.，1982/1994；Repp & Karsh，1990）。这可能包括关注、控制、材料等等。在前面提到的例子中，当苏珊娜讲脏话时，她获得了来自教师的关注。她的行为功能就是正强化——她获得了教师的关注。

前奏事件和情境事件	行　　为	结　　果	功　　能
教师关注同伴	讲脏话	批　评	正强化:获得关注
一对一指导,常常关注	做作业	表　扬	正强化:获得关注

有关正强化功能，要记住两点。首先，当我们确定行为功能时，我们考虑的是学生的观点或者学生对变量的反应，而不是我们自己的观点，这是非常关键的。苏珊娜的老师认为，她通过批评苏珊娜惩罚了她。但是，对苏珊娜来说，批评则是一个积极的结果，而不是一个惩罚性的结果。从苏珊娜的角度，批评的功能是某种形式的教师关注；对苏珊娜来说，来自教师的消极关注比没有教师的关注要更好。当她无法获得来自教师的关注时，她会继续骂人，因为骂人马上获得了某种形式的教师关注。

为了确定某个结果对学生来说是否是积极的或者期望的结果，我们需要检查结果对学生行为的影响，或者学生如何对这些变量进行反应。如果学生继续表现出产生某种特定结果的挑战性行为，那么，认为结果对学生来说是积极的或者是期望的则是合理的。

第二点就是，在确定结果是积极的（或者厌恶的）时候，即使我们建议你要考虑学生的观点，我们也并不是说，学生是主动地有意去表现出产生某种特定结果的行为的。例如，苏珊娜不是这样考虑她自己，"嘿，我的老师没有注意我，我打赌，如果我骂人的话她就会对我叫，我宁肯让她朝着我叫而不是忽视我"。而是，苏珊娜对她环境中正在发生的当前事件（如没有教师关注）进行反应。她正在做过去产生了教师关注这一期望结果的行为。

负强化功能

第二个基于负强化的功能是指挑战性行为导致了逃避或者回避那些从儿童角度来说具有厌恶性的事物(Carr, Newson, & Binkoff, 1980；Iwata et al., 1982/1994；Repp et al., 1995)。学生可能回避作业、活动、场所、人物、材料、参与等等。例如，在体育课上，每当教师通知学生要沿着跑道跑几圈时，帕特(Pat)就抱怨胃痛，接着，在剩余的时间里他就被允许去校医室休息。帕特的行为产生了一个导致回避跑圈的结果(去校医室)。她的行为功能就是负强化：她回避了跑圈。每当班级要跑圈时，帕特的行为都将继续发生，因为这一行为在获得回避/逃避功能这一点上是很有效的。

在通过检查结果对学生行为的影响来确定回避/逃避功能时，我们也必须考虑学生的观点。学生常常表现出导致被送到隔离室、校长室或者甚至停学等结果的挑战性行为。这些通常被认为是惩罚程序。但是，若学生通过去校长办公室而逃避或者回避了厌恶性的任务，那么，这个结果实际上是令人期望的，因此，导致被送去校长办公室的行为将继续发生(Nelson & Rutherfold, 1983)。

我们也必须从学生的角度考虑什么是具有厌恶性的。这一点是有难度的，特别是在学生逃避或者回避我们已经设计好了的任务时。例如，年幼儿童的老师常常花很多时间和精力去设计刺激性的、开放性的圆圈阶段活动。对绝大多数儿童来说，圆圈时间是很有趣的、令人兴奋的，他们很愿意参与这个活动。但是，尤兰达(Yolanda)发现，理解活动、回答小组指向的问题，以及与同伴一起唱歌，都是非常困难的，因为她的英语听、说都不够好。在圆圈活动期间，尤兰达会坐立不安、尖叫、打同伴，直到她被送到隔离室，在那儿她安静地坐着，看向窗外。从尤兰达的角度来说，圆圈活动是有厌恶性的，她的行为让她逃避了圆圈活动。

前奏事件和情境事件	行　　为	结　　果	功　　能
英语课中的圆圈活动 (厌恶性活动)	坐立不安、打人、尖叫	隔离室	负强化：逃避圆圈活动

感觉调整/感觉刺激功能

行为的第三个功能被称为感觉调整/感觉刺激。在这一个功能里，挑战性或者适当的行为的功能是调节环境中感觉输入的水平(增加或者减少)或者类型，抑或是它产生了感觉刺激。我们看到，有一些个体偏好于仅仅将正强化和负强化作为行为的功能，他们没有将与感觉调整/感觉刺激有关的行为分离出来，作为第三种功能。例如，如果一个学生的行为导致动作的增加，而这是一个期望的或者积极的结果的话，他们就会确定这是正强化功能。或者，如果学生的行为导致触觉输入的减少，他们会判断这是一种儿童逃避厌恶性的感觉输入的负强化功能。我们发现,讨论感觉调整/感觉刺激作为行为的第三个功能是很有用的,因为儿童的行为常常产生身体内部的变化,而这是很难被直接观察到的。当将行为只归类为正强化或者负强化功能时,这些很难被观察到的事件就可能被忽视或者不能被考虑到。我们之所以将感觉功能纳入进来,是因为它促使我们去考虑与感觉有关的挑战性行为,当它被确定的时候,它也促使我们去制定处理和尊重儿童感觉需求的干预措施(Baranek,2002)。我们将在第9章中进一步讨论我们采纳这三个功能的理由。

在这一个功能中,行为的效果可能与以下情况有关:(a)感觉调整,(b)感觉刺激,(c)特殊的生理或者神经系统结果。感觉调整/感觉刺激功能的独特一面是挑战性行为是由非社会性的结果所维持的(Shore & Iwata,1999)。这三类感觉调整/感觉刺激功能在本章中只是简短说明,在以后的章节中将更详细介绍。我们关于感觉调整/感觉刺激功能的观点一定程度上要比一些教育人员和研究者常常首先提到的自动化强化含义要更广(Iwata,Pace,Dorsey, et al.,1994;Iwata,Vollmer, & Zarcone,1990)。我们也已经将这个含义更广的观点纳入了与感觉调整有关的研究中(Repp et al.,1995)。

感觉调整

这一类功能有时指的是动态平衡或者觉醒调节,它以增托尔(Zentall & Zentall,1983)所描述的最佳刺激理论为基础。最佳刺激理论提出,对于每个个体来说,其最适当的(最佳的)刺激水平是由其生理所决定的,最适当的刺激量在不同个体身上可以从最高到最低的刺激水平之间发生变化。它进一步提到,个体会寻求维持刺激在最佳水平上(Berkson & Tupa,2000;Crimmins,Farrell,Smith, & Bailey,2007;Guess & Carr,1991;Repp,1999;Repp & Karsh,1990;Repp,Karsh,Deitz,Singh,1992;Repp et al.,1995)。

刺激可以在每一个感觉系统中产生:触觉(触摸)、运动觉(动作、身体在某个位置和重力的感觉)、视觉(看)、听觉(听)、味觉(尝)、嗅觉(闻)和本体感觉(肌肉、筋腱和关节的感觉)。当感觉刺激的水平太低时,学生就会表现出增加刺激的行为。当刺激水平太高时,学生就会表现出减少感觉刺激的行为(Repp & Karsh,1992)。例如,在第一个10分钟的讲课时间里,罗德尼(Rodney)能够安静地坐着,但是10分钟之后,他就开始敲他的铅笔,踢课桌腿。当环境对他来说不够刺激时,这些行为就增加了刺激(即它们提供了动作和听觉、触觉刺激)。对罗德尼来说,讲课时间里的刺激类型和量与他的最佳刺激水平之间不匹配。

前奏事件和情境事件	行　为	结　果	功　能
长时间的讲课,受限制的动作	敲铅笔,踢桌子	动作,噪音	增加感觉刺激

当学生在高刺激活动或环境与被动型活动或环境之间进行转衔时,行为受感觉调整这一类功能维持的学生也可能经历困难。这是因为他们无法调整不同环境间的刺激水平

(Fouse & Wheeler，1997；Guess & Carr，1991）。当刺激水平很高且学生被过度唤醒的时候，一些学生可能发现很难转衔到较被动的活动中。或者，当刺激水平较低而学生低于唤醒水平的时候，一些学生会发现很难转衔到或者开始高刺激性的活动。比如，伊内姿（Inez）不能改变她的行为去匹配任务或者活动所要求的刺激水平。她不能很好地从高刺激性的活动转衔到安静的、被动型的、类似阅读这样的活动。当休息（非常具有刺激性的活动）之后是阅读课时，伊内姿常常就会离开她的座位，与同伴和老师说话。因此，她也受到了批评，不能完成她的阅读作业，并在放学后留校。但是，当阅读课跟在较少刺激性的作业，如艺术或者讲课之后时，伊内姿就能留在她的座位上，做她的功课。伊内姿在阅读课上的行为受到了前面活动的刺激水平的影响。当刺激水平很高时，她不能转衔到安静的被动型的活动中。当刺激水平在低水平到中等水平时，她可以很容易地转衔到安静、被动型的活动中。

前奏事件和情境事件	行　为	结　果	功　能
休　息	跑、说话、参加	互动，动作	感觉调整/感觉刺激：高刺激
休息之后阅读课	与同伴讲话，离开座位	互动，动作，留校	感觉调整/感觉刺激：维持高刺激
艺术或者讲课	集中在作业上，记笔记，听	表扬，完成作业	感觉调整/感觉刺激：低—中等水平刺激
艺术课或讲课之后阅读课	看书，在座位上	表扬，完成任务	感觉调整/感觉刺激：低—中等水平刺激

感觉刺激或者自动化强化

这一类的挑战性行为被认为是因为它产生了具有自动化强化作用的感觉/知觉刺激而发生的（Shore & Iwata，1999）。换句话说，行为本身产生了积极的结果。感觉刺激可能在视觉、触觉、听觉、味觉和运动觉系统中产生。例如，抠眼睛可能刺激视网膜，给盲生或者视觉障碍学生带来视觉刺激（Berkson & Tupa，2000；Mace & Mauk，1999）。又如，咬手会为感觉统合失调的学生带来触觉和味觉刺激。

神经系统的结果

这类行为常指的是最严重的自我伤害和自我刺激行为。神经系统理论认为，一些挑战性行为与神经发育失调或者生化不平衡有关（Lewis，Baumeister，Mailman，1987；Mace & Mauk，1999；Shore & Iwata，1999；Steege & Watson，2008）。例如，研究者提出，一些个体之所以出现自我伤害行为，是因为它产生了内源性阿片或者内啡肽，后者具有强化作用并使个体上瘾（Carr，Langdon et al.，1999）。他们也推测，严重的自我伤害行为和过度的刻板行为可能与神经化学的不平衡，比如多巴胺的产生有关，而它们与固执——强迫性障碍有一定的关联(Mace & Mauk, 1999)。对行为主要来自神经失调的个体来说,他们的干预除了行为管理策略之外通常还包括药物。

在讲功能评估的第三个假设之前,我们要指出,那些基于行为表现形式、以自我伤害、自我刺激(比如在教室里奔跑或者大声吼叫)或者刻板行为为特征的挑战性行为,不是所有的都与感觉调整/感觉刺激有关(Carr, 1977; Iwata et al., 1982/1994; McEvoy & Reichle, 2000)。基于障碍的类型或者行为的表现形式,是不可能判断行为的功能的(Hanley, Iwata, & McCord, 2003; Horner, Carr, Strain, et al., 2002)。确实,出现诸如敲头、转圈或者奔跑这样的行为可能是因为它们产生了一个不同的功能。例如,它们可能获得了一个期望的结果,比如父母关注(即正强化功能)。或者,它们也可能导致逃避或者回避厌恶性任务,比如在开放型圆圈活动中坐着(即负强化)(Iwata, Pace, Dorsey, et al., 1994; Pace, Iwata, Cowdery, Andree, & McIntyre, 1993; Zarcone, Iwata, Smith, Mazaleski, & Lerman, 1994)。功能评估将帮助教育人员判断行为功能是否是正强化、负强化或者感觉调整/感觉刺激。

总而言之,当我们判断挑战性行为为什么发生时,我们首先要确定当前环境中诱发和支持行为的刺激物。其次,我们应该利用这些信息去判断行为的功能:(a)学生得到了一些积极的东西(正强化);(b)学生逃避或者回避厌恶性的事物(负强化);(c)感觉刺激水平增加或者降低(感觉调整/感觉刺激)。这个信息将指导我们制定处理行为的干预措施。这也引向功能评估的第三个假设。

假设3:挑战性行为可以通过处理行为功能的积极干预策略而被改变

如果我们知道与挑战性行为有关的前奏诱发刺激、结果和行为功能,那么,我们就能设计积极的干预措施,这些措施让学生可以通过适当行为来获得相同的功能,而不是挑战性行为(Carr, 1997; Carr et al., 1990; Donnelan & LaVigna, 1990; Horner, 1997; McEvoy & Reichle, 2000; Repp, 1999; Scott et al., 2005; Steege & Watson, 2008; Zuni & McDougall, 2004)。在一篇有关1988—2000年研究的综述文献中,霍纳、卡尔、斯特雷恩等人(Horner, Carr, Strain, et al., 2002)报告,基于功能行为评估所获得的信息而制定的干预计划比惩罚措施更加积极,在减少挑战性行为方面,比没有应用功能评估的研究要更加有效(Pelios, Morren, Tesch, & Axelrod, 1999)。

在功能评估和干预模式中,很少有需要去使用基于惩罚的干预措施(Chandler et al., 1999; Repp, 1999; Stahr, Cushing, Lane, & Fox, 2006)。惩罚告诉学生不要做什么,但它没有教学生做什么来替代挑战性行为。当我们采用惩罚程序时,我们常常看到挑战性行为有一个直接的减少。但是,这个结果常常是短期的。这是因为我们的惩罚策略不处理挑战性行为的功能,如果没有这样做,它们就留下了一个空间(Carr,1977;Mace,1994)。当另一种形式的行为填补这个空间,它也会获得像最初的挑战性行为一样的功能,而往往替代行为也是另一个挑战性行为。例如,米格尔(Miguel)是一个很难理解的人,当同伴忽视他的主动发起时,他常常朝着同伴尖叫。因此,反应代价程序被添加到代币制中,这样,当他朝同伴尖叫时,他就会失去绩点。2天后,尖叫的发生频率降低到零。但是,在反应代价程序启动一周之中,当同伴忽视他的发起行为时,米格尔就开始打同伴。虽然米格尔学会了不对同伴尖叫,但是他没有学会适当的方式来获得同伴的关注。

干预策略必须处理挑战性行为的功能。在这种做的过程中,我们改变当前对挑战性行为的支持,同时为可获得同样功能的适当行为提供环境的支持(Carr,1994;Carr et al.,Luiselli,1990;Mace,1994;McIntosh et al.,2008;Stahr et al.,2006)。对打同伴的米格尔来说,惩罚他的行为还不如教他轻拍同伴的肩膀,然后,使用图片线索去与同伴交流。这可以让他获得同伴的关注,而且使用的是适当行为。这样,米格尔就获得了同样的功能,但是,他使用的是适当的替代行为。对不能说英语、逃避圆圈活动的尤兰达来说,当她坐立不安、尖叫、打同伴时,干预措施应该教她用更适当的方式,比如说"结束"来告诉别人她希望离开圆圈活动。在每一个功能内制定处理挑战性行为的干预措施时,要问的问题是"学生反过来应该做的是什么? 什么是可获得同样功能的适当替代行为?"

但是,有时候,小组并不想教学生获得同样功能的行为。当挑战性行为的功能是负强化时,这种情况常常发生,小组不想让学生逃避或者回避活动和任务。这是因为逃避学校里的活动常常会减少他们学习学业技能和表现恰当社会行为的机会。例如,尤兰达的老师说,她不想教尤兰达用适当的方式离开圆圈活动,她表示,逃避圆圈活动不是一个适当的结果,对尤兰达来说,留在圆圈活动里、参加活动是很重要的。当挑战性行为的功能是负强化,而且小组不想让学生逃避或者回避活动、任务的时候,干预的目标应该是减少受逃避和回避维持的挑战性行为的支持,同时也要增加对受正强化维持的适当行为的支持。

当我们试图减少受逃避或者回避维持的行为时,我们必须评估作业或者活动为什么对学生来说是有厌恶性的。干预措施应该改变活动的厌恶性,增加参与的积极结果。例如,尤兰达发现,圆圈活动很令人厌恶,因为她不能理解活动、回答小组的问题或者和她的同伴一起唱歌。用于立即减少圆圈活动的厌恶性的干预措施可以是用西班牙语重复关键词,用西班牙语单独提问尤兰达,小组合唱时让其通过动作参与,这样,尤兰达就能参与了(即使她仍旧不会唱歌)。教师也可以教尤兰达用英语唱合唱歌曲,教其他同学用西班牙语唱歌,同时在圆圈活动时唱这两种类型的歌曲。干预措施也可以包括当她参与、留在圆圈活动并且没有尖叫、打同伴时就对她进行表扬。

前奏事件和情境事件	行　　为	结　　果	功　　能
用英语的圆圈活动(厌恶性活动)	坐立不安、打人、尖叫	隔　　离	负强化:逃避圆圈活动
	干预目标:教获得同样功能的适当行为		
用英语的圆圈活动(厌恶性活动)	要求离开圆圈活动	被允许离开圆圈活动	负强化:逃避圆圈活动
干预目标:减少受负强化维持的挑战性行为的支持以及增加受正强化维持的恰当替代行为的支持			
用西班牙语的圆圈活动加上动作	参与、留在圆圈活动	表扬、与同伴互动	正强化:获得表扬、乐趣以及同伴互动

假设 4：功能评估应该是基于团队的过程

最后一个与功能评估有关的假设是功能评估只有在基于团队的过程时才是最有效的。如果所有与表现出挑战性行为的学生一起工作的人都理解功能评估的这一假设和实施所选择的干预措施的理由，那么，功能评估就会是最有效的。这会让所有人都对支持行为的变量有一个共识，并在处理挑战性行为时采用共同的语言和方法(Chandler et al., 1999；Crimmins, Farrell, Smith, & Bailey, 2007；Crone, Hawken, & Bergstrom, 2007；Freer & Watson, 1999；Katsiyannis & Maag, 1998)。

教育人员需要明白采用功能评估和干预模式去处理挑战性行为并不是否定其他专业领域的哲学观或者做法(如咨询、社会工作、职业治疗)。例如，小组中的一名咨询员也许相信，有必要对学生进行游戏治疗，因为它可帮助学生处理与以往创伤有关的情绪。这一形式的干预措施(功能评估)所处理的是当前行为发生的环境中支持行为的变量，而其他形式的干预措施(游戏治疗)处理的则是以往经验对行为和情绪的影响(Kazdin, 2001)。在我们的经验中，可以同时实施这些类型的干预，而不必去争论哪一种哲学观点是正确的——两种干预措施都是有帮助的。

在另外一个例子中，有一名职业治疗师，他在做一名有感觉统合障碍、并且表现出刻板行为的学生的工作，他对学生之所以寻求增加感觉输入的行为有一个基于脑的观点。他相信，感觉统合治疗对于处理这一学生的问题是很关键的。感觉统合失调治疗的纳入与实施功能评估并不是不相容的，后者的目的是为了判断与教室中挑战性行为有关的环境变量。而且，在我们的经验中，没有必要去争辩哪一种方法是正确的。职业治疗师可以为学生提供感觉统合治疗。同时，功能评估小组可以确定可在教室里为学生提供感觉刺激的适当行为。

在这个例子中,职业治疗师作为小组的一名成员,在确定可以让学生获得相同类型和水平的感觉刺激、并且与发展水平相适应的替代行为时是非常有帮助的,他们也能够提供有关基于感觉的活动如何融入课程的建议。

在我们的观念和实践中,处理挑战性行为的责任不应该仅仅由一个人承担。它不应该仅仅是学校心理学家、行为分析师或者教师的责任。虽然功能评估和干预策略实施的工作可以由个别的工作人员承担,但是我们还是建议由一个跨学科的小组来执行。作为一个整体,来自多学科人员的贡献能够极大地增加团队的技能和知识。所有与学生一起工作的人员都拥有独特的专业特长和重心,以及关于学生的认识(Friend & Cook, 2006)。为了改变当前对挑战性行为的支持和促进适当的替代行为的发展,基于团队的过程要将个别小组成员的专长融合在一起。它也促进了与学生进行互动的每一位人员在应用干预策略时的一致性,这些策略包括撤销对挑战性行为的支持、教学生适当替代行为,以及支持这些行为。

功能评估的目标

当本书的作者被带到教室时,通常是要去处理已经存在的问题行为。教师们常常无计可施,因为学生的行为已经定型,也许还在恶化。当这种情况发生时,我们的工作就是去矫正学生的挑战性行为,用更加适当的行为去替代它。很明显,这是功能评估的一个重要目标。我们首先通过确定诱发挑战性行为和适当行为的前奏变量,以及之后的结果来矫正挑战性行为。然后,我们改变它们,以便撤销对挑战性行为的支持,并为获得相同功能的恰当替代行为提供支持。

一些人认为,功能评估的更重要的目标是预测和预防挑战性行为的发展和发生(Carr et al., 2002; Carr, Langdon et al., 1999; McGee, 1988; Munk & Karsh, 1999; Repp, 1999)。如果我们能够预防挑战性行为的发展和发生,而它们曾经是儿童行为的一部分,那么,我们就不需要去矫正。功能评估和干预模式可用于预测可导致挑战性行为的环境状况。之后,这些环境状况也能够在挑战性行为发生之前被改变(Carr et al., 1994; McGee & Daly, 1999; Neilsen et al., 1998)。这可以用于个别学生,也可用于整个班级(Chandler et al., 1999)。

教育人员常常能够预料挑战性行为什么时候、在什么地方发生。例如,教师表示,挑战性行为通常在假日、学校放假(如春假)、休息,以及不喜欢的、很难的活动之前和之后的时间里会增加,挑战性行为的增加也会发生在特殊的作业(比如书写、朗读)、活动类型(比如小组或者个别作业)或者在一天中的某些特定的时间段(比如午餐后或者他们必须回家)等情况下。

在全班水平,一个可导致挑战性行为增加、且很容易被预料到的事件是活动之间的转衔时间。这常常被称为"停工期"。在转衔时间里,学生可能出现跑、叫、扔物品、打架、骂人等行为。当我们检查教室里的这些转衔时,我们注意到,它们常常是无结构的、很少有督导和指导、常常有长时间的等待(Lawry, Danko, & Strain, 2000; Strain & Hemmeter, 1997)。此时,也很少有诱发或者支持适当行为的前奏刺激物或者结果,因为教师正在帮助其他学生,或者正在准备下一个活动。当挑战性行为发生时,教师常常会使用诸如批评学生或者剥夺奖励物、绩点之类的反应性手段。

我们的目标不是在转衔期间对挑战性行为进行反应,而应该是在这段时间里去预防挑战性行为的发生。为了做到这点,我们需要改变转衔阶段的活动。我们可以通过建立适当转衔行为的规则和信号来提供结构化的环境,或者通过为学生提供表现或者练习技能的机会(比如命名字母、数数等等)来开展基于转衔的教学(Wolery, Doyle, Gast, Ault, & Lichtenberg, 1991)。我们也可以分给学生特殊的工作,以便减少转衔阶段中无结构的时间,或者让学生在不同的时间里转衔(比如两两排队,而不是整个小组)。我们也可以准备好下一个活动需要的物品,以减少转衔所需的时间。这些对转衔程序的改变将预防挑战性行为的发生,进而防止对已经定型的挑战性行为进行矫正的需求。

预防包括预测挑战性行为的发展或者发生,操纵可诱发挑战性行为的前奏事件,以及提供诱发适当行为的前奏事件。矫正,是功能评估的第二个目标,包括制定处理已经定型的挑战性行为的策略。它也包括操纵与适当和挑战性行为有关的前奏事件,以及改变当前支持挑战性行为的结果,这样,它们就可以支持适当的替代行为了(March, 2002)。

功能评估和干预以及积极行为支持方法

虽然这不是功能评估和干预模式的假设,但是我们认为,指出我们支持的这个被称为"积极行为支持"(positive behavior support,简称 PBS)、用于处理挑战性行为的相对较新的拓展性方法的目标是很重要的。我们看到,本书所讨论的功能评估和积极的、基于功能的干预方法与大多数的 PBS 哲学观和实践是相一致的,但是我们也承认,PBS 比这里所指的功能评估和干预模式的内涵要更广。PBS 协会将 PBS 方法描述为"联合来自社会、行为和生物化学科学的信息,并且应用这些信息到个体以及/或者系统水平,以减少行为挑战性和改善生活质量的一个过程"。(APBS, 2007)。这里的关键是 PBS 寻求的不仅仅是减少挑战性行为,而是改善个体、他们的家庭,以及其他重要人员,如教师和同伴等的生活质量(Carr, 2002, 2007; Lucyshyn, Horner, Dunlap, Albin, & Ben, 2002; Thompson, 2007)。因此,家庭和一些重要人员,以及有挑战性行为的个体,所有这些人都是小组的重要成员,计划制定的重心在于"处理生活质量所定义的多维度变量"(Thompson, 2007, P.131)。干预计划必须用主动的、积极的和有效的方式,通过采用基于事实的策略来处理挑战性行为;尊重所有小组成员的尊严和价值；促进个体的能力，以及参与干预的人员的能力；拓展个体参与学校、家庭和社区生活的机会(Koegel，Koegel，& Dunlap，1996)。对 PBS 的完整的描述超出了本书的范围和重心，其他相关的信息可以在 PBS 协会的网站(www.apbs.org)和积极行为干预杂志上获得。第 12 章提供了一个着眼于系统(P50)的 PBS 模式。在这个模式中，PBS 是在全校范围制定并实施的，包含了多层级的预防水平，这些水平被设计用来满足学生、家庭和学校师资人员的各种需求。全校范围的 PBS 项目已经在美国的许多学区内应用，这方面的研究也越来越多，这些研究记录了它在预防和处理挑战性行为方面的有效性。

总结

当小组应用功能评估和干预模式去处理挑战性行为时，他们应该理解和采纳对这个模式来说很重要的假设和目标。这些假设是：行为受当前环境支持，行为服务于功能，挑战性行为可以通过处理行为功能的积极干预措施而被改变，功能评估应该是一个基于团队的努力过程。这些假设确定了评估和干预的重心。它们将评估和干预导向一个着眼于当前挑战性行为发生的情境，以及确定和处理行为功能的模式。

功能评估的两个目标是理解和处理挑战性行为的根本。功能评估的第一个目标应该是通过安排支持适当行为的环境来预料和预防挑战性行为。然而，我们也认识到，不是所有的挑战性行为都能被预料和预防，当这种情况发生时，功能评估的目的就是通过积极的策略矫正挑战性行为。我们通过以下方式来实现：(a)移去支持挑战性行为的刺激，为获得相同功能(比如正强化、负强化或者感觉调整/感觉刺激)的适当替代行为提供支持，或者(b)减少对受负强化(逃避或回避)维持的挑战性行为的支持，以及增加对受正强化维持的适当替代行为的支持。

案例研究：确定行为的功能及分析干预策略

案例研究由凯瑟琳·马克雷恩(Catherine McLain)提供

● 杰达(Jada)

杰达是一个年幼的非洲裔美国小女孩，首要诊断是智力落后，其次是言语和语言迟滞。她也被诊断有视觉障碍。杰达在一个配有助教的全日制普通幼儿园上学。她接受来自特殊教育促进人员、言语和语言病理学家、巡回视觉老师和社会工作者的服务。杰达在所有领域的技能水平都很低。在社会方面，她与同伴和成人的交往技能很糟糕。她有时也会表现得好争辩；反击成人，叫他们有贬义的名字。她讲很多有关不喜欢男孩子之类的话，在玩偶身上也表现出一些性发泄行为(这些事务由社会工作者处理)。

　　杰达最喜欢的活动是玩玩偶或者在家政区域玩游戏和电子玩具、吃东西。实际上,杰达仅仅希望在学校玩。她拒绝任何类型的学业、前学业或者由教师布置的任务。如果对其提出要求,她就会发脾气、大哭、打人、拒绝参与或者跑离教室。在功能评估之前,一旦杰达表现出这些行为,教师就将她安置到隔离室。杰达在隔离室里通常是安静地坐着,教师注意到这一做法对杰达的行为没有任何作用。

　　杰达在从家庭到学校的转衔及开始学校学习方面存在困难。她每天早晨有相当多的时间花在哭泣、跑开、打别人、叫名字、拒绝参与或者拒绝开始学习上面。在与特殊教育教师、巡回的视觉老师及言语病理学家一起学习的时候,她也表现出同样类型的行为。她的老师、助教及其他人都谈到,他们已经因努力处理杰达的行为弄得筋疲力尽了。杰达在社会、学业或者行为方面没有任何进展。幼儿园融合小组决定转介要求行为支持。

　　杰达的 ABC 记录表支持了他们的报告。

前奏事件和情境事件	行　　为	结　　果
体育课,轮到她用体育设备	尖叫,躺在地板上	教师转向另一个学生
要求其参与日历表活动	跑开	助教追她,将她带到圆圈活动
助教带她到圆圈活动	打助教	被带到隔离室
隔离室	安静地坐着	没有交流、没有教学
中央区游戏,自由选择	玩玩偶	独自一个人,乐趣
故事时间,被要求来小组	拒绝,叫老师名字	被忽视,告诉她如果她还讲坏话就不能参加故事时间
点心时间	安静地坐着,吃东西	表扬,与助教对话
被要求做学校作业	在桌子下面爬	要求她去隔离室坐
隔离室	安静地坐着	没有互动,没有教学
休息时间	在秋千上玩,与老师和同伴说话	同伴互动,有乐趣
言语治疗,被要求进行图片命名	发脾气、打言语病理学家	言语治疗提早结束,回到教室

　　与杰达一起工作的服务提供小组实施了以下干预措施。首先,他们决定,对杰达来说,适当的替代行为就是参与教师指向的活动或者学业类活动。他们最初将杰达参与活动的时间量减少到 2 至 5 分钟。其次,小组制作了一个休息卡,告诉杰达,她在选择一个活动,并参与了很短的时间之后可以获得一次休息。休息图片被放在杰达的视觉日程表上,而日程表则紧邻她要完成的活动。另外,小组还制定了一个简单的标签系统,这个标签系统用简单的魔术贴制作,上面写了数字。这可用来表示杰达在休息之前还需要参加几分钟的活动。每完成一分钟就用一个标签覆盖。

5	4	3	2	1

杰达可以从每一个覆盖的标签那里获得便士;它们在活动结束时可用来交换休息卡。小组也用数字照相机制作了图片线索卡,表示体育活动中期望她表现的适当行为,他们用三块木板图(不打人、做和学习时间)为其提供了一套视觉系统,以便在学业和前学业活动期间提醒杰达行为期望。最后,所有小组成员都对其适当行为提供表扬。当杰达的行为得到改善、她的注意力保持在任务上一小段时间之后,她获得休息所要求的专注作业的时间就会增加。

这些策略增加了杰达专注于作业的适当行为和参与活动的行为,同时,也减少了她的挑战性行为。

1. 挑战性和适当行为受当前环境诱发和支持。简短总结功能评估和干预之前杰达适当行为的前奏诱发事件和结果。

2. 总结杰达挑战性行为的前奏诱发事件和结果。

3. 什么是杰达挑战性行为的功能?

4. 解释所应用的干预策略如何提供了适当行为的前奏诱发事件和结果,以及它们如何改变用来处理挑战性行为。

第二部分　实施功能评估

第四章　评估当前环境

第五章　确定挑战性和适当行为的功能

第四章

评估当前环境

目标

1. 确定多种间接获得信息的方法。
2. 确定通过访谈获得的信息类型。
3. 描述威胁到访谈法效度和信度的因素。
4. 确定通过观察而获得的信息类型。
5. 描述多种观察策略，包括 ABC 观察、散点图和记录卡策略。
6. 定义前奏事件、情境事件和结果，描述它们如何与挑战性和适当行为相关。

关键术语和概念

ABC 评估	自然主义、描述性观察
前奏事件	记录卡策略
结果	散点图
访谈	情境事件和已形成事件
间接方法	

功能评估的基本假设是，如果我们要理解挑战性行为为什么发生，我们需要检查与它有关的环境。那么，实施功能评估的第一步就是定义挑战性行为，并确定当前对这一行为的支持。这包括用多种方法去检查环境中的生理、社会、学业和感觉方面的特点、该环境内对行为的期望及环境变量对行为的影响（Chandler & VanLaarhoven，2004；Steege & Watson，2008）。这通常包含以下内容：(a)获得要求功能评估或者行为支持的转介；(b)访谈教育人员、父母或者照料者及其他拥有学生信息的人员、观察过挑战性行为的人员，以及/或者采用其他间接方法，比如问卷、检核表或者等级量表；(c)访谈表现出挑战性行为的学生；(d)检查

儿童的学校记录;(e)通过直接观察收集环境资料。在本章的第一部分,我们将讨论用于获得信息的间接策略,比如转介、访谈、等级量表、问卷及检核表。在最后一部分,我们将讨论如何通过对学生和环境的直接观察来获得信息。

通过转介、访谈和其他间接方法收集信息

转介

至少,要求行为支持或者功能评估的转介应该提供有关学生和方案的人口统计学信息。例如,一个转介应该包括学生的年龄、学生就读的年级、所接受服务的类型(比如特殊教育和相关服务),以及学生就读的教室类型(即普通教育、封闭的教室或者两者相结合)。转介也应该确定儿童就读的学校名称、学生的老师及转介的原因。除了这类基本信息之外,转介也要在一定程度上描述儿童的挑战性行为和过去已经应用过的策略。这有助于专业人员或者其他咨询人员(a)确定谁应该参与访谈,(b)制定与行为有关的问题及访谈中应仔细查看的干预策略。栏目 4-1 提供了一个完整的学生转介表格,该表格改编自本书第二位作者研究项目中所使用的表格。

访谈

确定当前对挑战性行为的支持的第一项任务就是访谈那些观察过学生挑战性行为的人员或者熟悉学生的人员,包括教师、辅助人员、治疗师、咨询员、社会工作者及其他教职人员、行政人员、校车驾驶员、其他学校工作人员及其家庭成员。

定义挑战性行为

功能评估访谈的一个目的就是帮助定义挑战性行为,这样,所有人员都能同意挑战性行为的正反实例。在所有的行为程序中,对挑战性行为的定义必须是客观的,必须描述可观察的行为(Malott et al.,2000;Skinner,1953,1974;Sulzer-Azaroff & Mayer,1991)。例如,类似不尊重、生气和懒惰之类的行为都是不能观察的;不同人员之间对于什么样的行为是符合挑战性行为的例子会有不同的解释。比如,一个人可能判断在上课时睡觉是懒惰的行为的一个例子,而另一个人则可能在学生没有完成家庭作业时判断她是懒惰的。当工作人员或者家庭成员确定的行为是不可以观察或者有不同的解释的时候,访谈能够获得可观察的行为的定义。例如,勒塔(Lirta)先生将查斯提蒂(Chastity)转介到教学策略小组,因为她的行为很不尊重人。在访谈过程中,小组让勒塔先生描述查斯提蒂做了什么让他觉得不尊重人。他说,她在听课时背对着他,当他叫她面向房间前面时,她就骂他,轮到她的时候她拒绝在黑板上写字。与勒塔接下来的对话表明,查斯提蒂通过大声吼叫"让我一个人"或者"我不愿做,你不能让我做"来拒绝去黑板上写字。访谈也表明,在讲课期间查斯提蒂身体背

栏目4-1 学生转介表格示例

学生姓名：米奇·哈克(Mickey Hacker)　　　年龄：9　年级：3

学生当前安置方案：　　　　　　　　　　普通教育

这个学生接受特殊教育服务吗？　　　　　是

如果是，他或者她接受哪一种类型的服务？ 言语和语言治疗、数学资源教室

父母/监护人的名字　　　　　　　　　　约琳(Joleen)和赫克托·哈克(Hector Hacker)

父母/监护人知道这次转介吗？　　　　　是

学区：206　　　　　　　　　　　学校：本·富兰克林

教师：柯莉夫人(Corley)　　　电话：964-5271　　　　传真：964-5369

负责转介和支持此计划的联系人名字：柯莉夫人

参与此合作的其他小组成员：

姓名：杰斯丁·葛兰格(Justin Granger)　　角色：特殊教育教师

姓名：琳达·赫尔姆斯(Linda Holmes)　　角色：言语病理学家

请列举你所担忧的与学生表现有关的问题：

1. 不服从行为：以下行为常常指向成人或者权威人物：拒绝做规定的每日功课；不听指令——眼睛朝下、画画、朗读及白日梦；拒绝做草书和数学作业；试图讨价还价不做作业。

2. 离开教室、被带回到教室时，有攻击行为。

简短描述最近用于上述问题的策略及学生对这些干预策略的反应。

1.1　策略：

通过使用"教师不赞成的注视"重新引导米奇的注意力，重申指令，指点，翻页，站在或者坐在他旁边(每天几次)。

1.2　学生反应：

大吃一惊——可能变得坐立不安——胳膊和腿突然移动；打头或者掌捆头；发出咆哮的声音；怒视；用胳膊和身体盖住作业；用指甲在纸上划；作业乱涂乱写；弄皱或者扯破纸；气得上气不接下气。

2.1　策略：

提示和引导学生回到教室。

2.2　反应：

反抗、发怒、发脾气、拒绝、攻击。

对椅子,这样她就面对着房间后面的墙壁,她也朝勒塔先生"竖中指",以此来骂他。这个可观察的客观的信息让所有小组成员可以确定勒塔先生所定义的不尊重的行为。类似这样的具体信息将增加小组成员在随后开展的观察及应用干预策略过程中的一致性。

确定环境变量

除了对行为进行定义之外,与学校员工和家庭成员的访谈也将有助于小组确定与挑战性行为有关的环境变量和其他环境因素(Alberto & Troutman,1999;Kazdin,2001)。通过访谈,小组可以尝试回答几个有关挑战性行为的问题。表4-1列举出了这些问题。

表4-1 功能评估访谈过程中所问的问题

---

1. 什么是这个行为的表现形式?
2. 行为通常发生或者最常发生在什么时候(比如一天中的特殊时间或者一周的某一天)?
3. 行为通常发生或者最常发生在什么地方(比如体育馆、教室、走廊或者午餐室)?
4. 行为发生时,通常在做什么类型的作业或者活动(比如数学、阅读、小组活动、演讲、单独作业)?
5. 行为发生时,所从事的任务或者活动性质是怎样的(比如任务持续时间、喜欢的或者不喜欢的、困难的或者容易的、新颖的或者熟悉的、令人厌倦的或者令人兴奋的)?
6. 行为发生时,通常在用哪种类型的材料(比如精细动作或者操作性工具、艺术作品、计算机或者有限的材料)?
7. 行为发生时,谁常常在这个环境中,他们在做什么(比如特殊教育教师、普通教育教师、治疗师、助教及特定的同伴)?
8. 行为发生之前的变量通常是什么? 跟随行为之后通常是什么结果(比如教学、提问、作业、辅助、批评以及表扬)?
9. 与行为有关的其他情境性变量通常是什么(比如生理学因素、噪音水平、活动结构)?

除了确定与挑战性行为有关的因素之外,我们还要在访谈时确定与挑战性行为毫无关系的因素(比如行为从来不在合作性的小组活动中发生)。我们也要确定就学生而言适当的行为,以及与适当行为有关的环境因素。最后,我们要确定学生的优势、技能及其以前未被鉴定出来的需要(Dunlap & Kern,1993;Schrader & Gaylord-Ross,1990)。

例如,与勒塔先生的访谈揭示了查斯提蒂扭转身、骂人以及拒绝在黑板上写字主要发生在数学课和拼写活动中。它还进一步表明,她仅仅只是在有讲课、独立作业、黑板上作业、小组活动等内容的数学课和拼写活动中才这样做。她在科学、历史和艺术活动或者非学业类活动(如午餐、休息等期间),不会表现出挑战性行为。她也不会在与特殊教育教师一起做数学和拼写作业时出现挑战性行为。在这些情况下,查斯提蒂一直专注在作业上,并完成了她的作业。在小组开始去确定支持挑战性行为和适当行为的前奏诱发事件和结果及对挑战性行为功能提出假设的时候,类似这些信息——与挑战性和适当行为有着一致关系的变量,可以引导小组工作(Carr,Langdon et al.,1999;Reichle et al.,1996)。

学生访谈

如果适当,小组也可以访谈那些表现出挑战性行为的学生(Kern & Dunlap, 1999;Reed, Thomas, Sprague, & Horner, 1997)。对学生的访谈被用于征求学生关于与其挑战性行为有关的变量的观点。在访谈学生过程中,可以让学生描述其挑战性行为,确定挑战性行为在什么时候和什么地方发生,确定类似疾病或者虚弱这样的与行为有关的情境变量,确定挑战性行为之后的结果。表 4-2 列举了一系列小组进行学生访谈时询问查斯提蒂时所问的核心问题。根据学生所提供的信息,后续问题还可添加。

表 4-2 功能评估访谈过程中查斯提蒂被问的问题

---

1. 在勒塔的课上,你做了什么让你陷入麻烦?
2. 什么时候你常常做 _____?(命名学生所确定的行为)
3. 你认为你为什么要做_____?(命名学生所确定的行为)
4. 当你_____?(命名学生所确定的行为)时通常发生了什么事情?
5. 你可以做什么来替代_____?(命名学生所确定的行为)
6. 你认为什么可以是不同的,这样你就不会做_____?(命名学生所确定的行为)

在访谈过程中,查斯提蒂告诉小组,她很恨数学和拼写。当被问到为什么她不喜欢这些课程时,她说它们很难,她不想在黑板上写字、与她的朋友一起学习,以及做其他错事,让自己变成一个傻瓜。她说,当她的朋友们嘲笑她时,她一点也不喜欢它。她也说,她喜欢与特殊教育教师一起学习拼写和数学,因为他帮助她得到正确的答案。

通过与勒塔先生和查斯提蒂的访谈而获得的信息表明,在做数学和拼写作业且有同伴观察她功课(前奏事件)时,查斯提蒂表现出挑战性行为。当她拒绝参与时,同伴就不能够观察到她的功课,也不能够嘲笑她(结果)。基于访谈信息所做的总结请参见下面的 ABC 记录表。小组假设,她的挑战性行为的功能可能是逃避在同伴面前的糟糕表现(负强化)。这个信息通过随后的观察也被证实了。

前奏事件和情境事件	行 为	结 果
有同伴观察她困难学科的功课(数学/拼写)(如小组作业、黑板上作业)	拒绝参与,下流话,吼叫,将椅子转向墙壁	批评,留下她独自一个人,同伴不能看到其功课和嘲笑她
与老师 1 对 1 一起的困难学科(数学/拼写)	注意力停留在任务上	完成任务,辅助,表扬
有同伴观察她易学的功课或者非学业类活动	注意力停留在任务上,参与,与同伴互动	完成任务,同伴互动

标准化访谈

访谈过程可以是高度结构化和标准化的,也可以是以非正式的对话为基础(Carr et al., 1999; McIntosh et al., 2008; Neilsen et al., 1998),与其他间接的方法相结合,比如检查儿童档案记录、问卷、等级量表及检核表等。下面介绍了几种标准化的间接方法。

功能分析访谈(The Functional Analysis Interview,简称 FAI 表(O'neill et al., 1997)是一种广泛的访谈工具,旨在探索(a)挑战性行为的表现形式、频率、持续时间及强度;(b)与行为有关的环境情况;(c)可能与挑战性行为有关的情境变量,比如学生的历史、生物学或者生理学状况;(d)学生表现出来的其他功能行为和交流技能;(e)潜在的强化物和干预措施。这一访谈也许需要 45—90 分钟的时间,基于被访谈人员的报告可以做出有关行为功能的假设。这些假设将在随后的观察中采用功能分析观察表格被证实或者否定。

FAI 被认为具有很好的信度和效度(O'neill et al., 1997)。虽然奥尼尔(O'neill)等人的访谈和观察表产生了有用的信息,但是一些研究者发现,获得信息的持续时间要求过高,他们也发现这些信息没有充分地反映他们的人群。因此,他们设计了自己的表格和过程(McMahon, Lambros, & Sylva, 1998; Vaugn, Hales, Bush, & Fox, 1998)。例如,麦克马洪(McMahon)及其同事设计了一个功能分析访谈表的修正版,以用于评估表现出挑战性行为的患有慢性疾病的儿童。

动机评估量表(The Motivation Assessment Scale,简称 MAS, Durand & Crimmins, 1988)是一套处理行为可能功能的包含 16 个项目的问卷。其问题可用于描述挑战性行为发生的情境,以及基于所提供的信息对挑战性行为功能进行推论(Halle & Spradlin, 1993)。MAS 是一种快速评估工具,易于使用(Neilsen et al., 1998)。因此,它常常被应用于功能评估中。然而,MAS 也因为其信度统计及用途有限等有关问题而受到一些研究者的批评(Crawford, Brockel, Schauss, & Miltenberger, 1992; Iwata, Vollmer et al., 1990; Paclawskyj, Matson, Rush, Smalls, & Vollmer, 2001; Repp & Munk, 1999; Singh et al., 1993; Zarcone, Rodgers, Iwata, Rourke, & Dorsey, 1991)。因此,由此量表获得的信息也要通过观察来证实。

行为功能问题(The Questions About Behavioral Function,简称 QABF, Matson & Vollmer, 1995; Vollmer & Matson, 1996)是一套包含 25 个项目的检核表,用于个体确定挑战性行为在多种环境状况下的发生频率及由学生行为所传达出来的潜在信息。QABF 被认为具有很好的信度和用途(Matson, Bamburg, Cherry, & Paclawskyj, 1999; Paclawskyj et al., 2001)。

尼尔森、罗伯茨和斯密斯(Nelson, Roberts, & Smith, 1998)提供了一个访谈表/自我报告表,作为实施功能评估和制定干预计划的第一步。在这份表格中,工作人员可对挑战性行为进行定义,然后确定(a)挑战性和适当行为发生的事件和情境,(b)影响行为的身体内部和外部的情境事件，以及(c)与挑战性行为有关的前奏事件和结果。这些信息将用于指导之后的观察。

功能分析筛选工具(The Functional Analysis Screening Tool，简称 FAST，Iwata，1995)是一个有 18 个项目的问卷，通过对项目逐项回答是或者否来确定最常与挑战性行为发生有关的因素。回答是的数目最高的项目将被确定为支持挑战性行为的潜在变量。

教职员工功能评估检核表(The Functional Assessment Checklist for Teachers and Staff，简称 FACTS，March et al.，2000)提供了一系列问题，这些问题用于引导之后的观察及制定行为支持计划。它改编自前面描述过的 FAI。它在以下两项内容上可为小组提供辅助：(1)确定与挑战性行为发生有关的学生日程表特点，(2)确定与挑战性行为有关的前奏事件、情境事件及结果。这将形成有关行为功能的假设。有一项研究(March，2002)记录了FACTS 在确定初中年龄学生行为功能方面的有效性，最近一项研究则确定了该检核表在确定行为功能及制定行为干预计划方面的信度和效度(McIntosh，2008)。

奥尼尔及其同事(1997)也设计了一个标准化的学生访谈(standardized student interview)表和工具(Reed et al.，1997)。这个访谈表用来推测学生关于其行为及与其挑战性行为有关的变量的观点。这个访谈主要用于就读于小学和初中的高功能学生。另一个学生访谈工具，学生功能评估访谈，由克恩、邓拉普、克拉克和蔡尔兹(Kern，Dunlap，Clarke，& Childs，1994)制定。在这个访谈中，学生提供有关他们挑战性行为、影响他们行为的变量、所偏好的活动和强化物等方面的信息。他们也提供有关偏好的活动、不喜欢的活动、影响每一类活动的变量等方面的信息。斯塔尔、库欣、莱恩和法克斯(Stahr，Cushing，Lane，& Fox，2006)采用学生功能评估访谈对一名 9 岁有多种障碍的学生进行了作业时分心和破坏性行为的访谈，该学生所提供的信息与教师访谈和课堂观察所获得信息一致。这些信息有助于确定学生挑战性行为的功能，以及确定可纳入干预计划的强化物。

你也许发现，如果将对某个学生开展功能评估，那么，设计一个反映学生年龄/或者能力的学生访谈是很有帮助的。栏目 4-2 呈现了由克恩等人(1994)改编的、用于年幼儿童的访谈工具。本书的第二作者设计了这个表格，用于访谈表现出挑战性行为的年幼儿童。

栏目4-2　学生父母的功能评估访谈工具

1. 学生＿＿＿＿＿＿＿＿＿＿

2. 日期＿＿＿＿＿＿＿＿＿＿

3. 我今天的日子是：

| 很棒 | 很好 | 好 | 再试试 |

4. 今天我感到：

　　快乐　　难过　　安静　　吵闹　　忙碌　　疲倦　　疯狂

5. _____ 对我来说时间太长了。

6. _____ 对我来说太难了。

7. _____ 对我来说很有趣。

8. _____ 对我来说很容易。

　　老师帮助我的时候，我喜欢。　　　　　　是　　　　否

　　我的朋友帮助我的时候，我喜欢。　　　是　　　　否

　　我最喜欢学校的地方是_____。

　　我希望学校是_____。

　　你也许发现，设计一个对你的机构来说合适的、有用的访谈、问卷和/或者其他间接的方法是很有帮助的。例如，本书的第二作者将访谈过程分为两部分。在第一部分，她确定了教师及其他转介老师希望改变的挑战性行为，他们已经用于改变行为的策略及要开展观察的时间段。然后她在自然环境中观察学生。之后则是对教职员工的一个更广泛的访谈以及对学生教育档案的检查。第一位作者则根据另一个过程进行。在自然环境中进行观察之前，如果适当，她就访谈工作人员和家庭，一旦适当，就使用问卷和其他间接方法，阅读学生的档案。随后她就与工作人员见面讨论观察的结果和可能的干预计划。

　　不管采用怎样的过程，由间接方法获得的信息要确定能对挑战性行为的可能支持及功能提供辅助，也要用于指导后续的观察。本书所介绍的访谈法及前面表 4-1 所呈现的 9 个问题提供了一些资源，它可以帮助你制定你自己的间接方法、表格和程序。

　　访谈法和其他间接的方法所花费的时间很少，很容易实施，所要求的培训很少，可评估熟悉学生的那些人员的观点，以及挑战性行为发生的环境。因此，在确定挑战性行为的支持时，访谈法及其他间接的方法是非常有用的第一步。然而，也有几个威胁访谈法的效度和信度的地方，如果单独以访谈法所获得的信息为基础，它们就会阻碍制定干预措施，有一些研究记录了访谈法和等级量表等间接测量方法的信度和效度（McIntosh，2008）。例如，由访谈法所获得的信息是主观的，是以被访谈者的经验、以往的观察及印象为基础的（Kazdin，1980；Mace，Lalli，& Lalli，1991）。被访谈的人员也会提供一些基于不充分的行为样本的信息（比如被访谈者只观察了行为两次或者仅仅在一天的一个时间段内观察了行为），或者他们会因为破坏性行为、危险行为的显著性而将不太常发生的行为报告为常发生（Kazdin，2001）。他们也会仅仅报告最近发生的行为，即使这个行为过去并没有持续一段明显的时间。这种主观报告被称作为感知觉的近因误差（Steege & Watson，2008）。例如，当第一作

者在一家州医院为障碍人员工作时,她发现,住院部工作人员常常报告,住院病人中有着很高的挑战性行为发生率,并转到可调整用药的精神病医生那里。但是,资料显示,挑战性行为实际上发生的频率并不那么高。在将挑战性行为报告给精神病医生时,工作人员常常更多地对行为的严重性及最近发生的行为进行反馈,而不是行为的实际发生频率。如果被访谈者讨论了一个或者两个挑战性行为的例子,那么,非常重要的是,要确定被访谈者已经有多少次观察到这个行为,他/她观察到这个行为是最近的什么时候,这些行为的发生情况对于学生来说是否是典型的,以及要提出可以帮助个体聚焦在可观察的行为描述和与行为相关的环境状况上的问题。

被访谈者也可能无法确定与挑战性行为有关的关键变量,或者会确定错误的变量(Zarcone et al.,1991)。当被访谈者考虑到的仅仅是有关挑战性行为为什么发生的一些错误想法或者误解时,比如前面第 2 章中讨论过的那些错误假设,他们就很难检查与行为相关的环境因素,或者他们不希望承认他们的行为会与儿童的挑战性行为有关,那么,上述这种情况就会发生(Carr,Langdon,et al.,1999)。另外,来自访谈的信息也可能基于有限的个体样本(比如仅仅是学生的老师),被访谈的个体之间或者访谈和随后的观察结果之间有着很糟糕的一致性(Mace,1994;Repp & Munk,1999;Zarcone et al.,1991)。

在提供信息之前,很少有指导原则可告诉我们应该访谈多少人,谁应该被访谈,观察学生的行为应该是怎样的频率及在多少场所中观察等等。但是,一般大家都同意,访谈和其他间接方法不提供足以确定行为功能及制定基于功能的干预措施的信息(Lerman & Iwata,1993;Nelson et al.,2008)。它们最好被认为是一种筛选工具或者开展功能评估的第一步,它们也不应该是唯一的一个步骤。访谈法之后必须跟随的是在挑战性行为发生的环境中进行观察(Carr,Langdon,et al.,1999;Iwata,1994;Kazdin,2001;McIntosh,2008;O'neill et al.,1990;Repp,1999;Shore & Iwata,1999)。

通过直接、自然主义的观察收集信息

直接观察是确定支持挑战性行为的环境和情境变量的第二部分。通过在自然环境(即行为发生的环境)中自然主义的、描述性的观察,我们确定并证实挑战性或者适当行为之前出现的变量及之后跟随的变量。就如第 3 章中所提到的,这个描述性的观察可被称作为 ABC 或者前奏事件—行为—结果的评估(Bijou et al.,1968;Sulzer-Azaroff & Mayer,1991;Zuni & McDougall,2004)。对行为的每一次发生,我们都记录下行为及其之前或者与行为同时发生的事件(前奏条件和情境事件),以及跟随行为之后的事件(结果)(Kauffman et al.,1993)。

表 4-3 提供了一个关于乔的简单的 ABC 记录表样例,乔因为不服从和破坏性行为被转

介到小组。观察表描述了乔的几次挑战性行为和适当行为的情况。当我们寻找几次行为之间的一致性时，我们就能够对有关诱发行为的前奏事件和维持它的结果做个总结。例如，我们知道乔的挑战性行为发生在历史课上老师给予他指令或者要完成的任务(前奏事件)的时候。当乔在历史课上不听指令时，他开始会得到其他指令及批评，但是最终老师会留下他独自在那里或将他送去隔离(结果)。乔的挑战性行为不会发生在小组项目、科学、其他有老师指导的活动，比如音乐、艺术及休息时间。在那些活动中，乔都很服从，参与了整个活动。乔在历史课上出现不服从和破坏性行为，是因为它导致了逃避不喜欢的作业的结果(负强化功能)。

表4-3 乔的 ABC 记录表样例

前奏事件和情境事件	行　　为	结　　果
要求读历史书	扔书，与同伴说话	教师告诉他捡起书
要求开始做历史任务单	将任务单翻过来	教师摇头，走开
教师问他是否在任务单上需要帮助	撕掉任务单	送去隔离
教师叫他们排队去休息	排队	全班去休息
休息，自由选择活动	玩足球	同伴互动
教师叫他们做科学作业，做好了举手	做作业，举手	教师表扬乔的行为以及完成的作业

除了记录前奏事件和情境事件、行为以及结果之外，记录学生的优势对于确定用于学生的强化物及揭示其他与学生有关的担忧的问题，也是非常有帮助的。例如，我们可能记录到，乔与同伴很好地进行交往，喜欢在合作性小组中学习。我们也许确定，不仅仅历史课是乔不喜欢的一门学科，而且，对乔来说阅读也是很难的一项任务，因为他常常在有阅读的活动时"走神"(即使"走神"并没有被小组确定为是一个问题)。这个信息将为我们制定处理乔的挑战性行为的干预措施提供辅助。

当我们通过 ABC 方法收集资料时，我们将确定每一次行为发生之前、同时发生，以及发生之后的各种变量(Kazdin，2001)。为了帮助我们理解每一个变量，我们将逐个介绍它们。

前奏事件

前奏事件指的是那些在挑战性和适当行为之前发生或者同时发生的环境事件。我们常常将前奏事件描述为诱发或者操纵行为的环境事件。其他研究者也将前奏事件描述为那些为行为发生创设了场合或者为行为提供了舞台的变量(Carr，Langdon，et al.，1999；Rhode et al.，1993；Wacker，Peck，Derby，Berg，& Harding，1996；Walker，Shea，& Bauer，2004；Zirpoli，2005)。前奏事件影响到行为发生的可能性、频率、持续时间和强度(Dunlap，

Kern-Dunlap, Clarke, & Robbins, 1991；Repp, 1999；Repp & Karsh, 1990）。前奏事件可以是声音、手势、图片、书面语或者身体的动作。例如,在开始布置家庭作业时,教师可以提供一些说明作业完成步骤的图片线索或者大纲,或者他们可以提供一个已完成的数学题目的样例。教师也可以向学生指出,她仅仅只要多完成三道题目就完成她的学习任务单了,或者告诉学生她正试着拼写的那个单词的第一个字母。

前奏事件也常常可以是提示有特殊结果将在行为之后出现的信号,或者辨别性刺激（Wacker & Reichle, 1993）。虽然前奏事件不是经常明显地揭示行为之后跟随的结果,但是在 ABC 序列中,通过反复地与强化和惩罚结果配对出现,它们也就具有了辨别性信号的能量（Michael, 1982；Sulzer-Azaroff & Mayer, 1991）。例如,在休息之后,一个老师告诉学生"我希望你快速地回到你的座位,安静下来"。虽然她没有说明这个行为之后有什么结果,但是因为过去这个行为之后常常跟随的是看电影,学生就会对之有反应。

在另外一个例子中,年幼儿童的父母和老师常常使用的一个策略是在将儿童放到隔离室之前先数到三。当父母数到三之后,总是反复地与被放到隔离室配对,那么,"一、二、三"就具有了提示行为,继续就会被送去隔离这一前奏刺激的功能。

表 4-4 列举了在学校情境中普遍存在的前奏刺激。当你开始在学校情境中观察行为、开展功能评估时,你可能希望添加这个表格中所列举的刺激,你要注意:也会发生这张表格中所列举的项目在行为之后出现的情况（如成功）。根据定义,这些应该被确定为结果。但

表 4-4 常常在适当和挑战性行为之前或者同时出现的前奏事件

教学指导	提问
警告信号	提示信号
图片线索	规则
缺乏关注	同伴或者成人关注
困难的活动	容易、偏好的活动
无聊的活动	有趣、令人感到刺激的活动
记录表	实体模型
"如果这样……那么……"的陈述	大纲
反应机会	没有机会反应
行为榜样	警告
错误	成功
选择机会	手势
逗弄	要求
不喜欢的材料或者作业	喜欢的材料或者任务
辅助	提示

是,行为的结果常常会成为下一个行为的前奏事件,形成前奏事件、行为或者结果的循环。例如,里科兰达(Ricoland)先生让盖伊(Gay)完成关于内战期间北部和南部之间差异的图形组织者任务。盖伊说:"不"。然后,里科兰达再次告诉她做图形组织者。盖伊就大叫"让我一个人"。随后,里科兰达告诉盖伊她必须做她的作业,否则她这个单元就通不过了。盖伊尖叫"不",并且将纸扔在地上。这一循环式的互动一直持续到最终里科兰达留下盖伊一个人或者将她送回到房间的后面。在这个例子中,给予另一个指令的结果也成为下一个行为的前奏事件。因此,ABC 序列看起来像这样:ABC/ABC/ABC/ABC/AB,等等。

　　类似表 4-4 中列举的前奏刺激并不都是积极的或者消极的;它们能够诱发适当行为,也能诱发挑战性行为。访谈法和直接的观察将确定前奏刺激当前是如何影响个别学生及小组中学生的适当和挑战性行为的,而且也将提供关于它们可以如何被改变以预防挑战性行为及引导适当行为的线索(Kazdin, 2001)。例如,克拉克、伍塞斯特、邓拉普、穆雷和布兰得利·克拉格(Clarke, Worcester, Dunlap, Murray, & Bradley-Klug, 2002)指出,在一名 12 岁患有自闭症、视觉障碍,以及存在其他医学和发展状况的学生身上,前奏事件为其创设了自我伤害行为、攻击、不服从及尖叫行为发生的场合。访谈和自然环境中的观察都揭示了她的挑战性行为发生在她被要求完成需要精细运动控制的活动及活动转衔的时候。观察也表明,这名学生在与她的好伙伴一起、用特殊的颜色及各类材料时都做得很好。因此,他们将诱发适当行为的前奏事件加入到与挑战性行为有关的任务中。这使得她在完成学业任务及转衔期间的挑战性行为减少了,而参与的行为则增加了。

结果

　　结果就是那些跟随行为之后的事件。积极的结果会加强或者维持行为。它们增加了行为未来继续发生的可能性。惩罚或者厌恶性的结果减弱行为,并减少行为未来继续发生的可能性(Epstein & Skinner, 1982; Schloss & Smith, 1998; Skinner, 1953, 1974; Zirpoli, 2005)。

　　表 4-5 列举了学校或者家庭环境中常见的结果。此外,在你的方案中,你可以将对你的学生有效或者某些年龄、类型的学生有效的结果添加进这张表格中。对所有学生来说,结果也并非都是积极的或者消极的,它们可以加强或者减弱适当和挑战性行为。观察将帮助我们确定结果是如何影响个别学生的。

表 4-5　常常跟随在适当和挑战性行为之后的结果

表扬	批评
同伴大笑	隔离
对活动的控制	粘纸
失去代币或者绩点	绩点、代币
击掌	重新引导

反馈	辅助
拥抱、拍背	指责
被送到校长室	留校
教师辅助	停学
笑脸	成绩
自由时间	奖励
家庭作业减少	
被提示或者无提示的忽视	
同伴或成人的拒绝	
活动、同伴以及物品的变化	
刺激的增加或者减少（如动作、听觉、触觉）	
撤销以前发放的强化物（消退）	

当我们在 ABC 观察过程中确定结果时，非常重要的是要客观，并描述观察到的结果。在收集观察资料时，很常见的一个错误是确定行为功能的假设，而不是描述结果。例如，观察者常常写下学生获得教师的关注这一结果，而不是描述教师对学生说话或者批评了学生。教师的关注没有描述观察到的是什么；而是描述了 ABC 序列的功能。虽然教师在给予批评时确实是关注了学生，但是批评对于学生来说也是具有刺激性的或者它会延迟一个活动的开始。换句话说，"教师批评"这个结果可能起到了增加刺激或者逃避活动的作用。如果观察者仅仅写下"教师关注"作为其结果，小组可能会将挑战性行为归因于"获得教师关注"（即正强化），而不会认为是感觉调整/感觉刺激或者逃避/回避功能。功能评估观察阶段的目的在于提供与行为有关的变量的描述性信息。此时，我们不能对行为的功能做出定义性的陈述或者假设（虽然我们可以开始形成假设）。而下一个阶段，即确定功能阶段的目的，才是分析描述性资料，基于多个前奏事件—行为—结果序列的例子做出有关行为功能的假设。

结果可以是可观察的环境事件，比如教师的表扬、批评或者代币。结果也可以是发生在个体内部的不可观察的事件或者隐秘的事件，比如刺激的变化或者自动化强化。在基于学校的情境中，我们常常没有生理的测量手段，如 EEG、心脏监控，来对行为之后的刺激改变进行记录。感觉输入的变化常常是基于学生行为的表现形式而推测出来的。

虽然不可观察的结果很难进行辨别，但在开展功能评估时，确定这两种结果都是很重要的。如果怀疑是感觉调整/感觉刺激功能，那么就尤其关键。例如，当劳尔（Raul）在教室里跑的时候，我们要记录可观察的结果，比如教师让他停止跑，坐在椅子上，以及潜在的不可观察的结果，比如动作增加。进一步的观察将记录下结果之间的一致性，后者可帮助小组形成有关行为功能的假设。比如,如果劳尔在教室里跑的时候,教师很少叫他坐下来,我们可能假设教师的反应并不是支持其行为的结果。在这个例子中,我们可以假设,来自行为本身的动作增加是其支持结果。

确定当前跟随在挑战性行为之后的结果,有助于确定它们如何能被改变,从而不再支持挑战性行为,反而支持适当行为。例如,慕斯和富莉(Moes & Frea, 2000)报告了一名 3 岁患有自闭症和情绪障碍的儿童,当父母要求其做一些事情的时候,比如捡起衣服或者将玩具放远一些,他就会出现破坏性的发脾气和攻击行为。这个行为的典型结果是他的父母留下他独自一个人。干预措施包括了改变结果,他的父母帮助孩子完成所要求的任务,并表扬其服从的行为。这个做法导致了挑战性行为的减少(独自被留下的结果被撤除了),以及适当行为的增加(引入新的结果支持适当行为)。

情境事件

除了确定、记录前奏事件和结果之外,我们也要考虑情境事件及其对行为的影响。情境事件是影响学生如何对前奏事件和结果进行反应的情景性的或者情境性的因素(Carr et al., 1994;Carr, Reeve, & Magito-McLaughlin, 1996;Munk & Repp, 1994b;O'Reilly, 1997;Repp, 1994;Repp & Karsh, 1990;Wahler & Fox, 1981)。情境事件可以改变刺激—反应或者前奏事件—行为的关系,他们也可以改变结果的积极或者消极的特性。例如,在大多数时间里,当塔克(Tuck)完成功课之后,他很喜欢别人在其背上轻拍一下。但是这个周末塔克去了海滩,被阳光晒伤了(情境事件)。现在,轻拍背部(结果)不再具有强化效果,当老师轻拍他背部的时候,他的反应非常消极。或者如果他的女朋友说"给我一个拥抱"(他以前喜欢做的事情),他可能拒绝听从这个前奏要求,当她试图拥抱他的时候,他反而走开了。如果塔克没有被晒伤的话,他就不会用这种方式对这些前奏要求或者结果进行反应。这个情境性事件影响了他如何对常规的前奏事件和结果进行反应。

一些人使用术语"已形成事件"来指代影响前奏事件—行为—结果关系的情境性变量,而另一些人则使用术语"情境事件"。一些人混杂着使用这些术语。描述这两个术语背后的历史性的、理论性的观点,超出了本书的范畴。因此,我们使用"情境事件"这一术语来涵盖其他人可能用"已形成事件"来指代的事件。有关"已形成事件"的概念方面的信息,可参考米切尔(Michael, 1982;1993;2000);伊瓦塔、斯密斯和米切尔(Iwata, Smith, & Michael, 2000)和斯密斯、依瓦塔(Smith & Iwata, 1997)的研究。

情境事件可以被划分为三大类:生理的/生物学的、物理的/环境的和社会的/情境的变量。表 4-6 提供了一些可能会影响学龄学生的常见情境事件的例子。情境事件可以是相对连续的变量(比如教室里的灯光或者学生的父母正在闹离婚),也可以是不经常出现的、短期的事件(比如在进入教室的时候摔倒、睡眠剥夺或者疾病)(O'Reilly, 1997)。

表 4-6　可能改变学生如何对前奏事件和结果反应的情境事件

生理的/生物学的	物理的/环境的
疾病、过敏	噪音
虚弱	灯光
饥饿	空间大小,拥挤
药物	高或者低活动水平
疼痛	视觉干扰
过度刺激或者刺激不足	不熟悉的场景
一天中的某些时间	座位安排
体育活动	活动顺序
睡眠剥夺	活动水平

社会的/情景性的	
学校放假、节日	与家庭有关的因素
活动结构	嘈杂混乱或者"糟糕"的早晨
消极的同伴互动或者打架	与家有关的因素
上课或者活动迟到	教室转衔
常规或者日常活动改变	活动转衔
消极的与学生/老师或者成人的互动	
特定人员的参加或者缺席	

　　情境事件可以出现在当前行为之前或者与行为同时出现(比如噪音水平或者一天中的某个时间),也可以与现在的行为时间离得有点远(比如几天前与父母的吵架)(Kennedy & Itkonen, 1993; Kennedy & Meyer, 1998; Tang, Kennedy, Koppekin, & Caruso, 2002)。当情境事件与挑战性行为在时间上离得有点远的时候,它们可能是通过产生情绪或者生理上的某种状态来影响行为的,而这种状态则存在于当前的情境中(Halle & Spradlin, 1993)。例如,帕姆(Pam)常常在离家去学校之前与他的母亲争吵。在她与她母亲争吵的那一天里,她进学校的时候常常很难过、生气。在那些日子里,她总是拒绝参与课堂活动,常常对同伴表现出攻击行为。

　　许多情境事件,比如饥饿,都是不可观察的,而类似糟糕的父母/儿童关系或者其他与家及家庭有关的因素则不会出现在教室情境中。例如,奥尼尔(1995)报告,睡眠剥夺与由逃避维持的挑战性行为有着关联。与学生或者学生家庭成员的访谈对于确定这些不可观察的情境事件常常是很重要的。表 4-7 提供了一份访谈过程中父母可以确定的情境事件的检核表样例。这份检核表可以在放学的时候由学校发到家里,然后让父母第二天早晨交回。

表 4-7 可由家庭完成的情境事件检核表样例

睡眠：_____被打断_____整晚睡着 _____没有休息
  结论：
醒来时间：____4:30 ____5:00 ____5:30 ____6:00
      ____6:30 ____7:00 ____7:30 ____8:00
  结论：
早餐：_____无 ____一些 ____一般 ____很多
  结论：
心情：____烦恼 _____发脾气 ____兴奋 ____疯狂
  ____争吵 ____安静 ____悲伤 ____快乐 ____其他
  结论：
健康：_____糟糕 _____一般 _____良好_____癫痫发作
  结论：
大便：____是 ____否
  结论：
与家庭成员的交往：_____糟糕 ____争吵 ____良好
  结论：
行为：_____良好_____有时良好，有时不好
  _____很麻烦或者被惩罚
  结论：

有其他与家庭有关的、我们应该知道的事情吗?

　　当存在情境事件并对行为具有操纵性时,学生就会用某种方式对前奏事件和结果进行反应。当没有情境事件或者情境事件不具有操纵性时,学生对前奏事件和结果的反应将是不一样的(Kennedy & Meyer, 1998；McCord, Iwata, Galensky, Ellignson, & Thomson, 2001；Van Camp et al., 2000)。有两个案例说明了这一点。首先,当伍迪(Woody)生病(情境事件)时,他拒绝(行为)在体育课上听从指令(前奏事件)。而当他没有生病时,他愿意在体育课上听从指令。卡尔(Carr)及其同事(1994)认为,情境事件不会单独诱发行为,但是当它们与前奏事件结合在一起,就会导致挑战性行为,因为它们会使得具有轻微消极作用的事件变得更加具有厌恶性。例如,卡尔、妞塞姆和宾考夫(Carr, Newsom, & Binkoff, 1980)报告,与逃避有关的挑战性行为的变化同诸如疾病或者班级聚会之类的情境事件的存在与否有关系。在我们的经验中,情境事件也会使得一些中性甚至是正常的、积极的事件变得具有厌恶性(Repp & Munk, 1999)。对伍迪来说,疾病改变了他通常对前奏刺激(体育课上的指令)的反应方式,这是因为当这个情境事件存在时被要求的行为就是厌恶

性的。

在第二个例子中,当凯迪(Candy)被过度刺激的(情境事件)时候,她会消极地对热情洋溢的表扬进行反应,而这些表扬可提供刺激(结果)。比如,在体育课结束时,老师让凯迪将球放到箱子里。当凯迪完成之后,老师拍打凯迪的肩膀,大声地说"非常棒,凯迪,击下掌"。而凯迪则以攻击性的方式对老师进行了反应。但是,当凯迪没有被过度刺激的时候,她常常寻求、并能适当地对热情洋溢的表扬进行反应。在这个例子中,情境事件改变了结果(大声、身体的表扬)的强化价值(Horner,Vaugn,Day,& Ard,1996;Michael,1982)。我们发现,凯迪最后拒绝在体育课结束时对清理工作提供帮助,因为当这个情境事件(过度刺激)存在时,与之后的指令(不是正在被要求的行为)有关的结果是具有厌恶性的。

凯迪也会在指令(前奏事件)发出之后出现挑战性行为,如果指令——就像结果一样——很热情、很刺激的话。因此,情境事件影响行为的最后一条途径就是它们会让前奏的环境刺激变得具有厌恶性。想一想,当这种情况发生在你身上的时候。当你感到筋疲力尽的时候,如果你的孩子或者你的丈夫、妻子、室友问你问题、要求你的帮助,你也许会朝着他们叫。当你感到挫折的时候,你可能会对正常音量的声音产生出踢或者扔掉你的收音机这样的反应。在这些例子中,当情境事件存在时,你的行为会结束持续存在的厌恶性环境刺激或者前奏事件。

我们没有必要去确定每个前奏事件—行为—结果序列中的情境事件。在绝大多数案例中,当行为稳定地出现在某些前奏事件和结果的状况中时(不管行为是有挑战性的,还是适当的),我们不需要去寻找情境事件。例如,如果胡利奥(Julio)每次都在数学课上表现出挑战性行为,我们要改变挑战性行为之前的前奏事件。比如,如果数学很难,在让胡利奥独立做作业之前,我们可以先和他一起做三道题目。或者可以增加前奏提示,让他看看计算题的线索(即除法、乘法、加法和减法),或者提示他要一直做。除了改变或者增加前奏事件外,我们也要检查数学课上跟随在适当和挑战性行为之后的结果,并对之进行调整。例如,我们可以增加适当行为之后的积极结果(比如,我们可以经常性地对其专注于作业或者寻求辅助的行为进行表扬),停止对其挑战性行为的关注。

但是,有时寻找情境事件是很重要的。在确定情境变量时,有三种情况要被证实。栏目4-3列举了这几种情况。第一种情况,如果对前奏事件和结果的调整没有改变学生的行为,那么,我们要寻找情境事件。比如,让我们假设一下,前面描述过的前奏提示和辅助及结果的调整措施没有减少胡利奥的挑战性行为。在这个情况下,我们要寻找可能影响他行为的情境事件。进一步的观察可以揭示,在数学课之前是休息,胡利奥的同伴每天在休息时间都会逗弄他。这个情境事件改变了胡利奥如何对接下来的活动——数学课进行反应。

栏目 4-3　确定情境事件要证实的情况

1. 行为在前奏事件和结果调整之后继续发生。
2. 行为在同一前奏事件和结果情况下并不一致。
3. 行为在多种前奏事件和结果情况下都发生。

　　第二种情况，当行为在一致的前奏事件和结果情况下并不一致的时候，我们要寻找情境事件(Carr, Langdon, et al., 1999；Kennedy & Meyer, 1998)。例如，如果戴福林(Devlin)在某些日子的地理课上表现出挑战性行为，但在另外一些日子则没有，那么，我们就要寻找那些在他表现出挑战性行为的这些日子里起作用的情境事件。当他在地理课上表现出挑战性行为的时候，也许是因为之前他有一项很困难的任务要完成。另外一个例子是，索尼娅(Sonja)是一个10岁创伤后大脑受创的学生。在做学业类课堂作业时，她有时用头敲桌子，有时则专注于安静地完成她的作业。观察显示，这些时候的前奏事件和结果都是一致的，因此，小组通过观察，以及与索尼娅父母的访谈进一步对之进行了调查。他们发现，在索尼娅敲头的日子里，她起得很晚，在来学校之前不能按照每日早晨的常规做事。每日常规的打破是一个情境事件，当被老师要求在学校里完成学业类作业时，这个情境事件对她的行为产生了消极的影响。

　　这个概念也可应用于学生在一致的前奏事件和结果情况下并没有表现出经常性的挑战性行为的时候。戴福林在地理课上仅仅只是偶尔地表现出挑战性行为(比如一个学期三次)。我们也许发现，在这些不经常发生的情况中，他在之前的时间里都完成了一项非常困难且持续时间很长的作业。

　　第三种情况表明，我们要寻找情境事件的情况是，当挑战性行为在多种前奏事件和结果情况下发生的时候(Tang et al., 2002)。这类情况可能是经常出现，也或者不经常出现，也常常是可以预测的。例如，我们可能发现，每周四对卡莉(Karrie)来说一直是"糟糕的一天"。每个周四，卡瑞都非常疲倦、古怪，一天当中所有时间和活动都常常表现出不服从(即很多种情况)。在一周的其他时间里则没有记录到任何问题。与卡莉及其家庭的访谈表明，每个周三晚上卡莉都要与她的教友一起在一个无家可归者的收容机构里做志愿者。去无家可归者收容机构这件事情是一个影响卡莉周四行为的情境事件。

　　相反，莎洛姆(Salome)的挑战性行为就不像卡莉的行为那样容易被预测。在一些日子里，她在学校很棒，但在另外一些日子里，她很不服从，被批评时常常会大哭。与莎洛姆的访谈显示，在她不服从、很容易大哭的那些日子里，她生活在寄养家庭的兄弟在之前的一个晚上来看了她，或者预定那个晚上来看她。兄弟来看她就是影响她在学校的行为的情境事件。

　　在应用行为分析和特殊教育领域，就定义及其确定前奏事件和情境事件(已形成事件)

方面存在相当多的困惑和不同意见。研究者对这些术语有着不同的定义，提供了很多不同的、相反的变量的例子，这些变量被确定为情境事件或者前奏事件。许多研究者，包括作者在内，在开展功能评估时会将两种概念结合起来（如 Repp, 1999），讨论行为发生之前或者同时行为发生的情境。我们在本章中独立地介绍了两个概念，这会降低确定那些临时与行为存在关系的变量（前奏事件和结果），以及寻找超越当前的 ABC 序列、影响前奏事件和结果状况的变量的重要性（Wacker & Reichle, 1993）。我们在本书中提供的某些案例将前奏事件和情境事件结合在一起，将它们看作为行为发生之前或者同时发生的一种情境。而在另外一些案例中，我们则单独地区分了情境事件和前奏事件。

总之，在自然环境的观察过程中，我们应该确定三类影响行为的变量：(a)行为发生之前或者同时发生的前奏事件；(b)跟随行为之后的结果，以及(c)影响学生如何对前奏事件和结果反应的情境事件。这些都是支持挑战性行为和适当行为的变量。

观察适当和挑战性行为

我们的经验表明，虽然观察适当行为并不常常被纳入到功能评估观察的范围，但是它仍旧与观察挑战性行为一样重要。我们发现，支持挑战性行为的环境条件与支持适当行为的环境条件是有所差别的（Sulzer-Azaroff & Mayer, 1991）。通过观察适当行为序列获得的信息可以确定前奏事件和结果，而这些将被纳入到干预中，以减少挑战性行为及增加适当替代行为。

比如，在哈里奇（Harrich）先生的课上，当给罗素（Russel）作业时，他就看着窗外、在纸上乱涂、削铅笔。而在利兰达（Ryland）女士的课上，给他作业时，他就不会做这些事情。实际上，在利兰达女士的课上，罗素专注于他的任务，并完成了所有的作业。对这两类课的观察表明，哈里奇先生常常对全班学生给予多步骤的指令（比如，每个人拿出作业本，翻到第 15 章，找到第二张学习任务单，做前面的 10 道题）。而利兰达女士则将指令分解为更细小的步骤，她要等到全班完成了一个指令之后才会给出下一个指令。这两种情况下的前奏事件（比如指令类型）是不相同的。判断支持适当行为的前奏事件可用于制定改变罗素在哈里奇先生课上的行为的干预措施。哈里奇先生为整个班级继续提供多步骤的指令，但是，他为罗素提供了更小步骤的指令。

其他观察方法

为了获得有关行为支持的最准确的信息，要获得每一次行为发生的直接观察资料（即使用 ABC 表格进行的叙事和事件记录）。然而，许多教育人员和其他小组成员不能在每一次行为发生时都记录这一类信息。当这种情况出现时，小组要考虑其他几种观察方法。第一种,小组可以仅仅在一天中行为最有可能发生的那些时间里记录观察资料(比如早晨的圆圈活动和清理时间)。其次,他们可以收集一天中行为短时、经常发生的例子(比如使用时间抽样程序,在 15 分钟为一间隔的时间结束时收集资料)。第三,小组成员可以每天观察行为相对较长的时间,但是可以每天选择几个不同的场景进行观察(比如每天观察 1 个小时,在不同的课堂时间)。我们也可以与拍摄了行为发生情况录像的成员一起合作,录像可用于之后的访谈和记录。下面介绍了另外几种观察策略。

散点图

陶切特、麦克唐纳和朗格尔(Touchette, MacDonald, & Langer, 1985)设计的另一种方法是通过在固定时间间隔内收集挑战性行为和环境变量的资料开展散点图分析。制作一个坐标格子,沿着纵轴表示的是一天中的时间,横轴则是一周中的天数。然后,观察者对挑战性行为的发生情况进行归类(如敞口方块表示没有发生,斜线表示行为在一个时间模块中的发生率不少于 5 次等等)。随着时间过去,模式就会展现出来,这个模式可确定与挑战性行为相关的整体环境状况,比如一天中的某个时间以及活动的类型等(Lennox & Miltenberger, 1989)。虽然散点图能够提供有用的信息,卡恩格(Kahng et al., 1998)对在评估的观察阶段单独依赖散点图分析的利弊进行了分析。他们建议,散点图分析不应该是资料收集的唯一形式,因为它不能描述个体行为的特殊的前奏事件和结果(Lerman & Iwata, 1993)。散点图观察应该与直接的 ABC 评估结合起来。

记录卡策略

卡尔及其同事(1994)设计了记录卡策略,观察者在记录卡上记录观察到的信息,揭示被观察的一般情境或者活动、人际交往情境、挑战性行为,以及之后跟随的行为。在完成几次记录卡记录之后,它们可以根据情况的相似性被分成几堆,然后就可以形成有关行为功能的假设。

功能分析观察表

奥尼尔及其同事(1990;1997)设计了功能分析观察表(the Functional Analysis Observation Form,简称 FAOF),该方法结合了散点图和 ABC 观察两种方法。时间间隔和活动被放在"y"轴,前奏事件、行为和结果及功能被列举在"x"轴。重复的观察产生了可用于判断行为功能的行为模式。

采用本章所讨论的描述性观察系统有几个优点。在自然情境中进行观察可以提供有关挑战性和适当行为、诱发和维持行为的变量的客观资料。它也提供了有关行为在"真实时间"里的信息,而不是依靠记忆。

类似事件、持续时间、间隔时间及定时记录法这样的其他观察方法是应用行为分析研究中传统采用的方法,来自这些观察方法的信息能够提供有关行为发生的信息,这些信息对于测量行为在干预时间中的变化是很有帮助的。例如,我们可以在基线期(干预前)和干预期收集有关作业专注和作业分心的行为持续时间资料。对这些资料的分析可以说明干预期内作业专注行为的增加及作业分心行为的减少,从而为有关干预策略的有效性提供事实依据。但是,仅仅采用这一类的观察方法,无助于确定行为的前奏事件和结果或者行为的功能。在开展和实施全面性的功能评估及干预方案时,这两类观察系统要结合起来一起使用。

在使用描述性的自然主义的观察策略时,有几个因素要考虑。在一个或者多个环境(比如操场、教室、家)中开展观察是很耗费时间的,观察者必须受到足够的训练才能开展评估和对观察资料进行解释。在自然环境中引入一个观察者,可能会改变学生和其他人的行为(至少是临时的改变),描述性的观察提供了有关诱发和维持行为的变量的相关资料,但不是因果关系的资料(Carr et al., 2002)。其他用于验证功能的策略还将在第五章中进行介绍。

在收集资料时,确定到底需要收集多少资料或者必须有多少情境的样本,在这一点上并没有统一的规则。观察阶段的持续时间可以从半天到几周。研究者一般建议,在不同情境及几天或者几周的时间里进行行为抽样。我们也建议同时对挑战性和适当行为进行抽样。兰普(Repp, 1999)建议,当条件可能性(conditional probabilities)在一段时间内不再改变时,资料收集就可以结束①。在我们的经验中,这个建议也适用于不基于条件可能性的观察。换句话说,当在与挑战性和适当行为有关的情境事件和前奏事件(情境变量)和/或者结果上观察到一致性时,最初的资料收集就可以结束,小组可以确定情境事件、前奏事件、结果和行为之间的关系。

例如,负责艾瑞克的小组在第一周观察结束时检查了资料记录表(见表4-8,ABC总结记录表)。他们确定了与挑战性和适当行为有关的一致的前奏事件、情境事件及结果。他们记录了,当上的课是历史课(前奏事件/情境事件)的时候,艾瑞克从来不将书带到教室或者不完成布置的家庭作业。他们也记录了,当上的课是数学和科学的时候,艾瑞克常常将书带到教室,并完成了家庭作业。在ABC记录的结果部分,他们记录了,当艾瑞克没有为历史课做好准备的时候,他就不被允许上历史课,艾瑞克的老师忽视他,告诉他不能参与或者让艾

---

① 一些研究者通过基于直接观察数据实施滞后序列分析,设计条件可能性,来确定资料的关系或者趋势(Repp, Felce, & Barton, 1988)。这要求资料是通过使用有良好定义的编码和资料收集程序,按照时间序列收集的。不幸的是,这类资料收集和分析方法在没有任何研究工作人员的帮助和基于计算机的观察设备的学校情境中常常是不可能的。有关滞后序列分析和条件可能性方面的信息,读者可以参考兰普(1999)和肖尔、韦比、杰克(Shore, Wehby, & Jack, 1999)撰写的章节。当这类资料收集和分析方法不太可能时,最低限度要确定直接观察资料在与挑战性和适当行为有关的情境事件、前奏事件和结果方面的一致性。

瑞克放学后留校一段时间。这个时候,小组停止了收集之前的干预资料。对观察资料的分析让小组形成了一个有关情境事件、前奏事件、行为和结果之间可能性或者关系的总结,或是如果—就的陈述(Sulzer-Azaroff & Mayer, 1991)。这个总结性陈述就是:(a)如果作业与历史课有关(前奏事件),艾瑞克表现出挑战性行为,该行为之后的一般结果是被独自一个人留下或不做历史课作业。(b)如果作业与历史课无关(前奏事件),艾瑞克专注于作业上(行为),并获得表扬,在小组学习中与同伴互动(结果)。当类似这样的一致性被记录下来之后,小组就可以开始转向功能评估的下一步——确定行为的功能。

表4-8 艾瑞克(Eric)的 ABC 记录表样例

学生:艾瑞克·休厄尔(Eric Sewell) 观察者:伊瓦纳·瓦尔迪兹 (Ivana Valdez)		日期:5/10—5/11	情境:普通教室,历史、数学、科学
前奏事件和情境事件	行 为		结 果
历史课、小组作业	没有准备		批评、被独自一个人留下
数学课、小组作业	专注于作业,有准备		与小组一起学习
历史课、任务单	作业分心、家庭作业没有完成		被忽视
历史课、小组作业	没有准备		被告诉不能与小组一起学习
科学课、实验室	专注于作业,有准备		表扬,与小组一起学习
科学课、任务单	专注于作业,家庭作业完成		表扬
历史课、演讲	作业分心		被忽视
历史课、交作业	家庭作业没有完成		放学留校
数学课、交作业	家庭作业完成		表扬
科学课、实验室	专注于作业、有准备		被允许与小组一起学习

总结

观察和访谈是有助于小组确定对挑战性行为的支持的两个工具。访谈法应该对那些很熟悉学生及观察过学生挑战性和适当行为的人员(比如教师、父母和表现出挑战性行为的学生)进行使用。在访谈阶段,也可以通过回顾学生以往的记录来获得信息,包括以往应用过的策略、医学信息、挑战性行为持续时间、诊断、学生的优势和需要等等。

观察应该着重在挑战性行为和适当行为发生的自然环境中进行(比如家、教室、体育馆)。观察应该确定挑战性和适当行为发生之前或者同时发生的前奏事件,以及行为之后的结果。观察也应该确定影响学生如何对前奏事件和结果反应的情境事件,以及学生的优势和需要。在以下情况下要评估情境事件是否存在。(a)前奏事件和结果的调整没有改变挑战性行为;(b)挑战性行为在一致的前奏事件和/或者结果状况下是不一致的,(c)挑战性行为发生在不同的前奏事件和结果情况下。

通过回顾记录、访谈及自然环境中的观察而获得的信息将显示与挑战性行为有关的情境事件、前奏事件和结果方面的一致性。这些信息也将表明与适当行为有关的情境事件、前奏事件和结果方面的一致性。支持挑战性和适当行为的环境状况之间的差异将帮助小组进行功能评估的下一步工作——确定行为的功能。

案例研究

活动 1

对下面的行为划下划线,确定诱发该行为的前奏事件(A)、跟随该行为之后的结果(C),以及可能影响该行为的情境事件(SE)。记住,并不是每一个行为例子中都有情境事件,但是它们可能存在于整个活动中。下面的描述为了方便被分成了几个段落,行为的前奏事件和结果出现在不同的段落中。

数学课上的问题

今天校车迟到了。有一个代课的助教,而且上课比平时的日程要晚。今天的第一个活动是数学课。老师问全班学生:"有关减法中的重命名,我们昨天学了什么啊?"朱莉(Julie)举手,说:"当我们拿走的要比开始的多时,我们要用重命名"。老师说:"很棒,朱莉,你记住了规则。"

然后老师让每个学生一起说规则。绝大多数学生都做了回答。老师微笑着,对一个小组说:"很好,当我们拿走的要比开始的多时,我们必须重命名。"

拉莫内(Ramone)没有和他的小组一起回答。助教轻声地告诉他规则,并叫他说出规则,对他提示。拉莫内说:"当我们要拿走一些东西时我们要重命名。"马上,教师转向拉莫内,说:"拉莫内,是的,当我们拿走的要比我们开始的多时,我们要重命名,回答得很好。"

老师继续上课,给每一个同学在黑板上回答问题的机会。在轮到拉莫内之前,他开始用铅笔戳他旁边的同学。老师说:"别毛手毛脚,拉莫内。"他继续戳他的同伴。

当轮到拉莫内时,老师让他到黑板前。他站起来,将所有他的东西都扔到地上。老师让他在去黑板之前捡起来。助教帮助拉莫内捡他的东西,并告诉他要更加小心些。

当拉莫内捡起东西之后,老师叫他走到黑板那里做一道题目。拉莫内回答:"我知道怎么做,但是我不要在黑板上做。"老师又说:"就像我说的,到黑板这里来,做你的题目。"拉莫内又一次拒绝了,并开始戳同伴。老师告诉拉莫内"我对你不参加这个活动、没有管住你的手很失望。你刚刚失去了在黑板前学习的机会。"然后她转向了另一个学生。

拉莫内告诉助教他知道怎么做那道题目。她让他做给她看,他是如何做那道题的。拉莫内大叫"我不要做这种傻瓜题目。"老师转向拉莫内说,"如果你不参与剩下的内容,那么你就到校长办公室坐着吧。"拉莫内就笑了,耸耸肩膀,去了校长办公室。

活动2

1. 确定一名你每天都在接触的学生或者儿童。

2. 对挑战性行为进行定义以便观察。

3. 确定观察该学生的自然情境。这些情境应该是挑战性行为有可能发生的情境。确定观察的时间。

4. 在自然情境中观察该学生1周或者2周时间。通过ABC表收集资料。你应该至少获得20个ABC序列。这些序列中要有一些是基于对适当行为的观察。

5. 确定常常与适当和挑战性行为有关的前奏事件和/或者结果的一致性。

6. 完成一个有关前奏事件、行为和结果的总结性陈述。

自然主义的功能评估ABC观察表样例

学 生:_____		情 境:_____	
观察者:_____			
日期/时间	前奏事件和情境事件	行 为	结 果
_____	_____	_____	_____
_____	_____	_____	_____
_____	_____	_____	_____

活动3

1. 采用本章提供的访谈问题,访谈那些熟悉表现出挑战性行为的学生或者儿童的人员。

2. 如果合适,对学生进行访谈,并采用本章提供的学生访谈问题作为访谈提纲。

3. 形成诱发和支持挑战性行为的前奏事件和结果的假设。

4. 解释这些信息是如何用于指导自然环境中的观察的。

第五章

确定挑战性和适当行为的功能

目标

1. 定义并解释正强化功能。
2. 定义并解释负强化功能。
3. 定义并解释感觉调整/感觉刺激功能。
4. 描述确定和验证功能的程序。
5. 描述功能评估和功能分析之间的差别。
6. 描述如何运用模拟评估程序开展功能分析。
7. 描述用以验证功能的模拟评估，以及其他方法的利弊。
8. 提供选择一种功能而不选其他功能的理论依据。

关键术语和概念

模拟评估	负强化
自动化强化	正强化
功能分析	感觉调整/感觉刺激
功能评估	自然主义的功能分析

学生之所以表现出挑战性行为，是因为它服务于功能。功能评估的第二步就是确定什么功能在维持着学生的挑战性行为。例如，伊瓦塔及其同事(1982/1994)在功能评估的一项系列研究中报告了他们在不同的被试上确定了自我伤害行为的三个明显的功能：自动化强化、逃避和社会拒绝(社会关注)(参见 Iwata，Pace，Dorsey et al.，1994)。

我们首先通过检查来自直接观察、访谈及其他间接方法的资料，来确定行为的功能。当我们能够确定情境事件、前奏事件和/或者结果的一致性时，我们就能对一致地诱发行为及跟随行为之后的变量进行总结，从而形成有关行为功能的假设（Carr，1994；`Carr et al.，1990；Kazdin，2001；McIntosh et al.，2008；Repp et al.，1995）。这将引导我们对于干预策略的选择（Neison & McEvoy，2004）。

基于来自 ABC 评估的功能假设的干预计划要比没有基于功能假设或者基于其他形式的评估的干预计划要更加有效（Horner，1997；Ingram，Lewis-Palmer，& Sugai，2004；Newcomer & Lewis，2004；Repp，Felce，& Barton，1988）。例如，在一项对自 1988 至 2000 年有关自闭症儿童的研究综述中，霍纳尔及其同事（2002）报告，当功能评估在干预之前实施的时候，干预策略就更有可能是积极的，而不是惩罚性的，而且干预计划也更有可能产生挑战性行为的显著减少和适当行为的增加。这些研究都被国家研究协会（National Research Council，2001）所接受，他们推荐使用功能评估和积极干预计划来处理挑战性行为。

表 5-1 呈现了一个完整的 ABC 评估表样例。基于这个表格中的资料所形成的总结报告揭示了：在独立课堂作业时间，格劳丽娅（Gloria）表现出了作业分心的挑战性行为（如与同伴讲话、离开座位等）。当她出现这些挑战性行为时，她通常获得了来自教师的某些形式

表 5-1　用于格劳丽娅的 ABC 记录表样例

学　生:格劳丽娅·加西亚 （Gloria Garcia） 观察者:凯莉·阿瑞恩特 （Kerry Arient）	日期:1/18—1/22	情境:普通教室,资源教室图书室、阅读、数学、科学、艺术
前奏事件和情境事件	**行　为**	**结　果**
独立阅读	与同伴讲话	受到批评
独立数学小测验	叫老师	重新引导
小组科学项目	专注于任务、合作	同伴互动
图书馆阅读	离开座位	重新引导
班级讨论	回答问题	表扬、反馈
独立学习任务单	与同伴讲话	失去绩点
小规模小组学习	专注于任务	同伴互动
一对一教师指导	专注于任务	教师互动
独立阅读	作业分心	提醒回到任务上
小组讨论	提问、回答问题	回答问题、表扬
开始家庭作业	叫老师	教师回答问题
独立的科学项目	叫同伴、作业分心	失去绩点

的互动(如重新引导、批评及失去绩点)。我们也记录了,在小规模小组活动或者教师对她进行个别教学时,格劳丽娅没有表现出挑战性行为。从这些信息我们可以概括出,格劳丽娅行为的功能是正强化,也就是她获得了教师的关注。

　　表 5-2 提供了一个前奏事件—行为—结果序列的记录表样例,这个表格可用于收集有关挑战性行为和适当行为及与行为有关的环境和情境性变量的观察资料。有些人将前奏事件和情境事件结合在一起,就如表 5-1 显示的那样。另外一些人则将前奏事件和情境事件单独分类,如表 5-2 所示。另外,有些人列举了常见的前奏事件和结果以供参考或者作为检核表,而另外一些人则是偏好由观察者写下行为发生时的前奏事件和结果。用于获得观察资料的表格形式要能满足你的方案和工作人员的需要。表 5-2 也提供了一组问题和指导语,可为小组确定行为功能和基于由观察、访谈及其他间接方法所获得的信息制定积极干预计划提供辅助。

　　我们发现,在做出有关挑战性行为的假设时,考虑三类功能是很有帮助的。就如第三章中所提到的,这三类功能是正强化、负强化和感觉调整/感觉刺激(Carr,1977,1994;Chandler,Dahquist,et al.,1999;Iwata et al.,1982/1994;Repp,1999;Repp et al.,1995)。栏目 5-1 提供了一个框架,这个框架说明了功能评估的过程,从行为发生之前或者伴随行为同时发生的情境,以及跟随行为之后的结果开始。根据这些信息,可以提出行为功能的假设。施特吉和沃森(Steege & Watson,2008)也列举了一组要考虑的内容,这些内容有助于我们开展功能评估、确定行为功能,以及制定干预计划。

表 5-2　自然主义的功能评估观察表样例

| 学　生:_____ | 情境:_____ |
| 观察者:_____ | |

日期/时间	前奏事件和情境事件	行　为	结　果

（续表）

确定功能和制定干预措施

1. 定义挑战性行为。
2. 有一致的前奏事件或者情境事件出现在挑战性行为之前或者与挑战性行为同时发生吗？
3. 有一致的结果跟随挑战性行为之后吗？
4. 有一致的前奏事件或者情境事件出现在适当行为之前或者与适当行为同时发生吗？
5. 有一致的结果跟随适当行为之后吗？
6. 确定挑战性行为功能。为你选择的功能及为什么排除其他功能提供理论依据。
7. 确定学生的优势。
8. 确定用于学生的强化物。
9. 描述可获得同样功能的适当替代行为（如什么应该是学生可以做的，以代替挑战性行为？）。
10. 描述支持适当替代行为及撤销对挑战性行为支持的积极干预计划。
- 描述前奏事件和情境事件将如何进行改变以及结果如何被改变。
- 描述干预将在什么时候、什么地点实施，由哪一些工作人员来实施这一方案。
- 描述应如何收集资料以评估进展情况。

栏目 5-1　功能评估过程的分析框架

情境事件		前奏事件
生理的/生物学的		活动/作业变量
物理的/环境的		工作人员/同伴行为
社会的/情境的		结构/空间

适当行为和挑战性行为

分享　　专注于任务　　奔跑　　打人　　同伴互动

咬人　　白日梦　　问问题　　吐痰

拒绝　　摇晃　　骂人　　尖叫　　作业分心

结果

反馈　　批评　　同伴大笑　　动作增加

表扬　　拥抱　　代币　　放学留校　　自由时间

身体引导　　辅助　　忽视

行为的功能

正强化	负强化	感觉调整/感觉刺激
获得积极的事物	逃避/回避厌恶的事物	改变刺激水平
注意、控制、可吃的、材料、作业	活动或者任务、地点、物品、注意	增加/减少动作、触觉、视觉、听觉、嗅觉、味觉

获得积极的事物（正强化）

当挑战性行为的功能是正强化时,挑战性行为的功能可以产生从学生角度来说积极的或者期望的结果。在正强化中,从学生角度来说,期望的或者积极的事件和变量呈现在学生行为之后的情境中。来自成人或者同伴的社会关注及接触喜欢的可触摸的物体是正强化功能中两大最常见的强化物形式(Carr, Langdon, et al., 1999；Derby et al., 1992；Hanley, Piazza, & Fisher, 1997；Iwata, Pace, Dorsey, et al., 1994)。其他形式的正强化包括对活动的控制、接触喜欢的同伴的机会、喜欢的座位安排或者地点、反应的机会、喜爱的任务或者活动、接触食物或者饮料的机会、贴纸、绩点或者代币等(Carr & McDowell, 1980；Derby et al., 1992；Iwata et al., 1994)。

正强化功能增加并维持了导致获得积极事物这一结果的行为。如果适当行为导致的是积极的事物,那么,行为将继续在同样的情境事件、前奏事件和结果状况下发生。如果挑战性行为导致的是获得积极的事物,那么,行为也将继续在同样的情境事件、前奏事件和结果状况下发生。不幸的是,对于许多学生来说,挑战性行为比适当行为在产生积极结果方面更加有效。例如,对学生来说,吼叫或者发脾气比安静地坐在位置上或者做作业能够更容易、更快速地获得教师的关注。学生学会了去做这些可以一致地、高效地产生积极结果的行为。

正如前面的章节中所提到的,我们需要记得从学生的角度考虑什么构成了积极的结果。当行为的功能是获得关注或者与人互动的时候,这尤其真实。许多学生不去区分是消极的,还是积极的关注,来自同伴的否定评论和积极评论对这些学生都具有强化作用。对许多学生来说,来自成人或者同伴的批评和表扬,其功能都是积极的结果。当学生继续表现出获得关注或者与人互动这种形式的行为,而且这类关注或者与人互动对绝大多数个体来说都具有厌恶性时,我们要考虑这一可能性,即对学生来说它们实际上发挥了积极的结果这一功能,以及学生行为的功能是正强化。

回避／逃避厌恶的事物（负强化）

当挑战性行为的功能是负强化时,挑战性行为导致了逃避或者回避从学生角度来说具有厌恶性的事物。在负强化中,某个事件或者刺激在学生行为之后被移去、撤除(逃避)或者不再出现(回避)。学生们可能回避或者逃避作业、活动、与成人或者同伴之间的互动与关注、地点、座位安排、物品、参与、食物或者饮料、失去绩点,以及糟糕的分数(Carr & Durand, 1985；Carr & Newsom, 1985；Munk & Repp, 1994a, 1994b；Pace, Ivancic, & Jefferson, 1994)。就如正强化一样,负强化增加并维持着导致逃避或者回避结果的行为(Skinner,

1974）。可以让学生逃避或者回避厌恶刺激的挑战性行为和适当行为将继续在同样的情境事件、前奏事件及结果状况下发生。学生会表现出那些在产生逃避或者回避结果方面最有效的行为（适当的或者挑战性的）。

当我们确定前奏事件和结果事件/刺激是否是厌恶性刺激时，我们也必须考虑到学生的观点。例如，许多学生通过表现出导致隔离或者停学等结果的行为来逃避活动和作业。虽然隔离被认为是一种惩罚程序，但是，如果逃避的前奏任务对学生来说比隔离更具厌恶性，那么，该行为的功能就不是一个惩罚结果。当布置给学生厌恶性的任务时，他将继续表现出挑战性行为，因为隔离导致了逃避作业的结果（Nelson & Rutherfold, 1983）。

隔离仅仅是一个我们常常认为具有厌恶性或者惩罚性结果的例子。但是，对许多学生来说，这实际上是一种期望的结果，因为它导致了逃避或者回避厌恶性活动、作业的结果。考虑下另外一个例子。我们曾经干预过几个常常有消极的老师/学生互动的学生，他们的互动随着时间和事件的发展在强度上不断升级。例如，韦尔伯（Wilbur）常常在班级里说脏话。当他这么做的时候，他的老师布莱恩（Bryan）女士就叫他停止骂人。韦尔伯再次骂人，布莱恩女士提醒他，她的教室里不允许出现骂人的行为。韦尔伯继续骂人，并告诉布莱恩女士，他可以做他想做的事情。韦尔伯和布莱恩女士继续为此争论，直到两个人都开始吼叫起来。他们的争论通常结束于学校的下课铃响（韦尔伯转到下一节课）。对许多学生来说，这类互动是具有厌恶性、惩罚性的。但是，对韦尔伯来说，它不是。每次老师要求全班完成一项学习指导册的任务时，他就启动这个具有争论性的互动。韦尔伯已经学会了用与教师争论的行为逃避厌恶性活动。

当行为的功能是负强化时，对前奏事件—行为—结果序列的观察将揭示一致的厌恶性事件，比如（a）困难的活动，（b）作业失败，（c）离开班级的治疗，（d）消极的同伴互动。这些跟随在行为之后的结果可以临时延迟或者结束那些具有厌恶性的状况。例如，（a）困难的活动或者指令被撤销了，或者学生离开了不喜欢的活动（比如学生被送去隔离），（b）辅助可以使得一项与失败有关的任务更具成功性，（c）治疗被停止了，（d）逗弄他的同伴走开了。因此，负强化强化了行为，因为行为有效地停止了（逃避）一个正在进行或者可能的（回避）具有厌恶性的前奏事件。

感觉调整/感觉刺激

在感觉调整/感觉刺激功能中，学生的行为调整了（增加或减少）感觉输入的水平或者类型，而这产生了最佳的刺激水平或者自动化强化的感觉输入（Crimmins, Farrell, Smith, & Bailey, 2007; Ellingson et al., 2000; Iwata et al., 1982/1994; Neilson & McEvoy, 2004; Repp, 1999; Repp & Karsh, 1990; Shore & Iwata, 1999）。许多学生应用适当行为来增加或者减少刺激，比如摇腿、乱涂乱画或者走到教室里比较安静的区域。不幸的是，一些学生所应用的应对感觉输入或者产生、减少感觉输入的行为被确定为是挑战性行为。例如,学生可能奔跑或者表现出摇晃身体这样的行为,这些行为可以增加运动性的动作刺激,而咬手指及不适当地碰触别人,这些行为则可以产生口腔以及/或者触觉刺激,他们也可能尖叫或者表现出重复言语的行为,从而在安静的活动中增加听觉刺激。他们也可能大叫和尖叫以期关闭(减少)教室内的噪音,拒绝参与高刺激性的活动,或者闭上眼睛、捂住耳朵来减少听觉和视觉刺激。

　　当环境中存在的感觉刺激水平和类型与学生需要的或者要求的刺激水平和类型不匹配的时候,学生可能表现出改变刺激水平的行为(Berkson & Tupa, 2000；Chandler et al., 1999；Guess & Carr, 1991；Munk & Karsh, 1999；Repp, 1999；Yak, Aquilla, & Sutton, 2004)。例如,比起更具刺激性的环境,刻板行为更常发生在提供低水平刺激的环境中(Berkson & Mason, 1965；Piazza, Adelinis, Hanley, Goh, & Delia, 2000)。出现这种不匹配有多种原因。比起其他学生,有些学生可能对更高水平的感觉刺激有生理需求。他们的最佳刺激水平与典型的教室环境不相匹配。这常常发生在有注意力缺陷多动障碍的学生身上。比起其他学生,他们可能需要更高水平的精细和粗大运动的动作,或者强度被增加的听觉和触觉刺激(Baranek, Foster, & Berkson, 1997；Friend & Bursuck, 2002；Repp, 1999)。其他学生,例如患有慢性虚弱综合征、自闭症和感觉统合障碍的个体可能要求更低水平的刺激,他们将表现出可减少感觉刺激的行为,或者在向高水平的活动转衔的过程中出现困难(Baranek, 2002；Colby Trott et al., 1993)。

　　一些行为受感觉调整/感觉刺激功能维持的学生之所以这么做,是因为他们在调整觉醒水平方面遭遇困难。例如,兰迪(Randy)被诊断有 ADHD,在自由游戏时间他只选择主动性的游戏活动,比如爬杆、摇船、大型积木及社会性的戏剧游戏。他很少选择被动型的活动,比如艺术和智力玩具。随着自由游戏进行,兰迪的觉醒水平增加。到自由游戏结束时,兰迪就被过度刺激了。因此,他不能听从指令进行整理,而是向同伴吼叫、在整个教室里奔跑、蹦跳。兰迪也不能足够冷静下来或者放松,以致无法安静地坐在座位上参与下面一个活动(读书)。

　　当学生对一般水平和一般类型的感觉刺激表现出不一般的反应时,感觉调整/感觉刺激的功能也可能不够有效。这种情况可能发生在患有感觉统合失调和不能正确加工或者解释感觉刺激的学生身上,比如患有自闭症的学生、难以搞清来自环境的持续变化的感觉刺激的学生。这些学生可能采取攻击性行为对诸如碰触、噪音或者动作等感觉输入进行反应,或者采取退缩的行为(Edelson, Goldberg, Edelson, Kerr, & Grandin, 1999；Kientz & Dunn, 1997),当每日的常规和节奏出现不能预期的变化时,他们也可能表现出自我伤害、发脾气及刻板行为(Baranek, 2002；Greenspan & Wieder, 1997)。例如,米切尔拒绝在不平整的或者柔软的地面,走路如塑胶操场、沙地、草地或者石头地面。他也坚持靠近墙壁走路,并边走边用手沿着墙壁划。如果教师或者父母努力强迫他走在不平整或者柔软的地面上,或者让他走在教室或者走廊的中间位置,他就会大发脾气,并变得很有攻击性。

最后,有感觉统合困难的学生及有感觉缺陷的学生(比如盲生或者听觉障碍学生)可能表现出挑战性行为,来对学校情境中存在的某些水平和类型的感觉刺激(如灯光、噪音和碰触)进行反应。例如,盲生或者听觉障碍学生可能消极地对教室里正常水平或者类型的灯光或者声音进行反应,或者表现出某些行为以产生感觉刺激,比如抠眼睛、发出声音或者摇头(Berkson & Tupa, 2000; Favell & McGimsey, & Schell, 1982; Goh, Iwata, Shore, et al., 1995; Iwata et al., 1982/1994; Kennedy & Souza, 1995; Piazza, Fisher, Hanley, et al., 1998; Rincover & Devaney, 1982)。

感觉调整/感觉刺激功能常常与有严重障碍和表现出自我虐待、刻板行为及攻击行为的学生有关系。然而,它也常常发生在轻度和中度障碍及无障碍的个体身上。没有障碍的学生也会有不同的刺激容忍水平和感觉刺激的需求。回想一下你知道的个体或者你方案中的学生。你曾与这样的学生一起学习吗?或者你有这样的朋友或者家庭成员吗?他们似乎比其他每一个人更加精力充沛或者需要更少的睡眠。你认识似乎从来不能安静地坐着的人吗?他或者她一直在动——摇腿、轻拍手指、绕头发或者扭肌肉等等?比起绝大多数的人,他们需要更多的刺激,他们通常找到了相对适当的方式来增加他们的刺激水平。

在学校情境中,行为受之前描述过的感觉调整/感觉刺激类别这一功能维持的学生被转介去进行功能评估的机会通常要比另一些学生更加多,这些学生通常存在严重的自我伤害和刺激行为,且它们的发生是由于产生具有强化作用和上瘾效果的内源性阿片和内啡肽(参见第三章中神经系统的结果)。当挑战性行为具有神经化学不平衡和神经发展紊乱的功能,医生常常建议用药来调整行为。如果需要增加适当行为,教学策略小组也要设计干预策略。但是,对这类学生来说,全面的功能评估本身并不是必要的。在许多这一类的案例中,学生的挑战性行为是通过药物而得到减少,因此,不需要对其行为功能进行确定。对这类学生的干预目标不是通过采用满足相同功能的适当行为替代挑战性行为来让它减少(在这类案例中,我们不希望成瘾的功能继续出现),而是教他们适当的行为,这不需要实施功能评估就可以做。因此,我们并不强调感觉调整/感觉刺激功能中神经系统结果这一类别。对感觉调整/感觉刺激功能中神经系统结果这一类别感兴趣的读者可以参考刘易斯、鲍梅斯特和梅尔曼(Lewis, Baumeister, & Mailman, 1987)、梅斯和毛克(Mace & Mauk, 1999),以及肖尔和伊瓦塔(1999)的研究。

确定行为的功能

在我们的功能评估模式中,被检查的三个行为功能分别是正强化、负强化和感觉调整/感觉刺激。当我们确定行为的功能时,我们要在前奏事件—行为—结果序列的基础上来做这些。许多干预小组常犯的一个错误是他们是基于学生行为的表现形式来确定行为的功能（Berkson & Tupa，2000；McEvoy & Reichle，2000；McMahon et al.，1998）。比如，小组可能认为，对于一名大叫"我恨你"并扔东西的学生，其行为的功能是逃避活动，或者对一名在教室里奔跑或者打自己的学生来说，其功能是增加感觉刺激。但是，这每一个行为的功能可能都是为了获得来自教师或者同伴的关注。确定功能的关键在于行为和与它有关的情境事件、前奏事件和结果之间的关系。例如，如果大叫"我恨你"并扔东西的学生仅仅是在教师坐在自己的座位上给作业打分时才发生，而且，这一行为的一致结果是教师停止打分并对其挑战性行为进行批评，那么，我们就可以提出假设，其行为的功能是正强化。但是，如果学生是在他被叫去完成一项特殊的活动，比如写一段文字时，同样表现出这一挑战性行为，并且结果都是被送到校长办公室，那么，我们就认为行为的功能是负强化。下面介绍了几个例子，这些例子反映了通过关注行为和与它有关的变量之间的关系来确定行为功能的重要性。

同一行为在同一学生上服务于不同功能

教育人员常常问，是否一个行为可以由两个功能控制。对这个问题的回答是是和不。一名学生可以表现出相同的行为（比如离开座位）来获得不同的功能（比如感觉调整/感觉刺激功能、负强化）（Carr et al.，1994；Day，Horner，& O'Neill，1994；Horner，1994；Iwata，Pace，et al.，1990；Romanczyk，1997）。然而，当有不同的功能时，行为发生的情境常常是不同的（Derby et al.，2000）。例如，塞莱斯特（Celeste）常常在她被叫去识别图片线索的时候尖叫、扔东西。这个行为导致了其要求的停止。在这个情境或者环境中，她的行为的功能是负强化——她逃避了图片线索活动。然而，在她不被允许排在队伍的第一位出去的时候，塞莱斯特也会尖叫、扔东西。这结果常常导致排在小组后面的同学让她排到队伍的第一名的位置。在这个情境中，她的行为的功能是正强化——她获得了排到队伍第一名的位置这一期望的结果。

在许多案例中，当同样的行为获得两种功能时，这两种功能常常不是同时发生的，而且导致挑战性行为发生的情境对于这两种功能来说也是不同的。当这种情况发生时，需要制定不同的干预计划来处理每一种功能及诱发和支持挑战性行为的情境。例如，德比等人（Derby et al.，1994）确定了一个服务于两种独立功能的行为。他们提到，用于减少产生逃避的挑战性行为的干预措施是有效的，但是，同样的干预策略在减少同样的挑战性行为、而行为产生的是得到喜欢的物品这一功能时则不够有效。行为的每一种功能都需要独立的干预策略。

同一行为在不同学生上服务于不同功能

除了个别学生，就如塞莱斯特那样，采用同样的行为获得两种不同功能，不同的学生也可能采用同样的行为来获得不同的功能。例如，打架可能对一名学生产生了负强化（比如，不喜欢的学生离开了），但对另一名学生可能产生了正强化（比如，获得同伴关注或者对情境的控制）。为了确定每一个学生打架行为的功能，我们必须检查每一个学生行为发生的情境，并基于每一个行为的功能制定干预措施。在这个例子中，即使挑战性行为的表现形式对所有学生来说都是相同的，用来处理不同功能的干预措施也还是不同的（Carr et al.，1994；Derby et al.，2000）。

多种形式行为服务于相同功能

学生也会表现出多种形式、但服务于相同功能的行为（Horner，1994；Iwata，Vollmer，et al.，1990；Neilson，McEvoy & Reichle，2001）(P96)。例如，打人、咬人、踢人，这每一个行为都可以导致负强化（比如，逃避与不喜欢的人一起学习）。这些行为可能会被认为是一个反应组：一组导致相同功能的行为（Carr，1988；Johnson & Pennypacker，1980；Parish，Cataldo，Kolko，Neef & Egel，1986；Sprague & Horner，1999）。例如，尼尔森、麦克伊沃和莱西勒（Neilson，McEvoy & Reichle，2001）报告了一名儿童，该儿童表现出许多行为，包括打人、扔东西、从教室里跑出去、咬人以及骂人等，这些行为都是获得教师关注的一种形式，受正强化功能维持。在类似的情境中，干预策略应指向反应组中的所有挑战性行为（Sprague & Horner，1992）。

一个或者多个行为服务于多种功能

在某些情况中，两种功能可能是同时出现的。当这种情况发生时，通常可能需要确定首要功能和次要功能（Crimmins et al.，2007；Golonka，Wacker，Berg，Derby，Harding，& Peck，2000；Mace，Shapiro，& Mace，1998；Nelson，Roberts，& Smith，1998；Steege & Watson，2008）。例如，当维利（Willy）被要求完成一项他不喜欢的、困难的作业时，他通过破坏作业用的材料来进行反应。当他这样做的时候，老师告诉他，因为这样的行为，所以他失去了绩点，并留下他独自一个人去做他选择的活动。维利这个行为的首要功能是负强化。他逃避不喜欢的、困难的作业。然而，维利也通过挑战性行为发生之后被允许选择另外一项喜欢的活动，获得了正强化。对维利来说，两种功能都在起作用，但是，负强化是首要功能，而正强化则是次要、非关键的功能。我们之所以知道这个，是因为当维利被独自留下一个人、但没有机会选择另一项活动时，他还是安静地坐在座位上。他没有主动寻求另一项活动。不管他是被允许选择另一项活动，还是没有活动的情况下被要求安静地坐着，他的挑战性行为的发生频率都是一样的。因此，正强化可以被确定为次要功能，它不是支持维利挑战性行为的关键功能。在类似这样的情况中，你要在干预过程中努力处理首要功能。

然而，对于某些学生来说，两种功能可能都是关键的或者首要的功能，在干预阶段处理这两种功能都是非常重要的。例如，相比前面介绍的维利的例子，格隆卡（Golonka）及其同事(2000)报告了一个学生,比起仅仅是逃避不喜欢的活动(但他们没有接触喜欢的活动,他们逃避的仅仅是一种情况),该学生受逃避维持的挑战性行为在他们逃避不喜欢的活动、获得喜欢的活动时变得更加厉害。对于这个学生来说,在逃避过程中增加喜欢的活动的接触机会,增加了受逃避维持的行为。因此,同样两种功能(正强化和负强化)在支持挑战性行为方面都是重要的。同样的结果也被基尼、费希尔、爱德利尼斯和怀尔德(Keeney,Fisher,Adelinis,Wilder,2000)所报告。他们发现,高水平的挑战性行为出现于其导致逃避加接触音乐的机会这样的情况下,而低水平的挑战性行为则出现于仅仅是逃避的情况下。斯塔尔、库欣、莱恩尼和福克斯(2006)发现,有个学生有高频率的作业分心、焦虑(比如摇晃、摇手等)和破坏性行为,这些行为同时受到了某种形式的教师关注的正强化和逃避要求他独立完成的作业或者很难做的作业这两种功能的维持。他们设计了多功能的干预措施来处理这两种功能。首先,他们教学生用适当的方式来获得教师的关注,并采取自我管理策略,以便他能对自己的行为进行监控。为了处理逃避功能,他们也忽视了挑战性行为,不再提供辅助(它允许他逃避困难的、独立的学习任务)。这两个策略的结合增加了学生作业专注的行为,减少了作业分心、焦虑,以及破坏性行为。这些研究表明,即使有首要功能,次要功能也会支持和加强挑战性行为。在这种情况下,行为的这两种功能都应该在干预过程中被处理。

为确定行为的特殊功能提供理论依据

我们发现,在我们确定行为的功能时,为选择功能和描述为什么剩下的两种功能不能被选择提供理论依据是很有帮助的。比如,如果小组选择了感觉调整/感觉刺激功能,小组成员应该能够确定他们为什么选择那种特殊的功能,以及为什么相信这个功能不是正强化或者负强化。这通常不是一件容易的工作,但是它很重要,因为对于不同的功能来说,干预措施是不同的。以下三个确定某一个功能并排除其他功能的案例将说明这一点。其中头两个案例基于第一作者作为州机构的行为分析师的经验。

杰娜(Gina)是一名35岁的女子,自5岁起就是州医院的住院病人。工作人员将她的案例转介给第一作者,工作人员的行为分析师,并报告她常常割她自己的关节和胳膊。观察结果支持了工作人员的担忧。杰娜常常割她自己的关节和胳膊,从很低的频率每周1—3次到很高的频率每天几次。观察进一步揭示,每次她割自己的时候,她都是冷静地走向办公室,并将割的动作表现给工作人员看。小组(行为分析师和工作人员)假设,杰娜自我虐待这个行为的功能是正强化:她自我虐待的结果是获得工作人员的关注。我们之所以假设正强化功能,是因为杰娜割她自己的时候,工作人员都在关注其他住院病人,或者工作人员在他们自己的休息室(前奏事件)。当杰娜将伤口展现给工作人员看的时候,他们指责了她,并用绑带包扎切口(结果)。而且,当杰娜一直获得工作人员的关注这个前奏事件存在的时候,她就不再割自己。

我们之所以知道杰娜行为的功能不是感觉刺激,是因为杰娜在多种感觉状况下割她自己,包括主动型的、有刺激性的任务,以及被动型的任务。这些环境中并没有特殊水平的刺激与她的行为有关联。实际上,唯一一致的前奏事件就是没有来自工作人员的关注或者工作人员的关注指向其他住院病人。除此之外,我们假设,如果自我伤害行为本身是自动化的或者自我强化的,那么,杰娜就不会在割她自己之后总是一致地、立即寻找工作人员。

小组之所以确定杰娜行为的功能不是负强化,是因为当她割自己的时候,她没有逃避特殊的活动、任务、同伴等等事情。杰娜在娱乐时间、就餐时间、户外休闲活动、学校活动,以及自我卫生活动中都会割她自己。当她割自己的时候,周围的病友也是变化的,活动材料和场所也是变化的。唯一一致的前奏事件就是缺乏工作人员的关注或者工作人员的关注指向其他住院病人。杰娜的行为产生了工作人员的关注,受到正强化的维持。

对杰娜行为的干预要以正强化功能为基础。当杰娜不割自己的时候,小组通过指令、社会互动及其他互动方式,安排杰娜接受更加频繁的前奏性的关注。当她割自己的时候,我们也改变了结果。工作人员继续为她提供第一帮助,但是他们不再指责她,在给她包扎切口的时候不再与她说话。我们也确定了杰娜用于获得工作人员关注的适当替代行为,在这个案例中,杰娜学会了去办公室或者找工作人员,向他们问好。然后工作人员与她对话或者与她一起娱乐。

前奏事件和情境事件	行　　为	结　　果	功　　能
没有关注	割自己	工作人员提供第一帮助,批评	正强化:获得工作人员的关注
指令、经常的社会互动	参　与	表扬	正强化:获得工作人员的关注

山姆(Sam)则是另一个例子,他表现出另一种功能。山姆常常咬他的手。我们(小组由学前教育教师、助教、治疗师、行为分析师和他的父母组成)之所以担心这个行为,是因为他手上有很大的水疱,常常会被感染。而且,我们不能给他手上用药,因为当他将手放进嘴里时会吃掉药。我们假设,咬手的功能是增加感觉刺激。我们之所以选择感觉调整/感觉刺激功能,是因为观察显示,山姆仅仅在他没有精细动作任务可以做的时候才表现出这个行为。当他有精细动作任务可以做的时候,比如,在板上插钉子或者捏橡胶球,他就不咬他的手。他的行为的功能是增加触觉刺激。

我们之所以假设山姆行为的功能不是正强化功能,是因为他没有获得与成人、同伴、物品、活动等等的接触机会。在他独自一人、活动中(比如读书时),教师与他说话、或者通过批评关注到他时,他的行为都保持着相同的情况。除了触觉刺激,没有一致的行为结果。山姆的行为不受社会强化调控。我们也确定行为的功能不是负强化,这是因为山姆没有逃避能确定的厌恶性的前奏事件。唯一一致的前奏事件就是缺乏精细动作任务。咬手行为导致了在缺乏足够刺激的环境中感觉刺激的增加。

前奏事件和情境事件	行　　为	结　　果	功　　能
没有任务	咬　　手	触觉输入	感觉调整/感觉刺激:增加刺激
精细动作任务,手部动作、橡胶球	完成任务	触觉输入	感觉调整/感觉刺激:增加刺激

处理他行为的干预措施要以感觉调整/感觉刺激功能为基础。我们安排山姆有一致的机会接触精细动作任务,教他许多可以在缺乏任务的时候做的手部动作活动,比如快速地轻拍手指。我们也提供给他一个橡胶球,他可以在很多活动中携带这个球。

最后是杰克(Jack)。他被诊断为在阅读方面存在学习障碍,当他在课堂上被要求大声地朗读时,他说"不"或者摇头来拒绝。如果他的老师哈耐克(Hanaike)继续要求他朗读时,他就将书扔向同伴。当他这么做的时候,哈耐克先生就告诉杰克,他失去了朗读的机会,并转向下一个学生。这时,杰克就安静地坐在座位上。小组假设,杰克的行为功能是负强化,这是因为他扔书的行为出现在被要求朗读(前奏事件)之后,接着他失去了在课堂上朗读的机会,教师停止了叫他朗读(结果)。他的行为结束了在课堂上大声朗读这个要求(前奏事件)。

小组之所以决定杰克的行为不是正强化的功能,是因为如果他寻求的是教师或者同伴的关注,或者其他积极的结果,比如接触某些物品或者场所的机会,那么,当教师转向下一个学生时,他应该仍旧继续表现出错误的行为。但是,一当厌恶性前奏事件被撤销的时候,他的挑战性行为也就停止了。他的行为也不是感觉调整/感觉刺激的功能,这是因为他仅仅在阅读课上被要求大声朗读的时候才表现出这个行为。如果杰克需要感觉刺激的增加,那么,在阅读要求被撤销的时候他仍旧不会安静地坐着。我们也知道他不需要减少刺激,这是因为在一整天的学校活动中他都乐意参加一些非常活跃的任务。

处理杰克行为的干预要以负强化功能为基础。在制定干预策略之前,小组确定了从杰克的角度大声朗读这一任务中什么是具有厌恶性的。通过与杰克以及他的父母、老师的访谈,小组了解到杰克是一个朗读能力很糟糕的学生。他读得很慢,常常读错单词的音。过去,每当他在课堂上大声朗读的时候,同伴们都会大笑起来,并叫他笨蛋。干预包括在杰克将要朗读的头天晚上通知他要读哪个段落,并叫他只读很短的段落。在课堂上进行朗读之前,杰克可以与他的父母或者老师一起练习这些段落。另外,老师对杰克参与课堂活动的行为进行表扬。

前奏事件和情境事件	行　为	结　果	功　能
被要求大声朗读	拒绝、扔书	失去机会、叫另一个学生朗读	负强化:逃避朗读
短小的段落,头天晚上告知、教他大声朗读	大声朗读	表　扬	正强化:获得表扬及朗读上的成功

验证行为的功能

　　访谈、观察和对情境事件—前奏事件—行为—结果序列的分析可以引导我们形成有关挑战性和适当行为的功能的假设。然而,我们必须指出,对观察资料的分析实际上无法验证行为的功能。只有通过控制情境事件、前奏事件和/或者结果,并且记录随后的行为变化,才能对之进行验证(Bijou et al.,1968;Hanley et al.,2003;Lennox & Miltenberger,1989;Mace,1994)。例如,我们可以撤销行为的结果,改变前奏事件,或者引入一个新的前奏事件,然后检查行为在操纵情况下的变化。访谈和自然环境(如教室)中的直接观察被称为功能评估、自然主义的功能评估,以及结构性分析(Peck,Sasso,& Stambaugh,1998;Repp,1999)。对变量的实验性控制以证实假设的方法被称为功能分析(Horner,1994;Kazdin,2001)。功能分析程序在提供环境变量和行为之间的因果关系方面有着优势(Thompson & Iwata,2007)。

模拟评估

　　有两种功能分析被应用。第一种被称为模拟功能分析,它通常用于临床或者实验情境中。模拟功能分析包括在临床或者实验环境(即不是自然的环境)中简单地测试每一种功能。伊瓦塔等人(1982/1994)第一个提供了这一类分析的例子。他们操纵前奏事件和结果来测试有依赖关系的关注(正强化)、逃避要求(负强化)、无刺激性环境(自动化感觉刺激),以及对挑战性行为无依赖关系的关注这些控制条件对行为的影响。他们通过检查每一种条件下行为的发生频率来确定行为的功能。

　　模拟功能分析因为不是在挑战性行为发生的自然情境中进行观察而受到了批评(它一般不包括在我们的模式及其他基于学校的模式中)(McIntosh et al.,2008)。因此,研究者不可以检查或者考虑可能控制适当和挑战性行为的自然环境中的变量,比如与同伴、教师的互动等等(Carr,1997;Kazdin,2001;Repp et al.,1995)。基于这个理由,模拟功能评估的结果可能无法泛化到模拟情境之外的情境(即自然环境)(Carr,1994;Halle & Spradlin,1993;Mace,1994;Repp et al.,1995)。从这一方法获得足够的信息以确定功能所要花费的时间变化很大,在一些案例中,它相当耗费时间(虽然自然环境中的观察也是很耗费时间的）。模拟功能分析也要求受过训练的专业人员来设计评估阶段、分析各阶段的资料，而且它对高强度/低频率的行为不够有效（Paclawskyj et al.，2001）。这些特点常常使得模拟功能分析不太适合在学校情境中实施（Carr，Langdon & Yarborough，1999；Sasso，Conroy，Stitchter，& Fox，2001）。

　　在积极行为支持模式中，模拟功能分析也受到了批评，前者将"理解行为原则如何应用到儿童生活、学习和游戏的真实环境中"（Horner，1997，P.211）作为一个目标。积极行为支持的拥护者倡导重视生态效度，包括在自然环境中观察及与重要成员如父母和教师的合作（Carr，1997；Carr，Horner，et al.，1999；Carr et al.，2002；Lucyshyn，Dunlap，& Albin，2002；Risley，1999）。虽然如此，但是许多研究者仍旧使用模拟评估开展功能分析，这是因为它是一种相对比较快捷的评估方法，当自然环境中的观察不太可能的时候，它提供了有用的信息，它常常表明了行为和环境变量之间的因果关系（虽然可参见雪莉、伊瓦塔和卡恩格（Shirley，Iwata，& Kahng，1999）的研究，但是，这是一个从模拟评估中获得错误的积极信息的例子）。要了解更多的有关模拟评估的信息，可参见汉雷等人（Hanley et al.，2003）、伊瓦塔等人（1982/1994）、伊瓦塔和沃尔默等人（Iwata，Vollmer，et al.，1990）、拉普和蒙克（Repp & Munk，1999）、萨索等人（Sasso et al.，1992）、肖尔和韦比（1999）、瓦克尔、司迪杰、诺萨普和雷姆斯等人（Wacker，Steege，Northup，Reimers，et al.，1990），以及瓦克尔、司迪杰、诺萨普和萨索等人（Wacker，Steege，Northup，Sasso，et al.，1990）的研究。

在自然环境中操纵变量

　　第二种功能分析通过在行为和变量出现的情境中，比如教室、午餐室、操场或者体育馆等，操纵变量来处理与模拟评估有关的一些问题。有时，你可以在学校情境中实施简单的功能分析、迷你测验或者探查，以便在实施干预之前确定功能（Bijou et al.，1968；Kazdin，2001；Mace，1994；National Research Council，2001）。这包括在自然环境中简单地操纵前奏事件和结果，检查这么做对行为的影响（Dunlap & Kern，1993；Repp & Horner，1999）。例如，我们可以让老师停止关注挑战性行为，然后确定这个改变结果的做法是否导致挑战性行为的增加或者减少。在挑战性行为发生的时候，我们可以安排两种情境，一是老师可以与学生互动，二是撤销对他的要求，以便观察这两种情境中对行为的影响。虽然这样的程序与模拟功能评估中应用的方法有点相似，但是自然主义的功能分析（naturalistic functional analysis）有着直接操纵出现在自然环境中的变量的优势，这些变量也被假设为诱发和支持了挑战性和适当行为。这一策略在有多个变量与行为有关时特别有帮助。司迪杰和瓦特森（2008）指出，这将增加"关联错误"的风险；也就是说，倾向于认为挑战性行为发生时所存在的变量是诱发和支持挑战性行为的前奏事件。操纵这些多种变量可以帮助确定那些真正与挑战性和适当行为有关的变量。

但是,有时在学校情境中开展功能分析是不太可能的,也是不太理想的。比如,一旦有可能马上进行干预是非常重要的,老师们不可能允许小组在干预前操纵变量,或者对变量的操纵和随后行为的改变可能会对环境中的学生或者其他人造成危险。例如,制造可能产生自我伤害行为或者同伴攻击的情境看起来是不道德的,即使仅仅是很短的一段时间。在类似这样的情境中,开展功能评估观察,并确定儿童是否表现出自我伤害及攻击行为时存在的前奏事件和结果的类型,则更加合情合理。布莱尔、恩姆布雷特和埃克(Blair, Umbreit, Eck, 2000)的报告提供了一个很好的例子,他们通过观察确定了两个明显的前奏事件情境。他们报告了一名学龄前儿童身上出现的与挑战性行为有关的两个相反的前奏事件情境。在只有很少玩具和很多儿童的情况下,会比相对没有限制数量的玩具情况(即高玩具—儿童比例)下,出现更多的挑战性行为。

在特殊教育及行为分析领域,有关开展功能分析还是功能评估的需要,以及在学校情境和其他自然情境开展功能分析的作用和可行性,存在很多的争论。一些研究者(如 Buschbacher & Fox, 2003; Dunlap & Kern, 1993; Repp, 1999)建议,在绝大多数的自然情境下,好的功能评估就足够了。如果小组不能根据观察来确定功能,不太确定挑战性行为的功能,或者有必要证实功能就是研究或者法律推动过程中所要求的功能,那么,他们才推荐开展功能分析。汤姆森和伊瓦塔(Thompson & Iwata, 2007)提醒到,仅仅收集确定挑战性行为的频率及结果的描述性资料,可能导致对行为功能的错误判断。他们检查了来自描述性观察的资料,这些资料表明教师关注最常跟随挑战性行为出现。基于条件可能性分析所提出的挑战性行为功能是正强化(即教师关注)。然后,他们开展了模拟功能分析,并报告了 12 个被试者中只有 3 个儿童存在教师关注和挑战性行为之间的功能关系。这说明不仅需要检查前奏事件和结果与挑战性行为如何频繁地联系,还需要确定这些变量之间的功能关系。例如,教师关注可能起到了正强化的功能(比如,教师—儿童互动是个理想的结果),负强化(比如,当学生与老师一起时,学生正在逃避不喜欢的活动),或者它可能提供了感觉刺激(Reimers et al., 1993; Wilder, Harris, Reagon, & Rasey, 2007)。

我们的经验是,一旦有可行性(这个由小组决定),功能分析应该在教室里或者其他自然环境中实施。如果小组需要排除竞争性的假设(比如,小组不确定功能是否是逃避或者感觉调整/感觉刺激),或者需要提供信息以用于法定程序或者法庭审判程序,那么,这更加要实施。然而,如果实施功能分析不可行,那么,功能评估当然是适当的。我们发现,有时多情境的观察和对适当行为及挑战性行为的观察,也可以提供一些与经功能分析获得的信息相类似或者相同类型的信息(Horner et al., 2002)。例如,两个小组接受了泽维尔(Xavier)的转介,他常常离开座位,在教室里奔跑、大叫,在不适当的时间里与同伴说话。小组 1 通过在环境中操纵感觉刺激的水平(高刺激与低刺激)和检查行为在每一类情况中的相应变化,开展了功能分析。相反,小组 2 通过检查教室自然发生的感觉刺激水平状况下的行为及记录每一种状况下发生的不同类型的行为,开展了功能评估。两个小组都确定了挑战性行为和高刺激性活动之间的关联,而且两个小组都设计了干预措施以减少对学生的感觉刺激。

不论用于确定行为功能的过程如何,如果干预不能迅速引发行为上的一些变化(即使变化很小),小组则有可能确定了错误的功能,那么,就要重新回到功能评估的观察阶段。对功能评估和功能分析程序的效度或者成功性的最终检验是由该评估导出的干预措施的有效性(Carr,1994;Kazdin,2001;Mace,1994)。

总 结

功能评估的第二步是确定挑战性行为和适当行为的功能。应被考虑的三个行为功能分别是正强化、负强化和感觉调整/感觉刺激。在正强化中,行为产生了从学生角度来说积极的或者期望的结果。在这一功能中,一个积极的事件或者变量被加入到跟随挑战性或者适当行为之后的情境中。在负强化中,行为产生了逃避或者回避从学生角度来说具有厌恶性的事物。在这一功能中,一个厌恶性的或者不喜欢的变量在挑战性或者适当行为之后被移去或者停止。在感觉调整/感觉刺激功能中,学生的行为改变了环境中刺激的数量和类型,或者它产生了具有自动化强化的感觉输入。在这一功能中,感觉刺激增加或者减少是学生适当或者挑战性行为的结果。

对来自观察、访谈及回顾记录的信息进行检查之后就是确定行为的功能。验证行为的功能只有通过功能分析才能开展:实验性地操纵前奏事件和结果。如果功能分析不可行,小组应该在教室或者其他自然情境中开展一个不同于自然发生情境的比较评估。比较评估可以确定诱发和支持挑战性行为的情境事件、前奏事件,以及结果与诱发和支持适当行为的那些事件之间的区别。这类比较评估将支持所假设的功能,可以让小组改变有关挑战性行为功能的假设。除了比较评估,小组可以通过描述为什么选择这一特殊的功能及为什么还选择剩余的功能,来进一步支持他们的假设。

案例研究:什么是学生挑战性行为的功能?

你在每一个案例上的任务是确定该学生挑战性行为的功能。每个案例研究将简短描述一名学生、该学生的教室环境、呈现了与行为有关的前奏事件和情境事件(背景),以及行为之后结果的 ABC 记录表。根据这些信息,你要:(a)确定行为的功能,(b)提供你选择那个功能的理论依据,(c)讨论你认为该行为不是其他任何一个功能的原因。当你检查 ABC 记录表时,你要注意挑战性和适当行为的发生情况,以及与每一类行为有关的情境(前奏事件和情境事件)及结果。

• 阿妮(Ani)

阿妮是一个 15 岁的学生,在一个普通教育的班级上课。她的老师巴恩斯(Barnes)先生采用了主动学习方法,包括经常的合作性小组活动、活动和作业中的选择机会、个别化和适应性的指导和目标、自我评价,以及来自同伴和教师的反馈。此外,巴恩斯先生的教室里有一个很小的封闭空间,他将之称为是私人办公室。这个区域是安静的,有书写材料、书和听轻音乐的耳机。在允许的情况下,学生可以在这个区域进行独立作业、阅读、一个人呆着等等。

阿妮是一个非常优秀的学生,她在所有学科领域都表现得很棒。她特别喜欢用计算机学习、阅读和创造性地写作。她交了所有的家庭作业,在测验上也表现得很不错。阿妮常常在课上教其他学生作业,她也在放学后教低年级的学生。当她的同伴在学业上有问题时,常常向她咨询。

阿妮在班级里有一两个朋友;但是她看起来喜欢与成人交往,常常寻求他们的陪伴,而不是与她的朋友交往。例如,在休息时间,她常常与教师说话,而不是与同伴一起玩。在午餐室,她常常一个人吃饭,或者如果与同伴一起,她也经常坐在小组的边缘位置。

虽然阿妮是一个很优秀的学生,巴恩斯先生仍旧对她的行为感到焦虑。巴恩斯先生感到,阿妮使用私人活动区域的时间太多。他告诉教学策略协调员,阿妮在学校的绝大多数时间都花在了私人活动区域那里。例如,巴恩斯先生说,为了让她加入一个小组参加合作性的小组活动,他今天哄了阿妮很久,才让她离开私人活动区域。但是,当她最终加入小组时,她还是坐在小组的边缘,仅仅在别人问她一个问题时才对小组有贡献。在小组中呆了大约 10 分钟之后,阿妮站起来,又回到了私人活动区域。

巴恩斯先生表示,阿妮最近拒绝离开私人活动区域、加入班级。他说,如果他坚持让她加入到班级中,或者如果他坚持让她参加一个小组活动,阿妮就说她病了,要求允许她去看校医。

教学策略协调员观察了阿妮几天的时间,并记录了她适当和挑战性行为,具体信息如下。

前奏事件和情境事件	行 为	结 果
休息时间,许多学生在玩足球	坐在长凳上,看游戏,与同伴说话	同伴互动
教师讲课和讨论	记笔记,回答问题	对正确答案表扬
合作性小组,大声的、非结构化的、有很多移动机会	走到私人活动区域	教师让她回到小组
被告诉回到小组	拒绝	教师让她回到小组
备注:这个互动重复了几次,直到阿妮服从,回到她的小组。		

（续表）

前奏事件和情境事件	行 为	结 果
被告诉回到小组	回到小组，坐在边缘	同伴问她一个问题
同伴问她一个问题	回答问题	同伴说："我知道你知道的"
小组继续活动大概 15 分钟	回到私人活动区域	独自一个人
学生在大声阅读书中的段落，教师问有关书中的问题	大声朗读，回答问题	因朗读和正确答案得到表扬
伙伴一起朗读和学习单活动	与伙伴一起做	同伴互动、完成任务
教师引导的"谁想成为百万富翁"游戏（教师提问，学生大声叫着回答问题，第一个叫得最响的小组赢得绩点）	参加游戏 10 分钟，回到私人活动区域，很激动	独自一个人
休息时间	与助教讲她正在写的故事	教师互动
转衔时间，学生去午餐	去私人活动区域直到其他学生离开教室	独自一个人
巴恩斯先生跟她说现在是午餐时间	走向午餐室，与同伴一起，坐在桌子最边上	去午餐室的过道里；一个人

1. 什么是阿妮挑战性行为的功能？为了回答这个问题，你要使用教学策略小组协调员完成的 ABC 记录表中所提供的信息，以及巴恩斯先生提供的信息。

2. 在你确定阿妮行为的功能之后，说明你为什么选择该功能，以及你认为它不是其他任何一个功能的理论依据。

● 迈尔斯（Miles）

迈尔斯是一名被诊断为发育迟滞的 7 岁学生。他已经待过 5 个寄养家庭，年幼时期的大多数时间里他都待在医院里。迈尔斯最近被一个很有爱心的家庭收养，并在一个普通教育二年级班级就读。那个教室还有其他 24 名学生，其中不少学生有着影响他们陷入学业失败危险的因素（这些因素由学区确定，包括贫穷、家庭存在药物和过度酒精滥用、英语是第二语言）。班级里也有几个有障碍诊断的学生，他们接受个别化教育计划及特殊教育服务。班级由一名普通教育教师和一名特殊教育教师共同教学。

迈尔斯喜欢朗读，有着很好的语言表达和理解技能。他喜欢与老师及同伴互动。他一天中最喜欢的时间是休息时间和自由选择中心时间。他也喜欢纸笔活动。他一天中最不喜欢、也是最困难的时间发生在教师引导的活动中。

普通教育教师巴博考克（Babcock）女士和特殊教育教师王先生，都对迈尔斯的不适当行为或攻击性行为感到很焦虑。他们表示，他常常对其他学生很吝啬，曾经对同伴和教师有过攻击性行为。巴博考克女士和王先生列举了迈尔斯在过去一周中的行为表现：

不跟随课堂指令和规则

不准时完成作业

不接受或者听从重新引导

从同伴那里拿走物品

取笑同伴

打同伴和成人

作业分心

为了更好地理解迈尔斯的挑战性行为，教师决定在两周的时间里开展几项功能评估观察。为了做到这点，他们决定当王先生收集观察资料时，巴博考克女士就上课。当巴博考克女士收集观察资料时，王先生则上课。下面表格中是王先生和鲍勃考克女士收集的观察资料样本。

前奏事件和情境事件	行　为	结　果
独立课堂作业，教师在学生周围巡视	离开座位，走向同学，拿他的笔	同伴反抗
同伴要笔	迈尔斯说不，回到座位	同伴叫老师
教师让他将笔还给同学	尖叫"不"	教师重复要求
叫他还笔	尖叫"不"	教师重复要求
备注：互动重复几次		
叫他还笔	尖叫"不"	教师给同伴一支新笔，接着去帮助另一名同学
教师帮助同伴	走向第一个同伴，还笔	教师说："这次你做了要求做的事情"
在安静的房间和教师一起朗读，教师给予选择机会	大声朗读，做了选择	教师对其正确朗读进表扬
同伴推着轮椅进来，向老师问好，教师也向其问好	叫同伴名字	教师让他对人态度好一些
教师叫他对人态度好一些	再次叫同伴名字	教师叫他道歉
教师叫他道歉	说他自己不是这个意思	教师叫他下次态度好一些，继续朗读下一个课文
到了准备离开的时间，教师叫迈尔斯将大衣穿上	迈尔斯说不，继续在铅笔盒中排炭笔	教师说，迈尔斯要在学校睡觉，然后去帮助其他同伴
教师帮助同伴	奔向教师，要求帮着穿上大衣	教师叫他说"请"
教师叫他说"请"	说"请"	教师帮助他穿上大衣
教师问谁愿意做志愿者帮助做布告栏	举手	教师选择了他

（续表）

前奏事件和情境事件	行　为	结　果
单独一个人与老师在一起，教师给了他有关布告栏的指导	听从指导，与老师话	教师互动和表扬
教师问谁愿意做志愿者帮助做布告栏	举手	教师告诉他昨天做过了，叫其他同伴
教师叫其他同伴	打被选择的同伴	教师叫他道歉
教师叫他道歉	打老师	教师和同伴走开
教师走向同伴	走向教师，向同伴和教师道歉	都接受道歉，被允许在做布告栏这件事情提供帮助

1. 什么是迈尔斯挑战性行为的功能？为了回答这个问题，你要使用由巴博考克女士和王先生完成的 ABC 记录表中所提供的信息，以及这个案例研究中提供的信息。

2. 在你确定迈尔斯行为的功能之后，说明你为什么选择该功能，以及你认为它不是其他任何一个功能的理论依据。

● 鲁宾（Ruben）

鲁宾是一个 2 岁的儿童，被诊断为发展迟滞。他在认知、运动和交流技能方面都表现出中度的迟滞。鲁宾的家庭在家里说西班牙语，虽然他有一个哥哥在学校里学习英语。鲁宾在为障碍儿童提供的封闭的双语班级里就读。他的教室里还有 9 个存在中度—重度障碍的儿童。有一个主教老师，还有一个双语的教学助理。鲁宾加入这个班级已经有 6 个月。他没有接受过早期干预服务，因此这个学前班级是他的第一次学习经历。

鲁宾是一个快乐的小孩，他喜欢与其他儿童交往，也喜欢与老师吉尔伯特（Gilbert）先生及双语助教桑切斯（Sanchez）先生交往。现在，鲁宾首要的交流方式是指点，虽然他会说"不"和"更多"。但是，他看上去有与年龄相适应的西班牙语言理解能力。他每周接受三次言语治疗，他的老师在课堂里也支持交流的目标。

吉尔伯特先生和桑切斯先生都对鲁宾在教室里表现出的破坏性行为感到很焦虑。他常常扔玩具，不能适当地玩玩具，不听从指令，在活动期间，比如圆圈活动和阅读活动时间，他不能将注意力集中足够长的时间，会跑离活动，当成人试图帮助鲁宾听从指令的时候，他有时会咬他们。

学校心理学家雪莉（Shipley）博士被分配来帮助吉尔伯特先生和桑切斯先生处理鲁宾的挑战性行为。由于雪莉博士有很多的案例工作，西班牙语也不太流利，她叫吉尔伯特先生和桑切斯先生采用 ABC 记录表收集了资料。雪莉博士也完成了她在课堂观察时间内的记录表。下面就是雪莉博士、吉尔伯特先生和桑切斯先生所收集的观察资料样本。

前奏事件和情境事件	行　为	结　果
教师向全班读大书	看老师读了几分钟，然后从立方体椅子上滑下来，走向老师，拍老师的腿，抓书	教师看着鲁宾，摇头表示不，告诉他回到他的座位，运动
宣誓效忠	和同伴一起站着，并复述宣誓词	运动，听觉刺激
天气、日历表小组时间，轮到他回答问题	走向黑板，指着太阳的图片	受到老师表扬，运动
天气、日历表时间，轮到其他学生回答问题，鲁宾的回答结束	走向旁边的助教，拍他的腿	助教移开他的手，并指着日历表
助教移开手，并指着日历表	重重地拍助教的手	助教说不
助教说不	继续打助教	助教带他去办公室拿邮件
带到办公室拿邮件	抓住助教的手，走向办公室	助教跟他说话，运动
艺术课，学生们做个人作品	离开艺术课桌子，去玩积木	留下一个人，运动
自由选择中心	加入同伴的积木区，推翻积木，去摇船，接着选择了乐器，然后蹦跳	同伴互动，运动，听觉刺激
老师给了一个智力玩具	猛敲部件	留下一个人
身体辅助教师让他玩智力玩具	抗拒，扔智力玩具和部件	身体辅助教师去捡玩具和部件
身体辅助教师去捡玩具和部件	捡起玩具和部件，拍老师，跑开	教师批评，追他，运动
游行乐队	选择乐器，排队奏出音乐，与同伴一起奏乐	运动，听觉刺激
小憩时间	抗拒躺在垫子上，离开垫子，跑到中心，玩玩具	身体提示，被允许去挑玩具在他的垫子上玩
在小憩时间被允许去挑玩具玩	挑了"机灵鬼"玩具，躺在小憩垫子上玩	单独一个人
点心时间，被分配去递杯子和餐巾	递杯子和餐巾，坐在椅子上，与同伴和教师说话，吃点心，将垃圾扔到垃圾桶，洗手，选择在中心玩直到同伴吃完点心	同伴和教师互动，味觉、触觉、听觉、运动刺激

1. 什么是鲁宾挑战性行为的功能？为了回答这个问题，你要使用由雪莉博士、吉尔伯特先生和桑切斯先生完成的 ABC 记录表中所提供的信息，以及这个案例研究中提供的信息。

2. 在你确定鲁宾行为的功能之后，说明你为什么选择该功能，以及你认为它不是其他任何一个功能的理论依据。

● 莎莉林恩(ShariLynn)

莎莉林恩是一名13岁学生,在一个普通教育班级就读。她接受了日间资源教室中的特殊教育服务,以及言语病理学家办公室每周2天的言语和语言治疗。莎莉林恩被诊断存在阅读方面的学习障碍和交流迟滞。在她的普通教育班级里中有25名其他同学和一名教师。

莎莉林恩一般来说很喜欢学校,特别是在她普通教育班级。她喜欢她的老师,也有许多朋友。她真的很喜欢参加合作性小组活动,她愿意参加绝大多数的活动、常规活动,除阅读技能之外,她在其他作业上都获得了良好的分数。莎莉林恩在运动上特别出色,是学校足球队的成员,最近还获得田径队队员的资格。

莎莉林恩也喜欢资源教室里的教师和言语语言病理学家。然而,她不喜欢离开普通教育班级去特殊教育班级。她很害怕当她离开时其他同学会嘲笑她,她常常拒绝去言语治疗和资源教室。拒绝和不服从行为的频率在增加,这个行为还扩展到普通班级和学校情境中的其他活动及常规活动。负责莎莉林恩的教育人员一起做了一个行为咨询的转介。他们对她在言语治疗、资源教室及普通教育班级中出现的不断增加的不服从行为感到很焦虑。

科诺夫勒(Knofler)博士是这个学区的行为分析家,观察了莎莉林恩,将她的挑战性行为和适当行为都记录在ABC记录表上。以下是其中的一些观察:

前奏事件和情境事件	行　为	结　果
合作性小组,做科学课实验	与小组一起学习	同伴互动
被告诉去资源教室的时间到了	说她的小组项目还未结束,继续学习	再次提示其去资源教室
被提示去资源教室	拒绝,说她不需要任何特殊帮助	再次提示其去资源教室
备注:这种互动持续到提示升级,教师和莎莉林恩之间开始争论		
被威胁如果她不去资源教室放学后就会被留校	去资源教室(只剩下10分钟时间)	留校威胁撤销,在资源教室花很少的时间
资源教室教师叫她读小故事	说"不",将头搁在桌子上	教师说她要教想学习的人,并教同伴
被布置了家庭作业,阅读和学习指导作业	在离开学校的时候将学习指导扔到垃圾桶	没有完成作业
被布置了数学学习任务单	在桌子上做	完成学习任务单,被允许玩电脑游戏
其他学生轮流朗读了故事的一些片段,莎莉林恩被叫到朗读	她说将书留在了家里	教师叫其他学生
普通班级,被提示去言语治疗的时间到了	告诉教师,言语病理学家告诉她今天不用去	教师叫去证实

(续表)

前奏事件和情境事件	行　为	结　果
教师告诉她必须去言语治疗,不要再说谎	说一旦她完成项目她就去	教师给她5分钟时间完成项目
10分钟之后,教师叫她马上去言语治疗	拒绝	教师威胁放学后留校
被威胁放学后留校	仍旧拒绝	教师告知放学后留校,走开了
其他学生读完了朗读故事的片段,莎莉林恩被叫到朗读	她说将书留在了家里	教师叫同伴与莎莉林恩一起分享书本
教师叫同伴与莎莉林恩分享书本	说她不喜欢朗读	再次被命令朗读
被命令朗读	拒绝	被送到行为规范办公室
被送到行为规范办公室	在资源教室停步,与老师说话	教师问她打算去哪里
教师问她打算去哪里	告诉她在办公室	送她去办公室
被送去办公室	在言语治疗办公室停步,跟言语病理学家说话	言语病理学家与她讲昨天缺课的事情

1. 什么是莎莉林恩挑战性行为的功能? 为了回答这个问题,你要使用由科诺夫勒博士完成的 ABC 记录表中所提供的信息,以及这个案例研究中提供的信息。

2. 在你确定莎莉林恩行为的功能之后,说明你为什么选择该功能,以及你认为它不是其他任何一个功能的理论依据。

第三部分 选择和实施基于功能的干预

第 六 章　选择情境事件、前奏事件和结果策略及适当替代行为

第 七 章　与正强化功能有关的干预策略

第 八 章　与负强化功能有关的干预策略

第 九 章　与感觉调整/感觉刺激功能有关的一般策略

第 十 章　与增加和减少感觉调整/感觉刺激功能有关的特殊干预策略

第十一章　促进行为迁移和维持及预防行为发展和再次发生的策略

第六章

选择情境事件、前奏事件
和结果策略及适当替代行为

目标

1. 描述综合的干预计划的内容组成。
2. 提供制定综合性的干预计划的理论依据。
3. 描述与惩罚程序有关的问题。
4. 确定和描述选择干预策略的技巧。
5. 解释为什么满足行为的功能很重要。
6. 提供在干预过程中处理适当替代行为的理论依据。
7. 描述并给出全班范围的干预策略案例。

关键术语和概念

前奏事件   匹配挑战性行为功能

适当替代行为   自然刺激和强化物

全班范围的干预   正常化和年龄相适应的干预和行为

综合性的干预计划   正强化物

结果   情境事件

功能平衡

在确定行为功能之后，小组开始准备制定干预策略。在制定干预计划的过程中，小组必须考虑 ABC 序列(情境事件、前奏事件、行为和结果)的每一部分内容。小组要决定行为序列的每一部分内容是否都应在干预计划中进行处理，如果是，那么每一部分应该如何进行安排。用于改变或者引入情境事件、前奏事件和结果的策略将在之后的章节中进行阐述。

基于情境事件和前奏事件的干预策略

　　基于情境事件和前奏事件的策略的目标是通过改变或者撤销当前诱发挑战性行为的变量，以及通过引入诱发或者提供适当行为发生场合的变量，来预防挑战性行为的发生（或发展）（Carr et al.，1996；Carr et al.，2002；Conroy, Sutherland, Snyder, & Marsh, 2008；Kennedy & Itkonen, 1993；Neilson & McEvoy, 2004；Polloway & Patton, 1993；Rhode et al.，1993）。干预计划要处理当前在环境中起作用的情境事件和前奏事件（即访谈和观察中被确定的那些变量），或者引入新的情境事件和前奏事件到环境中。霍纳和他的同事（2002）揭示了在过去10年中前奏事件和情境事件策略的使用在不断增加。这一增加与重视积极行为干预支持和全校范围的积极行为支持方法所倡导的预防是相平行的（Carr, 1997；Carr et al.，2002；Koegel, Koegel, & Dunlap, 1996；Lucyshyn, Dunlap, & Albin, 2002；Muscott et al.，2008；Scott & Martinek, 2006；Weiss & Knoster, 2008；Zirpoli, 2008）。

　　正如下面案例中所介绍的，前奏事件可以引入为干预计划的一部分。比如，可以将书写规则张贴在教室的墙壁上或者学生的课桌上，为困难的或者新的任务提供大纲，在挑战性行为通常发生的活动之前先复习社会故事（Gray, 1994；Gray & Garland, 1993）。最后，还可以告知学生作业完成之后将获得的积极的结果（如"当你完成学习任务单之后，你可以去阅读桌看漫画书或者杂志"）。在第11章中还提供了其他预防挑战性行为、支持适当行为的前奏事件策略。

　　情境事件也可以引入为干预计划的一部分。例如，学校可以提供早餐，在教室里设计一个安静的区角，提供低水平的、可镇静的感觉刺激，也可引入小型小组活动，与大组的小组活动、讲课及独立作业交替进行。

　　当前存在的情境事件和前奏事件可以被改变和撤销，以减少挑战性行为发生的可能性（如Horner, Day, Sprague, O'Brien, & Heathfield, 1991；Kennedy, 1994；Pace et al.，1993；Steege & Watson, 2008）。例如，在前面的章节中，我们了解了罗素这个存在听觉加工问题的学生，发现他很难听从多步骤的指令（前奏事件）。对罗素来说，可以通过将前奏指令分解为小步骤的指令来进行改变。指令也可以通过使用不同的刺激模式（比如书面的或者口头的）来进行改变。在另一个案例中，来自埃里克斯（Alex）的戏弄（前奏事件）出现在贝基（Becky）的攻击性行为之前，并在埃里克斯坐到一个新的位置后停止（远离贝基）。在这个案例中，诱发了贝基攻击性行为的前奏事件被撤销了。改变或者撤销当前存在的情境事件的例子还包括：减少教室内的噪音水平；移开令人分心的刺激物；主动型的和被动型的活动交替进行；与学生的家庭合作以保证学生获得足够的睡眠和有营养的早餐等。

一些情境事件,比如(父母)离婚、疾病及药物副作用,则不能够被改变。当我们不能改变这些情境事件时,我们可以代之以减少情境事件对学生行为产生的负面影响。我们可以做的是(1)改变我们与学生的交往,(2)改变我们对学生的期望,(3)改变学校环境中的其他变量(Horner et al.,1996)。例如,对于那些对班级日程表和常规活动的改变有消极反应的学生来说,我们可以提供经常性的提醒和图片线索,提示他学校日程即将有一个变化(情境事件),比如郊游。在另一些案例中,比如,对于定期去医院里看其生病(情境事件)的母亲的学生,如果我们看到她进入教室时很难过,可以与之进行简短的谈话,或者在期望她参与课堂活动以及常规活动之前,让学生与社会工作者谈谈她的探望经验。这些例子没有改变情境事件的存在,也没有发生情境事件不再起作用的事实,但是它们使得情境事件对学生行为的影响中性化,或者减少了它的负面影响。

卡尔及其同事(Carr et al.,2002;Carr,Horner et al.,1999)描述了积极行为支持的首要目标是预防挑战性行为。他们认为,处理挑战性行为的最佳时间是在行为还未发生的时候或者在行为发生之前(Horner et al.,2002;Reeve & Carr,2000)。前奏事件和情境事件的交替呈现、引入及撤销是预防挑战性行为的基本方法。通过操纵前奏事件和情境事件可达到预防的目的,这样,它们就为适当行为的发生创设了场合,它们也就不再诱发挑战性行为。这些策略将增加预防挑战性行为形成或者形成后再次发生的可能性。

综合性的干预计划

单独使用仅仅是前奏事件的干预策略,可能不足以矫正和/或者预防挑战性行为,以及支持适当替代行为的形成和维持。它们应该是综合性干预计划的一部分(Carr et al.,2002),这个计划可包括基于结果的策略、技能训练、自我管理训练等等。基于结果的策略和基于前奏事件的策略一起工作,前奏事件增加行为发生的可能性,而结果则可在行为发生之后对之进行加强、维持或者减弱。

单独使用前奏事件策略的危险在于,如果没有强化的结果对之进行加强或者维持,适当行为将不再继续发生。在这种情况下,前奏事件不再能有效诱发行为,因为它们不再与具有强化的结果相配对(Walker et al.,2004;Zirpoli,2005)。使用仅是基于结果的策略的问题则是行为样本不足以加强行为。如果在产生同样的结果(如关注)方面,适当行为与挑战性行为是竞争性的关系,这种情况尤其真实。例如,当维尼(Vinnie)的食物吃完的时候,他就会从其他学生那里抢夺点心和午餐。学生们通常不对之进行反抗,因为他这么做的时候,反抗会引起来自维尼的攻击性行为。维尼行为的功能是正强化,他获得了食物。小组制定了一项仅仅处理维尼抢夺食物之前出现的情境事件或者前奏变量的干预计划。比如,他们为维尼提供了其他食物,这样他就不会吃光食物,也就不需要从同伴那里拿了。或者,他们设计了一个仅仅处理行为序列结果这一部分的干预计划。当维尼要求更多的食物时，他们可以表扬他，并给他食物，当他从同伴那里抢夺食物时，他们就将他安置到隔离室。最后，小组可以设计一个综合性的干预计划，这个计划处理行为序列的每一部分（Horner，1994）。在综合性的计划中，他们可以在午餐或者点心时间提供给维尼食物，这样，他就不会像之前经常出现的那么饿（情境事件）。然后，他们可以提示维尼，在食物没有了的时候（前奏事件），他可以索要食物，他们会在他要求更多食物之后给他额外的食物（结果）。这每一项干预策略，如果单独使用，都可以减少维尼的挑战性行为。但是，我们期望综合性的干预计划是最有效的，因为它处理了行为序列的每一部分，它同时处理了挑战性行为和适当替代行为，它教学生用于多种情境和场合的适当行为（Carr et al.，2002；Horner，1994）。在这个例子中，综合性的干预计划通过改变适当行为之后的结果来支持适当替代行为。综合性的计划也通过操纵前奏事件和情境事件来处理挑战性行为的预防。

基于结果的干预策略

基于结果的干预策略目标是为适当行为提供支持，以及撤销或者改变当前对挑战性行为的支持。处理 ABC 序列中结果部分的干预是通过改变或者撤销在当前环境中起作用的结果或者引入新的结果来做到这一点的。这可以通过这些方式来达到：

1. 改变该情境中当前提供的结果的强度、持续时间、频率或者结果模式。例如，我们可以停止对一名不喜欢被触碰的学生使用击掌，而代之以口头表扬这名学生的适当行为。对很容易被过度刺激的学生，我们可以采取轻声表扬。

2. 撤销支持挑战性行为的当前期望的结果（一种被称为消退的程序）。例如，我们停止对一名在班级里大叫着提问和回答问题的学生进行关注。或者，对撕掉纸的学生不再撤除厌恶性的活动。

3. 引入新的结果支持适当行为。例如，我们设计了一个与学生的合同，如果他准时交家庭作业，他每天可以获得 15 分钟的自由时间。或者，对学生每次发起与同伴的交往进行表扬。

4. 应用当前支持挑战性行为的结果到不同的行为上（即现在结果跟随在适当的替代行为之后）。例如，除了不再对学生在班级里大叫着提问和回答问题的行为进行关注之外，我们仅仅在那个学生举手提问或者回答问题时给予关注。或者，当学生撕掉了纸之后，不再撤销厌恶性活动，而是在其完成 2 道题目、要求休息一下时，才短时间撤销厌恶性活动。

一般来说，在我们的功能评估模式中，基于结果的干预策略包括支持适当替代行为的积极的结果,以避免与惩罚有关的许多副作用和负面结果。这一策略着眼于增加适当行为上,而不是仅仅将减少挑战性行为作为干预的目标(Weiss & Knoster, 2008)。在行为分析文献中,记录了惩罚的几个潜在弱点(如 Bandura, 1965; Donnellan & LaVigna, 1990; Risley, 1977, 1991; Walker & Shea, 1999; Wood & Braaten, 1983)。这些弱点包括以下几点:

1. 惩罚教一个学生什么不能做;它不教学生要做什么来替代挑战性行为。换句话说,惩罚仅仅着重在减少或者结束挑战性行为。单独使用惩罚并不处理适当替代行为。

2. 惩罚的效果可能是短期的。当惩罚的依赖关系被撤销或者不再存在一段时间之后,挑战性行为就将再次发生。

3. 惩罚的效果可能是有情境特殊性的。学生可能学会了在一个情境中或者在某个人存在的情况下不做挑战性行为,但是挑战性行为将继续在其他情境及其他个体面前发生。

4. 其他形式的挑战性行为可能替代当前的挑战性行为。如果对适当行为的支持不是干预的一部分,那么,学生可能会用其他挑战性行为来替代原先的挑战性行为。这个新的挑战性行为随后也会被惩罚,这样,学生就表现出了不同的挑战性行为等等,持续着惩罚的循环。

5. 惩罚可能导致对实施惩罚的个体或者其他人的攻击行为。

6. 惩罚可能导致对适当行为和挑战性行为的普遍抑制。学生可能停止表现出挑战性行为,但他们也可能停止参与课堂活动,与同伴和成人交往。

7. 学生可能逃避实施惩罚的个体(如父母、教师、治疗师)。

8. 惩罚能够降低自尊。就如访谈和自我评估中的测量到的,经常接受惩罚的学生也常常存在糟糕的自尊(Sulzer-Azaroff & Mayer, 1991)。

9. 受到惩罚的个体和其他学生可能模仿惩罚者的行为,会将惩罚程序应用到其他人身上。例如,受到掌打的学生可能打同伴,失去代币的学生可能从同伴那里拿走代币,受到老师严厉批评的学生可能严厉批评其他学生。

10. 惩罚可能导致对学生的身体伤害。

11. 惩罚可能被过度使用,以及作为对挑战性行为的第一(以及持续)反应(Skiba & Peterson, 2000)。教育人员可能依赖惩罚程序而不是试图采用积极策略去改变行为。

如果惩罚策略被纳入到干预计划中(比如消退、隔离、失去特权或者绩点),那么,必须伴随支持适当行为的积极策略。惩罚程序也必须遵循联邦和州法律及地方学校系统行为守则计划所确定的指导方针(Wood & Braaten, 1983)。例如,如果我们停止对华伦(Warren)拖沓行为的批评和评论(撤销关注),那么,我们必须开始关注华伦准时的行为(适当的替代行为)。或者,如果当华伦迟到时,我们撤销了代币或者绩点,我们也必须在其准点时(适当替代行为)奖励绩点或者代币。在这些例子中,都对华伦拖沓的行为进行了惩罚,他们也教华伦产生积极结果的适当行为(他一样获得教师的关注或者绩点)。仅仅使用惩罚并不能达到这一点。有几项研究表明,结合正强化一起使用的惩罚比起单独使用惩罚要更加有效 (Golonka et al., 2000;Keeney et al., 2000;Mazaleski, Iwata, Vollmer, Zarcone, & Smith, 1993;Zarcone, Iwata, Hughes, & Vollmer, 1993;Zarcone, Iwata, Vollmer, Jagtiani, Smith, & Mazaleski, 1993)。

总之,只要适当,综合性的干预计划就应该处理当前诱发和支持挑战性行为及将诱发和支持适当替代行为的情境事件、前奏事件和结果(Lucyshyn, Albin, & Nixon, 2002)。情境事件、前奏事件和结果可以被改变、引入或者撤销。当情境事件不能进行改变或者撤销时,干预也可以着重在改变教育人员与学生的交往及对学生的期望上。作为一般原则,一旦有可能,基于结果的干预不应该包括限制性的或者严重惩罚程序。如果惩罚程序要被采用,它们必须与积极的强化策略相结合使用,也要遵循州和地方学区的政策,一旦有可能,惩罚程序就应该快速隐退,这是非常重要的。

选择干预策略

在干预过程中,没有普遍性的规则可用于表明情境事件、前奏事件及结果应该如何被改变或者设置。然而,仍旧有几条建议可以用于选择干预策略,以增加处理挑战性和适当行为的成功可能性。这些建议也将促进行为的迁移和维持。迁移指的是行为在新的不同的情境中发生,包括迁移到到不同的人、物品、活动和作业、指令及其他环境中。维持则指的是行为随着时间推移而持续(Baer, Wolfe, & Risley, 1968;Carr et al., 1994;Haring, 1988a, 1988b;Stokes & Baer, 1977;Sulzer-Azaroff & Mayer, 1991)。第11章提供了对这些概念及用于促进迁移和维持的特殊策略的讨论。有关选择干预策略的建议见表6-1,将在接下来的段落中详细介绍。

干预必须处理挑战性行为的功能

首先,也是最重要的,干预策略必须以挑战性行为的功能为基础。干预策略常常无法改变行为的原因是它们是被任意选择的,也很少理解挑战性行为为什么发生。这导致了干预措施和行为功能的不匹配(Iwata et al., 1982/1994;Mace, 1994)。基于行为功能的干预一般比那些未基于行为功能的干预要更加成功(Horner et al., 2002;Kazdin, 2001;Repp & Karsh, 1994;Repp et al., 1995;Scott et al., 2005)。例如,英格兰姆、刘易斯-普莱尔和苏盖(Ingram, Lewis-Palmer, & Sugai, 2005)为两名有挑战性行为的初中生设计了两份不同的干预计划。一份干预计划基于行为功能,而另一份则不是。他们发现,基于行为功能的干预在减少挑战性行为方面比没有基于功能的干预要更加有效。

表 6-1　选择干预策略的建议

1. 干预必须处理挑战性行为的功能。	4. 选择正常化的干预策略。
2. 应用自然的刺激。	5. 选择可应用于全班范围的策略。
3. 干预策略必须是可行的、可接受的。	

　　学生之所以表现出挑战性行为，是因为它服务于功能。用来矫正挑战性行为的干预必须继续提供功能，但是引起功能的行为将是不一样的。换句话说，替代行为也必须产生已被确定的功能（Bambara，Dunlap，& Schwartz，2004；Dunlap et al.，1990；Luiselli，1990；McEvoy & Reichle，2000；Repp & Karsh，1990）。如果学生通过表现出挑战性行为而获得了积极的结果（即正强化），那么，干预必须让学生通过表现出适当行为来获得积极的结果。或者，如果学生通过表现出挑战性行为逃避或者回避了某些厌恶性的事物（即负强化），那么，干预必须让学生通过表现出适当行为来逃避或者回避厌恶性的事物，或者，必须将功能控制从负强化转向正强化（见第八章）。最后，如果学生的挑战性行为改变了感觉刺激的水平或者类型（即感觉刺激/感觉调整），那么，干预必须让学生通过表现出适当行为来改变刺激的水平或者类型。

　　需要考虑行为功能这一点也被梅耶（Meyer，1999）所提到。梅耶对四名学生的作业分心行为开展了功能评估。对其中三名学生来说，作业分心行为的功能是逃避困难的作业，对剩下一名学生来说，其作业分心行为的功能则是正强化。这个学生在成人关注水平很低的时候表现出作业分心的行为。在头几个阶段的干预中，梅耶教行为受逃避困难活动维持的学生要求关注。她也教行为受成人关注维持的那名剩下的学生要求辅助。对这每一名学生来说，干预都没有处理他们的行为功能，也正如预期的那样，他们的作业分心行为很少看到变化。然后，梅耶实施了考虑每个学生行为功能的干预。结果，行为是正强化功能（关注）的学生被教要求关注。行为受逃避维持的学生被教了要求辅助（因此减少了作业的难度），只有当干预处理了挑战性行为的功能时，作业分心行为的水平才得到了下降，而作业专注的行为水平则得到了增加。

　　研究者常常将这一建议称作为匹配挑战性行为的功能或者发展功能平衡的行为（如Carr，988；Durand，Bertoli，& Weiner，1993；Kern & Dunlap，1999；Luiselli，1990；Parrish & Roberts，1993）。功能平衡是功能评估干预的基础。干预必须在产生功能方面与当前条件进行竞争，如果它们要有效的话（Horner & Day，1991；Kazdin，2001；Mace et al.，1991）。干预必须着重在对学生来说重要的方面（即功能）。换句话说，重要的、要进行处理的是功能，而不是行为本身。学生没有必要去关心功能是如何达成的——对他们来说，重要的是功能被达成了。但功能如何达成（即应用的行为形式）对于希望挑战性行为减少的教育人员和家庭成员来说则很重要。当干预匹配了挑战性行为的功能时，学生学会了新的、适当方法去达成重要的功能（Kazdin，2001；Mace et al.，1991；Steege & Watson，2008）。

正如杜兰德和卡尔（Durand & Carr，1992）所描述的，功能平衡行为更有可能迁移到新的情境中，并随着时间的推移而维持下去。这些研究者评估了两种干预的效果，一种设计的是综合性的干预，通过教功能平衡的行为来减少挑战性行为。另一种设计的干预则是通过应用惩罚技术（隔离）来减少行为。他们报告两种干预措施都减少了挑战性行为，但是只有功能平衡的干预导致了长期的结果维持。正如卡尔和他的同事（1994）所指出的，在我们改变行为之前，我们必须发现它的目的（功能）。只有这样，我们才能够去教学生新的行为来达到同样的目的（功能）。

应用自然的刺激

这个建议指的是前奏事件和结果刺激的选择将是干预计划的一部分。自然的刺激是那些当前存在的刺激（对那个情境来说是自然的）或者那些可能存在于行为发生的学校或者基于家庭的情境中的刺激（Repp & Karsh，1990；Sulzer-Azaroff & Mayer，1991）。如果适当行为是受自然的前奏事件诱发及自然结果支持的话，那么，学生更能有可能维持这一行为（Billingley，1988；Liberty & Billingsley，1988；White，1988）。例如，寻求帮助的自然结果是获得帮助，而更为人工或者较少自然的结果（可能是未来情境中不太可能存在的）则是获得绩点或者贴纸。可以促进按时完成作业的自然的前奏刺激是一个闹钟或者时间提示器。而更为人工的前奏刺激（在多个情境中都不可能存在）则是经常的教师提示，告知学生活动还剩多少时间（如"你只剩下 5 分钟了，还剩下 4 分钟"等等）。

被认为是自然的或者对某个情境很常见的刺激（比如，代币制或者可吃的强化物）也许在另一个情境中会被认为是人工的、不适当的。因此，小组必须确定将实施干预的情境中通常使用的或者存在的前奏事件和结果。自然刺激将在特殊的干预策略结束后继续起作用，因此，它们应该被纳入到干预计划中。

有时，有必要同时从人工的和自然的刺激开始。当自然的刺激不能为学生发挥前奏事件或者强化物的功能时，就要采取这种做法。如果引入了人工的刺激，它们必须与自然的刺激配对出现。一旦有可能，最终的目的应该是隐去人工的刺激，这样，行为将受到自然的刺激支持。比如，用于增加海蒂（Haddie）作业专注行为的干预计划包括经常的言语提示"继续做"和作业专注行为每持续 5 分钟就发放一个代币。代币同时与言语表扬配对。在海蒂的班级里，代币不是一个自然的（典型的）结果，但是它们被引入了，这是因为对海蒂来说，表扬（班级中自然的结果）最初并不是一个很强的强化物。但是，随着时间的推移，表扬由于与代币配对而逐渐成为具有正强化物那样的力量。当海蒂的作业专注行为增加时，言语前奏提示可以越来越少，代币也可以通过增加海蒂获得一个代币所需要的作业专注时间来逐渐隐退,而表扬将继续用于作业专注行为。最终,提示和代币将不再继续使用。到这个时候,海蒂的作业专注行为就只受到表扬这个自然的结果维持了。

干预策略必须是可行的、可接受的

被那些期望实施它们的人员认为不可行的、不可接受的干预,可能是不可实施的或者不能正确实施的(Elliott, Witt, & Kratochwill, 1991;Johnson & Pugach, 1990;Odom, McConnell, & Chandler, 1994)。可行性指的是干预策略是实用的,并且能够被教育人员在教室里及其他基于学校的情境中实施的。霍纳(1994)将这一点称作为适合情境的干预。他认为,适合情境的干预要"适合必须实施它们的人们的技能、日程表、资源,以及价值观"。当干预策略反映出方案的资源,则更有可能被认为是可行的。这些资源可包括以下内容:

1. 日程表和日常活动、常规活动。
2. 实施干预策略可参与的个体数量。
3. 实施干预所要求的时间和精力。
4. 实施干预策略所要求的专家和受过训练的工作人员的数量。
5. 其他学生和工作人员的安全(Sugai, Lewis-Palmer, & Hagan, 1998)。

可接受性指的是干预策略被感觉到的适当性、公平性以及合理性(Elliot et al., 1991;Kazdin, 1981;O'Brien & Karsh, 1990;Wolf, 1978;Zuni & McDougall, 2008)。干预计划要考虑到实施这些策略的工作人员的哲学观和典型的教学实践、学校管理人员、学生及其家庭等人。

建议制定可接受的、可行的干预计划,并不意味着干预策略必须很容易实施,应要求较少的工作人员时间或者精力,应要求工作人员较少的训练和/或者专家,或者应该仅仅基于学校情境中通常所采用的做法。然而,它意味着,干预在每个情境中都要合理花费可获得的时间和资源。

干预策略的可行性和可接受性可能随情境而发生变化。例如,为柯莎莉(Koshari)具有逃避动机的攻击性行为制定的干预计划包括(a)重复指令,(b)身体提示,(c)对攻击性行为的消退,(d)对服从行为的表扬。虽然这个干预最终减少了柯莎莉的攻击性行为,增加了其服从行为,但并没有马上起效果。实际上,就如消退程序应用时常见的那样,在最初的时候,柯莎莉的攻击性行为的频率和强度都有增加。因此,这个干预计划要求第二个成人能够在柯莎莉的攻击性行为威胁到他们的安全时(柯莎莉常常将家具和物品扔向同伴和工作人员),将学生隔离或者转移到另一个房间去。如果柯莎莉的教室里仅仅只有一个教师,这个干预就没有可行性。但是,如果有两个工作人员可以来实施这个干预计划,这个干预就被认为在她的教室里是可行的。

对柯莎莉来说,干预的可接受性随个别小组成员而发生变化(O'Brien & Karsh,1990)。一些小组成员感到消退是适当的,因为它教柯莎莉攻击性行为不会导致逃避活动这个结果。但其他成员感到攻击性行为的增加,以及对其他学生和成人的潜在危险是不可接受的,其他策略对改变她的行为也具有相同的效果(比如,重新引导或者身体提示及表扬)。当类似的分歧出现时,小组要讨论每一个人所担忧的问题、所支持的策略的理论依据,以及可能的干预策略的利弊所在。这将导向对能够提供的资源的确定,这些资源可以使得干预更加具有可行性,最终在选择干预策略时保持一致。如果一致的意见无法达成,小组就需要采用一个短期干预计划,这样,在经过一段特定的间隔时间后可以对之进行回顾,如果需要则可对之进行调整。在柯莎莉这个例子中,小组实施了一个月的计划,随后对进展情况进行了回顾。当干预有了进展之后,他们就继续实施干预计划,这样,小组就形成了一致的意见。

干预策略要被那些必须实施它的及其他重要人员(比如,管理人员、家庭成员)认为是可行的和可接受的,用于提高这一可能性的途径是,接纳所有相关的重要成员作为评估和干预的小组成员。这个观点反映了我们第2章中讨论过的功能评估的一个假设:功能评估应该是基于团队的过程,它被认为是积极行为支持方法的基础价值观和实践(Carr,1997;Carr et al.,2002;Fox,Vaughn,Dunlap,& Bucy,1997;Horner,1997)。在小组成员没有投入和讨论情况下,干预策略不应该被制定。这一基于团队的方法也应用于后面章节中所讨论的选择正常化的干预策略这一建议中。

选择正常化的干预策略

情境事件、前奏事件和基于结果的策略应该反映教室里或者学校情境中通常发生的程序类型,或者可以应用到其他儿童身上。这一建议就是基于正常化的原则(Wolfensberger,1972),它表明为障碍儿童(在这里指的是有着挑战性行为的学生)提供的情境、干预及经验要尽可能与那些为无障碍的学生(在这里,指的是没有表现出一致的挑战性行为的学生)提供的相近(Haring,1988a,1988b;White et al.,1988)。正常化策略更能被工作人员、学生和家庭接受,也更容易实施,因为它们更加为人熟悉或者是正在进行的课堂常规和实践的一部分。它们也更少引起对某一个特殊学生的关注。

我们曾经治疗过一个叫费尔南多(Fernando)的学生,他有卷头发的行为。这个反应是其行为链的第一步,这一行为链最终发展为大叫,并跑出教室。以前的一个咨询员推荐的干预策略是让费尔南多在学校的时候整天戴一顶编织帽。这个策略实施了一段时间后就被放弃了。工作人员表示,费尔南多拒绝戴编织帽(他的同伴和父亲戴棒球帽)。他们也表示,其他同学在教室里不被允许戴帽子,这一做法会向所有学生传递一个复杂的信息。工作人员感到,费尔南多不应该被允许这么做,因为其他同学没有被允许这么做。工作人员也感到,如果在冬天戴一顶编织帽还算适当的话,而在一年的其他时间里它是不适当的。从工作人员和费尔南多的角度,编织帽策略并不是一个正常化的干预策略。

我们在自然环境中对费尔南多的观察表明,费尔南多通常在一天刚开始的时间、先由自由游戏开始的无结构化的活动中出现卷头发行为,继而开始其挑战性的行为链。另一个设计的干预策略是在无结构化的活动中或者在其卷头发的时候引导费尔南多参加一个活动,最终教其在无结构化的时间段内独立选择活动。这一干预比起编织帽的干预要更加正常化,因为它不会引起对费尔南多的特殊关注,它包含的程序也是工作人员在教室里常常实施到学生身上的。

前奏事件和情境事件	行　为	结　果	功　能
无结构化活动	卷头发、大叫、跑出房间	触觉和听觉输入,运动	感觉调整/感觉刺激:增加感觉刺激
在无结构化阶段为费尔南多提供结构化活动	参加所选择的活动	刺激	感觉调整/感觉刺激:增加感觉刺激

常常不太可能或者很难去适当选择被认为是正常化的干预策略。比如,第一作者曾经在一个工作训练中心工作,这个中心允许年轻的障碍人士在休息时间看电视。这些年轻人经常选择看卡通片,当他们这么做的时候,他们也很投入。然而,中心里的一些工作人员认为,看卡通片不是一个与年龄相适应的活动,因此,他们常常改变频道,让他们看“肥皂剧”或者“脱口秀”。这实际上增加了休息时间的挑战性行为。另一个例子来自博格斯(Boggs,1985),他写到,对于工作人员来说,因为不是正常化的或者不与年龄相适应,因而拿走成年儿子的玩具、橡皮鸭的做法是不适当的。很明显,干预策略和强化物必须个别化,以满足每个学生的特征。

选择能用于全班范围的策略

虽然对于每个表现出挑战性行为的学生来说,功能评估都是个别化的,但是为一个学生设计的干预也可以是适合许多学生或者所有学生的。如果可以将情境事件、前奏事件及结果策略应用于全班而不是某个个别学生,那么这个策略常常会更加容易实施。例如,我们可以应用一致的或者小组的反应策略来处理某个学生在等待轮到自己这方面的问题(Munk & Karsh,1999)。我们也可以在所有数学任务单上提供样题,或者向所有学生提供已分解为多个步骤的指令。在我们自己的研究中,我们曾经报告,当我们为一个学生设计的干预应用为全班的干预时,对于各组学生来说,挑战性行为都减少了,参与活动及同伴互动都增加了(Chandler et al.,1999)。这一发现在特殊教育需要学生的封闭教室、融合或者正常的普通教育教室、高危学生的教室里被同样复制。我们也发现,学生和工作人员的适当行为随时间的推移而被维持下来。应用到全班范围的干预更有可能由方案的工作人员来维持,因为它们成为每日日常活动和课堂实践的一部分。干预策略也可以应用到全校范围水平。第十二章提供了有关全校范围的积极行为支持方案方面的信息。

然而,将所有干预策略应用到全班水平是没有必要的,也不可能经常是适当的。在决定是否将干预措施应用到全班范围水平时,小组应该考虑个体及全班范围应用的可行性和效用。在一些案例中,被设计并应用于全班水平的干预措施可能并不适合于个别学生。维克和博格(Wacker & Berg, 2002)警告我们不要忘记个别学生。他们建议,如果一个学生不能对全班范围的干预有反应,那么,干预就必须进行个别化,以处理那个学生的需要。

选择适当的替代行为

除了前面五个建议中讨论的选择和安排情境事件、前奏事件和结果作为干预计划的一部分之外,小组也必须确定可替代挑战性行为,并获得同样功能的适当行为(Carr, 1997; Horner, 1997)。有几条建议可以指导小组选择适当的替代行为。这些建议列举在表6-2中,并在接下来的部分将详细介绍。

选择教育性的或者功能性的替代行为

适当的替代行为应该是那些在学生家里、最少受限制的学校和社区环境中促进学生独立、拓展学生技能范围、让学生最大程度参与的行为(Billingsley, 1988; Carr et al., 2002; Dunlap et al., 1990; Ostrosky, Drasgow, & Halle, 1999)。功能性的或者教育性的行为也是在多个环境中有效的行为,或者是更高级的技能的前提(Carr et al., 1994; Durand & Carr, 1992; Munk & Karsh, 1999; Sulzer-Azaroff & Mayer, 1991)。比如,对一名儿童来说,当其受到挫折的时候,其功能性技能可能是用图片线索寻求辅助,而不是发脾气。钱德勒、卢贝克和福勒(Chandler, Lubeck, & Fowler, 1992)在一项对已发表的研究的综述文献中发现,确定了特别的教育性的或者功能性的行为比未确定功能性行为的研究更可能获得那些行为的迁移和维持效果。他们推测,其中的一个理由是功能性行为更可能受到自然环境中的结果支持,可在多个环境中受到强化。

表6-2 选择适当的替代行为的建议

1. 选择教育性的或者功能性的替代行为。	4. 选择高效的替代行为。
2. 选择正常化的行为。	5. 选择与挑战性行为不相容的适当行为。
3. 选择可接受的替代行为。	

当选择其他适当的行为时,小组可以问一些问题,比如:这个替代行为如何帮助学生?

这个行为对学生来说是一个需要学习的、有用的、实用的技能吗？这是一个学生能够做或者能够学习做的技能吗？这个行为在其他教室或者学校情境中也是有效的吗？这个行为在家里有效吗？这个行为将导致其他技能的获得吗？这是父母或者其他家庭成员、教师等将强化的行为吗？这个行为将导致跟挑战性行为同样样数量和类型的强化吗？(Steege & Watson，2008)

选择正常化的行为

在选择替代行为时，小组应该考虑学生的生理年龄、发展水平及其他学生应用于获得同样或者相似功能的行为。小组应该选择那些尽可能与学生同伴应用的行为相似的及与学生生理年龄相适应的行为。这是因为正常化的\与年龄相适应的干预和行为更可能受到多名人员和多个环境的强化(Haring，1988a，1988b)。

例如，拉普及其同事(personal communication，1992)曾做过一名 12 岁有智力落后的学生的工作，该学生需要不断地获得高水平的刺激。当他没有任务要完成或者没有事情要做时，他就会在教室里跑，攀爬家具，打断其他学生正在上的课，不适当地触碰其他学生和工作人员，脱光衣服，以刻板的方式哼唱。干预包括在学校的一整天时间里为该学生提供要完成的作业。即使这个学生的发展水平远低于其生理年龄，小组还是选择了适合 10 岁年龄的材料和适应性作业。例如，不是让这个学生玩智力玩具或者穿珠子(适合学前年龄儿童)，而是要让其完成诸如通过分类排列物体、从杂志上裁剪和粘贴图片、午餐后帮助清理、匹配数字和物品等之类的任务。小组发现，如果他们引入匹配学生发展年龄而不是与年龄相适应的活动时，这个学生就会拒绝完成这些活动，既而出现挑战性行为。

但是，选择正常化行为常常是不太可能的，或者是不太有效的。如果一个学生不能表现出与其年龄相适应的行为，那么，很明显，小组要考虑学生的发展水平及当前的技能。例如，如果某个学生不能用四个单词的句子(比如，"我需要帮助，求你了")来求助，那么，这个行为就应该反映出学生的语言发展水平。在这种情况下，替代行为可以是由一个单词组成的句子，比如"帮我"，或者让学生拍老师的肩膀来要求帮助。对许多学生来说，正常化的或者与年龄相适应的行为是被他们所偏好的。但是，对某些学生来说，所选择的行为必须以个别学生的能力和发展水平为基础。

选择可接受的替代行为

对(a)学生，(b)学生的家庭(家庭的文化价值和实践)，(c)小组成员，(d)学校和更大的社区来说，替代行为应该是可接受的。对学生来说，不可接受的行为更少有可能在干预结束后被应用或者迁移和维持。比如，理查德(Richard)很难安静地坐着听。当他被要求坐着听超过 10 分钟的时间时，他就会用铅笔敲桌子、踢椅子、撕纸。小组决定，当理查德希望移动一下时,他可以举手告诉老师他需要休息。但理查德拒绝这样做。他说,这个做法令人很尴尬,因为它向同伴表示他与众不同,他做不了他们在做的事情。这样,他们设计了另一个行为。理查德同意在他需要休息的时候移动一张 3×5 cm 大的指示卡到他的课桌角(所有学生都有指示卡)。当他这么做的时候,教师就给他一项任务去完成,比如,带一本笔记本去隔壁房间或者将笔记本放到他的背包里。理查德也被允许每节课独自离开他的座位去削铅笔一次,将纸扔到垃圾桶,或者到老师的座位那里问老师一个问题。

对工作人员和家庭成员或者学校和社区来说,不可接受的替代行为更可能会被惩罚或者被忽视。比如,莱拉(Lyla)是一名二年级学生,当她被要求在其座位上进行独立学习时,她常常出现乱涂乱画、看窗外或者睡觉等行为。功能评估显示,莱拉这么做的绝大多数时间都是她不理解所分配的任务的时候。小组向莱拉建议的替代行为是,当她不理解任务的时候,快速地看下同伴的作业或者安静地问同伴他们被要求做什么。这是一个许多老师允许年幼学生采取的行为。但是,莱拉的老师苏德(Sood)先生说,这个行为不可接受。他说,替代行为不应该干扰莱拉的同伴,而且在他的课堂里与同伴说话或者看同伴的纸都被认为是欺骗行为。因此,他们选择了另一个苏德先生可接受的替代行为。当莱拉不理解任务的时候,教她向苏德先生求助。

保证替代行为是可接受的行为的最明显的一个方法是,将关键人员或者重要人员纳入到干预计划制定过程中(Baer et al.,1968;Carr et al.,2002;Horner,1994)。这些人员可以包括学生、学生的家庭、将实施干预的工作人员。

选择高效的替代行为

如果替代行为要被获得和维持,它们必须与产生期望功能的挑战性行为进行有效对抗(Carr,1988;Carr et al.,994;Durand et al.,1993;McEvoy & Reichle,2000;Reichle et al.,1996;Sprague & Horner,1999)。除了产生相同功能之外,替代行为将与挑战性行为进行对抗,当它们:

1. 应用时所要求的时间或者精力更少(比如,告诉同伴"不"比与同伴吵架更加容易)(Horner & Day,1991;Keeney et al.,2000)。

2. 导致更多数量或者强度更高的强化(比如,一个通过不服从行为逃避作业的学生因为服从获得了 10 分钟的休息,替代了因不服从而获得 5 分钟的隔离)。

3. 更加经常地产生功能(比如,最初教师关注以连续强化的时间模式对适当行为进行强化,而对挑战性行为则是间歇的时间模式)。

4. 导致更即时的强化(比如,学生在提出要求后的 10 秒钟之内获得了休息,而作业分心行为所获得的则是延迟强化)。

高效的替代行为(efficient replacement behaviors)比起非高效的替代行为更有可能被学

生用于替代挑战性行为,因此,可以引起行为更快速的改变。

选择与挑战性行为不相容的适当行为

功能评估中,矫正干预的目标是通过增加服务于相同功能的适当行为来减少挑战性行为。有一个最简单的方法可以做到这一点,就是选择与挑战性行为不相容的适当行为。换句话说,学生不能同时产生这两种行为。例如,格伦达(Glenda)是一个具有严重认知障碍的二年级学生,当她吃完午饭之后,她经常将她的空盘子和餐具扔在地上。与格伦达将盘子和餐具扔在地上这一行为不相容的行为是将盘子里的垃圾扔到垃圾桶里,将盘子放到餐厅的运输带上。她不能将盘子扔到地上,同时又将它放到运输带上。

用于选择不相容的替代行为的一个策略是选择与挑战性行为是相同反应模式的行为。例如,如果挑战性行为包含发声行为,那么,替代行为应该包含发声。表 6-3 列举了挑战性行为及其与挑战性行为不相容的适当替代行为的例子。

表 6-3　挑战性行为及其与挑战性行为不相容的适当替代行为样例

离开座位	在座位上	打同伴	伸出手接东西
吐痰	告诉同学不	刻板地玩玩具	适当地玩玩具
单独坐在角落	在小规模小组里学习	转圈	走路
卷头发	涂色或者写字	尖叫	使用单词,唱歌
咬手	完成智力玩具任务	在教室里奔跑	做体操
在座位上摇摆	站在房间的后面	作业分心	专注于作业
骂人	要求帮助	与同伴说话	读书

然而,选择不相容的替代行为不是经常可行的,或者不是理想的。例如,当菲尔(Phil)被要求完成一项作业时,他常常尖叫、骂人。他的行为功能是逃避或者负强化。对菲尔来说,与尖叫及骂人不相容的行为是告诉老师他不愿意做作业或者他不想做作业。但是,小组认为,对菲尔来说,这不是一个适当的替代行为;他们希望菲尔能够完成所布置的作业,而不是说他不想做那些作业。因此,为菲尔所选择的另一个替代行为就是服从作业的指令。这个概念将在后面的章节中进行更详细地讨论。

总结

在制定干预计划时,小组必须考虑几个变量。他们必须考虑情境事件、前奏事件,以及结果将如何被安排。他们必须选择与挑战性行为相对抗,并最终替代挑战性行为的适当行为,他们必须选择匹配挑战性行为功能、且可能被工作人员实施的干预策略。在计划制定阶段思考和考虑得越多,干预有可能更加成功。

案例研究:确定适当的替代行为及制定匹配行为功能的综合性干预计划

案例研究由苏珊·索科林斯凯(Susan Sokolinski)提供

• 查德(Chad)

查德是一名8岁儿童,在普通教育二年级班级就读。查德被诊断为有情绪和行为障碍(E/BD)、言语和语言障碍,以及癫痫障碍。他在韦克斯勒(III)智力测验上的全量表智商分数是75,言语智商是70,操作智商是84。查德接受了以下特殊教育服务:社会工作、职业治疗、言语和语言治疗、来自于一名资源教师的小规模小组的教学,以及一名帮助两个学生的助教。

查德有许多优势,包括:高水平的家庭支持、愿意在小组里与同伴一起学习、年级水平的朗读能力、较强的钱币数学技能、想做得更好、积极地回应表扬和关注、很愿意与成人互动、精细动作书写技能、与情绪状态匹配的良好的情感和面部表情、能够管理个人的物品,以及良好的视觉加工能力。

查德的老师之所以将其转介,要求进行功能评估和行为支持,是因为查德挑战性行为的增加。她报告,查德常常表现出不服从和对抗行为、破坏性行为、不能很好地将注意力集中在学业任务上,以及与同伴互动时糟糕的社会技能,后者导致其越来越被同伴孤立。自然环境中的观察记录到了与其行为有关的前奏事件和结果,并用于确定其行为功能。

前奏事件和情境事件	行　为	结　果
教师关注,去小组,早晨的日历表活动	发出呜呜声,脱口而出	被提醒使用他二年级的嗓音,举手等到轮到自己
被告诉要举手	举手	教师表扬,轮到他
整个小组教学	对教师大叫	批评,口语"1、2、3"警告
个别教学	举手要求帮助	教师走到桌子边,提供帮助
教师离开桌子	敲铅笔,用身体产生重复性的噪音	教师转身,告诉他继续学习,再走开
教师走开了	掉下椅子	教师告诉他要安静地坐着
被告诉要安静地坐着	安静地坐着	教师表扬
休息	跟老师说话	教师互动
小规模的小组学习	专注于作业	同伴互动,教师表扬小组学习

查德的挑战性行为的功能是正强化;他经常通过以下挑战性行为获得教师关注。

1. 为查德确定一个与他挑战性行为不相容或者替代挑战性行为的行为。

2. 通过(a)改变支持查德挑战性行为的前奏事件和结果,(b)改变支持其适当行为的前奏事件和结果,制定一个匹配其行为功能的综合性干预计划。

3. 解释你的干预计划如何匹配查德挑战性行为的功能。

第七章

与正强化功能有关的干预策略

目标

1. 定义正强化。
2. 确定功能是正强化时的干预目标。
3. 解释 11 种正强化干预策略。
4. 定义区别强化，并提供相关案例。
5. 描述 8 个提供正强化物的技巧。
6. 提供强化适当的替代行为的理论依据。
7. 解释消退的概念，并描述如何使用这一程序。
8. 描述功能性沟通训练，以及它可以如何用于处理挑战性行为。

关键术语和概念

适当的替代行为	正强化
后效契约	提示和警告信号
一致性训练	重新引导
区别强化	强化物
消退	强化物—筛选程序
功能性沟通训练	自我管理
小组一致性	

　　确定可用于这三种行为功能的具体干预策略的资源很少。但是，我们已经发现，从一些可应用于每一种功能的常见策略开始，是特别有帮助的。这里提供了一张表格，其中列举了一些策略，可帮助小组头脑风暴并评估不同策略的利弊之处。当小组为方案里的学生制定

干预时，他们可以往清单中添加策略。本章及之后的三章列举了一些基本策略并提供了案例，这些是我们、我们一起工作的小组及我们的同事在每一项功能上所应用过的策略①。我们的希望是所介绍的策略表和案例将帮助你理解干预如何匹配不同的功能，你还有你一起工作的小组，可以将你自己的干预策略添加到表格中。这些表格并不意味着是很完善的，它们仅仅只是干预计划制定的一个起点。

当挑战性行为的功能是正强化时，挑战性行为所发挥的功能是产生从学生角度来说积极的或者期望的结果（Carr, Langdon et al., 1999；Repp, 1999；Repp & Karsh, 1990）。换句话说，对学生发挥正强化物作用的事件或者变量被作为学生行为的结果加入到情境中。这包括成人或者同伴的关注、可触摸的刺激，比如偏好的物品、代币、贴纸、偏好的活动、对情境的控制、在这一情境中是最好的或者是赢家、可吃的强化物、表扬，以及分数（Carr & McDowell, 1980；Derby et al., 1992；Hanley et al., 1997）。导致获得期望的或者积极的事物（即正强化物）的行为则受到了加强或者维持（Skinner, 1953, 1974）。

表 7-1　与正强化功能有关的干预策略

---

1. 使用学生从当前挑战性行为获得的强化物去强化适当的替代行为。
2. 停止提供或者阻止发放学生从当前挑战性行为中获得的强化物。
3. 使用区别强化来增加适当行为。
4. 为适当行为提供比学生从当前挑战性行为中获得的更多的强化。
5. 向表现出适当替代行为的同伴提供正强化。
6. 确定适当行为：告诉学生做什么，而不是不做什么。
7. 重新引导学生表现出适当的替代行为。
8. 教学生适当的方法要求强化及社会技能训练。
9. 提供提示和警告信号线索。
10. 应用后效契约。
11. 应用自我管理、自我强化和一致性训练。

对于功能是正强化功能的挑战性行为，你的首要目标是教适当的替代行为，这些行为可替代产生正强化的挑战性行为（即行为获得了相同的功能）。有几条干预策略常常被小组应用于处理正强化功能。这些策略可以单独使用或者组合起来纳入到综合性的干预计划中，它们被列举在表 7-1 中，我们将在之后的章节中对之进行详细解释。对这些策略进行介绍之后，我们将讨论提供正强化物的一般技巧。

---

①　这些章节中所呈现的许多策略被这些作者及其同事在伊利诺斯迪卡的教育研究和服务中心开设的功能评估工作坊中介绍过。教育研究和服务中心获得了多项联邦项目资助，以便在学校情境中开展功能评估研究。其中许多项目包括了工作人员在功能评估方面的培训。本书将进一步拓展我们在培训工作坊中所提到的不少策略。

正强化干预策略

使用学生从当前挑战性行为获得的强化物去强化适当的替代行为

这一策略基于之前第六章中讨论过的建议,即要匹配挑战性行为的功能或者教功能平衡的行为(Carr,1988;Dunlap et al.,1990;Durand et al.,1993;Kern & Dunlap,1999;Lerman,Kelley,Vondran,Kuhn,& LaRue,2002;Luiselli,1990;Repp & Karsh,1990)。在自然环境中对学生进行观察可确定学生当前获得的强化物,即挑战性行为的结果。在干预过程中,这个强化物应该被转移,这样它就在适当行为之后发放,并不再为挑战性行为提供(Kelley,Lerman,& Van Camp,2002)。例如,如果雷蒙德(Raymond)推开其他同伴(挑战性行为)之后,就能够坐在他的最好的朋友旁边(正强化物),那么,干预将继续让雷蒙德坐在他的朋友身边(正强化物),但仅仅是在他礼貌地要求同伴离开(适当行为)之后。在这个例子中,雷蒙德继续获得了相同的强化物,但是这一强化物仅仅是在适当的功能平衡行为后才可以获得。

前奏事件和情境事件	行　为	结　果	功　能
朋友旁边的座位被同伴坐了	推同伴	同伴离开	正强化:获得朋友旁边的座位
朋友旁边的座位被同伴坐了	请同伴离开	同伴离开	正强化:获得朋友旁边的座位

这一策略仅仅应该在这样的情况下使用,即当前情境中跟随在挑战性行为之后的强化物形式被认为适合学生及当前或者未来的情境。在某些情况下,小组可能决定,继续给予当前形式的强化并不是适当的。例如,每次布林(Brin)脱口讲话的时候,韦伯斯特(Webster)先生就会批评他。在这个例子中,教师的批评对于布林来说是一种强化物(其功能是一种关注形式)。然而,使用批评作为适当行为的一种强化物则不太符合逻辑。但是我们可以使用另一种不同形式的关注(比如表扬,当她举手时获得一次轮流的机会)去强化布林的适当行为。

前奏事件和情境事件	行　为	结　果	功　能
等待轮流	脱口讲话	批评	正强化:获得关注
等待轮流	举手	获得一次轮流,表扬	正强化:获得关注

停止提供或者阻止发放学生从当前挑战性行为中获得的强化物

当我们确定了学生当前通过表现挑战性行为而获得的正强化物，我们就要确保强化物将不再对挑战性行为起作用。我们可以通过撤销之前确定的强化物（比如关注）或者阻止接触之前确定的强化物（比如物品、活动）来做到这一点（Iwata，Pace，Cowdery，& Miltenberger，1994；Lerman & Iwata，1996；Sulzer-Azaroff & Mayer，1986，1991）。这一策略被称为消退。例如，安妮特（Annette）的老师知道，安妮特跑出教室的强化物是被送到校长办公室，在那里安妮特可以与许多成人和进出办公室的学生说话。因此，当安妮特跑出教室时，她的老师停止了将其送到校长办公室。最终安妮特停止了跑出教室，因为以往这个行为的强化物不再继续给予了。

消退策略不应该被单独使用。反而，消退应该常常与提供强化给适当行为这一策略一起配对使用，这样，学生就有机会获得正强化。例如，除了不再送安妮特去校长办公室之外，她的老师要确保安妮特有机会在适当行为之后获得关注，比如，坐在座位上。记住，我们的功能评估目标是教可以获得与挑战性行为相同功能的适当行为。单独使用消退不能达到这一目标。它仅仅撤消了对挑战性行为的强化。消退应该与对适当行为的强化这一策略相配对使用。

曾有几项研究报告，对挑战性行为的消退与对适当行为的正强化相结合的干预比单独的正强化策略或者单独的消退策略要更加有效（参见 Kelley et al.，2002；Mace & Belfiore，1990；Mazaleski et al.，1993；Piazza，Patel，Gulotta，Sevin，& Layer，2003；Vollmer et al.，1998；Zarcone，Iwata，Hughes et al.，1993）。

为适当行为提供强化的另一项策略是提供被称为非一致性强化（noncontigent reinforcement）的做法（可以参见 Poling & Normand，1999；Vollmer，1999。但是有关这个术语的使用有很多批评）。在这一策略中，对挑战性行为提供强化的强化物或者另一个不同的强化物（在有效性方面可与原来的强化物相对抗的事物）根据反应—独立、基于时间的间隔程序而被提供（Vollmer et al.，1998；Vollmer，Iwata，Zarcone，Smith，& Mazaleski，1993）。例如，费希尔、德莱昂、罗德里格斯-卡特尔和基尼（Fisher，DeLeon，Rodriguez-Catter，& Keeney，2004）报告了 4 个年龄从 5 岁到 33 岁的个体，比起单独使用消退，在相同强化物或者替代强化物非一致性发放这一策略与消退相结合的情况下，他们的自我虐待和攻击行为要更加快速、更显著地减少。这个研究为消退与获得强化物相结合的策略提供了支持，也为强化物的非一致性发放提供了支持。

对许多个体来说，消退并不是一个很容易应用的策略。如果消退作为一个策略被采用，要注意确保消退的正确应用及一致应用。除了有关如何应用这一策略的知识，小组成员还需要知道在实施的最初阶段将会发生什么。当你使用这一策略时，你要想到，挑战性行为在其开始减少之前会出现增加，以及减少将是缓慢的而不是迅速的（Fisher et al.，2004；Goh

& Iwata，1994；Sulzer-Azaroff & Mayer，1991）。这是消退常见的一种副作用。在学生知道挑战性行为之后将不再出现强化之前，他们表现出挑战性行为的次数将更频繁、持续时间更长、强度更高。

比如，在他妈妈艾伦（Ellen）与人通电话时，里基（Ricky）常常与他妈妈说话。他不断地与他妈妈说话，直到她回应他（比如，"就一分钟，里基"，"我很忙，里基"，"我一分钟后再与你说话，里基"，或者"请安静，里基"）。这一互动循环一直在整个通话过程中持续。艾伦通常被迫提前挂断电话以便关注到里基。里基学会了在他妈妈通电话时打断她，因为其行为获得了他妈妈的关注。

艾伦决定尝试消退与对适当行为进行正强化相结合的策略，以减少里基的打断行为。因此，当里基在她通话期间与她说话的时候，艾伦停止了对里基的关注。当里基第一次打断她的时候，艾伦给予里基一个有关其行为的前奏提示。她告诉里基要安静地等待，等她打完电话，她就会与他说话。随后，艾伦忽视了之后里基所有的交往要求。她不再重复她要求安静等待的指令。就如预期的那样，在干预刚刚开始的时候，里基更加频繁地纠缠艾伦，当她不对他进行反应时，里基开始抱怨、哭泣。当这些行为都不起作用的时候，他拉扯他妈妈的衣服，打他妈妈。但是，最终里基停止了打断他妈妈、哭泣、抱怨、打人等行为，他安静地等待艾伦结束她的电话。当她结束电话之后，艾伦就对里基安静地等待的行为进行表扬，然后与他互动。

前奏事件和情境事件	行　　为	结　　果	功　　能
妈妈在通电话，没有关注	讲话、抱怨	被告知要等待，批评	正强化：获得妈妈的关注
妈妈在通电话，没有关注，给予要等待的前奏提示	最开始是抱怨、打他妈妈，最终安静地等待	妈妈忽视行为，表扬和互动	正强化：安静地等待之后获得妈妈的关注

我们要指出，如果你使用消退，你必须自始至终地贯彻程序（Sulzer-Azaroff & Mayer，1986）。否则，你可能很不明智地对更具挑战性的行为进行强化。比如，如果在里基哭泣、抱怨、打她的时候，艾伦对其进行了反应，那么，她就强化了这些行为。里基就会学会，说话不再能够成功地产生父母的关注，但是哭泣、抱怨及打人则会成功；每当他妈妈通电话时，他就会更多地采用这些破坏性行为，因为它们可以成功地产生妈妈的关注。为了让消退能够成功地减少挑战性行为，必须一致地应用这一程序。

使用区别强化来增加适当行为

这一建议包括两个策略：对挑战性行为的消退和对特殊形式的适当替代行为的强化（Sulzer-Azaroff & Mayer，1986）。在区别强化中，我们要确定将替代挑战性行为的适当行为,并对替代行为提供强化。同时,我们停止对挑战性行为提供强化。有几种区别强化程序可以应用,它们根据所要强化的适当行为的不同而有所变化。下面描述了四种区别强化程序。

不相容行为的区别强化

在第一类区别强化中,我们强化的适当的替代行为是与挑战性行为不相容的行为(不相容行为的区别强化,或者称为 DRI)(Deitz & Repp, 1983; Deitz, Repp, & Deitz, 1976)。这类区别强化早在第六章中就已经介绍过。在 DRI 程序中,适当行为和挑战性行为是不能在同一时间表现出来的。例如,一个学生不能既玩电脑游戏,又读书。或者,一个学生不能坐在座位上的同时,又在学校的操场上游逛。DRI 的目标是强化与挑战性行为不能相容的行为。当不相容的行为增加时,挑战性行为就会相应地减少,这是因为它们不能同时出现。

替代行为的区别强化

在第二类的区别强化中,被强化的适当行为是挑战性行为的一个替代行为(替代行为的区别强化,或者称为 DRA)(Carr & Durand, 1985; Fisher, Kuhn, & Thompson, 1998; Lerman et al., 2002; Polsgrove & Reith, 1983)。例如,当教师告诉学生排队去休息的时候,比利(Billy)跑到队伍的最前面。他插到同伴的前面,如果他们抱怨"他插队",他就威胁并推搡他们。在干预过程中,比利要求排在第一名去休息的这个行为(替代行为)通过被允许排在第一名而受到了强化。当比利跑到队伍的最前面位置、并插到同伴之前时,或者当他威胁并推搡同伴(以前被强化的行为)时,他不再被强化。实际上,当比利这么做的时候,他被要求移到队伍中另一个更加不理想的位置。这一形式的区别强化的目标在于教比利替代的适当行为来实现站在队伍第一名位置这一结果。这一策略也可以与消退相结合(在这种情况下,要预防接触到以往由挑战性行为获得的强化物),这样,比利要求到队伍的第一名位置的这个行为获得了强化,而当其跑到第一位置时则没有强化。

前奏事件和情境事件	行　为	结　果	功　能
被告知排队	跑去休息,推搡并威胁同伴	排到第一,队伍前面位置	正强化:获得队伍第一位置,第一个去休息
被告知排队去休息,被告知要要求排在队伍第一名位置	跑到队伍前面,推搡,威胁,最终要求排到第一位置	移到最末位置,被允许排到队伍的第一位置	正强化:最终获得队伍第一位置,第一个去休息

功能性沟通训练是替代行为区别强化的另一种例子。在功能性沟通训练中,学生们学会用适当的、另一种行为方式去表达他们的愿望或者要求期望的强化物(Carr & Durand, 1985; Carr et al., 1994; Durand & Carr, 1992; Fisher, Kuhn et al., 1998; Kelley et al.,

2002）。例如，学生可以要求在困难的活动中休息一会儿，而非扔掉活动物品。

其他行为的区别强化

第三类区别强化包括强化除挑战性行为之外的其他任何行为。换句话说，我们强化的是挑战性行为不发生的情况（其他行为的区别强化，或称为 DRO）（Cowdery, Iwata, & Pace, 1990; Deitz & Repp, 1983; Polsgrove & Reith, 1983; Repp & Deitz, 1974; Repp, Deitz, & Deitz, 1976; Vollmer et al., 1993）。例如，在 10 分钟的间隔时间内，马琳达（Marinda）若没有出现扔东西的行为，就会在该时间间隔结束时获得一个代币。

在 DRO 程序中，儿童应用的"其他行为"类型并没有被特别指出来。在这一策略中，只要特殊的挑战性行为没有表现出来，就给予强化。因此，在马琳达的例子中，如果她出现除扔东西之外的任何其他行为，她都可以获得强化。但是，有时候，强化除被确定的挑战性行为之外的任何行为会造成一些问题。这是因为学生可以在 DRO 程序中表现出其他形式的挑战性行为。比如，虽然马琳达在 10 分钟的间隔时间内没有扔东西，但是，如果在这段时间内她撕东西或者打别人，然后她得到了代币，那么，我们就可能会不经意地强化了其他挑战性行为。

如果你使用 DRO 程序，很重要的一点就是不要去强化可能替代被确定的挑战性行为的其他挑战性行为。如果在 DRO 的时间间隔内产生了其他挑战性行为，建议在发放强化物之前进行等待，直到有一段时间没有任何挑战性行为发生。一旦有可能，小组就应该选择（P145）不相容行为（DRI）或者替代行为（DRA）的区别强化程序，而不是 DRO。

低比例行为或者高比例行为的区别强化

最后一类区别强化策略包括对高比例行为或者低比例行为提供强化。低比例行为区别强化或者 DRL 策略的目标不在于消除挑战性行为，而是让挑战性行为更少发生（Repp & Deitz, 1973, 1983）。当学生的行为由于其频率或者高发生率而具有挑战性时，这一策略就可以被采用。例如，类似与同伴互动、提问、或者寻求帮助等行为通常被认为是适当行为。但是，如果它们太过于频繁出现时，就会被确定为挑战性行为。当这种情况发生时，我们的目标就是减少行为的频率或者次数，而不是完全消除这一行为。

在 DRL 中，当挑战性行为在一段特定的时间内没有发生或者它在很低水平或者低于特定的次数发生（有时被称为递减次数区别强化）。比如，在 20 分钟的独立课堂作业时间，扎卡里（Zachary）离开座位向老师斯诺登（Snowden）先生要求帮助平均 10 次。斯诺登先生鼓励他的学生在需要时求助。由于扎卡里不断地离开座位，以致他不能完成他的作业，这个行为的频率导致其具有了挑战性。接下来，干预的目标就是减少扎卡里行为的频率，而不是消除其行为。在干预期间，如果扎卡里在 20 分钟的时间间隔内离开座位要求帮助不超过 2 次，他就可以获得 5 分钟的自由时间。这一干预减少的是要求帮助的次数，结果，最终扎卡里完成了布置的作业，并有了自由时间。

前奏事件和情境事件	行　　为	结　　果	功　　能
个人课堂作业	求助,每一间隔 10 次	获得帮助,批评	正强化:获得关注和帮助
个人课堂作业	求助,每一间隔不再超过 2 次	获得帮助和自由时间	正强化:获得帮助,关注和自由时间

　　在高比例行为的区别强化(DRH)策略中,其目的是让学生应用高比例的可替代挑战性行为产生正强化结果的适当行为。同 DRL 一样,DRH 着重的是学生已经产生的行为。其目标在于增加发生的频率或者次数。当适当行为增加时,挑战性行为就会相应地减少。下面塔拉(Tara)和阿尔宾(Albin)的例子说明了如何使用 DRH 来增加行为的频率。

　　塔拉参加了一个工作训练项目,她在那里学习折餐巾纸,以及餐厅里可以从事的其他类似工作。她折餐巾纸非常慢,当她被要求去折餐巾纸时,她常常分心。例如,她会走向同伴或者成人、离开工作区,或者朝窗外看,而不是折餐巾纸。塔拉一个小时只能折 15 张餐巾纸。阿尔宾先生知道,如果塔拉想在高中毕业后获得餐厅的工作,那么,她就需要用更快的速度折餐巾纸。刚开始的时候,如果塔拉一个小时折了 17 张餐巾纸时,他就让她去休息一下,这个时候她可以看一本她喜欢的杂志或者去做其他喜欢的活动。当她能够达到这个目标的时候,他就将餐巾纸的数量增加到 20 张,然后是 25 张等等。最终,塔拉以每个小时 60 张的速度折餐巾纸。而相应地,她的分心行为减少了。

　　塔拉的例子说明了另一个用于增加适当行为的策略,也就是强化连续趋近于期望行为的行为。这个做法,也被称为塑造,包括确定适当行为的当前水平及干预后适当行为的最终目标,涉及的内容有确定频率、持续时间、潜伏期(行为在前奏提示出现后可以如何快速地出现)、或者行为做到什么程度(比如,正确率)。对塔拉来说,最开始的时候,她折餐巾纸的速度是每小时 15 张。最后期望的目标是每小时 60 张。对朝向最终目标的小的阶段目标的达成给予强化,而不是一开始就朝向最终目标。如何塑造这一做法将在第八章中进行更详细的介绍。

为适当行为提供比学生从当前挑战性行为中获得的更多的强化

　　除了确定学生所获得的、作为挑战性行为结果的强化物类型之外,你还要确定,当学生表现出挑战性行为时,学生如何经常地、及时地获得强化物,以及强化的数量和强度。

　　在前面的章节中,我们已经介绍了适当行为必须在产生期望的功能方面与挑战性行为进行对抗(Macc, Lalli, & Lalli, 1991)。为了让适当行为与挑战性行为进行对抗,我们需要规划强化物的发放。有几种方法可以做到这一点。例如,用于适当行为的强化物比用于挑战性行为的强化物要更加频繁地发放,或者给予的时间更长。强化物的数量和强度也可以是适当行为比挑战性行为更强。适当行为获得强化物所要求的精力比挑战性行为所要求的更少。或者,适当行为的强化物比挑战性行为要更快速地发放(Dunlap & Kern,1993;Horner & Day,1991;Kern & Dunlap,1999;Shore,Iwata,DeLeon,Kahng,& Smith,1997;Zhou,Goff,& Iwata,2000)。

比如,艾普丽尔(April)常常很晚交家庭作业,即使她的绩点因为迟交作业而被罚减。当她交作业时,她会向老师提供一个很长的借口(大约有 5 分钟),解释她为什么迟交作业,也谢谢老师接受她的作业,并保证下次准时交作业。小组假设,长时间一对一的与老师交流强化了艾普丽尔迟交作业的行为。因此,小组制定了一个干预计划,当她准时交作业时,让她帮助老师张贴日程表(这大概有 10 分钟的交流时间)。当艾普丽尔迟交作业时,老师则只收下她的作业,不再听她的解释。经过 1 周的干预,艾普丽尔就准时交作业了。

前奏事件和情境事件	行　为	结　果	功　能
教师收作业	迟交作业,提供借口	教师听,批评	正强化:获得教师的关注
教师收作业	迟交作业,提供借口	教师收下作业但不听借口或不批评	不再获得教师关注
教师收作业	准时交作业	表扬,帮助教师张贴日程表	正强化:获得教师关注

向表现出适当替代行为的同伴提供正强化

这一策略让有挑战性行为的学生观察同伴,他们因表现出适当行为而获得了正强化。通常,学生将模仿榜样(即同伴)的行为。如果学生观察到其同伴获得了强化,模仿就尤为可能(Sulzer-Azaroff & Mayer,1991;Walker et al.,1995)。例如,当雅各(Jacob)打断他的老师杰克先生,杰克先生就忽视雅各,转向娜塔莉(Natalie)说,"娜塔莉,你安静地坐在座位上,现在轮到你在黑板上写问题了"。雅各模仿了娜塔莉安静地坐在座位上的行为。然后,他就得到了一次在黑板上写字的机会。在另外一个例子中,在拼写课快结束的时候,克莱因(Klein)女士快速地在每个学生的作业纸上画笑脸,他们每个人都至少拼写出了 10 个单词。约翰看到其他同学获得了笑脸,下一次他也完成了布置给他的作业,然后,他也得到了画在纸上的笑脸。

这个策略有一种变式是建立小组一致性,仅仅只有在所有学生都表现出适当行为时才提供强化(Rhode et al.,1993)。这不仅提供了学生可以模仿的适当行为榜样,而且能够因为朝着小组目标努力而提供同伴激励和强化。这一策略只有在学生能够做适当行为,可以达到行为目标时才可以采用(关于如何使用小组一致性策略的描述,可参见 Jenson & Reavis,1996a)。

在使用小组一致性策略时，必须小心确认，当有些学生行为落后或者阻止了强化实施的时候，不能有过度的同伴压力或者惩罚。当这种情况发生时，要个别地处理学生的行为或者建立个别化的目标，以基于学生个别的目标来发放强化，同时还应要求所有学生满足同样的标准，这样的策略将更具可行性(Friend & Bursuck，2002)。例如，只有当小型小组中的每一个儿童都回答了问题，表明他们都理解了，瓦尔登(Walden)先生才提供"优秀学习者"的奖励。但是，艾米(Amy)的问题反映出她的阅读能力，她仅仅只是确定了故事中的主要角色，而其他儿童则可以确定故事中的主要角色、地点，以及发生了什么。

确定适当行为：告诉学生做什么而不是不做什么

这个策略提供了有关学生应该做的适当行为的信息。对于学生来说，它不是留下什么行为将替代挑战性行为的决定。而是它预防了新的挑战性行为替代原来的挑战性行为这一潜在问题。例如，我们不是告诉学生要停止脱口讲话，而是要告诉学生，如果他们想让自己有一个机会，那么，他们要举手。我们不是告诉学生停止尖叫，而是告诉他们要使用室内声量或者轻声讲话。

这一策略也避免了持续地关注挑战性行为。对许多学生来说，当我们说"不要 ＿＿＿＿＿＿＿＿＿＿"的时候，他们关注的单词就是我们命名的那个挑战性行为。这个单词本身会成为之后那个挑战性行为的前奏事件。例如，如果老师说，"不要在教室里跑。"那么，单词"跑"就可能诱发更多跑的行为。不要跑这个指令引发学生关注到跑的行为。因此，我们要确认我们希望学生做的行为(比如，"在教室里走")，我们应该回避指出想让学生停止做的行为(比如，"在教室里跑")。

当我们仅仅告诉学生"不"、"不要"或"停"的时候，这个问题也常常发生。例如，有一个老师告诉我们，当她的学生表现出类似大叫、攻击或者离开座位之类的行为时，她习惯于举起一个小的"停"的标志。她说这可以成功地让学生停止挑战性行为；但是，他们不知道他们接下来要做的是什么。她说，代替大叫，学生可能尖叫或者哭泣，代替攻击行为，学生可能骂人或者变得有破坏性等等。因此，这个老师决定增加一个她可在停的标志之后举起来的另一个标志。第二个信号显示了学生在那个情境中可以做的替代性行为。例如，她会举起停的标志，然后是一张儿童与老师或者同伴说话的图片。这有助于她的学生停止挑战性行为，并表现出适当行为。这一策略，也跟消退一样，应该与对适当行为的强化相结合。当学生表现出我们所描述过的适当行为时，我们要发放强化物。

教学生同时遵从"做"和"不做"的要求是有可能的；但是，内夫(Neef)及其她的同事(Neef, Shafer, Egel, Cataldo, & Parrish, 1983)报告，相比"不做"，学生学会了更快速地对"做"这个要求起反应，而且，教学生服从于某类要求并不会影响到他们对另一类要求的服从。因此，他们建议，当同时使用"做"和"不做"的要求时，两种类型的要求都要被强化。

重新引导学生表现出适当的替代行为

通过重新引导让学生表现出适当行为,这个策略也将重心放在适当行为上。当学生刚刚开始表现出挑战性行为的时候,我们可以提供前奏提示或者指令,这些提示或者指令确定并引导学生表现出另一种行为。当学生表现出被重新引导的行为时,我们可以对之提供强化。比如,当旺达(Wanda)爬上桌子的时候,老师说"旺达,我希望你将这些纸分发出去。"当旺达开始分发这些纸的时候,老师告诉她"你做得真棒。"当她做这件事情的时候,老师对她的帮助表示感谢。注意在这个例子中,老师并没有指出旺达爬桌子这一挑战性行为,她确定了另一个行为。当挑战性行为的功能是关注时,这是一个需要考虑的非常重要的观点。如果教师批评了旺达,跟她讲安全的问题,或者让旺达陈述与爬家具有关的班级守则,她就是注意到了(因此会强化)旺达的挑战性行为。这个结果将导致爬桌子的行为增加。重新引导的目的在于引导学生表现出适当的替代行为,然后当学生表现出那些行为时提供强化。

但是,重新引导并不是对每一个学生都起作用。对一些学生来说,在挑战性行为之后采用重新引导可能会不经意地形成一个包含挑战性行为、重新引导和强化的行为链。当这种情况发生时,很重要的一点是要打破这个行为链或者采用不同的强化策略。例如,我们曾帮助过一名用手中(不管是什么)东西打自己的小女孩。我们启动了一个重新引导的程序,当她打自己的时候,我们重新引导她正确使用物体。我们很快发现,打自己的行为不仅没有减少,反而增加了,这是因为它一致地形成了打—身体辅助—表扬的行为序列。我们的解决措施是通过在她用物体打自己之前提供身体辅助来打断这个行为链。在实施这一策略之后,她打自己的行为减少了,适当地使用物品的行为增加了。

教学生适当的方法要求强化及社会技能训练

许多研究者发现,将挑战性行为解释为某种沟通的形式是非常有帮助的(如,Carr & Durand, 1985; Carr et al., 1994; Ostrosky et al., 1999; Prizant & Wetherby, 1987)。例如,当吉米从弗兰克(Frank)那里拿走玩具,吉米的行为表明他很想要玩具。当他从同伴那里拿走食物时,这一行为也表明他想要更多的食物。当辛迪拉老师的头发时,我们可以将她的这个行为解释为对老师关注的要求。当我们将挑战性行为解释为某种产生正强化的沟通形式时,我们的目标就是要教另一种适当策略来要求期望的结果。这一策略是以功能性沟通训练或者基于沟通的干预为基础的(Carr & Durand, 1985; Carr et al., 1994; Dunlap & Kern, 1993; Durand & Carr, 1992; Durand et al., 1993; Wacker & Reichle, 1993)。它强调教学生另一种可产生与挑战性行为同样功能的沟通技能。例如,我们可以教辛迪叫老师的名字或者拍老师的肩膀,而不是拉老师的头发。我们可以教吉米通过单词或者图片线索要一个玩具或者要更多的食物,而不是从同伴那里拿走玩具或者食物。

前奏事件和情境事件	行　为	结　果	功　能
教师与其他学生一起学习或者在桌子那里	拉老师头发	批评	正强化：获得教师的关注
教师与其他学生一起学习或者在桌子那里，前奏提示	叫老师或者拍她肩膀	教师回应，表扬	正强化：获得教师关注

成功使用这一策略的关键在于确定适当的替代行为，这个行为可以传达跟挑战性行为相同的信息，而且也可导致获得与挑战性行为相同形式的强化。

提供提示和警告信号线索

这条建议引入了前奏事件，后者将为适当行为的发生创设一个场合。在这条策略中，我们提供的前奏提示或者指令显示了学生应表现的适当行为，或者确定了表现出适当行为之后可获得的强化物(Dunlap & Kern, 1993；Mace et al., 1998；Polloway & Patton, 1993；Rhode et al., 1993)。前奏提示和指令可以在任务或者活动开始的时候提供(提示信号)，也可以在任务和活动过程中提供(警告信号)。前奏提示或者指令包括以下内容：

1. 声音提示。例如，在圆圈活动之前，教师说："如果你想被轮到，你就举手"。在圆圈活动中，老师说："每个坐在自己椅子上的人在圆圈活动结束时都可以获得一张贴纸"。在活动结束时，老师又说："记住，在门口排队之前，要等我喊到你"。

2. 手势提示。例如，在学生将纸扔出窗外之前，教师指着垃圾桶。

3. 示范。例如，资源教师向学生描述如何回答问题。

4. 书面提示。例如，助教将一张便条贴在学生的课桌上，上面写"记住，留在你的座位上"。或者，学生和老师复习学生的契约，上面显示了如果学生在学校里正确地完成 20 道题目，他就可以不用做家庭作业。

5. 图片提示。例如，在自由游戏之前，教师给儿童看一幅儿童和其朋友一起玩的图片。或者，教学助理和学生复习一个社会故事，该故事讲了学生等待轮到自己并得到一个机会的事情(Gray, 1994；Gray & Garland, 1993；Lazarus, 1998)。

6. 身体提示。例如，教师帮助儿童将其大衣挂在橱里，然后表扬了这个行为。注意，在这个例子中，教师最终将从身体提示转移到声音提示(如"将你的大衣挂起来")。

应用后效契约

后效契约或者行为契约是一种将学生纳入制定和实施干预计划过程中的方法。这份契约描述了行为将如何改变这个目标，说明了行为目标达成后将提供的强化物。一份契约应该确定(a)目标行为和行为的目标，(b)谁将参与到这一契约的实施中，(c)行为将如何及什么时候被测量,(d)将提供的强化物及发放强化物的日程表。它也确定了没有达到行为目标的结果、出现挑战性行为的结果、特殊表现时的奖励条款。契约常常每日都要被回顾,绩点或者其他短期的奖励将依据每日目标的达成情况而被提供。绩点可以每日或者每周进行交换,或者根据其他的交换日程进行交换。契约可以在学生、学校教师及家庭之间制定,也可以为个别学生、一组学生或者整个班级的学生制定(有关契约的讨论可参见 Cipani,2008;Jenson & Reavis,1996b; & Zirpoli,2008)。

应用自我管理、自我强化以及一致性训练

这些策略的目标就是,只要适当,对学生行为的管理将由服务提供者转向学生自己(Rhode et al.,1993)。当学生行为在由教师(以及其他服务提供者或者父母)实施的干预中达到可接受的水平时,一般就可实施自我管理。自我管理可以包括教学生对他们自己的行为进行监控、评估或者根据一个预定的标准对他们的行为进行评价,当行为达到预定标准时则给予强化(Daly & Randall,2003;Hutchinson,Murdock,Williamson,& Cronin,2000;McConnell,1999;McDougall,1998)。教自我管理的程序常常从学生和教师一起监控、评价和强化行为开始。随后教师在这个项目中的作用将随着学生逐渐负起首要责任而减少。对一些学生来说,教师需要负责阶段性的、未经告知的检查,来确保学生正确、诚实地实施已建立的程序。有关如何实施自我管理方案可参见罗德(Rhode)等人(1993)和泽波利(2005)的研究。

自我管理的一个变式是一致性训练。一致性训练的目标是发展由学生给出的言语陈述控制下的行为。一致性训练一般包括三个步骤:(a)成人叫(以及最初的时候提示)学生确定其在特定时间段内要做的适当行为;(b)学生在那个时间段表现出适当行为;(c)学生报告其是否表现出适当行为。强化就是要根据"说"与"做"的一致性进行发放(Guevremont,Osnes,& Stokes,1986;Osnes,Guevremont,& Stokes,1986;Paniagua,1998)。

除了应用一个或者多个之前部分讨论过的正强化功能的策略之外,小组还要仔细计划强化物如何发放,以便最大限度地发挥干预措施的有效性。下一部分,我们将讨论有关提供积极的结果以支持适当替代行为的一般技巧。这些技巧也列举在表 7-2 中。

表 7-2   提供积极的结果以支持适当替代行为的一般技巧

1. 在行为之后立即并一致地提供强化物。	5. 采用自然的强化物和逻辑性结果。
2. 在适当行为之后提供强化物。	6. 采用可接受的强化物。
3. 变化强化物。	7. 发放强化物时不要打断适当行为。
4. 对强化物个别化。	8. 提供高效的社会性强化物。

使用正强化的技巧

在行为之后立即并一致地提供强化物

　　如果强化物最初是在适当行为出现之后立即发放，以及不同时间一致发放，那么，正强化的效果（即适当行为的增加或者维持）将得到提升（Malott et al.，2000；Sulzer-Azaroff & Mayer，1986）。正强化策略的第一个目标是加强适当行为，这样，它可以替代挑战性行为来获得相同功能。为了做到这一点，强化物应该在适当行为每次出现的时候都进行发放（这一概念可被称为连续强化）；以及在行为出现之后马上发放。强化物的立即、一致发放可以加强适当行为与期望结果之间的联结。

　　当适当行为和积极结果之间的联结很强，适当行为在一个理想的水平发生时，强化物的发放应该从立即、一致的时间模式转变为间歇的、延迟的时间模式（Doyle，Gast，Wolery，Ault，& Farmer，1990；Sulzer-Azaroff & Mayer，1986；Walker & Shea，1999）。间歇地发放模式是以一种不连续的或者不一致的方式提供强化物。换句话说，某一些或者说不是所有的适当行为的出现都跟随着积极的结果（Rhode et al.，1993）。延迟的强化时间模式增加了适当行为与强化物发放之间的时间量或者潜伏期（Fowler & Baer，1981）。受间歇和延迟强化维持的行为更可能在强化物发放通常不一致、没有马上发放的自然情境中保持（常常指的是对消退的抵制），它们更有可能迁移到变化了的情境中[Chandler，Lubeck（P154），& Fowler，1992；Dunlap，Koegel，Johnson，& O'Neill，1987；Kazdin，1982，2001]。发展受间歇和延迟强化维持的适当行为的关键在于最初要通过立即和一致提供强化物来加强前奏事件—行为—结果的联结。然后，要转向强化物发放的间歇模式。间歇模式的强化将在第11章进一步讨论。

在适当行为之后提供强化物

　　正强化物会加强它们所跟随的行为。因此，强化物应该在适当行为出现之后才发放。如果强化物在适当行为出现之前发放，就无法保证适当行为将发生或者继续发生（Malott et al.，2000）。例如，查姆珀斯（Champs）女士告诉学生，如果她让他们看电影，他们就需要在电影（潜在强化物）结束以后完成学习指导册（适当行为）。查姆珀斯女士感到困惑的是，她的学生没有完成他们的学习指导册作业。一个更加有效的策略是只对适当行为的发生提供强化物；仅仅在学生们表现出适当行为之后提供。查姆珀斯女士应该要求她的学生完成他们的学习指导册，然后，再通过让他们看电影来强化这个行为。

变化强化物

当单一形式的结果被用作为正强化物时,学生可能对之产生饱厌感(即厌倦)。当这种情况发生时,结果将停止发挥作为正强化物的功能,它所跟随的适当行为可能会减少(Rhode et al.,1993)。例如,特尼什亚(Teneshia)喜欢看杂志,但是她不喜欢学习西班牙语,在西班牙语课上,她常常不能完成功课。因此,赫斯特(Horst)女士决定将杂志作为适当行为的强化物。她告知特尼什亚,如果她专注在任务上,并及时完成西班牙语的功课,她就可以看10分钟的杂志。最初的时候,特尼什亚将注意力集中在任务上,并及时地完成了作业。但是过了一些日子之后,特尼什亚停止了做功课,也不再及时地完成西班牙语作业。当赫斯特女士提醒特尼什亚,如果她专注于作业并完成她的功课的话,她就能看杂志,特尼什亚说"我已经读完所有的杂志,现在它们对我来说很无聊。"由于每天都提供相同的强化物,特尼什亚对之已经产生了饱厌感。因此,杂志失去了它积极强化其行为的能力。

避免饱厌的一个策略是变化学生可获得的强化物类型(Alberto & Troutman,1999)。例如,赫斯特女士可以让特尼什亚从一系列强化物中进行选择,包括杂志、早一点休息、更少的家庭作业题目、电脑游戏、听她CD里的音乐,以及类似给植物浇水或者喂兔子之类的班级任务。强化物的形式包括以下内容:

1. 社会性的表扬、关注或者交往(比如"你写的文章太棒了"、接近、微笑、拍手等)
2. 身体接触(比如击掌、握手)
3. 触摸性物体(比如贴纸、笑脸贴、给父母的便条)
4. 可吃的刺激物(比如爆米花、果汁、饼干)
5. 接触活动的机会(比如休息、电脑游戏)
6. 接触感觉刺激物或者感觉刺激的机会(比如接触音乐的机会、移动)
7. 荣誉,以及减少作业(比如让其帮助老师、作为同伴协调员、更少的家庭作业题目)

对强化物个别化

在选择强化物的时候,我们需要从学生角度考虑什么样的刺激物是理想的,而不是从我们的角度。学生们在他们的喜好及厌恶的事物方面会有变化,要根据刺激物将要发挥行为强化物的作用这一角度进行考虑。并不是所有的刺激物对所有学生都能发挥强化物的作用。因此,重要的是,要确定刺激向学生提供了强化性的结果,并将强化物在不同学生上进行个别化(Romanczyk,1997)。

做到这一点的途径之一是实施强化物—筛选程序,在这一程序中,学生将提供他们所偏好的刺激的信息(Ayllon & Azrin,1968;Mason & Egel,1995;Northup,George,Jones,Broussard,& Vollmer,1996)。例如,你可以请学生确定强化物。或者向学生提供一张清单或者一系列潜在的强化物,然后,让他们选择他们所偏好的。学生也可以根据优先顺序对表中潜在的强化物进行排列。

　　另一个用于确定强化物及对强化物发放进行个别化的策略是观察学生,并确定他们在课堂活动中自发选择的活动和物品,或者提供一系列的强化物选择项,这样,学生可以选择对他们有强化作用的刺激物。比如,爱德华兹(Edwards)女士的 9 年级班级里,学生每到一天结束的时候就要交换代币,有 10 种强化物可以用来交换。爱德华兹女士通过在教室里观察学生、让学生按优先顺序对强化物筛选清单中的强化物进行排列(见表 7-3),最后选择了 10 种强化物。康耶斯(Conyers)及其同事(2002)建议,当我们给学生提供选择机会时,要考虑学生的辨别技能。对一些学生来说,可以通过图片、命名强化物或者书面的强化物项目清单让他们选择。但是,对另一些学生来说,则要给予可接触的实物,以让他们选择他们所偏好的物品。

表 7-3　强化物筛选清单

给出你所偏好的活动类型或者结果:
_____阅读杂志。
_____玩七巧板玩具。
_____获得额外的休息时间。
_____用耳机听音乐。
_____使用计算机。
_____设计布告栏。
_____从神秘的动力箱中选择。
_____成为我的小组的领导人。
_____分发材料。
_____少一些家庭作业题目。
_____额外奖励绩点。
_____看看视频/CD。
_____看漫画。
_____做自己的艺术作品。
_____
_____
_____
_____

采用自然的强化物和逻辑性结果

　　我们在第六章应用自然的刺激物这一建议中就已经讨论过这一策略。自然强化物指的是那些在当前情境中通常存在的、且可以非明显侵入性发放的结果(Haring, 1988a, 1988b; Liberty & Billingsley, 1988; Sulzer-Azaroff & Mayer, 1991; White et al., 1988)。例如,表扬、关注、绩点、贴纸和星星都是许多教室情境中自然的强化物。自然的强化物也常常被认为是行为的逻辑性结果。例如,请求休息的自然、逻辑性结果就是获得休息。而完成学习任务单的逻辑性、自然结果可以是实现感觉(内部动机)或者参加喜欢的活动的机会。

小组要确定对某个情境来说自然的强化物,或者可能是跨情境的逻辑性、自然的结果,并将这样的刺激物纳入到干预计划中。如果自然强化不能发挥对学生的强化作用,它们就需要与更多人工的或者外部形式的强化相配对。通过这样的反复配对,这些中性刺激物将获得与强化物一样的力量,最终能够在单独呈现时发挥与正强化物一样的作用(Alberto & Troutman, 1999;Sulzer-Azaroff & Mayer, 1986)。例如,在社会技能训练方案中,启动与同伴交往或者对同伴进行反应的逻辑性或者自然结果应该是积极的同伴互动。然而,对许多学生来说,同伴互动并不是(至少不是首要的)正强化物。对这些儿童来说,同伴互动常常必须与教师表扬、绩点或者代币、贴纸或者其他形式的外部强化物相配对。当与同伴的互动越来越具有强化作用时,其他形式的外部结果就可以逐渐撤销。

采用可接受的强化物

对于被预期要发放它们的教育人员、学生、学生的家庭,以及学校的管理人员来说,所采用的强化物类型应该是可以接受的。例如,许多家庭、管理人员及教育人员反对可吃型的强化物,比如椒盐卷饼、饼干和糖果。现在,许多学区建议,教育人员要限制使用生理形式的强化,比如拥抱。一些学生可能发现来自教育人员或者父母的公开关注令人很尴尬,因此,不可接受。父母或者教育人员可能发现,减少家庭作业或者特殊的额外奖励也是不可接受的强化形式。

不可接受的强化物可能更少被教育人员和父母所采用。对学生来说,很明显的是,不可接受的强化物不会成为发挥正强化作用的刺激物,也不会增加或者维持适当行为。因此,在选择强化物之前,比较明智的做法是与学生、教育人员、学生的家庭,以及管理人员进行交谈。

发放强化物时不要打断适当行为

常常为了及时地发放强化物,当我们看到学生表现出适当行为时,我们就会发放强化物。但是,这种做法常常不经意地结束了学生的适当行为,学生会停止被强化的行为,也会去注意正在发放强化物的人。比如,塞姆拉(Samra)常常忽视同伴,他有一个 IEP 目标是增加与同伴的积极的社会交往。当普尔兹(Polse)先生注意到塞姆拉和艾比盖尔(Abigail)一起就一个艺术作品工作时,他就走到女孩们旁边,表扬他们的一起工作。塞姆拉和艾比盖尔就停止了她们的交谈,停止了她们在共同任务上的工作,开始与普尔兹说话。当普尔兹离开女孩们之后,她们已经无法回到她们的共同任务上。实际上,塞姆拉跟着普尔兹先生来到了他的座位那里。对普尔兹先生来说,重要的是要强化塞姆拉(以及艾比盖尔)的适当的社会行为,更好的策略应该是等到她们的交往有个自然的停顿或者他们的交往结束时才给予强化。他可以采用更加少侵入性的强化物类型，比如在女孩们交往时，快速轻拍背部或者"翘大拇指"示意，然后在交往结束的时候给予更多的公开表扬。

提供高效的社会性强化物

这一技巧包含了几条用于发放社会性强化物的建议。首先，社会性强化物，比如，赞美、关注及微笑等，都要与诸如批评、重新引导、警告、反馈或者不赞同等这些潜在的惩罚性或者中性结果具有明显的可区分性。对于无法理解用于表扬行为的特定单词的学生来说，这尤其重要（比如，有严重语言障碍、听力障碍的学生或者非常年幼的儿童）。社会性强化物可以通过声调、适当的面部表情、手势、语言等等进行区分。赞美应该是很真挚的、由衷的，而不是单调的、呆板的、程式化的。比如，类似"真棒"、"真棒"、"真棒"、"真棒"这样的重复的单调的表扬可能难以对绝大多数学生发挥强烈的强化物作用。面部表情、手势和语言要表现出你对学生的行为感到很高兴或者很满意（比如，微笑、眨眼睛、拍手、肯定的点头，以及赞同的语词）。当多种形式的强化物组合在一起时，社会性强化物的优势和有效性就会被增强。例如，你可以对着学生微笑、拍手，并说"很好，你做完了很难的题目。"

另一条有关发放社会性强化物的建议是通过命名学生表现出的适当行为来提供具体的或者描述性的表扬。具体的表扬可以引起对我们希望增加的学生行为的关注，而不是着重在学生本人。采用命名适当行为或者不相容行为，这将在区别强化策略中特别有用。描述性的表扬也可以为适当行为的继续出现发挥前奏线索的作用。例如，为了减少亚当（Adam）在走廊里奔跑这一挑战性行为，杰瑞斯（Jeris）先生在亚当进入大楼时就提醒他要走路。随后，当亚当通过走廊时，他表扬亚当："谢谢你，亚当，你在走廊里走路。"当亚当走进教室，杰瑞斯先生告诉他"今天你走路，非常棒"，而不是仅仅说"很棒"。

最后一条关于发放社会性强化物的建议是在发放强化物之前先获得学生的关注。例如，你可以在表扬之前先靠近学生，或者在采用微笑和手势之前先与学生进行眼神接触。这将保证学生注意到所发放的具有强化作用的结果。但是，对一些学生来说，这种做法需要进行个别化。例如，在某些文化中，眼神接触被认为是不适当的社会反应；有些儿童（比如自闭症儿童）同时进行眼神接触和听可能是有困难的。对这些学生来说，在发放强化物之前，需要其他方法来获得他们的注意。

总结

当挑战性行为的功能是正强化时，干预的目标是教并支持将达成与挑战性行为相同功能的适当行为。不管是如何采用策略来满足这一目标的，很重要的是学生要有足够的机会练习适当的替代行为（Carr et al., 1994），而且这些行为要获得正强化。许多学生拥有很强的、长时间的从挑战性行为获得积极的结果的历史。干预必须为这些学生形成新的历史,一方面要打断挑战性行为与正强化之间的联结,另一方面要形成适当行为与正强化之间新的联结(Kazdin,2001)。构建这一新的历史的关键在于经常练习适当的替代行为的机会,以及只在这些行为发生时获得强化物。

案例研究:制定干预计划

在这一案例研究中,你的任务是基于行为功能制定干预的计划。这一案例研究提供了对学生及学生所处教室情境的描述,以及一份 ABC 记录表,后者呈现了与行为有关的前奏事件、情境事件(背景)和随后的结果。这一案例研究也确定了挑战性行为的功能,提供了选择这一功能的理论依据。

在阅读这一案例研究之后,你有机会制定一个综合性的干预计划,来减少挑战性行为及增加可替代挑战性行为的适当行为。

在制定干预计划的过程中,你要考虑改变前奏事件和情境事件及结果。

• 罗兰(Roland)

罗兰是一个 17 岁的学生,在一个为行为障碍学生设置的封闭的班级中就读。在这个教室里有 8 名学生、一个教师。也有几个教学助教,他们会在一天中的不同时间来这个教室工作。

罗兰是一个很漂亮、开朗的学生。他对汽车、摩托车非常感兴趣,喜欢与同伴和老师讲这些东西。他有很好的语言表达技能,常常试图参与同伴和教师的谈话。他也有很好的幽默感,同伴常常会在课上和课间寻求他的陪伴。

罗兰和同伴、教师的谈话常常会出现一些不适当的与性、种族有关的言论,以及与暴力、毒品或者武器有关的言论。这些言论经常会引起大笑,让罗兰和同伴的对话继续下去。它们有时也会导致罗兰与成人或者反对这些言论的同伴之间的争论。

除了发表上述不适当的言论之外,罗兰常常会拒绝刚刚开始的作业,偏好做他选择的任务。他也常常试图就作业结束之前必须完成的作业的时间或者量,以及允许其做他选择的作业这些方面与老师进行讨价还价。罗兰也常常对给予其指令或者作业的成人说脏话。但是,一旦罗兰开始一项被布置的任务,他一般都能很好地做一段时间。

罗兰的老师施耐德(Schneider)女士向助教小组寻求帮助,以处理罗兰不断增加的说脏话、大声地争论、威胁,以及攻击性的手势等行为。她表示,这些行为一般都指向成人,虽然他偶尔也会指向同伴。施耐德女士表示,在学生圣诞节休假结束回到学校之后,他的挑战性行为开始增加了。助教小组协调员在三天中观察了罗兰几个小时的时间。他观察到了一些挑战性和适当行为的样本,如下所示。

前奏事件和情境事件	行　为	结　果
教师请两个志愿者将书送到图书馆	罗兰做了志愿者	罗兰和同伴将书送到图书馆
独立完成学习任务单	对题目的量表示抗议,最后要求做一半题目之后休息	教师同意,让他开始做,并告诉他在做完一半题目后有5分钟休息时间
教师说他在做完一半题目后有5分钟休息时间	完成一半的题目	获得休息,选择了休息时间的活动
教师对全班上课	向老师大声吼出问题	老师忽视问题
老师忽视问题	大声吼叫,转向同伴,开始讲赛车	同伴与他说话,教师跟他们说要安静
教师跟罗兰和同伴说要安静	骂人,向老师说不适当的有关性的言论	同伴大笑,老师批评
同伴大笑,老师批评	继续发表不适当的言论	同伴大笑,教师要求停止
教师告诉他要去校长办公室	说"好的,我会停的,这有什么大不了的,我只是在开玩笑呢。"对坐在他旁边的同伴做鬼脸	被允许留在班级里,同伴大笑,上课继续
合作性小组	作为小组的领导者,注意力集中在任务上	同伴互动
单独与助教一起学习	注意力集中在作业上,回答问题,跟随指令	表扬,互动
同伴加入小组	对同伴发表不适当的有关种族的言论	同伴抗议,助教要求道歉
助教要求道歉	骂同伴和助教,重复这些话	助教叫他离开这个区域
助教叫他离开这个区域	离开,加入教师指导的小组	助教与同伴一起学习,教师告诉他不能加入这个小组
教师告诉他不能加入这个小组	回到助教和同伴那里,说他的话没有任何意思	被允许重新加入活动,同伴和助教与其互动
自由选择时间	做模型汽车,向教师展示模型	表扬,互动
教师建议他将模型图片放到他的评估文件夹中	拒绝,说汽车仅仅是为他做的	教师试图劝他将模型放进文件夹中
备注:互动持续几分钟直到教师离开与另一个同学说话。罗兰继续做他的汽车模型。		

　　在教室里开展的观察过程中,罗兰表现出了几个适当和挑战性行为。例如,罗兰志愿去完成任务、承担合作性小组的领导者,在多项活动中很专注于任务,以及与同伴和老师很好地一起学习。但是,他也对老师和同伴发表了不适当的言论,与老师和助教争论,不服从,说脏话,以及在活动中大声吼叫。

助教小组协调员确定了罗兰的挑战性行为的功能是正强化。罗兰的行为在其无法获得关注的情境中产生了来自教师和同伴的关注。他的行为也产生了控制环境的作用。

对 ABC 记录表的分析表明，当罗兰表现出适当行为的时候，起作用的前奏事件是他单独与老师一起学习，或者他直接地负责或控制了活动（比如领导一个小组、自由选择）。相反，挑战性行为之前的情境绝大多数是他被要求单独学习（比如独立完成学习任务单）、教师注意力没有指向他（比如，指向整个小组或者其他同伴）、他在活动中没有控制或者很少有选择机会（比如，被告知老师要求其做什么）的时候。

在行为方程式的另一边，不管是适当行为，还是挑战性行为，都经常性地提供了来自教师和同伴的某些形式的关注，它们也常常使其能够控制活动，以及在活动中有选择机会。注意，从罗兰的角度来说，他所获得的是何种关注类型，都是没有任何关系的。他同时受到来自教师或者同伴的积极关注（比如表扬），以及消极关注（比如批评、争论）的强化。

罗兰挑战性行为的功能之所以不是负强化，是因为罗兰没有一致地逃避特定的活动或者作业，当他开始一项他一直在争论的作业，他仍旧能完成作业。事实上，当他退出一项活动或者威胁要退出时，他就停止表现出挑战性行为。如果他的行为是逃避功能，他将很高兴离开活动。

他的挑战性行为也不是感觉刺激/感觉调整增加或者减少的功能。我们之所以确定这一点，是因为在前奏事件的刺激水平方面没有一致性，在挑战性行为之后刺激水平也没有一致的变化。罗兰在高刺激活动和低刺激活动中都出现了挑战性行为，他的行为结果有时会增加刺激，有时会减少刺激。在挑战性行为之前缺乏一致的刺激水平，而且挑战性行为之后也没有一致的刺激水平的变化，这表明他的行为不是感觉刺激/感觉调整功能。

1. 在制定处理罗兰行为的干预计划时，你要匹配他的行为功能。换句话说，干预应该至少有一部分要让罗兰获得他当前通过挑战性行为获得的相同功能。你的干预计划也要处理如果挑战性行为发生或者当挑战性行为出现的时候，什么即将发生。

2. 最后，除了处理适当替代行为和对这些行为的支持之外，你也要考虑如何改变前奏条件，这样你才能够预防罗兰出现挑战性行为。

第八章

与负强化功能有关的干预策略

目标

1. 定义负强化。

2. 区分正强化、负强化，以及惩罚。

3. 描述如果行为功能是负强化时两个主要的目标。

4. 描述如果目标是教产生相同功能的适当行为时所采用的四条策略。

5. 描述如果目标是控制与挑战性和适当行为有关的前奏事件和结果时所采用的四条一般策略。

6. 解释改变作业、活动材料及同伴的理论依据，并给出案例。

7. 解释促进成功的策略的理论依据，并给出案例。

8. 解释穿插材料、活动和作业的理论依据，并给出案例。

9. 解释改变支持挑战性行为结果的策略的理论依据，并给出案例。

关键术语和概念

回避	综合性干预
行为动力	逃避
消退	皮墨克(Premack)原则
负强化	提示和警告信号
同伴助教	强化连续趋近的行为
积极的矫正型反馈	塑造

不管是正强化还是负强化，都可以增加或者加强行为。在正强化中，学生行为产生了儿童期望的或者积极的结果。导致获得期望的或者积极的事物这一结果的行为被加强或者维

持。当挑战性行为的功能是负强化时,学生的行为导致了逃避或者回避厌恶刺激或者事件的结果(Carr, Newsom, et al., 1980;Iwata et al., 1982/1994;Iwata, Pace, Dorsey, et al., 1994;Repp et al., 1995)。在负强化中,厌恶性的事件或者刺激在学生行为之后不再存在或者从该情境中被撤除(记住,前奏事件在挑战性行为之前或者二者同时出现)(Sulzer-Azaroff & Mayer, 1986)。结果,允许学生回避或者逃避厌恶性事件的行为被加强了,也更有可能在下次厌恶性事件存在的情况下出现(Skinner, 1974)。学生可以逃避或者回避那些对他们来说具有厌恶性的活动、材料、人员、情境等等(Carr & Durand, 1985;Carr & Newsom, 1985;Munk & Repp, 1994a, 1994b;Pace et al., 1994)。

学生可以表现出非常具有破坏性和/或者危险的行为来产生逃避和回避,比如自我虐待、破坏财物、发脾气、争论,以及攻击性行为。他们可以表现出消极的不服从形式或者非破坏性的行为,比如忽视指令、拒绝参与、讨价还价、离开活动,或者参与另一种活动(Walker & Sylwester, 1998)。不管行为是何种形式,挑战性行为的负强化功能都是一样的——即回避或者逃避具有厌恶性的前奏事件。

前奏事件,正如结果一样,并不是一直是积极的或者具有厌恶性的。对某个学生是积极的前奏事件,对另一个学生则可能是厌恶性的前奏事件。例如,当英格丽(Ingrid)被告知要做她以前从来没做过的作业时,她很愿意地开始做作业,因为她喜欢新的具有挑战性的作业。对英格丽来说,指令和作业是积极的或者中性的前奏事件。但是,保罗(Paul)不喜欢新的事情;当老师给了他新的作业,并要求他开始做时,他拒绝了,并继续做他选择的作业。如果教师来到他桌子旁边,告诉他/她将帮助他做新的作业,他就尖叫,然后扔掉、并弄坏作业用的材料,直到指令和作业被撤销。对保罗来说,作业和指令是具有厌恶性的前奏事件,他最初表现出的是导致不开始做作业(拒绝)这一结果的行为,最后是在教师努力帮助其作业时导致作业和指令撤销这一结果的行为(尖叫、扔东西和破坏材料)。

前奏事件和情境事件	行　　为	结　　果	功　　能
给了一个新的作业,教师帮助其开始新的作业	拒绝,破坏和扔材料	作业延迟,作业被撤销	负强化:回避作业,然后是逃避教师的帮助

非常重要的是,要确定每个学生关于前奏刺激是积极的还是具有厌恶性性质的看法,然后基于每个学生对前奏事件的反应对干预措施进行个别化。然而,根据我们在开展功能评估方面的经验,我们已经能够确定对许多学生来说都具有厌恶性的前奏事件,这些前奏事件经常导致由回避或者逃避动机激发的挑战性行为。这些常见的前奏事件包括以下内容:

　　1. 很难的任务、材料和活动,以及完成这些困难的任务、使用困难材料或者参与困难活动的指令。

2. 与以往失败经验联系在一起的任务、材料和活动，以及完成这些任务、使用这些材料或者参与这些活动的指令。

3. 不喜欢或者没有偏好的任务、材料和社会互动，以及完成这些任务、使用这些材料或者参与这些活动或者互动的指令。

4. 教师导向的活动和任务，相对的是，学生导向的活动和任务。

5. 来自成人、同伴和家庭成员的不需要的关注和互动。

6. 特定的地点和座位安排。

7. 要求以及要求参与的指令。

对于具有负强化功能的行为，通过干预要处理两个主要的目标。在处理任何一个目标之前，小组需要决定，逃避或者回避是否是适当的。小组需要回答这一问题：对学生来说，可以继续回避或者逃避作业、活动、材料等等事情吗？如果对这一问题的答案是是的话，那么，干预的目标将是教学生适当的并能产生逃避或者回避结果的行为。换句话说，我们的目标是教达成相同功能的适当的替代行为。有四条策略可以用于实现这一目标。接下来的部分将介绍这一内容，这些策略被列举在表 8-1 的上半部分。

教导致逃避或者回避结果的适当行为

教学生适当的方法表示他们不想开始或者参与活动、任务、使用材料及与同伴互动

这一策略允许学生通过用适当行为表达他们希望回避活动、同伴，以及材料来回避厌恶性事件（Ostrosky, 1999）。例如，露丝（Ruth）通过踢她的桌子、尖叫"不"直到老师离开她的座位并停止叫她去计算机那里等行为来回避计算机作业。现在，露丝通过告诉老师"不要计算机"来代替踢桌子和尖叫这些行为，逃避计算机的学习。当她这么做的时候，老师就走开，并停止要求露丝去计算机那里。通过这一干预，露丝学会了用更适当的方式来表达她不想在计算机上学习。

教学生用适当的方法要求另一个活动、作业、材料、人员或地点

这一策略也允许学生逃避厌恶性事件，并获得另一个积极的事件。例如，过去当克雷格（Craig）（他不会说话）的助教要他辨别不同的图画卡片（比如，确定数字、物体、食物内容等等）时，他就会一直尖叫和咬他的手，直到助教停止要求为止。现在，在干预之后，当助教说要与他一起复习卡片时，他就指着教师的图片来替代尖叫和咬的行为。当克雷格这样做之后，教师就与他一起复习卡片。这一新的交流形式（用手指点而不是尖叫）让克雷格不仅回

避了与助教一起学习（助教对于他来说是一个厌恶性的刺激），而且还让他与自己喜欢的教师一起学习。

前奏事件和情境事件	行　为	结　果	功　能
被告知要去计算机那里学习	踢桌子,尖叫"不"	教师走开,停止给予指令	负强化:逃避指令,回避计算机作业
被告知要去计算机那里学习	告诉老师"不要计算机"	教师走开,停止给予指令	负强化:逃避指令,回避计算机作业

教学生用适当的方法要求在厌恶性任务或活动中休息

这一策略允许学生通过使用适当的表达行为要求休息,来暂时逃避已经存在的厌恶性事件,比如任务(Carr & Durand, 1985；Wacker, Steege, Northup, Sasso, et al., 1990)。例如,在书写练习时间,尤吉(Uchie)常常将他的铅笔扔到房间的各个角落。当他这么做之后,他就会被要求去捡铅笔,削尖断掉的笔尖,再回到学习任务上(他可以做几分钟,直到下一个扔铅笔时间)。现在,代替将铅笔扔到房间各个角落,尤吉会通过示意"休息时间"来要求在书写练习中休息一会儿。当他示意休息时间时,尤吉就被允许去短暂休息。在休息之后,他再回到书写作业上。

前奏事件和情境事件	行　为	结　果	功　能
书写练习	扔铅笔	被要求去捡铅笔,削尖它,再回到学习任务上	负强化:短暂逃避书写作业
书写练习	要求休息	允许其休息,表扬其要求休息行为	负强化:短暂逃避书写作业

教学生用适当的方法要求结束活动、互动或任务

这一策略允许学生逃避或者结束厌恶性事件。例如,过去每当进行言语治疗时,梅尔克(Melchor)就会一直抱怨、哭泣,直到言语和语言病理学家放弃并允许他回到教室为止。现在,梅尔克学了说和示意"结束"代替他哭叫和抱怨的行为。当他这么做的时候,他就被允许回到教室。

在前面介绍的四种策略中,我们的目标都是教产生与挑战性行为相同功能的功能平衡的适当行为。选择适当的替代行为的关键在于,首先要提问"学生应该做什么来替代挑战性行为,表达他们回避或者逃避厌恶性事件的愿望?",以及"对于这个学生来说,什么是可以接受的交流形式?"除了问学生要做什么来替代挑战性行为之外,我们在选择适当的替代行为时,需要考虑个别学生的交流能力。学生用于要求逃避或者回避厌恶性事件的适当行为的

类型必须反映出每个学生的能力。一些学生可以学会用完整的或者部分句子来要求逃避和回避,而另外一些学生则使用手势、点头、图片线索或者手语。

控制与挑战性和适当行为有关的前奏条件和结果

当你读到前面用于要求逃避或者回避的四条策略时,你可能怀疑,对学生来说可以回避或者结束厌恶性的活动是否适当。例如,你可能怀疑,对梅尔克来说逃避言语治疗或者对露丝来说回避计算机作业是否是适当的。在许多案例中,对"对学生来说,继续逃避或者回避厌恶性的前奏事件是否是适当的"这一问题的回答将是不。例如,对梅尔克来说,最好是参与言语治疗,而对露丝来说,在计算机上学习很重要,因为下一年级的很多作品涉及计算机任务。如果小组决定逃避/回避并不适当,那么,干预的目标就将是:(a)控制前奏和情境事件,这样它们将不再诱发挑战性行为,并且改变结果,这样如果挑战性行为发生,它将不再导致逃避/回避的结果,(b)控制前奏事件、情境事件和结果,让它们诱发并支持适当行为。第一个目标将减弱或者消除前奏条件、结果与挑战性行为之间的功能关系(即负强化)。第二个目标则将加强或者建立前奏条件、结果与适当行为之间的功能关系(即正强化)。

被选择用来满足这两个目标的策略一部分取决于确定活动、任务、材料、同伴等等事件对学生来说具有厌恶性的原因(Butler & Luiselli, 2007;Horner, 1994)。这可以通过一些步骤来完成,比如,额外的观察,与学生、父母、教师以及其他服务提供者的访谈,以及控制变量并观察之后对行为的结果(第4章中介绍过的策略)。当小组确定了前奏事件为什么具有厌恶性这一原因之后,他们就能够制定干预措施来改变这些事件的厌恶性(Bulter & Luiselli, 2007;Miltenberger, 2006;Zuna & McDougall, 2004)。比如,梅尔克不想去言语治疗,因为他喜欢与同伴在教室里。梅尔克并没有发现言语治疗是有厌恶性的,反而,他发现离开教室和同伴是令人厌恶的。很明显,可应用于梅尔克的干预措施是为其在教室里提供言语治疗。当这么做的时候,离开教室和同伴这一厌恶性事件就被撤销了。在露丝的案例中,小组确定计算机作业是具有厌恶性的,因为露丝常常因为她糟糕的运动技能而犯很多错误(计算机作业很难做,与失败有关联)。对露丝的干预可以包括使用更大的适应性键盘,这种键盘要求按键时有更大的压力在键上,这样,她就能够在计算机方面经历成功,或者,穿插更多更容易成功的任务在厌恶性的、困难的基于计算机的活动中,比如,在阅读、数学任务上提供同伴助教等。

控制与挑战性和适当行为有关的前奏事件和结果的干预策略可以分为四大类:(a)改变任务、活动、同伴和材料的策略;(b)安排学生成功的策略;(c)穿插活动、任务和材料的策略;(d)改变支持挑战性行为的结果。在综合性干预计划中,每一类策略都可以单独使用,也可以与其他策略相结合。这些策略将在随后的章节中进行描述，也列举在表 8-1 中。

第一大类：改变任务、活动、材料或同伴

学生可能逃避或者回避这些任务和活动：(a)很难做的，(b)不喜欢的，(c)因任务要求看起来令人感到压力巨大的，(d)因任务持续时间看起来难以结束的，(e)很枯燥无味的或者毫无趣味的，(f)由教师选择和导向的。除了任务和活动，学生可能逃避或者回避很难使用的、不喜欢的、枯燥无味的或者教师选择的材料。他们也可能回避或者逃避不喜欢的、很难或者厌恶与之互动的、他们感觉很枯燥无味的或者无趣的同伴。在这一大类中，干预的目标在于减少任务、活动、材料的厌恶性性质，这样，学生可能将更少表现出逃避或者回避行为，更多使用材料，完成任务，与同伴互动，以及参与活动(Kern & Dunlap, 1998)。

减少难度：使指令更容易理解，使任务或活动更容易做，或者使材料更容易使用

许多学龄学生回避或者逃避很难做的活动和任务(Kern & Dunlap, 1998; Weeks & Gaylord-Ross, 1981)。当这种情况发生时，我们需要检查和改变这些活动、任务及材料，这样，它们的难度就会更小。比如，肯尼迪和梅耶(Kennedy & Meyer, 1998)报告了一名 7 岁患有自闭症的男孩，当他们先将任务简单化，然后再慢慢增加任务要求，并穿插对适当行为的要求之后，他受逃避维持的自我伤害、攻击、破坏财物及逃走行为下降了。

在另一个案例中，斯科特在开始他的学期论文方面存在问题。他看起来甚至无法写第一个句子。因此，他将书写论文一直推迟(回避)到要交之前的那个晚上，结果他就不能准时完成他的论文。每次，斯科特被布置了学期论文之后，他都会发生这一问题。对斯科特来说，撰写学期论文的作业太难了，特别是作业的最初部分。为了降低开始学期论文的难度，桑托斯(Santos)先生现在先与斯科特一起进行了短时间的学习，以帮助他制定一个论文大纲。他甚至帮助斯科特写了论文的第一段。然后斯科特就能独立地完成剩余的论文了，现在已经可以准时提交论文了。

学生们也可能拒绝使用或者停止使用很难操作的材料。例如，蕾妮(Renee)患有脑瘫，在抓住常规大小的勺子方面存在困难。如果她将勺子掉了(这是她经常发生的事情)，她就会用手指抓食物吃。最后她完全拒绝用勺子吃饭，而仅仅用手指抓食物吃。对蕾妮来说，使用勺子太难了。这使得她吃得很慢，而且要求太多的精细动作的努力。对于她来说，吃饭时用手指抓则更容易，也更快。但是，用勺子吃饭是蕾妮个别化教育计划中的一个目标，小组将这一目标确定为一个重要的功能性技能。所以，逃避不是一个适当的选择。因此，小组通过在常规大小的勺子上放一个厚的塑料套的方式改变了用勺子进食的难度。蕾妮能够抓住这个适应了的勺子。她在就餐时停止了用手指抓，开始使用勺子。对于类似蕾妮和斯科特这样的学生，任务本身并不一定是厌恶性的，而是材料的难度诱发了挑战性行为(Dunlap & Kern, 1993)。

前奏事件和情境事件	行　　为	结　　果	功　　能
就餐时间,给勺子	扔掉勺子,拒绝用勺子,用手指抓食物	能够吃饭:用手指更容易	负强化:逃避用勺子进食
就餐时间,给适应了的勺子	用勺子吃饭	能更快吃饭	正强化:更快、更容易获得食物

　　当学生不理解任务或者活动的指令时,活动和任务对学生来说也会有难度(Dunlap et al.,1991;Munk & Repp,1994b)。例如,学生们可能回避或者不能完成多步骤、较长指令的任务,他们也会逃避提供很少指令或者指令不清晰、不够具体的任务。例如,波克塞恩、泰格和费希尔(Bouxscin,Tiger,& Fisher,2008)发现,当工作人员提供了具体的指令(比如,15分钟裁出5个图形)而不是宽泛的指令(比如,裁出一些图形)之后,一名很少独立完成任务的19岁学生,完成任务的概率大大增加了。当学生不理解活动的目标或最终目的,或者,不知道要用什么材料来参加活动、完成任务时,他们也可能回避任务。当这种情况发生时,学生们常常被描述为有分心或者不服从行为。例如,一些自闭症的学生可能发现,听从多步骤的指令来完成作业是件很困难的事情。因此,他们可能不开始做作业,如果他们开始做作业,他们也可能仅仅完成一步或者两步,然后出现作业分心行为。常常用于让任务更容易完成的一条策略是设计工作站,这个工作站包括:分别放入不同箱子的材料,每个箱子里有每一步作业所需的材料,以及每一步工作流程的图片。当挑战性行为与糟糕的指令有关时,要考虑改变指令的策略,这些策略如下所示:

　　1.将指令分解为多个步骤,仅仅在前面的指令完成之后才提供新一步的指令。

　　2.提供多通道的指令(比如,书面的和声音的指令或者图片的和声音的指令),或者提供与学生学习风格匹配的那一通道的指令。

　　3.将用于提供指令的语言简单化(使用学生语言水平可理解和可说的单词)。

　　4.在指令中仅仅包含相关信息。

　　5.突出指令中的相关信息。

　　6.在提供指令之前获得学生的关注。

　　7.在给出指令后、任务开始之前检查学生的理解程度(Friend & Bursuck,2002)。要阶段性地检查学生,以保证学生理解并记住了指令。

减少/改变任务的要求与期望或者缩短活动/任务的时间

　　一些学生会回避和逃避要求长时间努力的任务和活动(Kern & Dunlap,1998;Pace et al.,1993;Touchette et al.,1985)。例如,吉尔伯特拒绝从有20个单词的学习任务单中抄写要拼写的单词。他抗议"这太多了,我做不了这么多,我不能做20个单词。"对吉尔伯特来说,这项作业看起来压力很大。当他抗议的时候,他的老师继续给予了做作业的指令,并用放学留校反复威胁他。这一互动直到拼写课结束,此时,吉尔伯特仍旧一个单词都没有抄写。小组决定,通过小小地改变作业要求来处理他的挑战性行为。他们将作业分解为四张任务单,每张只有 5 个拼写单词,每次老师只给他一张。当他完成了第一张任务单之后,他就得到表扬,并获得短暂的休息,然后开始第二张的抄写。经过这一调整之后,作业看起来对吉尔伯特不再那么压力巨大,他愿意完成作业指导册,抄完所有的 20 个单词。

前奏事件和情境事件	行　为	结　果	功　能
拼写,被告知要抄写需拼写的单词	抗议	重复指令,威胁留校	负强化:逃避拼写
拼写,被告知要抄写需拼写的单词,单词表被分为几张	抄写要拼写的单词	表扬,休息,作业完成	正强化:获得表扬和好分数

　　这一策略可以与第七章中讨论过的塑造或者强化逐渐趋近的行为这一策略结合起来使用。一些学生仅仅只是在做出一段时间的适当行为之后才表现出受逃避维持的行为。例如,丹妮丝(Denise)通常可以安静地坐着做作业 20 分钟,除非活动是数学内容。但是,当她被要求做数学作业时,她往往只能做 10 分钟,然后就会停止做作业,并表现出破坏性行为。对丹妮丝的干预措施可以是在最初的时候减少她被要求安静地做数学作业的时间,从 20 分钟减为 10 分钟(从她专注于作业这一行为的基线水平开始),然后缓慢地增加要求她安静学习的持续时间。这一策略可以与作业期间提供辅助相结合,这样,她就能够成功地完成作业。

　　要注意并不是所有长时间作业过程中的挑战性行为都是负强化功能。如果学生表现出的挑战性行为与作业时间有关,因为他们不能坐或者注意力集中一段特定的时间,那么,他们的行为功能是感觉调整/感觉刺激——不是负强化。当我们考虑作业时间的长度时,负强化指的是逃避或者回避事件,因为事件的持续时间长度是具有厌恶性的,比如,前面提到的吉尔伯特和丹妮丝的例子。这两个学生都能完成所要求的作业,但是,作业的时间长度及作业的步骤数量对他们来说具有厌恶性。在感觉调整/感觉刺激中,则是对行为持续时间的期望与学生满足这些期望的生理/神经能力不相匹配。

提供任务、活动、材料及同伴的选择项

　　这一策略可用于那些拒绝开始或者参与教师选择、导向的任务、活动的学生。他们也可能拒绝由教师或者同伴选择的材料。这些学生常常被控制所强化;他们寻求对环境的控制。对这些学生来说,由教师选择的活动或者任务并不具有厌恶性,而是教师的选择及导向具有厌恶性(Dunlap & Kern, 1993; Dyer, Dunlap, & Winterling, 1990; Munk & Karsh, 1999;

Munk & Repp, 1994b; Reichle et al., 1996)。这是因为教师的选择和导向降低了他们控制环境的能力。当这些学生表现出挑战性行为时,教师导向的活动和任务通常会通过将学生送去隔离、放学后留校或者撤销任务、指令、材料而被结束。因此,学生的行为导致了逃避或者回避教师选择或者导向的活动的结果。

处理这一问题的一条途径是为学生提供固定的选择项。这允许学生在有限的范围内决定其要使用的材料或者参与的任务和活动(Kern & Dunlap, 1998; Romaniuk et al., 2002)。例如,多米尼克(Dominic)经常拒绝完成他的数学任务单。当他的老师林德曼(Lindeman)先生告诉多米尼克去学习时,他就会争论,直到林德曼先生留下他独自一个人,告诉他任务单是他回家后的家庭作业或者送他去校长办公室。观察表明,多米尼克的行为并不仅仅限于数学课;他的争论性行为在每一个时段、每一个老师那里都有发生。多米尼克的行为受到逃避教师导向的活动的负强化。

处理其行为的干预措施包括四条策略。首先,多米尼克的挑战性行为不再导致逃避(即他不被送去校长办公室,教师不再结束任务要求)。第二,林德曼先生和其他教师为多米尼克提供有限的选择机会,这样,活动既是学生导向的,又是教师导向的。如果多米尼克拒绝选择一个任务,教师就为他选择。第三,当有需要的时候,教师使用身体提示的方式帮助多米尼克完成任务。最后,当多米尼克完成任务的时候,他就接受正强化(即使任务是在身体辅助情况下完成)。

比如,在数学课上,林德曼问多米尼克,他是想先做一道加法题目,还是一道减法题目。如果多米尼克选择了加法,他就对其选择行为进行表扬。他也可以因为完成加法题目而受到表扬,并获得一个代币。如果多米尼克争辩说,他两道题目都不想做,那么,林德曼先生就让他选择,或者替他选择。如果多米尼克继续争辩,林德曼先生就选加法题目。随后,他就问多米尼克是否想自己做这道题目,或是他希望林德曼先生提供辅助。再者,如果多米尼克争辩,林德曼先生就为他选择   帮助多米尼克完成这道题目。随后,多米尼克可以因为完成这道题目而获得一个代币。最终,多米尼克开始自己做选择,并独立地完成所选择的任务。

可以根据以下介绍的一系列维度来提供选择项:

1. 材料。例如,"你想使用钢笔还是铅笔?"或者"你想从网络上下载图片还是从杂志上裁下图片?"

2. 工作量。例如,"你想现在做一张任务单,之后再做一张,还是两张一起做?",或者"我们今天应该读一个故事还是两个?"

3. 活动顺序。例如,"我们首先应该做什么,是讨论这一章呢,还是完成阅读网络图?"或者"你想先清理你的房间,还是洗餐具?"

4. 活动中的角色。例如,"今天你想成为我的助手,还是坐在你的朋友旁边?","你希望成为小组的记录者还是报告者?"或者"你想开始时报告还是结束时报告?"

　　5.同为一组的同伴。例如,"今天你想与撒丽萨(Sharisa)还是格温(Gwen)一起学习?"或者"你可以加入红色小组或者绿色小组。"

　　6.学习地点。例如,"今天你想在我的办公室做言语治疗,还是在教室?"或者"你想在图书馆还是教室里做你的书籍报告?"

　　7.作业类型。例如,"今天治疗的时间,你想玩弹力球,还是秋千?"或者"今天在体育馆你想玩篮球,还是练习蹦床?"

　　8.强化物类型。例如,"你想要爆米花派对,还是额外的休息?"或者"你想看漫画书,还是玩计算机?"

　　提供给学生的选择通常应该是由教育人员选择的,这样,他们可以处理活动或者任务的目标。选择也应该是受到限制或者固定的,而不是开放型的。如果你提供了开放性的选择项目,你就会承担对学生的选择没有任何准备或者不能满足的风险。在多米尼克的案例中,如果林德曼先生在数学课上说:"你想做什么?"多米尼克可能回答"我现在想回家",或者"我不想做功课。"很明显,多米尼克的选择是不可能得到许可的,也不可能满足完成数学任务单这一目标。

　　当你提供给学生选择机会时,你必须做好准备,当学生没有独立选择一项时,你要为学生选择其中一个项目(Carr et al.,1994)。比如,当多米尼克拒绝做出选择的时候,林德曼先生为其选择了加法题。而且,你还要做好帮助学生完成他所选择的(或者你为他选择的)任务的准备。最终,学生学会选择其中的一个项目,并完成所选择的任务。毕竟,选择机会为学生提供了某种形式的控制,选择一个项目可以让学生回避教师所导向的任务,如果教师选择了活动并迫使学生服从,那么,他们将必须听从教师的引导。但是,如果你不能帮助学生做出选择并完成所选择的任务,那么,这一策略也可能是不够有效的。最后,要确保为选择一个项目及之后完成所选择的项目提供额外的正强化。多米尼克除了控制环境这一自然的强化物之外,还获得了表扬和代币。

使任务、活动或材料更加有趣

　　许多学生逃避/回避任务、活动或者材料,是因为他们感觉枯燥无味或者缺乏趣味(Dunlap & Kern,1993;Ostrosky et al.,1999)。学生可能发现任务、活动及材料非常乏味,没有丝毫挑战性或者太容易了,令人生厌、无趣,或者没有与他们的智力或生理年龄相适应,或者与学生的成长历史没有任何联系,又或者不能立即影响学生的生活、产生即时的强化物(Munk & Karsh,1999)。

　　当实施此项策略时,很重要的一点是要为每个学生确定任务、活动等等没有趣味性的原因。这一理由可能会因为不同学生而发生变化。例如,天才学生、不能流利地说英文的学生、或者功能水平低于班级水平的学生,可能他们每一个人都会发现日常的课程很枯燥无味,但是理由却是不一样的。天才学生可能是因为她已经很好地掌握了内容而觉得课程很枯燥无味。英文说得不流利的学生可能因为他不理解讲课过程中所用的语言而觉得课程枯燥无味。功能低于年级水平的学生则因为她不能理解课程的内容而觉得它枯燥无味。每一个学生都可以表现出导致逃避或回避日常课程的挑战性行为。

这一策略的目标是改变任务、活动或者材料,这样对学生来说,会变得更加有趣味,从而减少由逃避激发的行为。当学生对活动和材料感兴趣时,它们就更有可能参与(Ostrosky et al.,1999)。例如,天才学生可以与功能低于年级水平的学生配对,成为该学生的同伴助教。天才学生也可以被允许去做另一项活动或者一项与课程内容有关但更丰富、更难的活动(Friend & Bursuck,2002)。英语说得不够流利或者理解不够好的学生可以让他用母语朗读,获得母语的材料,或者在上课时使用翻译。低于年级水平的学生可以有其自己的课程目标和材料,后者经过了调整以符合其能力水平。

通过使用视觉辅助、阅读网络图、动手操作的材料、合作性小组活动、多样化的教学实施和学生反应形式,任务和活动可以变得更加具有趣味性。比如,教学实施可以包括短时间的讲解、小型小组活动、朗读、动手操作活动,以及学习任务单等。学生也可以通过一齐大声说出答案、写出答案、举起是/否卡片及举手以便被叫到等方式进行反应。增加学生对任务和活动的兴趣的另一条策略是使活动和任务与学生的经验有关系,以及使用偏好的材料和强化物。

例如,班克斯(Banks)先生给学生布置了写一首有关内战的说唱歌曲的作业,而不是写一篇有关这一主题的论文。席尔瓦(Silva)夫人让学生将一个披萨平均分成几块,而不是使用饼状图。邓肯(Duncan)女士提供的测验和任务单上的例题反映出学生最喜欢的材料(比如,电脑游戏、麦当劳的汉堡包、漫画书)、当前地方和国家的新闻内容及有争议的议题、与学生有关的社区大事和重要事件(比如,篮球或者足球比赛)等。她也提供了可立即强化学生的结果,比如,允许学生听喜欢的音乐、减少家庭作业或者给予其计算机上的时间等。

最后一个例子将说明相关活动的重要性。这个例子来自于参与了我们功能评估工作坊的一个参与者。特雷娜(Trainer)女士让其八年级的学生写一篇有关恋爱的感觉的文章。其他学生开始写这篇文章,但玛蒂娜(Martina)这个有轻度落后的学生却没有。她整段时间都是安静地坐在她的课桌旁边。当时间到了的时候,玛蒂娜提交了仅仅只有她名字的文章。玛蒂娜告诉特雷娜,她写不出文章。特雷娜女士告诉玛蒂娜,她放学后要留下来,然后她们将探讨一下她的文章。放学后,特雷娜告诉玛蒂娜,她对她感到很失望。她说,她让玛蒂娜完成文章,明天早晨必须交。第二天,玛蒂娜再一次提交了只写了她名字的文章。特雷娜再次向其表示她非常失望,并问玛蒂娜为什么拒绝写文章。玛蒂娜告诉特雷娜,她想写文章,但是写不出,因为她从来没有过恋爱,她从来没有男朋友,不知道什么样是在恋爱中。这篇文章的主题与玛蒂娜没有紧密的联系,也与玛蒂娜的历史没有任何关联;因此,她没有完成这篇文章所需要的创造性或者推理技能。特雷娜改变了文章的主题,让其与玛蒂娜有一定关联。第二天,玛蒂娜提交了她的文章"拥有一条狗的感觉"。

前奏事件和情境事件	行　为	结　果	功　能
被要求写一篇不熟悉的主题的文章,被布置为家庭作业	安静地坐在课桌边,没有做作业	放学后留下,被告知在家里完成,批评,提问	负强化:回避写困难的文章
被要求写一篇可理解的主题的文章	完成作业	表扬,作业得到好的分数	负强化:完成作业,获得表扬和好的分数

采用小型合作性小组或者同伴助教

这一策略能够通过多种方式增加学生的成功机会。它允许学生观察他们可以模仿的行为榜样。它也允许学生寻求来自同伴的辅助。它允许学生完成活动或者任务中的部分内容,而不是整项任务,它也允许学生互相帮助掌握一项技能或者完成一项任务(Soodak & Podell, 1993),这样,使得任务更少厌恶性、更容易做或者更多地与学生的成功联系起来。比如,乔迪(Jody)在书面表达方面存在困难,常常不能完成要求书面作品的家庭作业或者课堂作业。她的地理老师决定,虽然书写是一项重要的技能,但是他最感兴趣的是乔迪学习地理。因此,在要求完成书面作品的过程中,乔迪与一小型小组的学生(所有学生被分为很小的小组)一起学习。小组内的作业在学生中分为几块,包括(a)收集信息及其他资源材料,(b)向小组成员朗读并解释材料,(c)获得或者画出图画以揭示主题,(d)设计概念图,(e)撰写和编辑小组论文。乔迪通过为文章画图,以及获得、朗读、描述资源材料,参与了这一小组的活动。最终,她在地理项目中获得了好的分数。

注意,如果活动的目标是改善或锻炼书写技能、独立学习,那么,此项策略就不是很适当。如果书写或者独立学习是活动的重点,那么,要采用不同的策略来增加成功性,比如,缩短作业时间、作业期间提供辅助、塑造趋近适当行为的行为。因为地理活动的目标是增加有关地理的知识,因此,让乔迪与其小组一起学习是适当的。

前奏事件和情境事件	行　为	结　果	功　能
书写作业	拒绝,没有完成作业	批评,很差的分数	负强化:回避书写作业
地理课,书写作业,被分配到小组中	参与	与同伴互动,完成作业	正强化:获得作业上的成功,同伴互动

有一些参考书讨论了如何设计并实施合作性小组的活动和同伴助教的方案（Doppio & Block，2004；Friend & Bursuck，2002；Greenwood et al.，1987；Johnson & Johnson，1981；Kaplan，1996；Polloway & Patton，1993）。

第二大类：在完成任务或者使用材料过程中安排渐进式的、持续的成功

几乎每个教师都会频繁遇到这么一些学生，他们因为以往的失败经历而拒绝开始或者继续某项任务、拒绝参与某项活动、使用某些材料。即使像学前年幼儿童这样的孩子，都已经知道他们什么可以做得很好、什么做得很差。不幸的是，许多学生，包括学前年龄的儿童，都已经知道可以成功避免失败的途径是逃避或者回避这些与失败有关的活动、任务以及材料。例如，克里斯托弗（Christopher）是一名4岁的男孩，参加了一个为有发展迟滞和正常儿童设置的融合性学前机构。克里斯托弗存在裂唇、裂牙龈及腭的问题，因此他的语言很难理解。在学年刚刚开始的时候，克里斯托弗在所有活动中都与同伴互动、讲话。通常，同伴会请他重复他所说的话。当他几次重复所说的话之后，他们还是告诉他，他们不能理解他，以及他不会"好好说话"。在学前机构待了一个月后，克里斯托弗开始拒绝与同伴说话，拒绝与他们一起玩。相反，他一个人独自玩耍，而其他人则忽视他。克里斯托弗也拒绝在言语课上和有同伴的圆圈活动中说话。他很快地学会了用拒绝在与同伴有关的活动中讲话来回避学前机构中的失败。

有一常见的说法与理解这类儿童有关："如果开始时你不成功，那么就尝试，再尝试，最后放弃，没有什么理由让自己成为一个该死的傻瓜。"由于参加了很难的活动和任务，因此，这些学生很少接受到正强化（Munk & Karsh，1999；Sulzer-Azaroff & Mayer，1986）。他们常常有很糟糕的自尊，而且还将糟糕的分数和任务失败归因于他们自己技能的缺乏（Friend & Bursuck，2002）。他们常常感到，做什么都不能增加成功的频率或者水平（Kalish，1981；Zirpoli & Melloy，2001）。这样的学生很少有动机去尝试新颖的和/或者困难的任务，或者在作业遇到困难时继续努力。这些学生可能拒绝开始做功课，不完成所布置的作业，不完成家庭作业。他们也常常拒绝回答或者提出问题，拒绝在同伴面前表现或者参与小组活动，不开始做或者不完成测验。扭转这一受逃避激发的行为循环的关键在于为学生提供一段新的他或者她在任务、活动及使用材料上的成功历史。成功首先可以仅仅与参与有关，然后才与技能水平或者熟练程度紧密相关。不管在哪一个水平，有成功感的学生更有可能开始并继续困难的、新颖的任务。以下章节中将讨论用于促进成功的策略，这些策略也将列举在表8-1中。

表 8-1　与负强化功能有关的干预策略

教导致逃避或者回避结果的适当行为
1. 教学生适当的方法表示他们不想开始或者参与活动、任务、使用材料或者与同伴互动。
2. 教学生用适当的方法要求另一个活动、任务、材料、人员或地点。
3. 教学生用适当的方法要求在厌恶性任务或活动中休息。
4. 教学生用适当的方法要求结束活动、互动或任务。

改变任务、活动、材料或者同伴
1. 减少难度：使指令更容易理解，使任务或活动更容易做，或者使材料更容易使用。
2. 减少或改变任务的要求或期望，或者缩短活动、任务的时间。
3. 提供任务、活动、材料及同伴的选择项。
4. 使任务、活动或材料更加有趣。
5. 采用小型的合作性小组或者同伴助教。

在完成任务或者使用材料过程中安排渐进式的、持续的成功
1. 在任务或活动期间提供辅助。
2. 教学生用适当的方式要求辅助。
3. 在任务或活动期间提供积极的矫正型反馈。
4. 示范与任务有关的行为和适当行为。
5. 在任务或活动之前提供提示和线索。
6. 提供提示信号和警告信号以增加自我控制。
7. 对部分完成任务进行强化。
8. 对参与和连续趋近于行为目标的行为进行强化。

穿插进行活动、任务和材料
1. 交替进行任务、活动和材料。
2. 利用行为动力。
3. 采用喜欢的活动和任务强化参与不喜欢的活动和任务。
4. 在活动或者任务期间提供休息。

改变支持挑战性行为的结果
1. 采用消退，不再提供或者阻止发放当前跟随在挑战性行为之后的结果。
2. 忽视挑战性行为。
3. 在积极的、成功的时间点上结束任务或者活动。

在任务或活动期间提供辅助

　　辅助可以帮助学生表现出期望的行为或者正确完成任务，从而为学生带来成功感。例如，柏克曼（Bookman）夫人注意到，菲利克斯（Felix）停止了做学习指导册上的题目。她走到他的桌子边，问他在看什么题目。菲利克斯告诉她第 5 道题，但是他说，他不理解这道题目，回答不了。柏克曼夫人使用菲利克斯熟悉的语言重新讲解了这道题目。然后他理解了题目，继续回答这道题。在另一个案例中，艾什（Ashi）在拼动物图形的拼板。她将兔子、狗和猫的拼板拼入了它们的位置,但是在拼鸟的时候遇到了困难。在她放弃并将鸟的拼板和其他所有拼板扔到地板上(她常常做的事情)之前,诺曼(Norman)先生坐到她旁边,告诉她将鸟翻转到一边。艾什尝试了一下,仍旧不能将鸟拼在位置上。随后诺曼先生帮助她翻转了鸟的位置,这样她就拼在拼板的正确位置上了。

教学生用适当的方式要求辅助

这一策略教学生一个技能,从而他或她可以主动发起以增加成功。很多学生在不知道做什么的时候,他们往往不会参与活动,或者拒绝使用材料,拒绝开始或继续某项学业类作业。他们可能不理解(a)与任务有关的指令,(b)什么材料是完成任务所必需的,(c)怎样使用材料,(d)如何开始一项任务,(e)任务的下一步要做什么,(f)如何完成任务中的下一步骤内容,(g)在不确定的时候,怎么解决问题。这一策略应该用于那些不寻求辅助的学生,为他们提供开始或者完成活动、任务所要求的信息。

学生所采用的寻求辅助的行为形式可以根据学生的发展水平、年级水平和课堂期望而发生变化。学生可以通过举手、走到教师桌子边、叫老师名字、问同伴、看同伴的作业、使用手语或图片卡片、采用其他形式的信号(比如将一张卡片放在桌子角上)等方式来寻求辅助。

例如,就厄瓜多尔这一主题,班级里的每个学生都有一次轮到使用计算机研究概念图答案的机会。当轮到玛丽莲(Marilyn)用计算机时,她打开了计算机,在其学习指导册上写下了她的名字,然后在键盘上打了厄瓜多尔这个单词。计算机显示,厄瓜多尔这个地点无法找到。玛丽莲不太熟悉计算机,也不习惯使用它,因此不知道要做什么,她放下了铅笔,从她的钱包里拿出了指甲锉刀,开始锉她的指甲。即使玛丽莲是唯一没在做作业的学生,林女士仍旧告诉所有学生,如果他们在计算机上或者书上定位厄瓜多尔遇到了麻烦,他们可以举手,她会过来与他们讨论。当玛丽莲举起手之后,林女士帮助她解决了为什么没有找到地方这个问题,也帮她找到了正确的地方。她也告诉玛丽莲,如果她有任何其他问题,都可以举手要求帮助。

在另一个案例中,约翰逊夫人告诉她二年级班级的学生,今天在艺术课上要装饰情人节盒子。她给了学生们如下指令,"首先,你要拿到一个需要装饰的盒子,红色纸、剪刀和一瓶胶水。然后,你要将红色纸裁下来,用胶水黏在盒子上。当你准备好盒子之后,你可以拿一些材料来装饰你的盒子。我们有毡头笔、闪光装饰片、心形图、通管器、亮闪闪的小东西,以及情人节图画。接着,你可以装饰你的盒子。当你装饰完你的情人节盒子之后,你要在盒子上写下你的名字,并将它放到你的小储藏室里。"马尔科姆(Malcolm)在组织方面存在问题,他和其他学生一起离开了座位,但是他没有去艺术区域,也没有拿盒子、红色纸、剪刀及胶水。相反,他在教室里游荡了很长时间,接着,他开始玩科学站上的材料。约翰逊夫人冷静地问马尔科姆,他是否知道要做什么。他说,"我忘记了。"然后她帮助收集了合适的材料,将它们放在靠近罗尼(Ronnie)的桌子上。接着,她提醒马尔科姆,他可以问他的朋友他们在做什么，如果他不确定接下来要做什么，他也可以问她。马尔科姆在整个活动中都会看看罗尼，问问他问题，最后，他成功地完成了任务。

在任务或活动期间提供积极的矫正型反馈

积极的矫正型反馈向学生提供了有关如何做做作业的信息，而不是将重心放在学生在做什么或者已经做了什么错误的事情上（Munk & Repp，1994b；Polloway & Patton，1993）。积极的矫正型反馈不仅告知学生要做什么或者如何做作业，还预防了学生犯错误（Lenz，Ellis，& Scanlon，1996；Miltenberger，1997；Sulzer-Azaroff & Mayer，1986）例如，陈（Chan）先生告诉茱莉亚（Julia）在"receive"这个单词中要将"ie"翻转过来（茱莉亚写成了"receive"），并将规则写在她作业本的最上端（i 在 e 之前，在 c 之后）。陈先生并没有告诉茱莉亚，她做错了或者拼写的单词有错误。相反，他告诉她如何做她就能够成功。当她订正了拼写错误之后，陈先生告诉她，"很棒，你拼写得很正确。"在另外一个案例中，实习教师特琳娜女士没有看到多萝西（Dorothy）举起他的杯子，此时，索莱斯尼克（Solesnic）女士告诉多萝西，"告诉特琳娜要更多的果汁"。索莱斯尼克女士在多萝西扔掉她的杯子之前做了这件事情；她告诉多萝西做什么可以得到更多的果汁，而不是将重心放在她什么没有做好上。比如，如果索莱斯尼克女士这样说，"那不是你要更多果汁的正确方法。"她就仅仅只是将重心放在多萝西不应该做什么上。这种说法所提供的反馈并没有告诉多萝西如何用适当方式要求更多果汁。

提供的反馈不强调学生的错误，这是非常重要的，尤其在干预刚刚开始的时候。记住，这些学生已经有很长的失败历史，指出错误可能会增加这一段历史，从而导致具有挑战性、受逃避动机激发的行为（Polloway & Patton，1993）。反馈应该用于教学生如何正确做作业，而不是向学生表明他犯了错误。另外，反馈也应该与对适当行为或正确的那部分作业进行正强化这一策略相结合（Sulzer-Azaroff & Mayer，1991）。

示范与任务有关的行为和适当行为

增加学生成功的一个途径是向学生示范行为。接着，学生就可以模仿所示范的行为（Lenz et al.，1996）。比如，罗杰斯（Rogers）女士知道连德拉（Lendra）在几何方面存在困难，常常无法开始做老师布置的几何学习任务单上的作业。所以，今天，罗杰斯女士分发了学习任务单之后，在其他学生开始做几何题的时候，她走到连德拉的课桌边，说"让我先做第一道题目。接着，我们一起做一道，然后，你再做剩余的题目。"她向连德拉示范了如何做第一道题目，然后他们一起完成了第二道题目。随后，连德拉独立完成了剩余的题目。这一策略不仅提供了如何完成任务和解决问题的生动榜样，而且它也提供了已完成的样题这一永久的榜样，这样，连德拉在完成剩余题目的过程中可以去参考。

在任务或活动之前提供提示和线索

在活动或任务、或者学生使用某些材料之前，提供前奏提示和线索可以帮助学生开始并成功完成任务。前奏提示和线索可以是声音、手势、模型、身体提示、文字、图片等等。你要记住，这一策略在正强化功能中也被提到过。在正强化中，前奏提示和线索的目的是告知学生将导致正强化的行为。相反，这里的前奏提示和线索的目的是促进成功（Kennedy & Itkonen, 1993；Rhode et al., 1993；Sulzer-Azaroff & Mayer, 1986, 1991）。

比如，为了促进成功、减少拒绝和作业分心行为，塞缪尔（Samuel）女士提醒茨艾蜜（Chiami），做每道题目之前要看一看数学符号（即，加法：＋；减法：—；除法：÷；乘法：×）。对于另外一个学生戴维（David），塞缪尔女士则是对其学习任务单上的数学符号做了颜色标记，加法问题是蓝色，减法是红色，除法是绿色，乘法则是橘黄色。注意，在这个例子中，这个学生不仅回避了做数学作业，同时也通过做另一项作业而获得了正强化。

前奏事件和情境事件	行　为	结　果	功　能
数学课，要求完成学习任务单	拒绝，作业分心	做另一项作业，批评	负强化：回避数学学习任务单正强化：做另一项作业
数学课，要求完成学习任务单，单子上对符号做了颜色标记或者提醒看一看符号	专注于作业	完成作业	正强化：获得作业上的成功，表扬，好的分数

提供提示信号和警告信号以增加自我控制

这一策略强调在向学生呈现具有厌恶性的材料、任务以及活动的时候，通过提供前奏提示来促进自我控制，以增加学生的容忍力及参与的意愿。提示信号是在活动开始之前提供的前奏提示或者线索。警告信号则是在活动或者任务完成过程中提供的提示。提示信号和警告信号通过提供有关任务或者活动参数的信息来提高学生的自我控制（Mace et al., 1998；Tustin, 1995）。例如，提示信号可以确定解题步骤数目或者要求学生完成的题目数量，而警告信号则可以确定这项作业剩余的解题步骤数目或者题目数量。比如，格兰特（Grant）每日要完成的一项任务是将餐具有序地放入正确的箱子里。格兰特常常拉老师的头发，离开座位，或者用餐具敲桌子，而不是有序地整理餐具。因此，格兰特的助教决定通过向格兰特展示要求他整理多少餐具来开始这一项内容。在整个任务完成过程中，她告诉他现在离完成任务还有多少餐具没被整理，告诉他快要做完了等等之类的信息，来向其提供警告信号。这一策略使得整个过程中格兰特一直都在工作。

提示信号也可以是指出活动或者任务所要求的持续时间。警告信号也可以指出任务或者活动所剩余的时间多少。最后，提示信号和警告信号可以告知学生，某个正在进行的活动即将结束，以及某个新的活动即将开始。

例如，由于没有完成之前的作业，因此，埃德（Ed）常常在下一个活动中迟到。由于他没有很好地分配时间，他总是无法完成之前的活动。当老师告诉他要整理、并准备下一个活动时,埃德总是要花几分钟的时间来完成这项作业,然后再花更多的时间去整理。埃德的老师哈里斯(Harris)女士决定使用提示信号和警告信号来帮助埃德更好地在活动过程中分配时间,这样他就能准时完成作业,及时开始下一个活动。在艺术课上,哈里斯女士提醒埃德还有 15 分钟艺术课就要结束,而科学课即将开始。她告诉埃德快点完成他的艺术作品。在艺术课结束前 5 分钟,哈里斯告诉埃德要开始整理了。在科学课开始的时候,哈里斯女士告诉全班同学,他们有 20 分钟的时间来完成他们的项目。在项目进行过程中,哈里斯女士两次走到埃德课桌旁边,每次给他一张卡片,一张写着"还剩 10 分钟",另一张写着"还剩 5 分钟"。提示信号和警告信号的结合帮助埃德对艺术课的结束及科学课的开始有了一个预期,并进行计划。

在这一策略中,提示信号和警告信号的目的是在厌恶性的活动过程中提供可以增加自我控制或者自我管理的信息,这样可以使学生开始并完成活动(Koegel, Koegel, & Parks, 1995;Reichle et al., 1996)。教并促进学生自我控制的其他策略还有自我指导、自我监控、自我强化(Friend & Bursuck, 2002;Mastropieri & Scruggs, 2000;Smith, Polloway, Patton, & Dowdy, 1998)、一致性训练(Guevremont et al., 1986;Paniagua, 1998)、行为放松(Poppin, 1998),以及认知行为矫正策略(Sulzer-Azaroff & Mayer, 1991;Zirpoli, 2005)。

对部分和全部完成任务进行强化

当学生完成了部分任务就要对其进行强化,而不是一直等到所有任务都完成的时候。在某项任务或者活动过程中,这一策略可以提供更及时、更频繁的正强化。它也提供了监控学生行为及在需要时提供矫正型反馈的机会。例如,荷西(Hersey)先生在科学活动刚开始的时间就对柯特(Kurt)拿到挖化石(挖烘烤在饼干中的巧克力豆)的材料进行了强化。当柯特找到第一粒巧克力豆时,荷西先生就跟柯特击掌,鼓励他找到更多的化石。该策略也可以与降低任务要求和难度这一策略结合起来使用,如单独呈现作业的一小部分内容,然后对每一步的部分完成进行强化。

除了对部分完成任务进行强化之外,我们也要对全部完成任务进行强化,即使学生已经获得辅助、任务完成过程中有过休息或者其他形式的强化。有一些有趣的研究检查了对任务完成给予非常喜欢的强化物这一策略的有效性(Deleon, Neidert, Anders, & Rodriguez-Catter, 2001;Kohler, Iwata, Roscoe, Rolider, & O'Steen, 2005;Lalli et al., 1999)。在最近一项研究中,柯达、勒尔曼、沃尔科特和特劳斯克莱尔(Kodak, Lerman, Volkert, Trosclair, 2007)针对任务服从行为向自闭症学生提供了强化物选择的机会:高度偏好的可吃型强化物或者短暂逃离任务,这些自闭症学生的行为受到了逃避任务要求的维持。他们发现,5 个学生都选择了可吃型强化物,这个强化物增加了他们的任务服从行为。然后,他们控制了任务过程中休息的质量,让学生们有机会接触到高度偏好的玩具或者教师的关注。有一个学生很喜欢这一结果；而其他学生则继续选择可吃型强化物。最后，他们比较了对内容丰富的休息时间与品质降低的可吃型强化物的偏好，结果发现，当提供了轻度—中度偏好的可吃型强化物时，4个剩下的学生中有3个学生选择了内容丰富的休息时间。这一研究凸显了对适当行为提供正强化的潜在效果，并指出了要选择学生偏好的强化物这一需要。

对参与和连续趋近于行为目标的行为进行强化

这一策略与强化部分完成任务相似，在这一策略中，我们要在任务或者活动过程中提供强化，而不仅仅是在作业结束的时候。然而，这一策略中的正强化重心在于增加参与，以及小步骤或者连续趋近于期望行为或者希望的技能水平的行为（Malott et al.，2000；Sulzer-Azaroff & Mayer，1991；Zirpoli & Melloy，2001）。这一策略也被称作为塑造，应用于没有拥有完成任务所有步骤所需技能或者在适当或期望水平完成任务所需技能的学生。这一策略最初降低了对正确性或者技能的期望，代之以着重强化学生参与活动、完成部分活动或者技能、行为的小小改善（Anderson，Taras，& Cannon，1996；Sulzer-Azaroff & Mayer，1986）。它让学生能够感受成功，即使学生无法在适当或者期望的技能水平下完成任务。很明显，这一策略要与技能训练相结合，这样学生才能够最终正确地完成任务，并适当地使用材料。当学生的技能增加时，正强化的重点可以转向技能的改善和参与。

比如，6岁的利兹（Liz）在语言表达上存在问题。她的词汇很有限，所使用的单词也很难被理解。当要求她重复单词的时候，她会通过尖叫"不"来拒绝。接着，她就会退缩，不再参与之后的活动。利兹在家里和学校里都会出现这一行为。现在，在给她想要的物品（如甜点）或者喜欢的东西之前，利兹的父母、学校里的老师都先要求她重复他们所不理解的单词，并要求她使用可以理解的单词。但这一策略只是增加了利兹的拒绝和不参与。因此，小组决定对利兹采用塑造的策略，通过强化利兹在当前水平的参与和强化利兹表达行为上的小步骤改善来对之进行干预。首先，他们停止要求利兹重复单词。如果他们不理解利兹所用的单词，他们就对利兹的说话行为进行表扬，并请她展示下她要什么。然后，他们会示范说那个想要的物品的单词，并将该物品给她，下一个步骤则是在提供所要的物品之前请利兹模仿单词。在这个阶段，表扬和获得某样物品与试图说这个单词存在依赖关系，而不是正确发出这个语音或者单词。每天有一个活动来实施这个阶段的干预，同时也提供了她所偏好的物品。接着，表扬和获得某样期望的物品则仅仅与正确地发出单词的第一个音有依赖关系。当利兹的表达技能提高时（通过这些程序和言语治疗），正强化的标准也随之提高。

塑造连续趋近于最终行为的其他例子还包括：（a）对学生回答问题的行为进行强化，即使答案是错误的（接着采用积极的矫正型反馈教其正确的答案）；（b）对学生在歌唱活动中安静地坐着的行为给予贴纸或者代币（当学生能够在活动中安静地坐着之后，要对其参与进行处理）；(c)对学生将教科书带到教室里进行表扬，即使他没有带铅笔或者笔记本；(d)在20分钟的活动中，允许学生每5分钟有一次休息。在这些例子中。当学生能够完成第一步的时候，对行为的期望将缓慢提高。

第三大类：穿插进行活动、任务和材料

这一组的策略是通过穿插进行具有强化作用的任务、材料和活动与厌恶性的那些事情（来自于学生逃避的那些事情）来减少挑战性行为。这一策略要确保环境中存在一些具有强化作用的任务、活动和材料，它们可以抵消某些任务、活动和材料的厌恶性。

交替进行任务、活动和材料

如果厌恶性的任务、活动在不具有厌恶性的事件之前出现，或者之后跟随的是不具有厌恶性的事件，相比几个厌恶性事件连续呈现，学生更有可能开始并完成厌恶性的任务和活动（Blair et al.，1999；Horner，Day，Sprague，et al.，1991；Winterling，Dunlap，& O'Neill，1987）。交替可以是容易的/困难的活动、任务或者材料，成功的/不成功的任务和活动，偏好的/非偏好的任务、活动和材料。例如，基尹（Gene）这名学生在涉及阅读和语言技能的学科上都很优秀。基尹很愿意参与阅读、作文、拼写和外语课。对基尹来说，这些学科都很容易，他在这些学科上获得了极大的成功（比如很好的分数，很少错误，以及教师的表扬）。所以这些学科是他喜欢的课。基尹被诊断为在数学方面存在学习障碍，在要求数学技能的学科，比如数学、科学以及购物等课程上，他学得不是很好。他发现这些学科很难，他很少经历成功。相反，他经常犯错，得到有关他数学技能的消极的矫正型反馈，他经常在这些学科上获得很糟糕的分数。因此，这些学科是他很不喜欢的学科，基尹经常回避这些课程。

表 8-2　基尹的课程表

以前的课程表	调整后的课程表	以前的课程表	调整后的课程表
阅读(1)	作文(1)	午餐	午餐
拼写(1)	数学(2)	购物(2)	拼写(1)
作文(1)	外语(1)	科学(2)	购物(2)
外语(1)	科学(2)	数学(2)	阅读(1)

备注：(1)代表基尹感到容易和喜欢的活动，在这些活动中他经历到成功；(2)代表基尹感到困难和不喜欢的活动，在这些活动中他是不成功的。

基尹以往的课程表如表 8-2 所示。所有容易的、成功的、偏好的课程都被安排在一天中的前半天。而困难的、不喜欢的课程则都被安排在午饭之后。基尹常常不参加下午的课程；他通常每周有 2—3 次会翘掉这些课程。为了处理基尹不上课的问题，他的课程表被重新进行了设计。调整过的课程表（也呈现在表 8-2 中）对困难的、不喜欢的活动与喜欢的、容易

的、成功的活动进行了交替，这样一天中每类活动都会出现。它也将喜欢的、成功的活动安排在一天开始和结束的时候。这个课程表增加了基尹参加下午课和参与困难活动的次数。注意在这个例子中，小组也纳入了这样一些策略：将困难的、不喜欢的活动变得更少厌恶性；增加成功，比如，在作业前和作业过程中提供提示和线索、降低作业要求、缩短作业时间，以及强化参与。

使用行为动力

这一策略是在要求低可能性的服从或正确反应的行为之前要有几个高可能性的服从或正确反应的行为（Carr et al.，1994；Cipani，2008；Davis，Brady，Williams，& Hamilton，1992；Kennedy & Meyer，1998；Mace & Belfiore，1990；Munk & Karsh，1999；Singer，Singer，& Horner，1987；Wilder，Zonneveld，Harris，Marcus，& Reagon，2007）。这一策略最常应用在不服从的学生身上，即拒绝开始活动或者任务的学生。比如，韦比和郝莱恩（Wehby & Hollahan，2000）采用行为动力的策略对一名小学年龄的学习障碍学生进行干预，减少了该学生从开始要求做数学作业这一指令到出现服从行为之间的潜伏期。

在对有关完成不喜欢的、常常不成功的任务的要求进行反应之前，行为动力策略让学生能够先经历成功，以及其他形式的正强化。这也增加了学生表现出低可能性行为的可能性，因为通过前面的要求—反应—正强化序列积极的动力已经形成。除了在学生服从高可能性要求时提供强化之外，很重要的是在学生服从了低可能性要求之后或者出现其他适当行为之后也要提供强化。

例如，萝丝（Rose）不喜欢做上床睡觉的准备工作（比如，穿上睡衣、洗脸、刷牙等）。她常常在她父亲说"上楼、穿睡衣"之后用"就一分钟"、"这个节目之后"、"等到广告结束"等等来延迟准备上床。萝丝的父亲决定试试行为动力，以便减少她的回避行为。下面是他采用的要求序列：

父亲：萝丝，拿出你的书，给我看看你今天在学校做了什么。

萝丝：（她从另一个房间拿来书）给你。这是我们春天时候的房子，那时花都开了。

父亲：这真的是一幅很棒的画！跟我讲讲这一页。

萝丝：这是我们昨天去过的消防所。这里是消防车和消防狗。

父亲：火警是怎么样的？

萝丝：（就像火警样尖叫。）

父亲：真响亮。我希望你明天再画更多的画。现在将你的书放到背包里，这样你明天可以背到学校去。

萝丝：（将书放到背包里。）

父亲：好。现在，萝丝，去楼上，穿上睡衣。

萝丝:(穿上睡衣。)

父亲:(对萝丝穿上睡衣进行了表扬。)

萝丝在其父亲提出其不喜欢的、低可能性的行为要求之前服从了四个要求,并因为其服从这些要求而得到了正强化。一般来说,要在低可能性任务呈现之前,先要求完成3—5项容易的、持续时间短的任务,并对其进行强化(Davis et al.,1992)。

在另外一个例子中,在要求全班同学安静地拿出语言课本、翻到第10页之前,布伦南(Brennan)女士告诉全班同学(a)站起来,(b)握手,(c)与坐在旁边的人击掌。当学生们服从了这前面三个要求之后,她告诉他们安静地拿出语言课本,并翻到第10页。

采用喜欢的活动和任务强化参与不喜欢的活动和任务

这一策略也被称为皮墨克原则(Premack principle)、祖母的规则,即"如果这样,那么就那样"的规则(Crimmmins,2008;Homme,deBaca,Devine,Steinhorst,& Rickert,1976;Premack,1959;Rhode et al.,1993;Sulzer-Azaroff & Mayer,1986)。这一策略要求小组首先确定学生喜欢的活动或者对学生是正强化物的活动。这可以通过让学生确定或选择其偏好的活动,或者在自由选择时间观察学生,然后,确定学生最经常选择的活动来达成。接着,仅仅在学生参与不喜欢的活动之后才让他们接触这些喜欢的活动或者材料(Horner et al.,1991;Mace & Belfiore,1990)。换句话说,喜欢的活动被用于强化参与不喜欢的或者厌恶性的活动。

比如,卡恩(Kahn)夫人告诉全班:"只要你们所有的人放好了艺术材料,擦干净了桌子(不喜欢的活动),我们就出去休息下(喜欢的活动)。"在另外一个例子中,库甘先生(Koogan)允许比利(Billy)完成测验之后到房间后面看漫画书。在这两个例子中,学生接触喜欢的活动都是依赖于他们参与不太喜欢的或者不喜欢的活动。在这两个例子中,卡恩夫人告知了学生在完成不喜欢的活动之后有他们喜欢的活动;库甘先生则不是这么做的,他仅仅是在比利完成测验之后呈现了他所喜欢的活动。

当学生们被告知适当行为之后可以获得的强化物(喜欢的活动)时,这一策略结合了前奏线索及积极的结果。如果学生没有被告知他们行为之后的积极结果,那么,这个策略仅仅只是一个基于结果的策略。将策略的这些内容(前奏事件和结果)都纳入到干预中也不是一定必要的。毕竟,仅仅结果也会影响到行为。但是,如果被告知他们的行为之后将跟随积极的结果,他们就更有可能表现出适当行为,这比较合乎情理。通过增加前奏线索或者提示信号将预防的内容加入到干预中,而不只是等待着行为发生,然后再对行为提供的结果来进行反应。这个提示信号告知了学生被期望的适当行为,以及如果行为表现出来之后所期望的结果。

在活动或任务期间提供休息

这一策略与将喜欢的活动或者任务与不喜欢的或者厌恶性的活动进行交替的策略有点类似。但是,在这一策略中,学生们在任务进行过程中获得休息,而在休息之后则必须回到任务或者活动中去。除此之外,休息常常是非结构化的,学生们在休息期间可以选择他们想做的事情。

比如,雷吉(Reggie)正在学习如何在杂货店工作(如何包装货物、整理货架等等)。但是,他不喜欢他要完成的这些杂货店任务。他常常停止工作,与这个区域中的其他人说话,看看他要包装或者整理的货物。为了增加他的专注行为,雷吉在每10分钟工作之后获得了3分钟的休息,当其适当地工作10分钟之后就能得到这个休息机会。在每一次休息之后,雷吉又回到他的工作中,继续完成下一个10分钟的任务。

前奏事件和情境事件	行　为	结　果	功　能
杂货店训练	作业分心	同伴互动、做另一件事情	负强化:逃避作业
杂货店训练	专注于作业	休息	负强化:短暂逃避作业

在另一个例子中,罗杰(Roger)做完10道学习指导册中的题目之后就能获得5分钟的休息。在这个休息时间里,他可以离开座位,在房间后面玩班级的七巧板玩具或者在座位上做一件他选择的事情。5分钟结束后,罗杰又回到他的位置,完成之后的10道题目。在这两个例子中,在特殊的工作时间,当罗杰和雷吉表现适当的时候,他们都被允许在不喜欢的活动中休息一会儿。然后他们回到任务中并完成。巴特勒、卢瑟里(Butler & Luiselli,2007)提供了一个有趣的例子,他们运用多要素的策略来减少一名自闭症学生的逃避行为。他们结合放慢作业指令、不一致地提供休息、采取身体辅助来预防学生的逃避行为。这一多要素的策略减少了学生的挑战性行为。巴特勒和卢瑟里指出,如果不一致地提供休息,很重要的是要确保它们不是在学生出现挑战性行为之后一致出现。如果这么做,那么,学生的挑战性行为就有可能受到不经意的强化。假如这种情况发生,干预就要进行调整为仅仅只能在学生不表现出挑战性行为的时候才提供休息。

第四大类：改变支持挑战性行为的结果

这些策略可以应用于挑战性行为发生的时候。它们主要是基于结果的策略,通过教学生挑战性行为不再有效地产生以前期望的结果,来减弱或者消除前奏事件、挑战性行为,以及结果之间的功能关系。逃避和回避仅仅在适当行为表现出来时才有可能。

采用消退,不再提供或者阻止发放当前跟随在挑战性行为之后的结果

正如前面的章节中所描述的那样,消退要先确定跟随在挑战性行为之后的结果,然后撤销这·结果或者阻止它的发放。例如,如果在学生拒绝参与(行为)时,老师当时就从学生身边走开了(当前结果),那么,消退就是要不再走开。或者如果在儿童打人、哭闹(行为)的时候,物理治疗师停止了一系列的动作练习(当前结果),那么,消退就要不再结束物理治疗项

目。在这两个例子中,我们可以期望,随着挑战性行为与当前结果之间的联系减弱,挑战性行为将随之减少(Iwata, Pace, Kalsher, Cowdery, & Cataldo, 1990;Shore, Iwata, Lerman, & Shirley, 1994)。

帕特尔、皮亚扎、马丁内兹、沃尔科特和桑塔纳(Patel, Piazza, Martinez, Volkert, & Santana, 2002)提供了一个有关这一策略的例子,他们比较了用于减少患有精神性进食障碍的年幼儿童的拒绝食物行为的干预措施。在基线期,当儿童拒绝从勺子那里接受食物,食物就会被撤销一小段时间。在干预阶段,儿童可以(a)在接受食物之后获得强化或者漱口,并与挑战性行为出现之后撤销食物这一策略相结合,(b)在接受食物之后获得强化或者漱口,但是,拒绝食物之后不再产生食物撤销的结果。在这个干预措施中,治疗师继续将勺子放在儿童的嘴里,导致拒绝食物行为的消退。他们报告,强化加上逃避的情况只对接受食物、漱口和拒绝食物行为产生很小的影响。但是,强化加上消退的情况会导致儿童适当进食行为的戏剧化增加。

怀尔特及其同事(2007)提供了另一个消退的例子。这一例子不仅表明了消退的有效性,也强调了干预需要根据儿童情况进行个别化。他们最初采用前面描述的行为动力策略,但是,发现它仅仅只能让3个学龄前儿童中的一个增加服从指令的行为。对于剩余的2名儿童,他们增加了消退内容,包括重复指令并提供手把手的身体辅助,这样儿童就不被允许逃避所要求的任务。对于这些儿童来说,服从行为都增加了。

忽视挑战性行为

许多学生通过表现出与教师的长时间的消极互动来达到逃避和回避活动、任务的目的。例如,在赛斯(Seth)和约克(York)之间,课堂上叫赛斯大声朗读是他们出现长时间争论的第一步。他们的争论包括下述互动内容:

约克先生:赛斯,请朗读第一自然段。

赛斯:我不想在课堂上朗读。

约克先生:赛斯,请你朗读第一自然段。

赛斯:这是一本很傻的书。

约克先生:不管你怎么想这本书。我想让你朗读这一自然段。

赛斯:你以为你是谁,我的母亲?我不要做你说的事情。

约克先生:我是你的老师,这是我的班级。当你在我的班级里的时候,你要做我所说的事情。

赛斯:不管你怎么求我,这都不可能发生。

约克先生:我不是在求你。如果你不朗读,你这门课就会通不过。

赛斯:谁关心这个? 这是一本××(脏话)书。

约克先生：不要在我的班级里骂人。

赛斯：这是一本××（脏话）书，你是一个××（脏话）。

约克先生：我无法忍受你在我的班级里骂人。马上道歉。

赛斯：去你的。（脏话，脏话）

这种互动有时会持续到上课结束或者直到赛斯被送离教室。对赛斯来说，这一互动的功能是负强化；他回避了在课堂上朗读。对于像赛斯这样的学生，重要的是要记住这一条：不要陷入到升级的、长时间的争论和消极互动中（Walker et al.，1995；Walker & Walker，1991）。而且，当学生表现出挑战性行为时，也不要反复威胁学生，进行长时间的批评，或者试图劝说学生表现出某个行为或者参与活动。不要掉进这个强制的陷阱中（Rhode et al.，1993）。而是要忽视学生的挑战性行为，应用之前讨论过的其他策略，比如，身体提示或者提供辅助，来减少挑战性行为和增加适当行为。

在积极的、成功的时间点上结束任务或者活动

最后一条策略处理的是活动或者任务结束的议题。如果干预的目标是让学生参与活动和任务以及使用材料，那么，非常重要的是，不能让逃避活动作为学生挑战性行为的结果。这一策略的目标在于在适当行为时结束任务。如果学生在活动或者任务过程中表现出挑战性行为，那就要一直等到学生不再表现出挑战性行为之后才能结束任务，或者帮助学生完成任务，然后强化学生与作业有关的行为。

比如，当杰拉尔丁（Geraldine）被要求练习写她的名字时，她就会打她自己。过去这一行为会导致她的教师邓巴尔（Dunbar）先生单独留下她一个人。杰拉尔丁的自我虐待行为让邓巴尔先生感到非常害怕，因此，他停止了要求她练习写名字。需要注意的是在这个例子中有两个负强化：当邓巴尔先生留下杰拉尔丁独自一个人时，他首先逃避了杰拉尔丁的自我虐待行为；他的走开结束了杰拉尔丁的自我虐待。随后，他通过不再要求她写名字回避了她的自我虐待行为。而杰拉尔丁在自我虐待行为之后则回避了写她的名字，以及逃避了要这么做的指令，因为她的自我虐待结束了邓巴尔的指令。

前奏事件和情境事件	行　　为	结　　果	功　　能
被要求写名字	自我虐待	撤销指令	负强化：逃避指令，回避写名字
被要求写名字，提供身体辅助，帮助其写名字	最初自我虐待，在辅助下写名字，独立写	忽视自我虐待，提供身体辅助，表扬，告诉她她做得很棒	正强化：获得表扬和作业的成功

为了教杰拉尔丁自我虐待将不再导致逃避或者回避,邓巴尔先生实施了以下干预计划。在干预之前,如以前做的那样,他告诉杰拉尔丁要练习写她的名字。但是,现在,当杰拉尔丁打她自己的时候,邓巴尔先生不再离开或者撤销作业。相反,他忽视她的自我虐待行为,提供了身体指导,来帮助杰拉尔丁写她的名字(即使在这个时候她仍然在打她自己)。然后,他告诉杰拉尔丁,"真棒,你写了你的名字。现在,你做完了。"继而结束这项作业。最终,当杰拉尔丁被要求写名字时,她能够独立地写了。

综合性干预

当然,通过调整诱发挑战性行为的前奏事件,以及诱发和支持适当行为的前奏事件和结果(常常指的是,对适当行为使用正强化),来减少受负强化维持的挑战性行为,这是有可能的(如 Deleon, Neidert, Anders, & Rodriguez-Cetter, 2001;Lalli et al., 1999;Patel et al., 2002;Piazza, Fisher, Hanley, Remick, et al., 1997)。然而,对某些学生来说,操纵跟随在挑战性行为之后的结果也是需要的。当这种情况发生时,对于处理挑战性和适当行为,综合性干预可能是最有效的(Fisher et al., 1993;Hagopian, Fisher, Sullivan, Acquisto, & Leblanc, 1998)。包括对受逃避维持的行为的消退措施在内的所有干预措施都应该与本章中介绍过的一个或者多个处理适当行为及挑战性行为的策略相结合(Mazaleski et al., 1993;Progar et al., 2001;Zarcone, Iwata, Hughs, et al., 1993;Zarcone, Iwata, Vollmer, et al., 1993;Zarcone et al., 1994)。考虑一下下面这个4岁儿童西茜的例子,她在教师导向的活动和任务中尖叫、哭泣,直到留下她一个人、且作业的要求被撤销才停止。小组制定了一个如下内容的综合性干预计划。

1. 提供有关活动开始和活动过程中西茜需要完成的步骤数目的提示(比如,将5个玩具放好或者做三道七巧板题目)。

2. 提供有关活动所剩步骤数目的警告信号(比如,你还剩三个玩具要放好)。

3. 在活动过程中提供身体辅助。

4. 降低任务要求(最初要求她做得比其他学生少一些)。

5. 交替进行教师导向的任务与儿童导向的任务。

6. 表扬西茜做所要求作业的行为(即使是在应用身体提示的情况下)。

7. 忽视挑战性行为,在适当行为后结束任务(看下述内容)。

干预也包括在积极的时间点上结束活动这一策略。活动仅仅只能在西茜完成任务的时候结束,而不是在哭泣和尖叫的时候。对西茜来说,只有很短暂的机会窗口,她会停止哭泣和尖叫,特别是在干预开始的时候。在完成任务过程中辅助西茜之后,在结束活动之前,她的老师一直等到西茜尖叫过程中的换气。这个时候,教师告诉西茜,她将玩具放好了或者她完成了拼板,而且很安静,所以她完成了活动。通过这一综合性的干预,西茜最终学会了尖叫和哭泣不会导致逃避教师导向的活动这一结果。她也学会了她必须做出适当的与任务有关的行为,这样活动才会结束。最后,教师导向的活动对西茜来说变得越来越没有厌恶性,因为它们总是与正强化相结合。

总 结

我们有太多的学生表现出功能为负强化的挑战性行为。学生们可能回避或者逃避他们不知道怎么做的活动、与以往的失败经历相联系的活动(即习得性无助)、或者他们不想做的事情(即不喜欢的、无关的、缺乏趣味的、没有偏好的或者压力巨大的任务)。处理这一负强化功能的策略是教学生适当的、导致逃避或者回避的行为和/或减弱前奏事件、结果与挑战性行为之间的功能关系,以及加强适当行为与前奏事件、结果之间的功能关系。

干预要强调教适当的方式去表达逃避和回避厌恶性事件的愿望,当逃避和回避被认为是适当的时候。如果小组决定,对学生来说,继续逃避和回避活动、任务、材料等等是不适当的,那么,干预必须处理与挑战性和适当行为有关的前奏事件和结果。通常当小组决定逃避和回避是不适当的时候,允许学生逃避来开始干预也是有必要的。但是,逃避必须在适当的行为而不是在挑战性行为之后出现。同时,干预应该着重在增加学生的成功感、改变活动和任务的厌恶性性质,以及前奏指令和任务的给予等方面。这样,当学生获得技能和成功经验时,逃避的标准就可以随之增加(比如,在任务结束前,他们必须参加更长时间的活动,或者做更多数量的作业)。例如,杰夫(Jeff)不喜欢购物,他发现这门学科很难,在这门学科上他表现得很糟糕。他常常通过漫不经心地操作商店里的工具和与指导员争论来逃避购物这门学科。当他这么做的时候,他就会被停学。用于改变杰夫行为的干预最初是如果杰夫花了5分钟在购物上,并正确地操作了商店里的工具、没有与指导员争论,就允许他逃避购物这门课。同时,杰夫有了一个同伴助教,他们一起做购物方面的工作。慢慢地,在杰夫被允许逃避之前要求其花在购物上的时间增加了。到一个月结束的时候,杰夫能够将整节课都花在购物上,并且适当地完成了购物这门学科的作业。

我们建议,小组在处理逃避和回避行为时要将几条策略结合起来(Iwata, Pace, Cowdery, et al., 1994)。在前面这个案例中,我们(a)首先减少了任务的持续时间,(b)通过将杰夫与另一名同学结对,使得任务更加有趣、容易,(c)允许杰夫通过表现出适当行为进行逃避,(d)表扬其适当的替代行为(即安全的、专注于任务的行为)。在干预计划中,除了将几条策略结合起来之外,我们还鼓励小组考虑为什么每个学生会表现出受逃避和回避动机激发的行为(即从学生角度确定前奏事件的厌恶性性质或者厌恶性特征)。要对干预策略进行个别化,以减少前奏事件的厌恶性性质。另外,积极的结果(从学生的角度)也要被纳入到每个干预计划中,从而教学生、并加强其适当的替代行为。

案例研究:制定干预计划

在这一案例研究中,你的任务是基于行为的功能制定干预计划。这一案例研究提供了对学生、学生所处教室情境的描述,以及一份 ABC 记录表,后者呈现了与行为有关的前奏事件、情境事件(背景)及随后的结果。这一案例研究也确定了挑战性行为的功能,提供了选择这一功能的理论依据。

在阅读这一案例研究之后,你有机会制定一个综合性的干预计划,来减少挑战性行为、增加可替代挑战性行为的适当行为。

在制定干预计划的过程中,你要考虑改变前奏事件和情境事件及结果。

● 卡特尔(Carter)

卡特尔是一个就读于九年级的 14 岁学生。他被诊断为注意力缺陷/多动障碍。卡特尔在学校的日子很难过,许多门学科的分数都是多年不及格。在访谈过程中,卡特尔表示他不喜欢学校。他最困难、最不喜欢的学科是数学和科学。他一天中最喜欢的时间是午餐和休息时间,以及他能"和朋友一起游逛"的时间。卡特尔表示,健康和艺术课是还可以的课,虽然他在这两门课上表现也不太好,常常获得几乎不及格的分数。

卡特尔有几个老师,因为要上不同的科目,他要从一个班级转到另一个班级。他的每一个老师都对他的行为表达了焦虑,因为他对其他学生产生影响及不及格的分数。他们感到,如果他的行为不能得到改变或者控制的话,那么,他最好被安置到更受限制的教室里。他们感到他没有足够努力,不认真上课、没有将注意力保持在作业上或者完成课内及家庭作业。以下是教师们在做行为咨询的转介时所列举的行为:

不参加课堂活动。

常常在课上睡觉。

不完成家庭作业。

不完成课堂作业。

不听从小组指令。

不听从个人指令。

拒绝重新引导。

拒绝对作业提供的辅助。

不准时开始活动。

卡苏巴(Kasuba)先生是教师助理小组的一名成员,被分配指导卡特尔和他的老师。他首先对卡特尔进行了访谈，然后是对卡特尔的每一个老师。对每一个老师进行访谈之后，卡苏巴先生对卡特尔的行为进行了5天的观察。在观察过程中，卡特尔与他的同伴从这个教室走到另一个教室，他准时到达每一个教室。在上课之前，他与其中一些老师谈他的兴趣和活动。但在另外一些教室，卡特尔很少在上课之前与同伴进行交谈。下面呈现了卡苏巴先生做的ABC记录表上所收集的观察资料的一部分例子：

前奏事件和情境事件	行　为	结　果
老师讲课，学生应该做记录	头靠在桌子上，眼睛闭着	被叫醒、要求做记录
被叫醒、要求做记录	继续将头靠在桌子上，眼睛闭着	被告诉如果整堂课继续睡着，他将通不过测验
体育课，篮球练习，教练发出击球指令	服从指令	表扬，移动
健康课，小组活动	参与小组活动	同伴互动
数学课，内容介绍，被发学习任务单	头靠在桌子上，眼睛闭着，将学习任务单扔到地上	批评，提供辅助
提供辅助，学生收到家庭作业	撕掉学习任务单，头靠在桌子上，眼睛闭着（没有抄写作业）	教师离开，教师给他一张作业复印件
教师给他一张作业复印件	将作业留在桌子上	一个人被独自留下
音乐课时间，小组活动	与同伴一起唱歌	因为小组歌唱受到表扬
科学课，被叫到朗读作业	拒绝	教师选择另一名学生朗读
地理课，被布置个人作业	头靠在桌子上，眼睛闭着	教师重复作业指令
教师重复作业指令	拒绝，争论	争论，重复指令

备注：这一争论性互动升级为大叫，包括卡特尔和他的老师，一直持续到这一时间结束。在这个点上，卡特尔转到下一个班级、下一门课。

全校范围的罐装食物收集运动	作为地理课小组的领导者	同伴互动，在达到小组目标上获得成功
科学测验	弄断铅笔	教师给他新铅笔
教师给他新铅笔	撕掉写了名字的纸	教师给他新测验卷
教师给他新测验卷	将测验卷扔到垃圾桶	被送到校长办公室
资源教室，小组讨论	要求去校医办公室	要求被允许
校医办公室，上课时间结束	说他现在好一些了，离开	转到下一个时间（午餐）

卡特尔挑战性行为的功能是负强化。他的行为导致了逃避学业类活动和任务。负强化功能之所以被选择，是因为卡特尔仅仅在与学业有关的任务中才表现出挑战性行为。卡特尔有很长一段获得糟糕分数和学业类学科失败的历史。对卡特尔来说，学业类活动是很具有厌恶性的，他在被呈现了厌恶性的学业类任务或者作业的时候（前奏事件/情境事件）表现出挑战性行为。他的行为结果（比如争论，以及被独自留下）有效地结束了厌恶性的前奏作

业、活动或者任务。

对卡特尔来说，负强化功能之所以被确定也是因为他在社会的、与学业无关的活动中，比如罐装食物运动、转衔、午餐及体育课上，都没有表现出挑战性行为。在非学业类前奏任务条件下，他表现出了适当的行为。因此，诱发适当行为和挑战性行为的前奏事件/情境事件条件存在着明显的差异。唯一的例外是健康课，在这门课上，他与同伴一起完成小组的任务。但是，要记住的是卡特尔确定健康课是一门"还可以"的课。对他来说，这不是一个厌恶性活动。所有他逃避的学业类活动都在访谈中被确定为没有偏好的或者具有厌恶性的活动。

虽然卡特尔的行为功能看起来也像是感觉降低，因为他经常表现出的一个行为形式是将头靠在桌子上，闭上眼睛。但是，卡特尔愿意参加主动型的活动，比如，篮球练习和音乐。他仅仅在厌恶性的或者没有偏好的学业类学科中将头靠在桌子上。这一功能是逃避或者回避厌恶性活动。对卡特尔来说，活动水平并不是一个相关的情境。诱发适当或者挑战性行为的相关情境是偏好的或者没有偏好的活动。

卡特尔的行为也不是正强化的功能。他的行为并没有一致地产生或者增加一个期望的结果到情境中（比如，同伴或者成人关注、接触材料的机会、接触同伴的机会）。事实上，挑战性行为之后的结果在发生变化。例如，有时他被独自留下，有时教师与其争论，有时他们提供辅助。如果他的行为功能是正强化，在被独自留下的时候，他就不会停止挑战性行为。相反，他将继续寻求关注，寻求接触材料或者同伴等等。跟随在卡特尔挑战性行为之后的结果不是增加了一个期望的变量到行为的方程中，而是一致地延迟了或者阻止了被布置的活动或者任务。

在制定处理卡特尔行为的干预计划中，你需要决定对卡特尔来说，回避和逃避学业类任务及活动是否是适当的。如果逃避是可以的，那么，你的干预计划的目标就将是匹配他行为的功能。换句话说，干预将允许卡特尔继续逃避和回避厌恶性的活动和任务，但只能通过更加适当的行为形式。但是，如果你认为逃避和回避对卡特尔来说不是适当的，那么，你的目标就应该是将功能从负强化改变为正强化。为了做到这一点，你需要改变前奏事件和结果状况，这样，它们将诱发和支持适当行为，而不是挑战性行为，它们也可以预防挑战性行为的发生。

1. 由于绝大多数学校都不可能同意，卡特尔可以逃避或者回避厌恶性学业类任务和活动，因此，你的干预计划应该具有两个层面的内容。首先，你要制定策略，以便让他能够采用适当行为来暂时性逃避或者回避。在干预的最初阶段，暂时性地逃避和回避仅仅出现在适当行为之后，并将在干预计划的进展过程中被逐渐撤销。

2. 其次，你的干预计划要包括减少诱发和支持挑战性行为的事物，并且提供诱发和支持适当替代行为的事物，并将功能从负强化改变为正强化。

第九章

与感觉调整/感觉刺激
功能有关的一般策略

目标

1. 定义感觉调整/感觉刺激功能。
2. 提供有这第三种功能的理论依据。
3. 描述可能导致受到此种功能维持的挑战性行为的情境。
4. 解释干预的目标,如果行为受此种功能维持。
5. 描述感觉调整/感觉刺激策略,并给出案例。
6. 解释匹配感觉输入的类别是什么含义。
7. 描述增加自我控制和容忍力的方法。

关键术语和概念

觉醒调节	感觉统合障碍
自动化强化	感觉系统:听觉、视觉、味觉、嗅觉、触觉
匹配感觉结果	前庭感觉、本体感觉
职业和物理治疗师	社会调节结果
提示信号和警告信号	言语治疗师

当挑战性行为功能是感觉调整/感觉刺激时,学生的挑战性(或者适当)行为产生了感觉输入或者发挥了调节(即增加或者减少)环境中感觉刺激的水平和类型的功能(Carr, Langdon, et al., 1999;Repp, 1999;Yak, Aquilla, & Sutton, 2004;Zentall & Zentall, 1983)。刺激可以发生在每一个感觉系统(sensory systems)中。这些系统包括视觉(visual)(看)、听

觉（auditory）（听）、触觉（tactile）（触摸）、嗅觉（olfactory）（闻）、味觉（gustatory）（尝）、前庭感觉（vestibular）（身体运动和空间的感觉），以及本体感觉（proprioceptive）（肌肉、筋腱和关节的感觉）。学生期望的、且能够容忍的刺激和感觉输入的量会随个体而发生变化。另外，对感觉输入的加工和反应能力也会随学生而发生变化（Colby Trott et al.，1993）。

正如前面所提到的，我们注意到，许多老师喜欢将受自动化强化维持或者感觉调整/感觉刺激维持的行为整合到正强化和负强化功能中，他们没有将以感觉为基础的问题考虑为一个独立的功能。我们理解这种做法背后的逻辑。例如，挑战性行为可以产生触摸，导致学生获得期望的结果（正强化）；或者，它可以结束触摸，导致逃避某种厌恶性刺激的结果（负强化）。然而，我们强烈地感到，将受基于感觉的结果维持的挑战性行为作为第三种功能分离开来是非常有用的。通常儿童的行为会产生某种不可观察的内部变化，并受到非社会性的、自动化强化结果的维持（Berkson & Tupa，2000；Carr et al.，1999；Cataldo & Harris，1982；Horner & Carr，1997；Iwata，Vollmer，et al.，1990；Mace & Mauk，1999；Shore et al.，1997）。

在我们的经验中，当小组考虑的仅仅只是正强化和负强化功能的时候，以感觉为基础的问题常常就无法被确定，匹配其功能的基于感觉的干预策略也常常不被应用。另外，参加我们工作坊的教育人员和父母发现，将与基于感觉的挑战性行为有关的策略纳入进来是非常有帮助的。最后，我们之所以将这个作为第三种功能的另一个理由是，有小部分但越来越多的领域的研究和讨论支持强调基于感觉的挑战性行为及匹配这一行为功能的干预措施，而且越来越多的个体谈到了受非社会性结果和自动化、基于感觉的强化维持的挑战性行为（如Carr，1977；Carr，Yarborough，& Langdon，1997；Derby et al.，1994；Hanley et al.，2003；Lalli，Browder，Mace，& Brown，1993；Neilson & McEvoy，2004；Piazza et al.，2000；Repp，1999；O'Neill et al.，1997；Ringdahl，Vollmer，Marcus，& Roane，1997；Shore & Iwata，1999）。有一些研究处理了受基于感觉的结果或者自动化感觉强化物维持的挑战性行为，在本章及下一章中，我们将对这些研究进行讨论。我们也认识到这一研究基础还需要发展。

有几种情况会导致受感觉调整/感觉刺激功能维持的挑战性行为。当学生要求的或者需要的刺激类型和水平与当前学生可获得的刺激类型和水平之间不相匹配或者存在差距时，挑战性行为就可能发生（Berkson & Mason，1965；Berkson & Tupa，2000）。当这种情况发生时，挑战性行为的功能就是改变环境中的刺激类型和水平，这样，它就可以与学生的需求相匹配（Berkson & Tupa，2000；Guess & Carr，1991；Repp，1999；Shore & Iwata，1999；Williams & Shellenberger，1996）。

通过挑战性行为，学生经由内部的（比如前庭刺激）或者外部的（比如听觉的、视觉的）输入获得并维持了一个最佳的刺激水平（Lallie et al.，1993；Neilson & McEvoy，2004；Repp

& Karsh，1990；Repp et al.，1992；Repp et al.，1995）。一些学生可能要求比环境中可获得的更高的刺激水平，他们表现出的行为可以产生提高刺激水平的结果（Goh et al.，1995；Repp & Karsh，1992）。研究显示，比起高刺激水平的环境，刻板行为更易发生在提供低刺激水平的环境中（Berkson & Mason，1965；Horner，1980；Iwata，Pace，Dorsey，et al.，1994；Rincover，Cook，Peoples，& Packard，1979；Shore et al.，1997）。例如，学生可能表现出诸如咬手、重复控制物体之类的刻板行为或者抠眼睛之类的自我伤害行为，这些行为都提高了刺激水平（Baranek，2002；Fisher，Lindauer，Alterson，& Thompson，1998；Goh et al.，1995；Kennedy & Souza，1995；Yack et al.，2004）。

相反，另一些学生可能需要低水平的感觉刺激，他们表现出减少环境中刺激水平的行为（Colby Trott et al.，1993；Guess & Carr，1991）。例如，某个学生可能盖住其眼睛和耳朵、跑出教室、针对高水平刺激的来源做出攻击性行为（比如，针对尖叫的同伴或者声音太响的CD唱机）（Tang et al.，2002）。

挑战性行为也可以发生在这样的一些情境中，(a)学生要求某种特殊形式（如移动）或者多种形式（如移动和触摸）的感觉输入，(b)学生不能正确解释感觉输入，(c)学生不能忍受某些特殊形式或者水平的感觉输入（Chaiago Public Schools，1998；Walker et al.，1995）。这些学生可能在记录、组织、解释感觉输入及对之做出反应方面会经历困难。因此，这些学生会对感觉刺激高度敏感，并对被认为是常规水平或者类型的感觉输入做出不相称的反应。或者，他们可能对感觉刺激不太敏感，则会寻求被提高的——常常是过度的——水平的感觉输入（Baranek，2002；Colby Trott et al.，1993；Snider，1991）。这些儿童常常被描述为对感觉输入表现出战斗、逃跑或者惊吓的行为（fight flight or fright behavior）。

会导致学生出现挑战性行为的另一种情境是学生经历觉醒调节（arousal modulation）问题的时候（Baranek，2002；Fouse & Wheeler，1997；Guess & Carr，1991）。例如，一些学生很容易在高刺激性的活动和任务中被过度刺激或者过度唤醒。一旦他们被过度刺激，他们的觉醒水平就将保持在很高的水平，他们就不能适当地参与被动的、缺乏刺激的活动，比如，个人学习任务单或者阅读（Colby Trott et al.，1993；Haldy & Haack，1995）。所有这些儿童经常会被称作是不体谅别人的、破坏性的、不服从的及糟糕的听众，但事实上，他们的问题是某种糟糕的感觉调整的问题。

其他学生可能在被唤醒或者维持在适当的觉醒水平方面存在困难。他们的觉醒水平和被动的行为对参与主动型和被动型的任务都会产生干扰。这些学生常常很不幸地被教育人员描述为懒惰的或者缺乏动力的学生，再者这类问题仍旧与感觉调整有关。

在我们讨论此项功能的干预目标及可能应用的具体策略之前，重要的是要重申我们的立场，即学生行为的形式或者表现形式及学生的诊断或者障碍都不能表明行为的功能（Hanley et al.，2003；Horner et al.，2002；Lerman & Iwata，1993；Mace et al.，1998）。例如,自我虐待和刻板行为常常被认为是一种受感觉调整/感觉刺激功能维持的行为。但是,正如梅森和伊瓦塔(Mason & Iwata, 1990)所描述的,某个学生所表现的自我虐待可能受正强化维持(比如,引起某些形式的教师关注),或者受负强化维持(比如,结束了活动要求)。

相反,皮亚扎、爱德利尼斯、汉雷、吴和迪莉娅(Piazza, Adelinis, Hanley, Goh, & Delia, 2000)描述了一个学生,他经常爬到桌子上,跳出窗户外。这很容易认为,这个学生的行为受正强化(成人关注)或者负强化(逃避厌恶性的环境或者活动)维持。但是,功能分析表明,行为是自动化强化的或者受感觉调整/感觉刺激功能所维持的。另外,我们不能仅仅基于观察到的结果就判断功能。例如,如果一个老师向打自己的学生提供了身体提示,身体提示可能提供了教师的关注(正强化),也可能与任务的要求相对抗(比如,只要教师使用身体提示来停止自我虐待,学生就不需要学习,这样就导致了逃避任务要求),或者它可能提供触觉方面的感觉输入(感觉调整/感觉刺激)。正如第五章中所讨论的,重要的是要观察,并在一些情况下操纵前奏事件、情境事件和结果,从而在制定干预措施之前决定行为的功能。

当小组怀疑挑战性行为是自动化强化的功能时,一些研究者建议,要开展模拟功能分析,这一评估方法包括了一种条件,在这一条件下缺乏社会调节的结果。在自然主义的观察中,可以对行为发生和不发生时起作用的前奏事件和结果开展一样的评估(虽然不是因果分析)。另外,自然环境中的变量可以被操纵以产生某些条件,在这些条件下,教师(或者其他成人和同伴)可以不在现场,或者,如果在现场但不对学生的行为进行反应。这两个策略都能提供一些信息,来帮助决定行为的功能是否是自动化强化。如果挑战性行为存在于缺乏社会性强化物(比如,关注或者逃避厌恶性的社会情境,如指令或者互动)的情况下,或者,在所有正强化和负强化的条件下都存在,那么,行为是自动化强化功能的可能性就增加了(Falcomata, Roane, Hovanetz, Kettering, & Keeney, 2004;Mason & Iwata, 1990;Piazza et al., 2000;Rincover et al., 1979;Shirley et al., 1999)。

当某个学生的行为调节了感觉输入的水平或者类型,或者它产生了感觉刺激,干预策略就必须以学生的感觉需要和反应为基础,而不是我们期望学生能够做的或者我们想让学生做的(Chandler & VanLaarhoven, 2004)。当挑战性行为的功能是感觉调整/感觉刺激时,有几个目标是能够被处理的:

　　1. 提供增加或减少感觉输入的环境,或者给予多样化的感觉刺激,以匹配学生所需要的刺激水平和类型。

　　2. 在调整他们的刺激水平上为学生提供辅助,这样,他们就不会被过度刺激或者过少刺激。

　　3. 教学生适当的方式以表明他们需要刺激的改变或者他们不喜欢某种特殊形式

或水平的感觉输入。

　　4. 教学生可产生期望的刺激类型或水平的适当行为。

　　5. 在无法提供最佳刺激水平和类型的环境中,有限度地提高学生发挥功能的能力。

　　小组通常采用几种干预策略来处理具有感觉调整/感觉刺激功能的挑战性行为。这些策略列举在表 9-1 中,我们将在接下来的内容中进行讨论。我们将从感觉调整/感觉刺激功能的一般策略开始介绍。然后将在第十章中讨论那些用来处理学生行为功能是产生感觉刺激增加及减少感觉刺激的策略。

表 9-1　与感觉调整/感觉刺激功能有关的一般策略

1. 交替进行主动型的、高刺激性的任务与被动型的、缺乏刺激性的任务。
2. 提供多感官刺激,以及对感觉刺激类型进行个别化。
3. 提供活动和材料,并教适当行为,以提供或者匹配所要求的刺激类型或者形式。
4. 提供不一致的接触偏好活动和材料的机会。
5. 提供提示信号和警告信号。
6. 教学生要求刺激的改变或者在刺激过程中休息。
7. 教自我控制和容忍力。
8. 增加你对学生所要求的刺激类型的容忍。

感觉调整/感觉刺激的一般策略

交替进行主动型的、高刺激性的任务与被动型的、缺乏刺激性的任务

　　这一策略通过在环境中调节刺激水平来防止学生被过度唤醒或者过少被刺激(Chicago Public Schools,1998;Munk & Karsh,1999;Walker et al.,1995)。例如,我们之前已经了解了兰迪,他在自由游戏时总是只选择很有刺激性的活动。当自由游戏结束时,他通常都是被过度刺激,导致在之后的被动型活动中不能降低觉醒水平。因此,他在被动型活动中经常"处于麻烦中"。兰迪的老师常常告诉他,"到阅读区去,要安静,要很好地坐着,要等到轮到他,要管住他自己的手。"他们也因为他不能服从要求而批评他,当这个措施没有减少他的挑战性行为的时候,他们有时将兰迪送到隔离椅子那里或者房间的另一个区域,直到他"准备安静下来"。正如你所想的,这些策略对兰迪的行为效果甚微,工作人员因此决定,当兰迪被过度刺激时,不再继续处理他的行为,而是采取主动积极的方法,通过在自由游戏时间将刺激水平维持在某个平衡水平来预防他被过度刺激。因此,他们让兰迪交替进行主动型的和被动型的自由游戏活动。兰迪被允许从高度刺激性的活动清单中先选择一个自由游戏活动,然后他再从低刺激性的活动清单中选择一个活动,以此类推。交替进行主动型的、高度刺激性的活动和被动型的活动,改变了兰迪的觉醒水平。兰迪不再在自由游戏结束时被过度刺激,接着他就能够适当地参与之后的阅读活动了。

前奏事件和情境事件	行　　为	结　　果	功　　能
刺激性的自由游戏活动，被过度刺激	不读书，很吵闹，离开座位，碰同伴	指令，批评，隔离	感觉调整/感觉刺激：维持高水平的刺激
交替进行不同刺激水平的自由游戏活动	阅读区，安静，坐着	表扬，允许其很好地参与	感觉调整/感觉刺激：维持适当水平的刺激

除了交替进行活动和任务之外，你也可以将简短的镇静性练习活动（calming exercises）嵌入到高刺激性的活动中。例如，当班级在小组活动中变得过于吵闹和兴奋的时候，斯涛奇（Stauch）女士让所有学生将头放在课桌上 30 秒，让他们有一个安静的休息时间，或者让每个学生写一段小组活动进展情况的小结。这种做法可以让学生冷静下来，他们可以在较少吵闹和唤醒的时候回到小组活动中。

你也可以将简短的刺激性练习活动嵌入到长时间的被动型任务中。比如，在我们的工作坊中，我们大概每个小时都要提供一些主动型的活动。例如，我们会叫参与者在小型小组中学习，站起来，参与角色扮演活动等等。我们也常常将一个小豆袋扔到要问问题或者回答问题的人身上。在坐着、听课及讨论的过程中，这些策略提供了一个刺激性的小歇，它可以使参与者在 6 个小时的工作坊过程中都保持警醒。

对于某些学生来说，重要的是要考虑何时将活动嵌入进去，这样，它们就不会打断或者结束正在进行的适当行为或者学习。对这些学生来说，要小心等待，一直等到活动中有一个自然的停歇，比如完成了一部分的任务，或者设置一个自然的停歇，以提供增加了的或者减少了的刺激，比如，去教师的位置那里提交一部分作业，在教室后面的箱子里拿下一部分作业要用的材料。

提供多感官刺激及对感觉刺激类型进行个别化

比起另外一些类型的感觉输入，一些学生更愿意对某些类型的感觉输入做出反应，当呈现了他们所偏好的/要求的那些类型的感觉输入时，他们就能更好地学习（Reisman & Scott，1991）。当没有呈现他们所偏好的/要求的感觉输入时，这些学生可能会出现作业分心或者注意力不集中的行为，或者表现出可产生偏好形式的感觉输入的行为。这一策略的目标在于通过在课堂活动、使用材料、上课过程中提供和/或者允许多感官输入来增加学生作业专注及注意力集中的行为。例如，温斯顿（Winston）女士在讲课过程中为学生提供了阅读网络图，这样，她的学生就可以获得视觉和听觉的感觉输入。她之所以这么做，是因为她知道有些学生通过视觉输入可以学得最好，而有些学生最好是听觉输入，还有一些学生则在多种类型的感觉输入情况下可学得最好。惠伦（Whalen）先生在地理课上为他的学生提供了三维的化石模型。通过这样做,惠伦先生让那些通过触觉或者探索可以学得最好的学生有机会接触到触觉刺激。在这些例子中,惠伦先生和温斯顿女士在全班应用了这一干预策略,而不仅仅是将它们用到个别学生身上。在阅读网络图及三维模型有益于要求某些感觉输入形式的个别学生的同时,也提高了班级中其他学生对该项活动的兴趣,因而改善了所有学生的专注行为。

虽然多感官和有变化的输入可以向几组学生提供,正如前面例子中所介绍的那样,但是它也可以进行个别化,从而满足特定学生的需要。例如,瑟克(Secor)先生报告,戴安娜(Denna)常常在讲课过程中出现分心的行为,有可能会获得不及格的分数。干预措施包括批评、停学、注意力集中的线索,以及对回答问题的表扬,但这些措施都没有增加她的"专注"行为。功能评估表明,戴安娜在同时做基于两个通道的任务上存在问题:听和书写。当戴安娜试图对讲课内容做笔记的时候,她就会漏掉绝大多数的讲课内容;如果她仅仅是听老师讲课,她就不能记下笔记,而这些内容是家庭作业或者之后的其他个人活动要用到的。因此,她常常努力地去听同时记下笔记。功能评估进一步表明,戴安娜的行为不是正强化或者负强化的功能,它没有受到社会结果的调节。她没有在行为之后获得教师或者同伴的关注,也没有逃避厌恶性的活动。所设计的干预计划考虑了戴安娜的感觉加工需要(Baranek,2002)。瑟克先生现在向戴安娜提供了一份他用于讲课的投影字幕的复印材料,他和戴安娜还安排了露丝(Ruth)使用复写纸做笔记,这样,她就能够在每一阶段的讲课结束时给戴安娜一份她记录的笔记的复印件。瑟克先生并没有向全班同学使用这一策略,因为其他同学能够同时做笔记和听课。瑟克先生认为,对其他学生来说,这是他们要使用的一项重要技能。这一策略用于戴安娜身上,是为了让她的学习能力最优化(就如瑟克所解释的将注意力保持在任务上)。

提供活动和材料,并教适当行为以提供或者匹配所要求的刺激类型和形式

这一策略基于这样的假设,即干预策略必须处理行为的功能。需要增加刺激或者要求感觉输入减少的学生不管怎样都要获得该种功能(Ellingson et al.,2000;Zhou et al.,2000)。许多学生通过表现出其他人(如父母、同伴或者教育人员)认为是挑战性行为的行为来获得刺激或者调整感觉输入(Berkson & Tupa,2000;Kennedy & Souza,1995)。但是,从学生的角度来说,他们正表现出有效产生感觉调整/感觉刺激功能的行为。

这一策略将重心放在学生所表现的行为类型及学生用于产生感觉刺激的、可获得的材料和活动上。这一策略的目标在于教或者促进适当替代行为,以及提供活动和材料上,从而让学生获得他们所要求的感觉刺激类型和水平(Berkson & Tupa,2000;Ellingson et al.,2000;Zhou et al.,2000)。例如,巴里(Barry)对触觉刺激有很大的需求。他常常触碰他的

同伴及他们的个人物品。巴里的同伴很不喜欢这个行为,当巴里碰了他们或者私人物品的时候,他们就开始朝着巴里吼叫,打他。他们一般在学校里也会回避与巴里的互动。小组决定,干预的措施不是告诉巴里要停止、惩罚他的行为,或将他从小组中移出来(这些策略在过去都是不成功的),而是教巴里用适当的方式获得触觉刺激。巴里的父母买了一个小橡胶球、橡皮泥和其他小型的操作工具。然后,小组就教巴里使用这些物品来获得触觉输入,而不是碰他的朋友及他们的私人物品。

前奏事件和情境事件	行　为	结　果	功　能
没有触觉刺激很长时间了	碰同伴和他们的私人物品	触觉输入,同伴吼叫,打他以及回避巴里	感觉调整/感觉刺激:增加触觉刺激
没有触觉刺激很长时间了	捏橡胶球,碰小型的操作工具	触觉输入	感觉调整/感觉刺激:增加触觉刺激

职业和物理治疗师及言语病理学家常常可以在确定适当的替代行为、活动,以及材料方面提供指导,这些行为、活动和材料可以提供相同或者相似的感觉输入类型和水平。表 9-2 列举了可导致感觉刺激水平增加或者减少的适当替代行为。在确定学生可用于获得相同功能的其他适当行为时,这张单子可作为一个起点。另外,我们也发现,参考自动化强化、感觉统合障碍和治疗及感觉加工问题这些领域的资源,有助于获得干预措施及其他适当行为的信息和案例,这些干预措施和其他适当行为都符合我们在感觉这一议题上的功能评估框架。对这类感觉加工问题信息感兴趣的读者可以进一步参考以下资源:爱德森和埃蒙斯(Anderson & Emmons, 1996);埃尔斯(Ayres, 1972, 1979);巴兰内科(Baranek, 2002);比塞尔、费希尔、欧文斯和珀尔斯恩(Bissel, Fisher, Owens, & Polsyn, 1988);邦迪和弗罗斯特(Bondy & Frost, 2001);考尔比·特劳特等人(Colby Trout et al., 1993);邓恩(Dunn, 1999);芬克(Fink, 1990);费希尔、穆雷和本迪(Fisher, Murray, & Bundy, 1991);哈尔迪和哈克(Haldy & Haack, 1995);库马尔等人(Koomar et al., 2001, 2004);克莱诺维茨(Kranowitz, 1998);马森和伊瓦塔(Mason & Iwata, 1990);雷斯曼和斯考特(Reisman & Scott, 1991);维尔巴格尔和维尔巴格尔(Wilbarger & Wilbarger, 1991)。

对于某些个体来说,很重要的是要确定学生正在接受或者减少的感觉输入和刺激的类型,它们具有挑战性行为的功能。例如,如果一个学生的行为产生了动作,那么,干预应该着重动作。如果学生的行为产生了听觉或者视觉感觉输入的减少,那么,干预也应该使其获得同样的感觉功能。或者,如果学生的行为产生了口部刺激,比如咬东西或者手,那么,提供另一种获得口部刺激的方式可能是必要的,比如嚼口香糖或者无糖的硬糖。

表 9-2　学生可应用于增加或者减少感觉刺激的适当替代行为

感觉增加	
在学习时站在课桌旁边	锻炼
走一小会儿	摇腿，摇手等
手指运动，手指游戏	搓衣服
从运动瓶子里喝冰水	吮吸酸味糖果
看万花筒，看取景器	用吸管喝
在被动型活动中画画、书写	卷头发
常常改变姿势	吹泡泡
玩橡皮泥或者泥巴	重重捏手
安静地拍腿、胳膊、脸或者课桌	使用计算机、计算器
在前庭垫或者摇晃垫上坐着	
坐在椅子上时用脚和臀部坐着	
抓住和控制所偏好的玩具或者材料	
在感觉中心使用沙盘或者豆盘和材料	
嚼口香糖或者发出嘎吱嘎吱声音的食物，比如胡萝卜棒或者椒盐卷饼	
要求感觉输入形式改变或者增加感觉刺激水平	
操作小物品，如橡胶球、钢笔、回形针、珠子、握力球、塑胶球、首饰	
启动一项小任务，如削铅笔或者拿饮料	
完成所布置的任务，比如将笔记送到旁边房间的教师那里，辅助教师准备上课或者擦黑板	

感觉减少	
缓慢的、有节奏的摇晃	自我按摩
戴耳机屏蔽噪音	吮吸甜巧克力
放松练习	深呼吸
移到安静的区域	在小单间学习室学习
在刺激性活动中完成短时间的被动型任务	
将头靠在课桌上一小段时间	
将身体或者课桌转一下，背朝同伴或者其他听觉以及视觉刺激	
要求感觉输入形式的改变或者感觉刺激水平的减少	
听舒缓的、有节奏的音乐	

　　备注：这些策略改编自我们开展功能评估的经验以及以下参考书：Colby Trott et al.(1993)，Fouse & Wheeler(1997)，Haldy & Haack(1995)以及 Snider(1991)。

　　例如，拉普、米尔滕贝格尔、加仑斯凯、艾琳顿和龙（Rapp, Miltenberger, Ellington, & Long, 1999）报告了一项研究，在这项研究中，有一名年轻的女性总是拔下头发，然后在手指间玩拔下的头发。在制定用于减少这一行为的干预策略之前，他们决定先确定这个年轻女性从这一行为中获得了什么特殊类型的刺激。观察表明，拉扯头发的行为本身并不提供重要的感觉输入。但是,她从玩从头上拔下的头发这个行为中获得了手指的触觉(感觉—知觉的)刺激。因此,实验性干预要着重在提供另一种手指刺激的来源,而不是着重在拉扯头发这一行为,即使被确定的挑战性行为是拉扯头发。当他们提供了另一种刺激让其在手指上卷的时候(他们提供了另一些小头发让其玩),她停止了拔头发。

其他研究也表明,当学生有机会接触活动和材料,或者表现出其他与挑战性行为产生的感觉结果相匹配的另一种行为时,他们的挑战性行为就减少了(比如,Fisher et al.,1998;Goh et al.,1995;Piazza et al.,2000)。例如,肯尼迪和索萨(Kennedy & Souza,1995)报告了一个案例研究的结果,在这项研究中,高水平的视觉刺激减少了抠眼睛的行为。但是,高水平的另一种感觉输入,比如听觉刺激,并没有减少儿童抠眼睛的行为。皮亚扎及其同事(1998)对2—3名儿童异食行为(吃不能吃的东西)的研究也为匹配感觉强化类型提供了支持。他们的研究表明,不仅是提供口部刺激很重要,而且摄取的(适当的)物体的纹理也很重要。有坚硬纹理的食物在减少异食行为方面比柔软的食物要更加有效。

提供不一致的接触偏好活动和材料的机会

匹配感觉输入的类型,就如前面部分所建议的,并不是所有学生都会有这个要求。一些学生的挑战性行为在他们接触到所偏好的活动和材料时就可能减少。这一策略是以一系列研究为基础的,这些研究表明,刺激性活动和材料的可获得性与自我刺激和自我伤害行为之间存在逆向关系(Goh et al.,1995;Horner,1980;Iwata,Pace,Dorsey,et al.,1994;Rincover et al.,1979;Shore et al.,1997)。另外,当个体被引导去使用可获得的材料和/或者在这个过程中提供辅助时,参与就会增加(Chandler,Frich,Hein,& Burke,1979;Dunst,McWilliam,& Holbert,1986;Favell,McGimsey,& Schell,1982;Horner,1980;Koegel,Koegel,Frea,& Smith,1995;Montes & Risley,1975)。

对于一些学生来说,高度偏好的玩具和材料作为非一致性强化的来源,可以与挑战性行为进行对抗。当学生们可以自由接触这类材料或者活动时,挑战性行为就会减少(Fisher et al.,1998;Piazza et al.,2000)。例如,肖尔(Shore)及其同事(1997)揭示了,高度偏好、但没有在感觉上进行匹配的娱乐活动也会导致自我伤害行为的减少。他们进一步表明,当接触高度偏好的活动所要求的努力增加时(减少了活动的随机可接触性),自我伤害行为的水平增加了。法科马塔(Fakomata)及其同事(2004)也发现,接触偏好的物体(收音机)减少了挑战性行为(不适当的发声)。但是,他们指出,仅仅接触并不能将挑战性行为减少到适当水平。他们发现,比起仅仅只是接触的情况,将接触收音机与反应代价相结合的策略,反应代价是指出现不适当的发声时就会失去收音机一段时间,在减少挑战性行为方面要更加有效。

对于一些学生来说,一致地或者非一致地提供偏好的或者另一种活动及材料,可能不会减少他们挑战性行为,因为他们会用某种不适当的形式使用这些材料。例如,他们可能以刻板的(比如,反复包扎物体或者咬物体)或者破坏性的方式(比如,扔物体或者打碎物体)使用物体,或者将这些材料用于自我伤害或者伤害他人。当学生不知道如何使用这些材料或者材料没有与其发展水平或年龄相适应时,这种情形就会发生(Bailey & Wolery,1992;Baranek,2002;Chandler et al.,1979;Horner & Carr,1997;Horner,Carr,Strain,et al.,2002)。用于减少这一类不适当行为的一条途径是教学生另一种、适当的使用玩具和材料的方法(即如何适当地使用材料和玩具)(Brockman,Morgan,& Harmon,1988)。这也向儿童提供了适当的、产生可对抗的刺激的方法,从而减少了产生刺激的刻板行为(Piazza,Fisher,Hanley,et al.,1998;Rincover et al.,1979)。

例如,阿尔瓦洛是一名8岁患有严重认知落后的男孩,他在一个隔离的班级里就读。他最喜欢和最常出现的行为就是坐在地板上,从一边摇摆到另一边,用手指轻拍下巴,轻轻地哼唱。当他的老师或者父母给他一些材料或者玩具时,他会出现可预期的一连串行为。首先,他闻一闻他得到的物品。接着,他尝一尝这个玩具。最后,他将物品放到脸面前,拍打它。然后他又会回到摇摆和哼唱上。阿尔瓦洛很少有恰当的游戏技能。他不知道对这些物品做什么,除了将它们纳入他的典型的、刻板的自我刺激行为之中。

干预的目标在于要教阿尔瓦洛恰当地使用6个玩具或者其他物品。小组选择了6个很容易操作的反应性玩具。反应性玩具都是会对行为做出反应的玩具,比如音乐盒、看和说玩具或者弹出盒等,或者是多感官的玩具,比如有香味贴纸的可触摸的书(Bailey & Wolery,1992)。小组采用声音提示、示范及身体指导来教阿尔瓦洛如何玩这6个玩具。正确的玩玩具行为之后跟随的是社会性表扬和拍手,以及玩具所产生的自然结果。他们发现,通过干预,阿尔瓦洛可以适当地使用了这6个玩具。他不再用刻板的方式使用这6个玩具。小组也发现,虽然阿尔瓦洛在玩玩具过程中仍旧继续哼唱,但是他的摇摆身体的行为减少了。这一干预让阿尔瓦洛继续接受到感觉刺激,但是他是通过适当的游戏行为来获得这些刺激,而不是通过刻板的自我刺激行为。这一干预也加入了额外的积极的结果(社会性表扬和拍手),这一结果在阿尔瓦洛表现出适当的玩玩具行为时就给予。

前奏事件和情境事件	行　为	结　果	功　能
提供玩具	摇摆身体,哼唱,闻,尝,拍打玩具	大肌肉和精细动作运动,口部输入	感觉调整/感觉刺激:增加运动和口部刺激
提供玩具,适当玩玩具行为的提示	哼唱,适当地玩玩具	精细动作运动,口部输入,表扬和拍手	感觉调整/感觉刺激:增加运动和口部刺激

提供提示信号和警告信号

你可能记起这一策略在正强化和负强化功能中都被介绍及讨论过。当它用于正强化时,目的是要确定学生应该表现的适当行为或者确定用于适当行为之后的强化物。在负强化中,前奏提示信号和警告信号的目的是要提高其在困难和厌恶性活动中的成功性,以及促进自我管理和自我控制。

当它用于感觉调整/感觉刺激功能时,这一策略的另一个目的是要为学生提供有关特殊任务或者活动的性质及适当行为的信息,该适当行为是用来对特殊的感觉输入类型或者刺激水平进行反应的(Flannery & Horner, 1994; Mace et al., 1998; Tustin, 1995)。比如,加斯帕拉图(Gasparato)女士知道,患有自闭症的里奥(Leo)不喜欢吵闹、拥挤的活动,不能很好地从安静、隔离的活动转衔到很吵闹的活动,比如,休息、集会或者体育馆活动,在后一类活动中,他可能被其他人所碰触。为了帮助里奥转衔到吵闹、拥挤的活动中,加斯帕拉图女士为里奥设计了一张日常活动的书面日程表。她在一天开始的时候和里奥一起复习这张日程表,提醒里奥还有 x 分钟,班级就要转到比较吵闹、拥挤的活动中去了。她也为里奥写了一个社会故事(Gray, 1994),这个社会故事描述了他在吵闹、拥挤的活动中可以采用的行为。每天在复习日程表之后,加斯帕拉图女士就会和里奥复习这个社会故事。在吵闹、拥挤的活动中,加斯帕拉图向里奥提供了警告信号,以告知他活动还剩余多少分钟(比如,还有10 分钟,我们就要回到教室去了)。她也使用警告信号来提醒里奥,他在这个厌恶性的感觉环境中要应用的适当行为(比如,如果太吵了,你可以站在大礼堂的后面)、"当你的朋友站得太靠近你的时候,你可以请他们移动一下"、"当你需要到教室的后面去时,要让我知道"。这些警告信号也与那些写进里奥的社会故事中的提示信号相匹配。

提示信号和警告信号相结合的策略可以帮助里奥预期和计划日常高刺激性的活动中的感觉输入变化。它们告知里奥,活动即将有一个变化,当新活动即将开始的时候,它们也提供了有关新活动的刺激性质、将持续多长时间和活动中可采用的其他适当行为的信息。

注意,许多像里奥这样的学生都要求确定了适当行为的前奏线索,这些适当行为是他们在不能匹配他们的感觉需要的环境中可采用的行为。简单地告知学生将有一个刺激的变化或者活动还剩 x 分钟,并不能让学生容忍这些感觉刺激,也不能在学生需要有感觉刺激增加或者减少的时候教学生做什么。例如,虽然里奥能够预期感觉输入的变化,随后能够转衔到拥挤的、吵闹的活动中,但是,在活动过程中他仍旧需要警告信号来确定他在活动很难忍受时他应该做什么。这些警告信号让里奥能够通过适当行为来达到相同的功能(即减少感觉输入),比如,转移到房间后部或者要求回到教室等,而不是通过跑出房间或者站在角落。

前奏事件和情境事件	行　为	结　果	功　能
转衔及参与吵闹的、拥挤的活动	跑出教室或者站在角落	减少噪音和碰触	感觉调整/感觉刺激：减少听觉和触觉刺激
有关活动和适当行为的提示信号、警告信号，以及社会故事	转衔到活动，请同伴移开，去房间后部，要求回到教室	减少噪音和碰触	感觉调整/感觉刺激：减少听觉和触觉刺激

教学生要求刺激的改变或者在刺激过程中休息

许多学生认识到或者能够学会认识到，(a)他们需要感觉刺激的改变（比如，"我再也坐不住了，我需要动一下"），(b)他们不能容忍特定类型的感觉输入（比如，"当人们碰我的时候，我很不喜欢它"），(c)他们需要特殊形式的感觉输入和输出（"我记不住我读了什么，除非我能够读得响亮一些"）(Reisman & Scout，1991)。这一策略让学生能够表达他们的需要，并在他们表现出挑战性行为之前要求某种特定类型和水平的感觉输入，以及某种刺激类型和水平的变化。对存在感觉统合问题（在记录、组织、解释及对感觉输入做出反应这一方面存在问题）的学生来说，这是特别有用的策略(Haldy & Haack，1995)。有几个例子可以说明这一策略。在很具刺激性的活动过程中，希尔达(Hilda)示意她需要令其冷静或者安静的休息时间。西奥(Theo)在课堂作业活动时间举起休息卡片，要求移动一下。劳伦斯(Lawrence)要求站到队伍的后面，以避开其他学生的碰触。因为布莱德雷(Bradley)在加工听觉刺激方面存在困难，因此，他向老师要了讲课笔记的复印件。

这一策略建立在这样的前提下，即父母和教育人员愿意也能够尊重学生对于不同类型的感觉输入及刺激改变的需要，他们将积极地对学生的要求做出反应。但是，如果学生学会了他们可以通过要求休息或者刺激的改变来回避或者逃避厌恶性活动，那么，也可能引发问题。当这种情况发生时，他们的要求的功能就是负强化，而不再是感觉调整/感觉刺激。如果你打算采用这一策略，那么，在评估的观察阶段要证明行为的功能，并在启动这项策略之前小心监控学生的行为，以确定与挑战性行为有关的感觉输入类型，以及学生能够容忍多长时间的有缺陷的或者过度刺激的感觉环境等等，这样做都是很有帮助的。

考虑下西奥这个例子，他在课堂作业活动过程中要求移动一下。在基线期的观察阶段，小组注意到西奥能够安静地坐着、坐在位置上学习可达到 10 分钟这么长的时间。10 分钟之后，他常常要站在桌子边上，在教室里游逛，或者与同伴说话。当他被要求回到学习任务上时，他服从了这一指令并又能学习大约 10 分钟时间。这样，这个循环重复着。小组也注意到，当西奥参与小型的小组活动或者大型的小组讨论时，他能够坚持完成整个活动。在干预阶段，小组教西奥在个人的课堂作业活动中通过举起休息卡片来要求休息。当他举起休息卡片时，他的老师点头表示同意，然后西奥就被允许走到房间的后部，做伸展动作几分钟时间。然后再走回到课桌这边，继续学习。

前奏事件和情境事件	行　为	结　果	功　能
被动的在座位上活动进行了10分钟	站在课桌边，房间里游逛，与同伴说话	粗大动作运动	感觉调整/感觉刺激：增加动作刺激
被动的在座位上活动进行了10分钟，休息卡片	举起休息卡片，走到房间后部，伸展动作	粗大动作运动	感觉调整/感觉刺激：增加动作刺激

西奥很快地学会了在个人的课堂作业时间使用休息卡片来要求休息，他大概每隔10分钟就使用一次。但是，他开始在体育课，这一门他不喜欢的课程中，也要求休息。他也开始在个人朗读时间，他也不喜欢的一门学科，以及阅读测验中，相当频繁地要求休息（比如每2分钟一次）。因此，基于感觉调整功能，西奥不仅在适当的情境学会了要求休息，而且他也将此行为泛化为一条逃避厌恶性活动（负强化功能）的策略。因此，小组告知西奥，他只能在个人课堂作业活动时间使用休息卡片，而且在一个活动中仅可使用这个卡片几次（比如，每30分钟3次）。注意，这一策略纳入了前面第七章中讨论过的低比例的区别强化策略。

教自我控制和容忍力

对一些学生来说，提高他们容忍感觉输入的能力，以及在不能满足他们感觉需求的环境中表现出适当的行为也许是有可能的（Reichle et al., 1996）。例如，在一天的最后30分钟里，阿尔瓦雷茨（Alvarez）先生班级里的学生在做他们的家庭作业。跟许多注意力缺陷多动障碍的学生一样，汉克（Hank）发现，做家庭做作业超过5分钟，有时10分钟或者更多的时间，是件很困难的事情。在这段时间里，他常常在课桌那里画画，往窗外看，或者跟自己、阿尔瓦雷茨或同伴说话。当汉克与其同伴说话的时候，绝大多数同伴都忽视他或者告诉他停止说话。但是，也有一些同伴会与他说话，这导致汉克与他的同伴都在家庭作业时间出现了作业分心行为。阿尔瓦雷茨先生最终将汉克的桌子挪到了房间后面的角落，这样，他就不能轻易地与同伴说话了。

阿尔瓦雷茨先生也不断地批评汉克的作业分心行为，以及他与同伴、自己或者阿尔瓦雷茨说话。他制定了一个干预系统以增加汉克在家庭作业时间里专注于作业的时间。他将一个计时器放到汉克的课桌上，以表示活动还剩多少时间。当汉克出现分心行为时，阿尔瓦雷茨先生用声音提示，提醒汉克要注意力集中，当汉克与同伴说话时，他们也提醒他要认真学习。阿尔瓦雷茨也教汉克每三分钟结束时就在专注行为检核表上做一下标记，如果他在这三分钟里一直都很专注的话。另外，他经常性地表扬汉克注意力集中的行为，在汉克专注的每个三分钟的时间结束时，他就提供一个代币。这一干预最终使得汉克集中注意力的行为持续了15分钟之久。

前奏事件和情境事件	行　为	结　果	功　能
家庭作业活动,要求独立学习	与同伴、自己及老师说话,看窗外,在书上画画	与同伴互动,批评,视觉、触觉和听觉刺激	感觉调整/感觉刺激:增加多样化刺激
家庭作业活动,要求独立学习,计时器,专注于作业的检核表,提示	专注于作业上,在检核表上做标记	代币,表扬,视觉、触觉和听觉刺激	感觉调整/感觉刺激:增加多样化刺激

你可以使用多种方法来增加学生的容忍力和自我控制,可包括如下内容:

1. 社会故事,描述了特殊情境及这些情境中所应用的适当行为(Gray,1994;Gray & Garland,1993)

2. 图片线索

3. 计时器

4. 日常活动的日程表

5. 学习大纲和检核表

6. 问题解决指导

7. 自我监控和自我强化训练(Koegel,Koegel,& Parks,1995;Lloyd,Landrum,& Hallahan,1991;Sugai & Rowe,1984;Sulzer-Azaroff & Mayer,1986;Walker et al.,1995)

8. 行为或者任务检核表

9. 一致性训练(Guevremont et al.,1986;Paniagua,1998)

10. 对适当行为的正强化

11. 感觉刺激的刺激渐隐(比如,逐渐地增加或者减少刺激的维度,比如分贝、纹理或者触摸压力)(如,McCord,Iwata,Galensky,Ellingson,& Thomson,2001)

12. 反应塑造(如强化小步骤或者连续趋近于最终行为目标的行为)

这些策略中有许多策略都包含了预览和讨论,复述或者角色扮演,复习以及强化。它们也应包括提示信号和警告信号,以作为行为的前奏提示。这些方法帮助学生预期即将发生什么,什么时候将发生,以及要如何处理厌恶性的感觉情境,它们帮助学生逐渐地适应某种水平或者类型的感觉输入。

当你的目标是增加学生的容忍力和自我控制时,很重要的是,根据学生对刺激的需要及对感觉输入的反应来确定学生行为的目标是合情合理的(Baranek,2002)。大幅度改变学生对刺激的需要或者对不同刺激类型和水平的容忍力也许是不太可能的。例如,对汉克来说,让其将注意力保持在作业上超过30分钟是完全不可能的事情。但是,将其专注行为从

5 分钟增加到 15 分钟，却是可能的。对许多学生来说，比起教容忍力，更适当的一个策略是教他们用适当的方式对感觉输入进行反应。另外，将两种策略结合起来可能也是比较理想的：要尽可能教容忍力和自我控制，也要教达到相同功能的适当行为。对于汉克来说，除了以前描述过的干预措施之外，我们也可以教他在家庭作业期间要求休息，以及在休息时间里所应用的适当行为。

增加你对学生所要求的刺激类型的容忍

这不是一条改变学生行为的策略，而是对教育人员和父母的一条建议。我们认识并尊重学生对刺激增加或者减少，以及对某些特殊类型刺激的需求。一直反对学生的感觉需求将不可避免地导致挑战性行为（Fouse & Wheeler，1997）。对于许多挑战性行为受感觉调整/感觉刺激功能维持的学生来说，学校环境的基本要求都是难以做到的，比如，安静地坐、注意力保持在任务上、听和注意力集中、安静地等、适当地与其他人交往以及跟随指令等（Colby Trott et al.，1993；Reisman & Scott，1991）。比起试图强迫、要求、诱惑或者惩罚学生以改变他们的行为，预期学生的反应、需要及在学生的感觉系统限度内学习会更加好（Williams & Shellenberger，1996）。

有几个例子可以说明这一点。告诉一个需要移动的学生"安静地坐"通常不会让这个学生安静地坐着，或者不会让这个学生安静地坐足够长的时间。让学生能够在活动期间安静地移动一下或者获得一小段的休息时间去活动一下，则会更好。因为注意力不集中或者作业分心行为，去惩罚一个存在注意广度狭窄问题的学生，不会增加这个学生的注意力广度或者作业专注的行为。但是，如果我们认识到学生存在注意广度狭窄的问题，我们就可以缩短任务的持续时间，或者将一项任务分解为几个小步骤。我们也可以提供小单间的学习室来减少他的注意力分散，后者会导致学生糟糕的注意和作业分心行为。迫使触觉防御的学生使用手指画，不能降低他们的触觉防御，反而会增加他们的挑战性行为。认识到学生的触觉防御，在使用手指画画时，让学生戴塑料手套，或者允许学生使用另一种艺术材料，则会更好。警告一名渴望触觉刺激的学生，让其将手放在大腿上，可能不会减少其不适当的碰触。让学生抓握并操作一些可提供触觉刺激的物品，比如橡胶球或者橡皮泥，以及将触觉刺激纳入某些日常活动中，会更加适当。最后，告知一名需要低水平刺激的学生，如果他在高刺激性的环境中行为表现适当，他将获得贴纸或者代币，将不会提高学生这么做的能力。相反，要允许学生移动到教室的某个区域，该区域在刺激水平太高时可提供减少水平的刺激。

在上述的每一个例子中，教育人员最初都期望学生能够表现出像其他学生那样做被要求做的（能做的）行为。教育人员也期望学生能自愿地根据要求调整他们的行为，容忍所有类型的感觉输入，以及适应环境中水平和类型多变的刺激。但是，如果挑战性行为的功能是感觉调整/感觉刺激,那么,这些期望常常不是合情合理的,也不可能让学生达到。当我们与这些学生一起工作时,如果我们认识到尊重并在他们的感觉刺激和调整需求范围内工作,那么,我们将会更加多地成功。

总结

本章所讨论的感觉调整/感觉刺激的一般干预策略可以用于所有其行为功能为调整感觉输入和刺激水平或者类型的学生。它们也可以用于行为功能为产生感觉刺激的学生、对某些特殊形式的感觉输入高度敏感或者缺乏敏感的学生,以及被过度刺激或者过度唤醒时存在调节刺激水平问题的学生。

在制定和实施干预策略之前,小组应该确定学生的挑战性行为为什么或者如何符合了感觉调整/感觉刺激功能。例如,学生对触觉刺激高度敏感吗? 学生要求获得水平增加的感觉刺激吗? 学生很容易被过度刺激吗? 对学生行为为什么符合感觉调整/感觉刺激功能的分析将指导干预策略的制定。

被选择用来干预的策略应该直接处理挑战性行为的原因(即与感觉调整/感觉刺激有关的特殊问题)。例如,如果一名学生很容易被过度刺激,那么,我们应该交替进行主动型的、高度刺激性的活动,以及被动型的、较少刺激性的任务。如果一名学生对触觉刺激不太敏感,那么,干预应该是在活动中减少触觉刺激,以及提供非生理形式的强化。例如,学生可以在计算机上完成艺术作品,来代替使用手指画。学生的老师可以使用贴纸、分数或者绩点作为强化刺激,来替代击掌或者拍背。

我们建议,小组将几个策略结合起来使用,以制定综合性的干预计划,来处理学生的行为。一般的策略也可以与那些特殊处理需求的策略相结合,这包括增加刺激的需求和减少刺激的需求。我们将在第十章描述这些策略。

案例研究:制定干预计划

在这一案例研究中,你的任务是基于行为的功能制定的干预计划。这一案例研究提供了对学生、学生所处教室情境的描述,以及一份 ABC 记录表,后者呈现了与行为有关的前奏事件、情境事件(背景)和随后的结果。这一案例研究也确定了挑战性行为的功能,提供了选择这一功能的理论依据。

在阅读这一案例研究之后,你有机会制定一个综合性的干预计划,来减少挑战性行为及增加可替代挑战性行为的适当行为。

在制定干预计划的过程中,你要考虑改变前奏事件和情境事件及结果。

• 马特(Matt)

马特是一名 5 岁学生,在一个半日制的普通教育幼儿园里就读。这是他的第一个学校经历。在他的教室里还有 21 个学生,一个老师,以及一名被分到这个教室的教学助理,因为还有 IEP 的其他学生在这个班级里。但是,助教也为马特工作,因为他的挑战性行为。

马特的老师将他描述为是一个很警觉的学生,他试图参与所有学业类和社会性的活动和常规项目。他喜欢同伴,常常试图与他们交往,但是,他启动交往的方式很粗暴,许多同伴都害怕他,并回避与他的交往。

马特最喜欢的活动是戏剧游戏、艺术及书写活动,这些活动都包含了粗大运动技能。

马特表现出几个为其老师耶林-克拉克夫人所焦虑的行为。她感到这些行为干扰了马特的学习和发展,以及教室里其他学生的学习和发展。例如,马特常常很野蛮地在椅子上摇晃,将物品和手指塞入他的嘴巴,寻求来自成人和同伴的拥抱、活动期间不断地变化姿势或者走到另一个地方。他也常常离开活动,开始另一项他自己选择的活动。

耶林-克拉克夫人说,马特在排队等待或者在活动中等待轮到自己这方面都存在问题。他常常在转衔时间里奔跑,而不是将物品整理好,遵循转衔的常规程序。最后,耶林-克拉克夫人表示,马特没有跟随全班的指令,常常要花去她或者助教太多的个别注意,才能让其开始某项活动、继续从事某项活动,以及在活动中行为表现适当。她感到马特要求的时间减少了她应花费在其他学生上的时间。耶林-克拉克夫人相信,她所描述的行为证实其应该安置到封闭的特殊教育班级中。她将马特转介去做特殊教育评估。作为多学科案例研究评估的一员,卡尔德(Calder)博士对马特的行为开展了功能评估。

下面的信息是卡尔德博士使用 ABC 记录表进行观察的一部分例子。

前奏事件和情境事件	行 为	结 果
小组表演三只小猪的故事	参与,扮作狼	小组表扬,移动
第二个小组表演故事	在位置上摇晃,与老师说话	被告知要安静地坐,要安静
第三个小组表演故事	离开地毯区域,开始玩拼板玩具	单独留下
开放中心活动	选择木头工作区域,科学中心,然后在文字区域做了信箱	单独留下,触觉、动觉刺激
教师建议马特在阅读区域或者计算机上学习	拒绝在这些地方	单独留下
教师向全班朗读故事,使用大书,一致反应	听,在地板上摇晃,将手指放在嘴里,大声地和小组一起说出答案	移动,听觉、口部及触觉刺激
休息时间,同伴在丛林去玩	跑向同伴,跳到格蕾辰(Gretchen)的上面,拥抱她	格蕾辰大哭,同伴尖叫,教师"解救"了格蕾辰,告诉马特去其他地方玩

（续表）

前奏事件和情境事件	行　为	结　果
被告诉去其他地方玩	跑向玩球的男孩,并加入游戏	同伴互动,移动
艺术活动	专注在任务上	表扬,完成作品,将作品张贴在墙壁上
转衔到下一个活动,向全班给出一个有关匹配学习任务单的指令	在教室里跑,坐在课桌边,没有铅笔,用手指敲桌子	重新引导,移动,教师告诉他去拿铅笔
教师告诉他去拿铅笔	跳着去铅笔盒那里,拿铅笔,跳回到课桌这里	教师告诉他开始学习
教师告诉他开始学习	在椅子上摇晃,用铅笔在纸上轻敲	教师展示如何解题,当完成学习任务单时坐在他旁边
休息时间	某些设备,跑,玩秋千,玩球	移动,触觉刺激
休息时间后,与助教一对一的活动	摇晃,摇头从一边到另一边,试图离开这个区域	重复指令,批评
重复指令	拒绝,离开这个区域,玩仓鼠游戏	助教与教师说话,留下他独自一个人

　　马特挑战性行为的功能是增加感觉调整/感觉刺激。马特的挑战性行为一般产生诸如动作、听觉、触觉及口部刺激等之类的感觉输入。他在他不能主动进入或者被期望等待、安静地坐着或者听等这一类被动型的、无结构化的活动过程中表现出挑战性行为。他在自由选择的时间里,比如,休息和开放中心时间,也寻求很有刺激性的物品和活动,他在这些自由选择的时间里拒绝参与被动型的活动。我们之所以确定是感觉调整/感觉刺激增加的功能,也是因为马特在高水平刺激的活动中表现出适当的行为。例如,在小组表演三只小猪的故事中,他的行为是适当的。

　　除了在被动型的活动期间寻求高刺激性及增加刺激的活动之外,马特还表现出感觉调整方面的问题。例如,他不能在休息(主动型活动)时间过后冷静下来或者将刺激水平降低到参与更消极的与助教一对一的活动中所要求的刺激水平。

　　虽然马特的挑战性行为常常导致关注或者与同伴、成人的互动,他的行为功能仍旧不是正强化。如果是正强化(即在这个例子中是关注),在被独自一个人留下时,他将继续寻求关注。他没有一致地表现出这个行为。因此,有可能,他获得的关注或者互动所发挥的功能是某种形式的刺激。当这一形式的刺激无法获得时,马特就会寻求其他不同形式的刺激,比如摇晃或者奔跑。

　　负强化也没有被选择作为他的挑战性行为的功能,这是因为马特常常离开活动,这个行为仅仅在他参与活动一段时间后才会一致地发生,之后常常跟随的是他试图通过较少主动型的方式诸如摇晃或者咬物品来产生刺激。如果逃离活动是一种功能的话,那么,他将在潜在厌恶性活动开始的时候就表现出挑战性行为。因此,活动本身对马特来说并不具有厌恶性,而仅仅只是较低刺激水平的活动,这是非常重要的(即他需要高水平的刺激)。换句话说,一致的前奏事件变量不是特殊的活动,而是由活动提供的刺激水平。在行为方程的另一边,马特的行为并不经常导致逃离或者结束一项活动这样的结果。反而,它在活动期间导致了刺激水平改变的结果。

1. 在制定处理马特行为的干预计划过程中,你要匹配他的行为功能。换句话说,干预应该,至少某种程度上让马特能够获得当前通过挑战性行为获得的相同功能。你的干预计划也要处理如果挑战性行为发生时,什么即将发生。

2. 最后,除了处理适当替代行为及对这些行为的支持之外,你也要考虑如何改变前奏事件,这样,你可以预防马特表现出挑战性行为。当你设计干预计划以处理马特的行为时,应重读当挑战性行为的功能是感觉刺激/感觉调整时的干预目标这一部分的内容。

第十章

与增加和减少感觉调整/感觉刺激功能有关的特殊干预策略

目标

1. 描述感觉调整/感觉刺激功能中感觉增加与感觉减少这两类之间的区别。
2. 确定这一功能中每一类的目标。
3. 描述处理受这每一类功能维持的挑战性行为的策略。
4. 描述制定有效转衔的策略。
5. 描述预防和矫正受感觉调整/感觉刺激维持的行为的策略。

关键术语和概念

减少感觉调整/感觉刺激   社会故事

增加感觉调整/感觉刺激   转衔

              可预测的日程表

  本章提供了匹配每一类感觉调整/感觉刺激功能的特殊干预策略。我们将从用于行为受产生或者增加感觉调整/感觉刺激(increase sensory regulation/sensory stimulation)这一类功能维持的学生的策略开始,然后再介绍用于行为受减少感觉调整/感觉刺激(decrease sensory regulation/sensory stimulation)这一类功能维持的学生的策略。

匹配产生或者增加感觉调整/感觉刺激功能的策略

  一些学生的挑战性行为因为其产生了感觉输入或者增加了感觉刺激的水平而得到了维

持(Carr et al., 1999；Crimmins, Farrell, Smith, & Bailey, 2007；Goh et al., 1995；Repp, 1999；Repp & Karsh, 1992；Zentall & Zentall, 1983)。他们可能会寻求高刺激性的活动或者过度的刺激形式(即对感觉输入不够敏感的学生)，他们也可能很容易被过度唤醒(Snider, 1991)。一旦他们被过度刺激,他们的觉醒水平就会保持在一个很高的水平,不能降低到一个他们可以最大程度参与较少刺激性的或者被动型的活动(Baranek, 2002；Colby Trott et al., 1993；Guess & Carr, 1991；Haldy & Haack, 1995；Snider, 1991)。行为受这一功能维持的学生可能在无结构化的时间、活动转衔阶段,以及从一个环境转移到另一个环境(比如从操场到教室)的过程中表现出挑战性行为。这些学生常常被描述为作业分心的、破坏性的、不尊重别人、多动的、注意力分散的、冲动的、缺乏组织的、不服从的及注意广度狭窄的(Reisman & Scott, 1991；Yack, Aquilla, & Sutton, 2004)。

表 10-1 匹配增加感觉调整/感觉刺激功能的策略

---

1. 在活动和任务进行以及转换过程中提供刺激性的活动和材料。
2. 设计有效的、高效的转衔。
3. 减少等待。
4. 在活动中增加动作以及动作型的休息。
5. 加快教学和互动的节奏。
6. 提供多样化的指令、材料和学生反应。
7. 使用刺激性的社会性强化。
8. 在刺激性活动结束时开展冷静活动。

有几条策略可用于向这些学生提供感觉增加的环境,以及教学生使用适当的行为来产生感觉刺激。这些策略列举在表 10-1 中,也将在这一部分进行介绍。这一策略可以与前面第九章中介绍过的感觉调整/感觉刺激的一般策略相结合。当你读到这些策略时,你可能注意到许多策略就是那些良好的、可预防所有学生发生挑战性行为的、一般性的课堂管理策略。我们认为,这些策略中的许多策略,以及第七章到第九章中所描述的一些策略,都应该是精心设计的课堂的一部分,如果这些前奏策略是适当的,那么,挑战性行为也许就不会发展。但是,它们也可以通过改变当前诱发和支持挑战性行为的事件,以及安排诱发和支持适当行为的变量来用于矫正挑战性行为。

在活动和任务进行及转换过程中提供刺激性的活动和材料

当学生可以获得刺激性的材料、任务和活动时,他们就更有可能参与,并将注意力保持在任务上(Chicago Public Schools, 1998；Favell et al., 1982；Horner, 1980；Walker et al., 1995；Wodrich, 1994)。不提供刺激性的活动和材料的环境与挑战性行为(如自我刺激、自我虐待及作业分心或者攻击性行为)的增加存在关联(Dunst et al., 1986；Montes & Risley,

1975)。在无结构的时段,比如活动之间或者教室之间的转衔、自由时间、休息时段及学生被要求坐着等一长段时间(比如,集会的时候),这一情况会特别普遍。当需要高水平刺激的学生有了自由时间或者没有事情可以做,或者没有材料可以使用时,他们就可能表现出增加刺激的挑战性行为(Chandler et al.,1979;Repp,1999;Repp et al.,1992)。例如,他们可能跑、吼叫、扔材料、打架、寻求刺激性的关注或者表现出刻板的行为。

比如,11 岁的塞尼卡(Seneca)每天要花很长的时间在来回学校的路程上。她是早晨第一个上校车的学生,下午则是最后一个下校车。在校车上,塞尼卡常常离开座位,在过道里跑上跑下,打坐在她旁边的同伴或者敲打窗户。她的行为对她自己及其他人造成了危险,因此,校车驾驶员禁止她上校车。

小组假设,塞尼卡之所以表现出这些行为是因为她在这个长时间的校车旅程中没有适当的事情可以做。她在学校或者在家里没有表现出相似的挑战性行为,这些行为仅仅发生在校车旅程中。因此,小组决定,通过提供她能在校车上做的刺激性活动来增加对塞尼卡的刺激。塞尼卡的父母给她买了一个她可以在校车上使用的戴耳机的手提 CD 播放器。另外,在每天学校放学时,塞尼卡选择一个她喜欢的活动或者材料在校车上使用,比如漫画书或者掌上型电动玩具。小组也采用了家—校车—学校的记录计划,在这个计划中,校车司机要说明塞尼卡在校车上是否表现出适当或者挑战性行为(Jenson,Rhode,& Reavis,1994)。当塞尼卡在校车上表现适当的时候,她获得来自学校工作人员、家庭,以及校车司机的表扬。这一干预减少了塞尼卡挑战性行为的频率。

前奏事件和情境事件	行　为	结　果	功　能
长时间的校车旅程,没有任务,低水平刺激	过道里跑上跑下,打同伴,敲打窗户	批评,要求做好的指令,粗大动作和触觉感觉输入	感觉调整/感觉刺激:增加动觉、触觉刺激
长时间的校车旅程,有选择好的活动和材料,中度水平刺激	留在座位上,使用材料,听 CD	触觉和听觉感觉输入,提供表扬的家—校车—学校计划	感觉调整/感觉刺激:增加听觉和触觉刺激

表 10-2 列举了用于在学校情境中产生或者增加刺激以及唤醒的策略。这张表格也可以在确定干预策略过程中作为一个起点,这些干预策略包括在活动和任务进行期间,以及转换过程中增加和维持刺激的干预策略,以及促进使用可产生感觉输入的刺激性材料和适当行为的干预策略。

在选择和安排活动及材料过程中,有几个变量要考虑,这些活动和材料可以提供增加了的刺激水平,以及维持适当的觉醒水平。对学生来说,具有轻微挑战性的新颖的材料和活动、任务常常比熟悉的材料和容易的活动更具刺激性(McGee & Daly,1999)。在整个学年

表 10-2　活动进行和转换过程中增加刺激、维持觉醒及提供刺激性材料的策略

在被动型活动过程中提供主动型休息。

在开始任务之前领导学生进行短时间的锻炼。

教其材料和玩具适当的、多样的使用方法。

在讲课过程中使用小组或者一致性反应。

在讲课过程中经常性使用主动型的反应方式。

使用多感官活动和材料。

使用鲜明的突出标记。

让学生在讲课过程中完成阅读网络图。

请学生在活动开始和结束的时候提供辅助。比如，学生可以分发材料、收集测验卷、擦黑板或者整理材料。

在活动过程中布置一些小型的运动型任务，比如，将笔记送到旁边的房间或者走到教师桌子那里展示作品。

采用合作性学习小组。

安排学生结对子，作为同伴助教进行学习。

让学生解题。

让学生从活动中获得材料，并在活动结束时整理材料。

提供小型操作工具。

提供反应性玩具和多样化的材料。

在任务开始和进行过程中，开展唤醒或者跳跳—开始的活动。

为学生提供一个感觉性的桌子及抓握的活动，用于活动结束时间、转衔时间，以及作为短暂的刺激性的休息形式用于活动过程中。

让学生嚼口香糖、吮吸酸糖果或者嚼嘎吱嘎吱响的食物。

让学生从运动瓶中喝冰水或者将凉水用吸管滴或者洒在脸上。

使用刺激形式的正强化物。

提供有香味的标记、贴纸等等。

领导学生做伸展动作。

在被动型活动中增加动作。

让学生在活动中经常变换姿势或者站着。

打开窗户或者使用风扇以增加气流。

提供具有视觉刺激性的课堂或者个人笔记本、图片等等在学生桌子上。

　　备注：这些策略改编自我们开展功能评估的经验以及以下参考书：Colby Trott et al.(1993)，Fouse & Wheeler(1997)，Haldy & Haack(1995)，Reisman & Scott(1991)，Snider(1991)以及 Yack et al.(2004)。

中，流转一些材料是一个很好的主意。例如，伦迪(Lundy)先生每 2 周要更换一次科学中心的材料，西普(Ship)夫人每周更换戏剧游戏中心的材料和道具。约翰森(Johnson)夫人则每 2 周更换一次自由阅读区角中的漫画书和杂志。这维持了材料的新颖性，可为学生在活动

中提供多样化。多感官材料、三维材料、学生能够操作的材料、偏好的材料，以及反应性材料也能增加刺激和学生的参与（Bailey & Wolery，1992）。同伴调节或者同伴助教、合作性小组活动常常比个人学习活动要更具刺激性。同伴和合作性学习小组可增加互动及主动参与的机会（比如，轮流），可以增加学生的参与和积极的学业结果（Greenwood，1991；Greenwood et al.，1987；Jenkins & Jenkins，1981；Johnson & Johnson，1981）。

　　在设计刺激性活动中，要考虑的最后一个变量是活动和任务的持续时间。当学生被要求做作业超过一定时间之后，他们就可能感到无聊（即使任务最初是很有刺激性的）。当这种情况发生时，推荐的策略是经常变换任务（Dunlap & Kern，1993）。任务的变化性可以通过呈现较短时间的连续性任务而不是长时间地呈现一个任务来达到（Munk & Karsh，1999）。任务的持续时间需要根据学生及基于对每个学生能够在任务上维持的注意力时间的基线期观察，来进行个别化。

　　刺激性材料和活动应该在无结构的时段或者自由时间里可以获得（Dunst et al.，1986；Montes & Risley，1975）。例如，当一些学生在其他学生之前完成了测验或者学习任务单之后，考尔顿（Colton）女士为他们提供了类似小组七巧板拼板这样的活动、学生偏好的阅读材料和计算机游戏。这一策略大大减少了在很早完成作业的学生身上常常可以看到的破坏性行为（比如与同伴说话，让纸发出沙沙声或者坐立不安）。考尔顿提供的这些材料和任务都应该在学生可以获得的范围之内（即没有被锁住或者在教室以外的地方），这样学生可以独立地启动这些活动。不能独立选择活动的学生可以在前奏线索和重新引导措施的指导下参加适当的活动。另外一个处理一名较早完成作业的 10 岁学生的破坏性行为的例子是由阿姆博莱特、兰德和戴尤德（Umbreit，Land，& Dejud，2004）提供。他们增加了作业的难度，这样对于该学生来说作业变得更加有趣，且要花更长的时间才能完成。这大大增加了其注意力集中于任务的行为，并减少了作业分心和破坏性行为。

设计有效的、高效的转衔

　　正如前面所提到的，转衔常常与挑战性行为相关。这是因为转衔常常是无结构的、长时间的、嘈杂的、缺乏着重的方向和刺激（Strain & Hemmeter，1997）。转衔的这些特征将用曼格尔腾（Mangurten）女士的教室里的例子进行说明。曼格尔腾女士告诉学生们，让他们将艺术作品整理好，准备去午餐室。一些学生开始收拾材料，但是，还有一些学生继续做他们还未完成的作品。一些学生则没有整理，相反，在教室里游逛。比如，乔斯琳（Jocelyn）听从了指令，开始将她台子上的材料归还到艺术橱那里。佩吉（Peggy）则朝着乔斯琳叫，因为她拿走了艺术原材料。乔斯琳反过来向曼格尔腾抱怨，佩吉朝着她叫，佩吉也没有整理。随后，佩吉推了乔斯琳，她撞倒在哈里（Harry）身上。哈里打了乔斯琳，然后乔斯琳开始尖叫。同时，肯尼（Kenny）与几个朋友一起离开了教室，跑向午餐室。玛尼（Manny）则打开了电唱机,开始唱歌,并跟着音乐跳舞。几个同伴加入了他。曼格尔腾女士很生气,告诉学生们停止他们正在做的事情,并来排队。然后学生们走向午餐室。此时,曼格尔腾女士回到她的教室,关掉电唱机,整理剩余的艺术材料。

为了减少与转衔有关的挑战性行为,我们必须设计更有效和高效的转衔(Bailey & Wolery,1992;Lawry et al.,2000)。有效的、高效的转衔要尽可能时间短,这样,低水平的刺激时间才会是最少的。它们也要进行结构化(尽可能),这样,学生们可以知道被期望的与转衔有关的行为是什么,并在转衔过程中有增加刺激的选择机会。在曼格尔腾女士的教室里,可以采取以下方式:

1. 给出有关转衔行为的清晰指令。例如,"将你的材料放回艺术架子上,然后在门口排队。"

2. 在转衔期间,向需要高水平刺激的学生提供可做的特殊任务或者工作。例如,"肯尼,我想让你清洗台子。"

3. 促进正在进行的活动结束,并用信号提示即将到来的转衔(Haldy & Haack,1995)。例如,"10分钟后我们将开始整理,所以你需要现在就完成你的作品。"

4. 当他们等待转衔结束的时候,为学生提供可做的适当的活动(比如,学生可以在壁画上画画或者写字,辅助其他学生,做填字游戏或者下一段时间要完成的阅读网络图)。

5. 减少大型小组转衔的数量(McGee & Daly,1999)。例如,曼格尔腾女士让不同小组错开了时间,这样减少了每个学生的等待时间和班级转衔过程中的嘈杂程度。小组A的学生去洗手间,而小组B的学生则去拿下一个活动所需的材料。当小组B的学生使用洗手间的时候,小组A的学生则去拿下一个活动所需的材料。

前奏事件和情境事件	行　为	结　果	功　能
被要求整理,做好去吃午饭的准备(没有清晰的指令,没有活动)	打架,服从,不服从,离开教室,大叫,跑向午餐室,游逛,尖叫	批评,指令,互动,移动,去午餐室	感觉调整/感觉刺激:增加感觉刺激
提示活动要结束,清晰的指令,可获得的转衔任务,布置特殊的任务,错开小组和任务	服从指令,专注于任务	能够结束活动,其他形式的感觉输入,去午餐室	感觉调整/感觉刺激:增加感觉刺激

减少等待

学生必须等待的情境经常会导致挑战性行为的发生。学生常常等待的例子如下所示:

1. 等待材料。例如,等待艺术原材料、书、学习任务单、玩具、测验或者点心。

2. 排队等待。例如,在午餐之前、结束后、休息时间或者去吃午餐过程中站在队伍中;排队等待洗手、拿饮料,即使只轮到一次也要排队等待(比如,名字按照字母被叫到),然后排队等。

3. 活动过程中等待轮到参与的机会。例如,等待提问、回答问题、陈述观点;等待轮到去黑板上写字、大声朗读或者在游戏中轮到自己。

4. 等待辅助。例如,在使用计算机时等待接受辅助或者就学习任务单上问题获得反馈,或者等待老师检查作业、接受个别指导等。

5. 等到轮到使用材料。例如,等待使用录音机或者 CD 播放机、胶水、计算机或者水池(在清理过程中)。

6. 转衔期间的等待。例如,在一个活动结束到另一个活动开始之前的等待,或者一节课结束到另一节课开始之前的等待。

对许多学生来说,等待是一件非常缺乏刺激性的事情;它是相当单调乏味的。许多学生通过表现出可产生刺激的行为来丰富刺激,比如与同伴说话、坐立不安、离开所在区域、轻率地吼出答案,以及攻击性的行为。如果我们能够减少等待,或者"填补"这一等待时间及刺激空白,我们将减少那些通常发生在这段时间的挑战性行为(Lawry et al.,2000;Rhode et al.,1993;Strain & Hemmeter,1997)。以发生在曼格尔腾女士教室里的转衔为例,肯尼不得不等待,在他等待时没有什么要做的事情。因此,他和几个他的朋友一起跑出教室,去午餐室。代之让肯尼等待的是,曼格尔腾女士可以布置给他一个特殊的任务,这个任务将持续整个转衔阶段,比如清洗台子,或者她可以让肯尼在等待时有事情可做。

在实施此项策略的时候,小组需要决定是对某个学生减少等待,还是对整个班级。在某些情况下,很容易在全班范围内做出改变。但在另外一些情况下,全班范围内的改变则不太可行,相反地,策略只能应用于在经历等待上有问题的个别学生或者少数学生。这里提供了一些策略,以处理与个别学生或者全班范围内的等待有关的问题:

1. 让学生获得任务所需的材料,而不是让他们坐着,教师拿着材料(比如,每个学生都拿到解剖青蛙所需要的材料)。另外,可以让一个学生在分发材料时提供辅助。

2. 让学生整理物品,让学生在活动结束时参与清理过程(比如,学生擦黑板,而不是老师)。另外,也可以让一些学生在清理时提供辅助。

3. 让学生按整个小组或者小型小组排队,而不是叫个别学生的名字(比如,穿网球鞋的学生可以同时排队)。

4. 使用基于转衔的教学策略(比如,当学生站着排队的时候,叫学生与其搭档一起背诵字母或者练习生词卡)(Wolery et al.,1991)。

5. 叫学生以小组的方式一起回答问题,而不是个别学生(比如,每个人告诉我这个答案是什么)(Munk & Karsh,1999)。

6. 让学生有更多回答问题或者参与的机会。

7. 提供材料给个人(比如,每个学生或者两个学生一组用一瓶胶水)。但是,要注意,这一策略可能减少学生之间的社会性互动。当学生分享材料时,有限的材料增加了社会性的互动,但是,在学生被要求等待时,它也可能导致攻击行为和其他挑战性行为(Chandler, Fowler, & Lubeck, 1992)

8. 当学生必须等待时,给他们一些事情做或者在他们等待时提供某些形式的感觉刺激(比如,读漫画书或者杂志、在桌子上画画、在教室后面玩七巧板拼板,或者听学生喜欢的音乐)。

在活动中增加动作以及动作型休息

需要高水平刺激的学生可能发现,安静地坐上一段时间是件非常困难的一件事情,特别是在被动型或者低刺激活动过程中(需要注意的是学生能够安静地坐着的时间会随学生而变化)。这些学生常常通过表现出不适当的(对学校情境来说)粗大或者精细动作行为来增加刺激,比如常常离开他们的座位游走、奔跑、去做不必要的事情(如将垃圾扔进垃圾桶)或者使用洗手间。他们也可能摇晃、站着或者一会儿将身体移出座位外一会儿再移进来。他们也可能触碰其他人,踢桌子,用手指、铅笔、计算器及其他材料轻敲桌子。当他们在一段比较长的时间里不被允许移动时,他们也会产生其他形式的感觉刺激(比如,声音的、听觉的刺激)。

用于减少这一形式的挑战性行为的一个策略是减少被动型活动的持续时间,然后交替进行主动型活动和被动型活动。蒙克和卡尔斯(Munk & Karsh, 1999)建议,要呈现多样化的任务,而不是一个任务持续很长时间。这可以降低挑战性行为的水平,提高参与的水平。另外两个策略是被动型活动期间在需要的时候或者按照一套计划提供简短的动作型休息,以及将动作纳入为被动型活动的一部分(Colby Trott et al., 1993)。例如,在早晨的圆圈活动中,当学生们唱"问好"的歌曲时,加兹腾(Janzten)女士让她的学生互相握住手、摇摆。她也让每个学生走到毡板那里,指出一周中的那一天(并说出一周中那一天的名字),而不是在座位上回答。吉诺克次奥(Ginocchio)先生在讲课过程中通过让学生站、碰触他们的脚趾、互相击掌来提供有动作的休息。他也让一组学生在黑板那里一起做数学题目。比起班级中的其他学生,弘在坐这一方面有着更多的问题,他被允许站在课桌旁边或者在走道那里走一小会儿。

最后,我们认识的一个老师通过让学生们玩"音乐椅子"的游戏,在这个例子中是"音乐形状",在讲课过程中增加了动作。在她的课上,当音乐停的时候,学生们要站在某个形状上,而不是坐在椅子上。学生要对放在地板上的形状进行命名,然后小组一起确定他们所站的形状(多个学生可以站在一个形状上,通过这种方式,跟"音乐椅子"这个活动中发生的那样,没有学生会被排除出去)。在这堂课结束的时候,所有学生都涌向一个形状(Lewandowski,1996)。这节音乐形状课减少了学生的作业分心和注意力分散的行为,而以前当教师在小型小组、座位上活动中教学生形状时,他们常常表现出这类行为。它通过上课过程中让学生相互交往,也纳入了情感的概念或者友谊活动(McEvoy et al.,1988;Twardosz,Nordquist,Simon,& Botkin,1983)。

前奏事件和情境事件	行 为	结 果	功 能
关于形状的课,被动型活动	坐立不安、离开座位、注意力分散	批评、指令、动作	感觉调整/感觉刺激:增加动作
关于形状的课,指令,主动型活动	绕着形状走、大声叫出答案	表扬,动作	感觉调整/感觉刺激:增加动作、听觉和触觉刺激

前面的每一个例子都提供了让学生通过适当行为获得动作刺激的机会。对一些学生来说,动作不仅仅增加了刺激,而且它也提高了觉醒和参与的能力(Wolfe,2003;Yack et al.,2004)。动作型活动或者休息的频率及这些活动和休息的持续时间将由每个小组决定,并且应该与学生的需求相匹配。一般来说,动作型休息的效果将持续大约30分钟左右,虽然它们会随学生而发生变化(Colby Trott et al.,1993)。另外,学生表现的动作类型也应该是为课堂内的工作人员及父母所接受的。表10-2提供了有关课堂活动、任务、常规活动期间,以及转换过程中适当地获得动觉刺激的方式的想法。在设计其他满足个别学生需要的替代行为的过程中,这可以作为一个起点。

加快教学和互动的节奏

这一策略通过加快教学(比如教师报告和学生反应)、任务及材料呈现的节奏,来增加或者维持刺激。快节奏的教学之所以可以减少挑战性行为、增加学生参与和学习的行为,是因为它为个别学生和各组学生增加了反应的机会。它也减少了学生的等待时间,后者则是学生在慢节奏教学过程常常出现的(Munk & Karsh,1999;Munk & Repp,1994b;Repp & Karsh,1992)。用于增加教学节奏的策略包括:(a)经常问问题,(b)如果学生不能回答问题,则提供提示(即减少教师报告和学生反应之间的潜伏期),(c)加快任务和材料呈现的速度,(d)减少教学程序之间的时间(即间隔时间)。

直接教学提供了有效的快节奏的教学例子。在直接教学中,教育人员是从对以前材料的简短复习来开始教学的,在必要时也会重新教学。在复习期间,学生们经常回答有关以前材料的问题。复习之后紧跟着的就是新材料的呈现。这包括教师报告、所有学生及个别学生的经常性的主动的反应和练习,以及经常性的反馈和强化。新材料以小步骤的方式通过多样化的刺激性的教学实践来进行呈现,比如案例、说明和描述等。然后学生参与到个人的练习中,这些练习又包含了经常性的反馈和强化(Aber, Bachmann, Campbell, & O'Malley, 1994;Carnine, 1976;Friend & Bursuck, 2002)。

很明显,在提供一对一的教学时,教学、材料和任务的呈现节奏应该随学生而进行个别化。当这一策略应用于小组学生时,教育人员要变化教师报告的节奏及学生主动性反应的机会,并评估对小组的影响。适当的节奏可以为学生最大程度地提供反应的机会,导致正确的反应,减少挑战性行为。最佳的教学和互动节奏在学生中或者小组和个别学生之间有着不同。当这种情况发生时,第九章中所讨论过的其他策略和本章中的几条策略(如表10-1中的策略1、4、6)可能会更加适当。

提供多样化的指令、材料和学生反应

多样化是另一个用于活动期间增加刺激的策略。多样化可以出现在教师导向的教学、以学生为中心的学习、合作性小组活动,以及学生反应中。

教师导向的教学的多样化可以通过在讲课和讨论中加入视觉刺激来得到提高。视觉刺激包括投影字幕、不同类型的阅读网络图(阅读网络图的例子可参见 Friend & Bursuck, 2002)、模型、图片、录像带和实物例子。除了视觉刺激,教师导向的教学的刺激水平也可通过经常改变教学的模式或者通过在一节课中使用多样化的教学模式来得到提升(Wolfe, 2003)。例如,你可以将主动型的教学模式(比如,小型小组活动、示范、在黑板上解题)与较被动型的教学模式(比如,讲课、个人学习任务单活动)相穿插。不同模式的教学包括讲课、讨论、教师或者学生朗读教科书、小型和大型小组活动、计算机辅助教学、示范和描述、真实性的或者基于表现的活动、案例研究、同伴调节或者同伴助教、实验和探索性学习,以及个人课堂作业。

以学生为中心的学习过程中所提供的刺激水平可以通过采用合作性小组活动和同伴助教(Jenson, Rhode, & Reavis, 1994)及通过阅读网络图、示范或者实物例子、图片、操作工具和录像或者录音带来得到提高。

学生反应和参与方面的多样化可以通过将声音的、视觉的、动作的、手势的及书面的反应纳入到教师导向的和学生为中心的课程中来达成。例如,可以整个小组一齐进行反应,也可以个别反应。他们可以举起答案卡片或者将答案写在黑板上。学生也可以将答案告诉邻座学生,或者走到房间的最前面,在黑板上解题。学生也可以通过大声朗读(可以站着,也可以坐在座位上)、复述概念、画出概念图、表演一个游戏或者参加角色扮演的演出、完成书面学习任务单、阅读网络图和测验等方式进行参与(Jenson et al., 1994;Reavis et al., 1996;

Rhode et al.，1993）。

使用刺激性的社会性强化

相比消极形式的强化，需要高水平刺激的学生可能更加愿意、更加适当地对多感官的、具有刺激性形式的强化进行反应。对于这些学生，你应该热情洋溢地对他们进行表扬。例如，你可以拍手、用很响亮的声音表扬他们的行为，或者轻拍他们的背部。如果你对学生做了这样的身体上的强化，那么，要保证所采用的这类身体上的强化是与其年龄相适应的，为学生及社会价值观所接受的。例如，你可以与年幼的儿童拥抱、挠痒、跳舞。对于大一点的学生，你可以与其击掌、握学生的手或者轻拍其背部。索尔泽尔—埃扎罗夫和梅耶（Sulzer-Azaroff & Mayer，1991，PP.162—163）提供了一张有关潜在的社会性强化物清单，这些强化物可用于儿童、青少年和成人。

你也可以通过让其接触活动性强化物及呈现感觉性刺激物来提供具有刺激性的强化。这些形式的强化例子有刮刮卡贴纸、泡泡、橡胶球和溜溜球或者其他类型的操作物；音乐或者计算机游戏；辅助教师或者做一件差事；额外的休息。新颖的材料、活动及强化物类别上的多样化（比如，从惊奇盒中挑选一些项目、代币制中的强化物选择项、接触新材料等）也可增加正强化刺激性的一面。正如早前第七章中所介绍的，人工的或者非天然形式的正强化要经常与行为的自然结果和社会性强化相结合（Liberty & Billingsley，1988；Sulzer-Azaroff & Mayer，1986，1991；White et al.，1988）。

在刺激性活动结束时开展冷静活动

这一策略将帮助降低学生的觉醒状态或者刺激水平，这样，他们能够更好地转衔并参与到被动型活动中（Walker et al.，1995）。比如，斯拉特（Slater）女士发现，在刺激性活动（比如自由游戏、休息和合作性小组活动）结束时，许多一年级和二年级学生很难"安静下来"。她说，在高刺激性活动之后，她的学生上课时无法集中注意力，相反，他们常常脱口说话、看看他们的材料、大笑，以及在座位上扭来扭去。

小组建议斯拉特女士在开始引入被动型活动之前，作为冷静活动，可以让她的学生表演一些与动作有关的歌曲。例如，在歌曲"阿拉巴马，密西西比"（Gill，1993）中，斯拉特女士和她的学生最初一边大声唱歌，一边摇动身体的不同位置，然后随着每一节歌曲，他们逐渐降低了音量和身体动作的速度。到歌曲结束的时候，斯拉特女士和她的学生都是用耳语轻哼着歌曲，很缓慢地摆动身体部位。只有在这个时候，斯拉特女士才引入低刺激性的被动型活动，比如阅读或者书写。这类冷静活动也可以与其他任何同动作有关的歌曲（如"变戏法（Hokey-Pokey）"和"如果你高兴就知道它"）一起做。另外还有一些冷静活动和/或者刺激的例子，包括玩安静的、有节奏的音乐；轻声歌唱；提供背部按摩、穿加重背心或者搬运重物；

微光或者非直接照明;缓慢的摇摆。

　　用于引入冷静活动的另一个建议是在高刺激性活动和安静型活动之间插入中度刺激的活动,以提供刺激的缓慢改变(Bailey & Wolery,1992)。例如,在休息之后、独立做学习指导手册或者学习任务单之前,让学生参加一个小型小组活动或者做同伴助教。其他建议包括:当期望学生冷静下来时,还可提供深压按摩或者背部按摩,做缓慢的伸展运动练习,减少照明和噪音水平等(Yack et al.,2004)。

前奏事件和情境事件	行　　为	结　　果	功　　能
高度刺激性活动结束,开始被动型活动	脱口说话,大笑,扭来扭去,看材料,注意力分散	维持刺激(如动作、视觉、触觉和声音)	感觉调整/感觉刺激:增加感觉刺激
高度刺激性活动结束,引入冷静的动作—歌曲活动,开始被动型活动	参与冷静活动,在被动型活动中安静和注意力集中	维持,然后缓慢减少刺激	感觉调整/感觉刺激:调整刺激(刺激性活动之后降低刺激)

　　总之,刚刚介绍的 8 种策略可用于行为功能是增加刺激或者感觉输入的学生,也可以用于从高刺激性活动转衔至低水平刺激活动时在调整或者减少觉醒水平方面存在困难的学生。策略选择要以学生的需要、教育人员和父母的可接受性、在教室及其他教育情境中实施的合理性为基础。

匹配减少感觉调整/感觉刺激功能的策略

　　一些学生的挑战性行为之所以得到维持,是因为其产生了某种水平或者类型的感觉输入(Colby et al.,1993;Guess & Carr,1991)。这些学生可能回避某种特殊形式的感觉输入(比如,对感觉输入高度敏感的学生)(Colby et al.,1993;Snider,1991),他们也可能寻求可提供低水平感觉输入的活动和环境。他们可能在高刺激性的或者提供某些特殊形式的厌恶性的感觉输入的环境中进行消极地反应(Tang et al.,2002)。这些学生也在被唤醒或者维持充分的觉醒水平方面存在困难(Fouse & Wheeler,1997;Guess & Carr,1991)。在开始及完成一个活动、参与任务、与同伴互动、对新颖的或者没有预期到的活动及日程表的变化进行反应、参与刺激性的活动和环境等方面,行为受这一功能维持的学生可能会经历困难。他们常常被描述为很慢的、懒惰的、没有动力的、不服从的,以及非社会性的或者退缩的(Reisman & Scott,1991)。

　　有几条策略可以用于为这类学生提供减少感觉刺激的环境,教他们可减少感觉刺激和调整感觉输入的适当行为,并对之提供支持。这些策略将在这一部分做详细介绍,它们也被列举在表 10-3 中。

表 10-3　匹配减少感觉调整/感觉刺激功能的策略

---

1. 设计提供低水平刺激的区域。
2. 减少感觉输入和刺激的水平。
3. 对环境结构化及提供可预测的日程表。
4. 放慢教学和互动的节奏。
5. 使用提供低水平刺激的强化。
6. 在刺激性活动开始之前，开展一个唤醒或者跳跳—开始的活动。

设计提供低水平刺激的区域

这一策略允许需要临时的或者持续性刺激减少的学生进入可提供低水平刺激的环境。例如，许多教室提供了一个安静中心，这个中心（a）远离吵闹的区域（以减少听觉刺激），（b）用物理性的边界（比如书架）进行区分（以减少视觉刺激），（c）相对比较小（这样，只有一个或者两个学生才可以同时使用这个中心）。这些中心常常有安静的、被动型的材料，比如书或者作文/涂色的书籍。它们也可以包括用于放松的家具，比如豆袋椅或者枕头，也可以有个人用的课桌。

用于创设低水平刺激区域的其他策略包括：提供学习小单间或者其他形式的插屏；在操场上装饰一块区域作为安静的、被动型的活动区域；在教室里或者家里设置一个帐篷；在教室的安静区域摆放一把摇椅（Colby Trott et al., 1993）。

当学生需要减少刺激时，应该有一个令人冷静的、低刺激的区域提供给他们。这些区域不应该被认为是隔离区域或者是被用于惩罚学生的。它们仅仅是一些可提供减少刺激水平的区域。学生们在需要时可以选择使用这些区域，当环境中的刺激水平对学生的行为有负面影响时，教育人员或者父母也可以指导学生去这些区域。另外，安静的、令人冷静的中心可以让学生在那些要求注意力集中的活动中使用，比如，测验或者学习任务单。这些区域减少了外部的视觉和听觉输入，因而可促进容易分心的学生集中注意力。

例如，明发现在活动中屏蔽掉听觉和视觉刺激是件很困难的事情。在个人活动中，比如测验或者学习任务单，她发现她自己总是注意到同伴在纸上写字、翻纸、书中翻页、摇腿等等产生的声音。她常常命令同伴轻点或者反复地对自己哼唱以减少其他听觉刺激。

格劳斯（Gross）先生之所以将明转介去功能评估，是因为他和其他学生发现，明的哼唱和命令型行为很粗鲁，也很具有干扰性。在她的学生访谈中，明表示，她之所以不能集中注意力、不能做她的功课，是因为教室里总是太吵闹。她说，她告诉同伴要安静，因为她被他们发出的噪音弄得感觉很挫折（即使她也知道他们不是故意很吵）。明也说，她给自己唱歌是因为这样她就不会听到同伴的这些噪音了，然后她就可以做功课了。观察证明了明对她自己行为的分析。处理明行为的干预包括在教室的后面提供一个学习小单间。学习小单间装备了耳机,也隔开了其他学生。当明需要减少刺激的时候,她就被允许使用这个学习小单间。通过这一干预,明告诉同伴要安静及自我哼唱的行为减少了,而她做作业的行为增加了。

前奏事件和情境事件	行　为	结　果	功　能
个人活动,如测验,桌子在房间中间	告诉同伴要安静,大声哼唱	减少听觉刺激	感觉调整/感觉刺激:减少听觉刺激
个人活动,在房间后部的学习小单间,戴耳机	做布置的任务	减少视觉和听觉刺激	感觉调整/感觉刺激:减少听觉刺激

减少感觉输入和刺激的水平

并不是所有对感觉输入敏感或者寻求减少感觉刺激的学生都需要使用隔离的低刺激中心。通过对教室环境、课堂活动及任务的调整,许多学生能够在不同的课堂情境中发挥功能(Wodrich, 1994)。这些调整措施可以包括交替进行高刺激性的任务和被动型的、低刺激性的任务;在自由游戏或者娱乐时间提供低刺激性活动和材料的选择机会;缩短高刺激性活动的持续时间。在高刺激性活动中,通过交替进行活动可以为个别学生减少刺激,比如,让学生在一小段时间的休息之后读一本书或者在娱乐时间戴上耳机听音乐。

座位安排的策略也能够减少感觉刺激。例如,为了减少听觉和视觉刺激,你可以让学生坐在靠近冷静的、安静的同伴或者墙壁的位置,或者坐在教室的最前部。你可以在教室里创设一个区域,这个区域只有很少或者没有视觉刺激(比如,图画、布告栏),然后让学生坐在这个区域。你也可以让学生坐在远离门、窗户、人流密度高的区域、吵闹的学习区域等位置来减少听觉和视觉输入(Chicago Public Schools, 1998; Haldy & Haack, 1995; Wodrich, 1994)。

听觉刺激可以通过让学生戴耳机或者耳塞、让学生在活动期间听宁静的音乐来降低,也可以通过在活动期间将学生分为两半或者小型的小组而不是采用大型的小组来降低。为了让一些学生减少视觉刺激,特别是注意力缺陷多动障碍的学生,治疗师建议提供柔和的、不发荧光的照明(Colby Trott et al., 1993)。触觉刺激可以通过这样一些方法而到减少,比如将学生安置在队伍的最后,加大学生椅子或者课桌之间的空间距离,采用非身体形式的强化,提供确定的、直接的、可以预期的碰触。

这些策略都可以为需要减少感觉输入或者对特殊类别的感觉输入过度敏感的学生减少刺激。另外,当需要时,它们提供了减少刺激的机会。这将允许许多学生参与到课堂活动和常规活动中,并与同伴互动。表10-4列举了可用于减少感觉输入和刺激水平的策略。

表 10-4　用于减少感觉刺激以及维持平静的刺激水平的策略

一次给出一个指令。

提供简单的、具体的指令和线索。

将任务分解为小的步骤。

一次使用一种感觉通道。

提供摇椅,可缓慢摇摆。

提供深度的按摩。

让学生坐在教室的最前部,以减少视觉和听觉输入。

提供耳机、屏风和学习小单间。

在教室和其他环境里设计一个安静的区域。

提供微弱的、非直接的照明。

听轻柔的、有节奏的音乐。

减少墙壁上的视觉材料。

让学生的课桌或者位置远离同伴及其他形式的刺激。

在刺激性活动期间提供被动型的休息。

让学生在触觉活动期间戴上塑料手套,比如,绘画、使用泥土等活动。

在主动型任务结束、新的任务开始之前,开展一个令人冷静的活动。

提供简短的、结构化的转衔。

不要迫使学生参与那些要求或者含有学生高度敏感的感觉输入的活动。为这些学生提供另一种活动。

不要迫使学生参与高刺激性的活动。

将学生安置在队伍的最后面。

在娱乐时间、休息时间和自由游戏时间提供被动型的活动选项。

使用消极形式的强化物。

用轻柔、冷静的声音说话。

使用确定的、持续的、可以预期的碰触。

在安静的休息时间,在安静区域减少照明。

在合作性小组活动中使用小型小组。

备注:这些策略改编自我们开展功能评估的经验和以下参考书:Colby Trott et al.(1993),Fouse & Wheeler(1997),Haldy & Haack(1995),Reisman & Scott(1991)以及 Snider(1991)。

对环境结构化及提供可预测的日程表

　　一些需要减少感觉刺激的学生在无结构的活动中,以及活动、日程表、常规活动、人员和环境发生不可预测的变化时,他们就会出现问题(Flannery & Horner,1994;Mace et al.,1998;Tustin,1995)。这些学生常常不能改变他们的行为以适应新的或者不可预测的情境的要求(Chicago Public Schools,1998;Haldy & Haack,1995;Koegel,Koegel,& Parks,1995)。这常常发生在存在感觉统合或者加工障碍,以及诸如自闭症和注意力缺陷多动障碍等其他障碍的学生身上(Colby Trott et al.,1993;Reisman & Scott,1991;Wodrich,1994)。

　　这些学生可能在无结构的活动、活动转衔过程中或者日程表、活动、惯例及教室环境的某些方面出现了不可预测的变化的时候表现出多种挑战性行为。例如,他们会发脾气、哭叫、拒绝参与,变得退缩,出现具有攻击性或者自我虐待的行为。这些学生常常能受益于简短的、结构化的活动转衔及活动、日常常规和日程表的一致性结构(Horner et al.,2002;McClannahan & Krantz,1999)。例如,凯尔文(Kelvin)在每天开始的时候复习他的书面日程表,这个日程表说明了日常活动和任务的顺序。随后,他会整天带着这张日程表。它为凯尔文提供了充分的结构及可预测性,减少了以前与日程表、日常活动及常规活动的不可预测变化有关的挑战性行为。马克斯(Max)使用了一张可调整的日程表,在这个日程表中,每次只显示一个活动或者一节课。当这节课结束时,他会将卡片翻过去,因为活动结束了,随后他就将下一节课的卡片放到日程表上。

当可预测的活动、常规以及日程表或者环境的某些物理特征方面必须做改变的时候,你要让学生为这些改变提前做好准备。前奏线索可以告知学生即将到来的改变,你也要与学生一起复习当发生改变时应该如何应对。诸如提示信号和警告信号之类的前奏线索可以是声音、视觉材料、手势或者书面文字。这些线索帮助学生预期不同活动中刺激水平和类型的变化,以及日程表和日常常规典型的或者可预测的改变。例如,塔斯廷(Tustin,1995)通过提前2分钟预告某个活动结束及下一个活动即将开始,减少了一个学生的刻板行为。提前预告也减少了接受新任务和开始在新任务上工作的潜伏期。

当环境中的其他特征出现改变,比如有志愿者来访、引入一个新的单元、课堂材料和视觉刺激有变化、座位安排及家具布置有变化时,要尽可能让学生做好准备,这也是有帮助的。社会故事也可以作为一个前奏提示,用于让学生为日程表和常规的变化做好准备,以及当变化发生时如何应对。社会故事从学生角度描述了情境,包括有关确定了学生可应用于这些情境的行为的陈述,有关如何设计和使用社会故事的内容可参见 Gray(1994)和 Gray & Garland (1993)。

例如,多伊尔(Doyle)女士改变了日程表,这样在休息之后就是阅读课,而不是在一日结束的时候。日程表改变的第一天,艾丽西亚(Alicia)就与多伊尔就日程表变化的事情起了争论,她坚持要等到一日结束的时候才读书。最后艾丽西亚变得心烦意乱,也很具破坏性,她被送到了校长办公室,她的母亲被叫到学校来接她。这类互动和行为每次都发生在日程表有变化的时候。多伊尔女士决定,如果下一次日常常规有变化,她要让艾丽西亚提前做好准备。为了做到这一点,首先,多伊尔女士决定,她将努力做到不对课堂日程表做出突然的改变。其次,她设计了一个艾丽西亚的社会故事,在做出改变之前每日复习这个社会故事。艾丽西亚的社会故事复印本见栏目 10-1。当计划确定(比如提前一周),多伊尔女士就会马上告诉艾丽西亚下一个已计划好的变化,并每日提醒艾丽西亚即将到来的变化。她也告知了艾丽西亚母亲有关日程表变化的事情,并请她每日提醒艾丽西亚也复习一下社会故事。多伊尔女士也给了艾丽西亚一份显示了变化的书面的、有图片的日程表。这些策略使艾丽西亚能够积极地对日程表的改变做出反应。

前奏事件和情境事件	行　为	结　果	功　能
日程表中不可预期的变化	争论,反对改变,破坏性	被送到校长室,被送回家	感觉调整/感觉刺激:减少日程表不可预期的变化,调整刺激
被告知日程表的变化,书面日程表,社会故事,每日回顾,改变被预期	参与	表扬	感觉调整/感觉刺激:减少日程表不可预期的变化,调整刺激

　　类似应用在艾丽西亚上的策略提供了一个外部的结构,这个结构常常可帮助学生预期并对感觉信息进行加工,这样,就使他们能够调整他们的行为以适合新情境的要求(Haldy & Haack, 1995)。

放慢教学和互动的节奏

　　这一策略与向适合感觉增加这类功能类别的学生所推荐的策略刚好相对。这一策略包括放慢教学和互动的节奏(Munk & Karsh, 1999;Munk & Repp, 1994b)。例如,增加间隔时间(教师启动和学生反应之间的时间数量)让学生有时间加工问题,决定答案,然后回答问题(LaVoie, 1985)。放慢教学节奏的其他方法包括更少地提问,等到一项任务完成时再给出另一项任务和材料,将指令分解为更小的步骤,提供一项任务的部分内容,比如将一半问题写在一张学习任务单上,而另一半则写在另一张学习任务单上,或者使用视屏盖住那一页未完成的部分。

　　最后一个用于放慢教学节奏的方法是给学生额外的时间。在获得和维持充分的觉醒水平上存在问题的学生可能要比其他学生花更长的时间获得材料、制定开展活动的计划,以及

栏目 10-1　艾丽西亚的社会故事

我喜欢学校。

我想知道学校里将会发生什么。

我想每天都有相同的日程表。

有时多伊尔女士不得不改变日程表。

有时当日程表改变时,我会变得心烦意乱。

当日程表改变时,我能努力保持冷静。

我可以与多伊尔女士谈谈我的感受。

我可以看我的新日程表,看看接下来会有什么。

当日程表改变时,这将帮助我感觉好些。

实施这些计划。对这些学生来说，额外的时间，结合其他策略，如唤醒技术、前奏提示信号、令人冷静的中心和任务大纲等，将让他们能够开始并完成任务。

使用提供低水平刺激的强化

当适当行为之后跟随的是正强化时，所有学生都学得最好。但是，所应用的强化形式必须匹配每个学生的需求。比起那些高刺激形式的强化，需要低水平刺激的学生或者消极地对某些特定形式的感觉输入进行反应的学生将更愿意对那些提供低水平刺激的强化物进行反应。对这些学生来说，要用一种虽然热情、但是很安静的声音来提供表扬。被动形式的社会性强化，比如眼神接触、微笑、翘拇指和好的手势，常常能很好地适用于这些学生。

书面的或者文字形式的强化，比如笑脸、星星或者自制印章、文章上的书面评分或者评论、贴纸、绩点、资格证和可带回家的积极的评语，也都提供了低水平的刺激。提供多种选择的强化物或者将给予机会接触被动型的活动和材料作为强化物，也是很有用的，这样，学生可以选择匹配他们的感觉需求的强化物。最后，一些需要减少感觉刺激的学生可能不会很好地对身体碰触做出反应，比如轻拍背部、击掌，特别是在碰触不被预期的时候。如果你对存在触觉防御的学生（回避或者消极对碰触做出反应的学生）采取了碰触，你的碰触应该是坚定的，而不是轻微的，学生就可对这一碰触进行预期（Haldy & Haack，1995）。

在刺激性活动开始之前，开展一个唤醒或者跳跳—开始的活动

这一策略将有助于提高学生的觉醒状态或者刺激水平，这样，他们就能够转衔并参与活动。如果他们的觉醒水平在活动启动之前就得到提高，那么，许多学生在刺激性的（以及被动型的）活动中将学习得更好。当刺激性活动紧跟在被动型活动（比如校车旅行、小睡、阅读或者个人课堂作业）之后，这一策略就会特别有效。要求动作的活动是一种良好的唤醒活动或者跳跳—开始的活动。唤醒动作的活动包括跳跃运动、跳舞、奔跑、在身体前面交叉手臂、转头、摇手或者腿，以及伸展运动。觉醒水平也可以通过合唱、手指游戏、小组一起叫、响亮的音乐等等得到提高。

对于一些学生来说，在任务进行期间提供唤醒活动也是很重要的。例如，你可以让学生将笔记送到隔壁老师那里，或者到你的桌子这里展示其现在的工作。这打断了低刺激的循环。觉醒水平也可以在活动过程中通过让学生喝冰水、嚼口香糖或者吮吸糖果等方式得到提高。一些小型的操作材料（如夹纸的回形针、橡皮泥或者橡胶球等）也可以在活动中用于维持觉醒水平。增加觉醒的另一个技术是在活动中提供强化。即使是被动水平的强化，正如前面部分中介绍的，也是具有唤醒作用的。

例如，杰基（Jackie）常常在教室里睡觉或者在学业类作业期间将头搁在课桌上。当这种情况发生时，她的老师哈克尔（Hacker）女士就叫她醒过来，开始学习，并提醒杰基，如果不

完成作业,她将得不到通过的分数,有时还会要求杰基放学后留下来完成她的功课。但是这些策略并不成功,因此,哈克尔女士将杰基转介到教学策略小组。

通过与杰基的访谈,小组知道了杰基晚上在其父母的饭店里工作,她常常直到半夜才能上床睡觉。因此,她平均每天晚上只能睡 5 个小时。与其家庭的访谈显示,减少杰基饭店的工作量在这段时间并不是一个可能的选择。因此,小组决定,在学业类作业之前及完成过程中引入唤醒技术,以便帮助杰基保持清醒,并有足够的觉醒。在干预过程中,在活动刚开始的时候,哈克尔女士让杰基将材料分发给其他学生,一有可能就布置她在小型小组里与同伴一起学习,让杰基在课桌上放一塑料瓶的冰水并吮吸柠檬豆。当哈克尔女士在活动中表扬杰基专注于学习时,也会轻拍杰基的背部。这些策略增加了杰基在一项任务上学习的时间,并在整个班级学习过程中维持了觉醒水平。

在教学活动之前和开展过程中实施的唤醒活动要反映出学生的感觉需求。例如,如果一个学生对于噪音是过于敏感的,你就不能使用基于声音的唤醒活动。唤醒活动可以应用于教室内的所有学生,也可以应用于个别学生。比如,所有学生都可以受益于活动开始之前的伸展运动或者其他动作练习。但是,并不是所有的学生在活动过程中都需要唤醒活动。当这种情况发生的时候,唤醒活动要作为个别学生所必需的来实施。

前奏事件和情境事件	行 为	结 果	功 能
学业类作业	睡着,头搁在课桌上	指令,危险差的分数和放学后留校	感觉调整/感觉刺激:低觉醒水平,减少刺激
学业类作业,唤醒技术	专注于任务,完成功课	表扬,轻拍背部,好分数	感觉调整/感觉刺激:维持/调整觉醒水平

总之,刚刚讨论过的 6 个策略可以用于行为功能为减少刺激或感觉输入的学生,以及在维持充分的觉醒水平方面存在问题的学生。就所有策略而言,这些策略都要以学生的需要、学生、教育人员及父母的可接受性,在基于学校的情境中实施这些策略的可行性为基础。

总结

一旦有可能,在为挑战性行为受感觉调整/感觉刺激维持的学生制定干预措施之前,你就要向职业或者物理治疗师(OT 或者 PT)进行咨询。治疗师也许能够建议一些特殊的策略,以提供或者减少反映学生感觉需求的刺激。有时,这些策略可能不是一种典型应用于教室情境或者教师不太愿意确定的策略。例如,职业治疗师或者物理治疗师可能建议学生穿加重的背心或者踝部加重袋,又如,治疗师可能建议快走、地板垫、特殊的口部刺激,以及精细动作或者粗大动作活动。如果不太可能向治疗师咨询,通过应用本章及前一章所提供的策略,以及将与学生工作的这些新策略加入到你的方案中,以制定一个基于感觉的干预计划,仍旧是可能的。就如之前一直提到的,在干预过程中密切监控学生及学生的行为以评估基于感觉的策略的效果是非常重要的。

案例研究:制定干预计划

在这一案例研究中,你的任务是基于行为的功能制定干预的计划。这一案例研究提供了对学生、学生所处教室情境的描述,以及一份 ABC 记录表,后者呈现了与行为有关的前奏事件、情境事件(背景)及随后的结果。这一案例研究也确定了挑战性行为的功能,提供了选择这一功能的理论依据。

在阅读这一案例研究之后,你有机会制定一个综合性的干预计划,来减少挑战性行为和增加可替代挑战性行为的适当行为。在制定干预计划的过程中,你要考虑改变前奏事件和情境事件以及结果。

• 卡西(Casi)

卡西是一个患有自闭症的四年级学生。她就读于一个有 26 个学生的普通教育班级。卡西每周接受 2 次职业治疗。她也接受了来自特殊教育教师、助教及同伴助教相结合的课堂内支持。

卡西的老师奎尔(Quelle)先生很喜欢卡西,很喜欢她在自己的班级。他表示,卡西通常很高兴来学校,也准备好参与活动。她跟老师和同学问好,安静地坐在课桌旁边,等所有学生到来。但不幸的是,他也述说了卡西的行为问题在一天当中会增加。奎尔先生说,当一天慢慢过去,在特殊的活动时间,卡西常常尖叫、拒绝参与、注意力无法集中在学习上,也会攻击同学。当他试图通过身体技术引导卡西参与时,卡西常常会躺在地板上,身体滚成一个球或者将她的头搁在课桌上哭泣,她看起来停工了。

奎尔先生之所以对卡西的行为感到很焦虑,有几个原因。首先,她的行为破坏了课堂,干扰了他的教学及学生的学习。其次,其他学生开始取笑卡西,喊她的名字。一些同学也要求不要放她到他们的学习小组里。最后,卡西在她的 IEP 目标及普通教育课程上都没有任何进展。

奎尔很担心,如果卡西的行为没有任何改善,她将不得不被安置到更加隔离的教室。这不是奎尔希望发生的事情,因为他相信融合,感到卡西可以从普通教育课程及与正常发展的同伴的交往中受益。因此,他要求特殊教育教师制定一份处理她挑战性行为的计划(与他协商)。特殊教育教师通过课堂观察及访谈奎尔先生、职业治疗师、同伴助教、卡西及其父母开展了功能评估。这些信息让小组确定了卡西的行为功能是感觉调整/感觉刺激减少。下面的ABC 记录表呈现了一天中从抵达学校直到放学后离开观察到的情况。小组同意,观察的都是每天发生的典型活动和日常常规情况,以及卡西在这些活动和日常常规中的典型行为表现。

前奏事件和情境事件	行　为	结　果
早晨到的时候	向老师同伴问好,走向课桌,看漫画书	同伴和老师回应她的问好
宣誓时间,通知,回顾日程表并对提问,卡西有自己的日程表安排	与同伴一起宣誓,听通知,在同伴助教帮助下排好她的图片日程表	同伴互动,日程表按顺序排好
表达性书写活动,在计算机上工作	专注于任务	被独自一个人留下,有时表扬
两两搭档朗读	与同伴搭档朗读	同伴互动,表扬
教师在黑板上拼写单词	抄写拼写单词	在学习过程中被独自一个人留下
在小组里拼写"蜜蜂(bee)"这个单词	转身背朝小组,再次抄写单词	教师提示参与
教师提示参与	拒绝参与	请同伴助教复习单词
同伴助教复习拼写单词	向同伴助教拼写单词	同伴互动
学校体育馆体育课	排队,与同伴一起去体育馆	同伴互动
蹦床活动	拒绝轮到自己蹦床	老师提供提示
教师提示	尖叫"不"。坐在地板上,拒绝动作	失去绩点,轮到她旁边的同伴
被留下一个人	坐在角落里,看同伴轮流蹦床	独自一个人被留下
活动结束	排队,去房间,与同伴说话	同伴互动
午餐	坐在最喜欢的同伴旁边,进餐	同伴互动
几个同伴加入小组,说话、大笑	离开小组,一个人坐着,吃完午餐	减少同伴互动和感觉输入
铃响,学生回到教室	盖住耳朵,与同伴一起走向教室	减少听觉输入,同伴互动
音乐课,学生玩乐器	拒绝选乐器,坐在角落	被命令去拿乐器
教师给她铃鼓	推开铃鼓	教师离开去其他学生那里
音乐开始	在地板上滚成一个球	教师请她加入到小组中
备注:在以往的观察中,音乐课上包括听不同类型的音乐。卡西愿意参加这个活动。		
数学学习任务单	与特殊教育教师一起学习	表扬,完成学习任务单
备注:在这点上,卡西离开教室,参加了半个小时的职业治疗。		
小组活动(不是很高水平的噪音)	参与她的小组	同伴互动
半个小时的小组活动结束时小组表扬时间(也是很高水平的噪音)	推其隔壁正在为其小组拍手和叫喊的同学	同伴离开去桌子的另一角落
圆圈活动结束,复习家庭作业,同伴助教	抄写家庭作业,按照离校的常规,对同伴和老师说再见	同伴和教师互动

　　卡西挑战性行为的功能是感觉刺激/感觉调整减少。卡西在高刺激性活动及日常常规中表现出挑战性性行为。她在被动型的、安静的活动和任务中一般不会表现出挑战性行为。卡西的挑战性行为功能是减少感觉输入或者阻止了参与高刺激性的任务和活动。很有趣的

一点是,要注意卡西不仅在高刺激性活动和任务中表现出挑战性行为,她对这些任务的容忍力在一天当中也是逐渐下降的。例外的情况是当主动型的小组任务跟随在职业治疗之后时。这是可以被预期到的,因为职业治疗可能改变了她的刺激水平(即导致了感觉调整),这样当她回到教室的时候,她能够适当地对刺激性任务做出反应,至少很短的一段时间。

卡西的行为不是正强化的功能。虽然很明显,她很享受与同伴和教师互动,但是,如果他们要参加对卡西来说过于刺激性的活动时,比如体育课和小组学习,她更偏好不与他们互动。例如,如果她的行为功能是正强化,那么,午餐时间当其他同伴加入他们的小组时,卡西将仍旧与其同伴在一起。小组表扬时间,当她的同伴为他们的小组拍手、呐喊时,她也将继续参与。相反,在这些情境中,她表现出有效减少噪音水平(即刺激)的行为。

负强化也不被确定为卡西挑战性行为的功能。卡西没有一致地逃避或者回避特殊的学业类或者社会性任务;而是任务中的刺激水平(前奏事件/情境事件)决定了她是表现出挑战性行为还是适当行为。例如,她在拼写活动中一直有适当的表现,一直到拼写蜜蜂这个单词、活动水平提高的时候。在这个例子中,活动水平改变是挑战性行为的结果(结果),而不是活动本身(即她仍旧完成了拼写活动)。

卡西一天中挑战性行为的增加是用来解释负强化不是她行为的功能的另一个线索。可能是对重复的、集聚的感觉刺激的反应,她对刺激的容忍力随着一天的过去而逐渐降低。随着每一次暴露于多种水平和类型的刺激,这对卡西来说是过度的,她的容忍力和适当行为的能力逐渐降低了。如果卡西的行为是逃避的功能,她可能在一天开始与一天结束的时候都会出现挑战性行为。

1. 在制定处理卡西行为的干预计划的过程中,你要匹配她的行为功能。换句话说,干预应该要让卡西在某种程度上能够获得当前通过挑战性行为获得的相同功能。你的干预计划也要处理当挑战性行为发生时,什么即将发生。

2. 最后,除了处理适当替代行为及对这些行为的支持之外,你也要考虑如何改变前奏事件,这样你可以预防卡西表现出挑战性行为。

案例研究:分析并加入到干预计划

案例研究由凯瑟琳·麦克莱恩提供

● 克莱尔(Claire)

克莱尔是一个被诊断有自闭症、超读症和兰德-克莱夫尼综合征(Landau-Klefffner syndrome)的一年级学生。她的案例研究评估显示,她的功能水平在"心理缺损状态",并有严重的语言加工问题。克莱尔的父母离婚了,她与她的母亲、哥哥和姐姐住在一起。克莱尔的父母有共同监护权,她与他们的关系都很好。克莱尔在一名个人助教(TA)的帮助下就读于普通一年级班级。

克莱尔最感兴趣的是看录像、画画和涂色。她很少表现出对同伴的兴趣,对同伴的启动交往行为不能良好地进行反应。她不喜欢任何类型的书写作业。克莱尔之所以被转介到行为咨询是因为她有多种挑战性行为。她在完成任务和参与活动方面存在困难,在家具上手淫,表现出大发脾气的行为,包括大声抗议、躺在地板上以及尖叫。工作人员通过访谈提供了信息,他们也用 ABC 记录表在教室里进行了观察。然后,小组开始对有关行为发生之前的前奏事件和情境事件,以及支持她挑战性行为的结果进行总结性陈述。他们的总结性陈述如下所示。

挑战性行为一

克莱尔每周 2 次在放学后探望她父亲。每当她去探望他的时候,她的父亲就会向其保证特殊的餐点、玩具和奖励。在这些日子里,克莱尔拒绝参加课堂活动或者任务,如果工作人员继续要求其参加,她就会大发脾气。当她被告知今天她将与其父亲一起回家时,从在家开始,她就会抗议、不服从,一天中这种情况一直持续,直到其父亲来接她。当她父亲最后接她走的时候,她会冷静下来,安静地与他一起离开。

小组假设,克莱尔这一行为与其感觉刺激/感觉调整有关。虽然克莱尔喜欢探望她的父亲,但是她在时间概念上面存在困难,因此她不能预测她要多久才能探望她的父亲,当她被告知这是探望她父亲的日子时,她不理解课什么时候将结束,她什么时候可以被允许和她父亲一起走。克莱尔常常在日程表有不可预测的变化时表现出挑战性行为,虽然克莱尔使用视觉课程表,后者显示了每天会发生的活动,但这个日程表没有指出"父亲的探望"。小组假设,父亲的探望这件事情的不可预测性是导致克莱尔挑战性行为的一个情境事件。

为了处理这个行为,小组首先制定了一项策略,以帮助克莱尔理解和预期一周中哪些天将探望她的父亲。他们设计了一张以周为单位的年历表,显示了一周中他父亲将在放学后来接她的日子。日历表包括图片和单词,因此克莱尔可以很好地阅读。第二张日历表是让其在家里使用的。克莱尔、她的母亲及教室里的工作人员每日复习这一日历表,这样,克莱尔能够看到接下来的那一天会发生什么。这张日历表帮助克莱尔预期她将探望父亲的日子,在那些日子里,到了学校以后,她不再感到心烦意乱。小组也重新设计了一天的日程表,这样,除了用图片和单词来描述那一天中要开展的活动之外,最后一张是她父亲(或者母亲)在那一天结束时来接她的图片。当一项活动完成,克莱尔就移去一张图片,然后确定即将发生的下一个任务。视觉日程表为克莱尔提供了引导,一直到一天结束的时候,让她能够预期什么时候她将和其父亲一起走。工作人员也在一天中对其适当行为进行表扬,也提供有关适当行为、一天结束前还有多长时间及任务数量的提示信号和警告信号。这一组合策略减少了克莱尔的挑战性行为,并增加了她的服从和专注于任务的行为。

挑战性行为二

克莱尔在学校的家具上手淫这一行为并不是一致地发生的。这一行为并不是每天都会发生。观察之后,工作人员确定她的不适当的手淫与其衣服有关。每当克莱尔穿上连衣裙的时候,她就会出现这一行为。但是,当她穿裤子或者短裤的时候,她就不会这么做。以前,工作人员试图重新引导她到一个不相容的活动中来或者将她转移到一个私人的区域。小组假设,她对自己裸露的腿的意识被加强了,而这作为环境中的情境事件导致她寻求不适当的刺激。他们假设,她的行为功能是增加感觉刺激。

小组与克莱尔的母亲进行了交谈,她表示,克莱尔喜欢穿裙子和连衣裙,即使在寒冷、下雪的季节。克莱尔的母亲一直在家里与其一起学习根据天气选择适当的衣物,但是进展很缓慢。她每日都要与克莱尔就她要穿什么去学校发生争吵。为了处理这个行为,工作人员设计了两张户外场景的图片,一张是寒冷、下雪的,另一张是温暖、阳光明媚的。然后使用尼龙搭扣将描述天气的单词贴在一起,克莱尔可以将这些单词放在每一张场景的图片上。然后,克莱尔给一个纸娃娃穿上她选择的符合天气单词的衣服。之后,这成为她根据天气适当穿衣的一条规则或者一个前奏线索。当克莱尔穿上牛仔裤或者长裤时,她的刺激行为显著减少了。在寒冷的天气里,她的不适当行为基本上消失了。但是,在温暖的天气,这个问题仍旧继续存在。因此,小组要求克莱尔的母亲提供可替代连衣裙或者穿在连衣裙里面的针织短裤或者氨纶的骑车短裤。克莱尔的母亲也将针织短裤送到学校,这样,克莱尔可以穿在她的连衣裙里面。这也减少了克莱尔的挑战性行为。

1. 为了处理克莱尔的挑战性行为并支持适当行为,前奏事件和/或者情境事件是如何被改变的?

2. 其他有哪些策略可以加入到她的干预计划中,以处理其挑战性行为,支持适当行为?

3. 写一个社会故事,这一社会故事可以在克莱尔探望其父亲的那一天为其充当前奏线索。

第十一章

促进行为迁移和维持及预防行为发展和再次发生的策略

目标

1. 定义迁移和维持的概念。
2. 解释为什么迁移和维持是功能评估的重要目标。
3. 定义三类迁移。
4. 解释为什么训练和期望不是适当的策略。
5. 描述每一种用于促进迁移和维持的策略，并给出案例。
6. 提供要着重预防以及矫正的理论依据。
7. 描述用于操纵情境事件、前奏事件及结果的策略，以预防挑战性行为。
8. 描述制定规则的技巧，并描述如何将规则作为一种预防策略使用。
9. 描述预防可预测的行为可依照的步骤。

关键术语和概念

熟练性	功能性技能
功能性沟通训练	迁移
跨时间迁移	反应迁移
非辨别性、间歇强化形式	序列矫正
维持	刺激迁移
中介策略	训练足够的范例
自然的刺激和强化物	宽松地训练
预防	

除了在每一项功能内选择干预策略并实施之外,小组还必须选择和实施促进行为迁移和维持的策略。小组也要制定并实施预防挑战性行为发展和已定型的挑战性行为发生的策略。本章将从讨论迁移和维持的概念开始,然后介绍有关用于促进迁移和维持的策略。随后,我们将讨论用来预防挑战性行为的策略。

迁移和维持

一份综合性的干预计划必须包括处理行为功能的策略,以及促进行为迁移和维持的策略。斯托克斯和贝尔(Stokes & Baer,1977)在他们有关迁移的开创性研究中,将迁移定义为"相关行为在不同的、未接受过训练的情境中出现……这些情境中没有之前训练情境中安排的相同事件"。有三种类型的迁移会发生:刺激迁移、反应迁移和跨时间迁移(Drabman,Hammer,& Rosenbaum,1979)。

当一种情境或者某种环境背景下习得的行为在新的情境或者在当前某种环境特点改变时发生,那么刺激迁移就达到了(Haring,1987,1988a;Stokes & Osnes,1986,1988,1989;Sulzer-Azaroff & Azaroff & Mayer,1991)。换句话说,行为继续在新的或者不同的刺激存在情况下发生。行为可以跨情境、人员、材料、前奏刺激、活动和任务,以及结果而迁移(发生)(Carr et al.,1994;Skinner,1953)。例如,德乌兹(Deuz)先生实施了一项用于讲课时让菲娜坐在座位上的持续时间从 2 分钟增加到 10 分钟的干预。这项干预很成功。现在,讲课时菲娜坚持坐在座位上的时间达到了 10 分钟。她在个人课堂作业时间及合作性小组活动中也能坚持坐在座位上(跨活动迁移)。德乌兹先生也注意到,菲娜在代课老师上课时和全班在图书馆学习或者参加集会的时候,都坚持坐在座位上(跨人员和情境的迁移)。

当适当行为的形式或者行为表现形式发生改变或者拓展为多种相关行为时,第二类迁移,反应迁移就发生了(Carr,1988;McMahon,Wacker,Sasso,& Melloy,1994;Skinner,1953;Stokes & Baer,1977;Sulzer-Azaroff & Mayer,1991)。例如,艾哈迈德(Ahmed)被教了在课桌上玩手指游戏,以便在被动型活动中增加其触觉/手指刺激。他也开始操作夹纸回形针、捏他的橡皮、旋转钢笔帽,即使这些特殊的行为没有作为干预的一部分而被教过。

第三类迁移,经常被称作为维持,或者跨时间迁移,当学生在干预结束后随着时间推移继续表现出适当行为(没有表现出挑战性行为),这一类迁移就达到了(Favell & Reid,1988;Skinner,1953;Stokes & Baer,1977;Stokes & Osnes,1988)。例如,6 个月的进展情况检核显示,休伊(Hughey)继续举手回答问题,而不是大声吼出答案。布列塔尼(Brittany)的老师注意到,她在暑假结束后继续启动与同伴的交往。菲娜在整个学年中继续能够坚持坐在座位上持续 10 分钟,艾哈迈德则在被动型活动中继续使用手指游戏来增加触觉/手指的刺激。在从初中转衔至高中之后,杰曼尼(Germane)能够继续独立学习并请求辅助。在上述的每一个例子中,适当的行为即使在直接干预结束之后仍旧继续发生。

在处理迁移和维持的过程中,功能评估和干预模式应该被看作是两阶段的过程。第一阶段的重心是习得,在这一阶段,我们实施干预以减少挑战性行为和增加适当行为。第二阶段的重心则在于迁移和维持(Green,1990;Haring,1988b;Sugai & Lewis,2004;Walker,2000)。如果行为的迁移和维持没有发生,从干预中获得的效果就不够充分,也不可能引起学生积极的改变(Carr,Levin,et al.,1999)。这一阶段基于这样的信念,即常常使用的训练和希望这种做法通常不会导致迁移和维持,而在这一做法中,我们实施干预策略,然后希望迁移将自动发生(Stokes & Baer,1977)。但是,迁移和维持必须通过特殊的策略主动去促进(Baer,1981;Baer et al.,1968;Chandler,Lubeck et al.,1992;Stokes & Baer,1977;Stokes & Osnes,1988,1989;White et al.,1988)。我们的目标是设计将在新的情境、对新的人、跨特殊的时间段发生的有意义的行为效果(Lane & Beebe-Frankenberger,2004)。表11-1列举了可应用于促进迁移和维持的特殊策略。它也提供了一些参考资料,后者提供了有关促进迁移策略的其他信息。每一条策略将在之后部分进行简短介绍。

表 11-1 主动促进迁移和维持的策略

1. 选择并教功能性目标行为。	5. 使用不可辨别、间歇的强化方式。
2. 应用普通的、自然的刺激和结果。	6. 教调节策略。
3. 宽松地训练。	7. 将熟练性标准具体化。
4. 提供充分的范例。	8. 采用序列矫正

备注:有关这些策略的其他信息可以从以下参考书目中获得:Baer(1981);Carr et al.(1994);Chandler(1992);Chandler,Lubeck,et al.(1992);Haring(1987);Horner,Dunlap,& Koegel(1988);Kirby & Bickel(1988);Koegel & Rincover(1977);Stokes & Baer(1977);Stokes & Osnes(1986,1988);以及 Sulzer-Azaroff & Mayer(1991)。

促进迁移和维持的策略

选择并教功能性目标行为

在选择适当替代技能和行为时,很重要的是,要考虑潜在技能和行为的功能性用途。在第六章中,功能性技能和行为作为用于选择适当替代行为的一项策略已经被讨论过。功能性行为就是这样一些技能和行为,它们可被预期(a)促进独立性,(b)在多种情境都有效,(c)在自然环境和跨环境中受到其他人的强化,(d)对学生来说,是即时有用的,(e)最大限度地参与最少受限制的环境（Billingsley，1988；Bosch & Fuqua，2001；Carr et al.，1994；Cuvo & Davis，1998；Dunlap et al.，1990；Haring，1988a，1988b；McMahon et al.，1998；Munk & Karsh，1999；Sulzer-Azaroff & Mayer，1991）。

功能性技能有可能跨情境和跨时间迁移，这是因为它们产生了有意义的效果，它们被自然的社区认为是有价值的，在新的、多种情境中产生了积极的结果（Green，1990；Sailor，Goetz，Anderson，Hunt，& Gee，1988）。有一个替代功能性目标行为的案例来自于特伦布莱、斯特莱恩、亨德里克森和肖尔（Tremblay，Strain，Hendrickson，& Shore，1980）的研究。这些研究者在自然环境中的自由游戏期间开展了观察，以便确定儿童最常反应的是什么社会性行为。然后，这些功能性技能就被用于之后的研究中，以增加有社会迟滞和无社会迟滞儿童之间的社会互动（如，Hendrickson，Strain，Tremblay，& Shore，1982；Odom，Chandler，Ostrosky，McConnell，& Reaney，1992；Odom et al.，1999；Odom，Hoyson，Jamieson，& Strain，1985）。

卡尔及其同事（Carr et al.，Carr，Robinson，& Palumbo，1990；Goldstein，2002；Mirenda，1997；Wacker et al.，1998）强调了一类特殊的功能性技能：功能性沟通。他们假设，对许多障碍个体来说，特别是那些具有很糟糕的沟通技能的个体，挑战性行为服务于某种形式的沟通。例如，发脾气可能表示了对关注的渴望；咬可能表达了对逃避困难活动的愿望；打头可能表明对感觉刺激有一种需求。

卡尔及其同事建议，要教沟通性技能作为某种功能性的替代行为。功能性沟通技能让学生能够使用另一种适当的沟通形式来表达他们的需求和愿望，而不是通过挑战性行为表达他们的愿望（Mullen & Frea，1996）。比如，卡尔和杜兰德（1985）报告，当他们教儿童说"我不理解"时，在困难活动中的破坏性行为就会下降。这一功能性沟通训练让学生能够达到与破坏性行为相同的功能。由卡尔及其同事所开展的很多研究为教功能性沟通技能这一策略作为促进适当行为习得、迁移和维持的策略提供了强有力的支持（如，Carr et al.，1994；Carr & Lindquist，1987；Carr et al.，1980；Durand & Carr，1987）。

在一项对迁移进行评估的回顾性综述文献中，钱德勒和卢贝克等人（Chandler，Lubeck，et al.，1992）报告了功能性沟通技能的选择及其他功能性技能的选择是成功产生迁移的研究中所应用的最常见的一种策略。在选择适当的替代技能及行为时，很重要的是要考虑潜在技能和行为的功能性用途。

应用普通的、自然的刺激和结果

这一策略是选择用于干预的刺激和结果时要考虑的一个因素，在第六章中就被讨论过，包括了使用对学生来说熟悉的材料、指令、地点和结果，它们也是行为发生和预期将要发生的环境中自然的一部分（Carr et al.，1994；Mahur & Rutherfood，1991；Repp & Karsh，

1990；Stokes & Osnes，1998）。

当适当行为受到熟悉的、自然的前奏事件诱发，并跟随熟悉的、自然的结果，那么，学生就更有可能迁移这个适当行为（Cuvo & Davis，1998；White，1988）。干预和不干预的情境相似性越大，迁移和维持的可能性也就越高（Chandler，1992；Cuvo & Davis，1998；Sailor et al.，1988）。例如，在干预过程中，教师提示弗兰克去向同伴请求辅助（而不是扔或者破坏物品），当他这么做的时候，他就获得了代币。但是，并不是常常有成人在场来提示弗兰克寻求辅助行为，他也不能常常因为请求同伴辅助而获得代币。对这一目标的迁移和维持，重要的是，要将普通的、自然的刺激纳入为干预的一部分。比如，在弗兰克所处的环境中，用于要求辅助的自然的前奏事件是问题的存在，而不是教师告诉学生要请求帮助。弗兰克需要学会确定并对这一自然的前奏事件做出反应。而且，请求辅助的自然结果是获得了辅助，而不是一个代币。因此，对请求辅助这一行为的支持需要从代币转移到接受辅助。类似这样的自然的前奏事件和结果更有可能在特殊的干预结束之后的新的不同情境和环境中存在。

除了提供普通的、自然的刺激和结果之外，将其他人员纳入到迁移中可能也是很重要的。这一策略常常被称为招募自然的强化团体（Stokes & Baer，1977）。例如，我们可以教父母、校车司机及学校里其他教育人员对适当行为进行提示和强化。当实施干预的工作人员不在场时，这将增加学生表现适当行为并因此获得强化的机会的可能性。

利用普通、自然刺激和强化物的最后一条策略就是在行为将要被应用的自然环境、自然活动及日常常规中实施干预（Kazdin，2001；Liberty & Billingsley，1988；Sailor et al.，1988；Schepis，Reid，Ownbey，& Parsons，2001；White，1988）。学生在某个情境中学习某个技能或者行为，而且仅在该情境中使用这一技能的闲文趣事有许多。例如，一个学生可能在言语治疗中使用两个单词的句子，而言语治疗是在言语治疗师的办公室里开展的，因此，学生不会在教室里使用两个单词的句子。如果我们期望学生在教室里使用两个单词的句子，那么，我们需要常常在教室里教他。在另一个例子中，本书的第一作者在学校里或者基于中心的方案中对许多学生进行了使用卫生间的训练，结果发现，他们不能在家里或者在寄宿环境中使用卫生间。

训练应该在自然环境中发生。支持积极行为的人们认为，这些策略是情境符合的或者情境适当的干预策略。在制定自然环境（比如活动、日常常规和材料）中可应用的和可被自然的变革促进者所应用的干预策略时，他们倡导服务提供者或者研究者与家庭的合作（如，Harrower，Fox，Dunlap，& Kincaid，1999；Lucyshyn，Albin，& Nixon，2002；Lucyshyn，Horner，Dunlap，Albin，& Ben，2002）。在对迁移研究的回顾性综述分析中，钱德勒和卢贝克等人（1992）发现，比起那些在实验或者非自然环境中提供训练的研究，在自然环境中提供训练的研究达到迁移这一点上要更加成功。如果你必须在一个不同的环境（比如，社会技能训练由特殊教育教师在资源教室完成）中进行训练，那么接下来，重要的是要运用被变革促进者所使用的、自然的或者普通的刺激、前奏事件及结果,在自然环境中提供新的技能的练习。

宽松地训练

宽松地训练这一策略包括系统地变化训练或者干预的某些特征,这样,学生不会对无关的训练情境特征做出反应(Albin & Horner, 1988; Rosenblatt, Bloom, & Koegel, 1995; Stokes & Baer, 1977)。多变性可发生在不同个体、材料、指令、提示、结果、情境、地点和时间上。学生表现出来的某类或者某些形式的行为也可以发生变化(Stokes & Baer, 1977)。这一策略的目的在于将学生暴露在多样化的刺激或者情境下,这些刺激或者情境可能是他们在干预过程中或者之后要经历的。多样性是这一策略的关键。例如,如果我们希望教格雷塔(Greta)启动与同伴的交往,那么,多个同伴(而不是仅仅一个)应该被纳入社会技能训练中。我们也要在多个环境(比如,操场上、班级里、走廊上、体育馆里)让格雷塔练习同伴启动,我们也要教她几种启动与同伴交往的方式。当她面对新的同伴和不同的背景、情境时,这将增加格雷塔迁移启动同伴交往策略的可能性。

提供充分的范例

在实施此项策略时,我们提供了一个概念或者一个行为的多个范例。干预过程中所要求的范例数量则由学生的行为所决定。当学生的行为要迁移到新的例子中时,要引入足够数量的例子(Neef, Lensbower, Hokersmith, DePalma, & Gray, 1990; Stokes & Baer, 1977; Sulzer-Azaroff & Mayer, 1991)。例如,奥德姆、斯特莱恩、卡尔格和斯密斯(Odom, Strain, Karger, & Smith, 1986)使用多个同伴(而不是单个同伴)作为社会性的变革促进者,促进了跨人员的迁移。

在另一个例子中,斯莱特女士在她的班级里教学生使用矛盾解决策略,来解决学生之间的问题。她教的第一个例子是如何将策略引用到有身体攻击的问题上。但是,这一个例子不足以让学生将矛盾解决策略迁移到不同同伴问题上,比如,言语攻击、偷个人财物、不适当的碰触及戏弄等。因此,斯莱特女士引入了同伴矛盾的另一个例子,指导学生通过矛盾解决过程来解决问题。然后她引入了另两个例子来指导学生。这个时候(练习了 4 个同伴矛盾的例子之后),学生们能够独立并熟练地应用矛盾解决策略到新的(即未受到训练的)矛盾例子上了。然后她才结束了矛盾解决的训练。除了改变学生处理的矛盾类型之外,斯莱特女士也改变了例子中学生的性别、矛盾中学生的数量和矛盾发生的地点。这为学生提供了多样化的同伴矛盾例子,反映出学生在训练后将可能遭遇到的矛盾类型。在这个例子中,斯莱特女士将宽松地训练和训练充分的范例结合起来——这一组合策略常常被认为是一般情况下的训练方案(Alberto & Troutman, 1999; Day & Horner, 1986; Horner & Billingsley,

1988；Horner，& McDonnell，& Bellamy，1986；Horner，Sprague，& Wilcox，1982；Sprague & Horner，1984)。

使用不可辨别的、间歇的强化方式

当我们实施干预以处理习得时，我们最初提供了经常的、一致的前奏提示和支持适当行为的结果。这一策略对于加强前奏事件、适当行为及期望的结果之间的联结是很重要的。但是，在习得阶段，经常提供的前奏刺激和结果的频率及一致性也许会不幸地导致学生对这些前奏事件和结果的依赖(如 Anderson et al.，1996；Goldstein & Wickstrom，1986；Odom et al.，1985)。换句话说，行为在没有前奏提示下不发生，或者如果结果被结束，行为将不再继续发生。

另外，习得阶段所应用的前奏事件和结果的频率及一致性要比干预结束后自然环境中发生的要高(Liberty & Billingsley，1988)。而且，对父母和服务提供者来说，在获得之后还要继续提供连续的前奏事件和结果也是不太可能的(Carr，Levin，et al.，1999)。在自然环境中，前奏事件不可能持续地存在(比如，老师在与另一不同的小组里的学生一起学习，不可能一直为弗兰克提示请求同伴辅助，或者提示茱莉亚对同伴启动交往的行为做出反应)。另外，并不是每一次的行为发生都将导致积极的或者期望的结果。而是，结果会是间歇地提供的或者可能被延迟提供。

这一策略的目标是将前奏事件和结果的连续、频繁地应用转移为不可辨别的、间歇的强化方式(Favell & Reid，1988；Freeland & Noell，1999；Stokes & Baer，1977)。这将减少学生对前奏事件和结果的依赖可预测性。它也可以最大程度地接近于训练结束时自然环境或者干预进程中不同情境中可能存在的情况。不可辨别的强化形式可以通过间歇地提供前奏事件和结果来达到；也就是说，它们并不是每次行为发生时都提供(结果)或者并不是每次行为将要发生时都提供(前奏事件)(Rhode et al.，1993)。这可以通过以下三种方式来完成：

1. 通过延迟前奏提示和/或强化来提供(比如，Doyle et al.，1990；Dunlap & Plienis，1988；Dyer et al.，1990；Fowler & Baer，1981；Kazdin，1982)；

2. 通过增加或者变化强化提供之前所要求的行为数量(比如，增加反应的数量或者行为的持续时间)；

3. 通过渐隐前奏事件和结果(比如，Anderson et al.，1996；Kennedy，1994；Pace et al.，1993)。

奥德姆及其同事提供了使用不可辨别的强化形式的例子，他们在社会技能训练中通过渐隐前奏事件和结果的方式减少了学生对前奏提示和结果的依赖(Odom et al.，1992)。前奏提示可以通过两种方式进行渐隐。首先，我们从为学生确定了某个要应用的特别行为的提示(比如,"叫苏姿(Suzy)与你分享积木")转向一般的、模糊的提示(比如,"记住要与你的朋友一起玩")。其次,我们根据时间逐渐减少了提示的频率,从很频繁到间歇的提示。我们也渐隐了强化。最初,学生每一次社会互动都可以获得一个贴在卡片上的笑脸。然后,虽然我们继续提供笑脸,但是学生们直到活动结束才能看到卡片。最后,我们停止使用笑脸卡,而是告诉学生,"让他们在自己的头脑里数数自己的笑脸"。这些渐隐的策略成功地将连续、可预测的强化控制转向间歇的、不可辨别的强化形式。在研究结束时,在维持阶段,所有由成人提供的前奏事件和结果都被结束了,但学生们仍旧继续使用社会互动策略。

卡尔及其同事(Carr, Levin, et al., 2002)提供了一个延迟结果的例子,他们通过增加学生在获得强化之前必须表现出的行为数量来延迟结果。例如,他们教一个学生在不喜欢的活动中要求休息。这个学生学会了这个行为,但不能完成任务,因为他不断地在任务完成过程中要求休息。为了处理这个问题,学生被告知只有在完成一部分任务之后才能有一次休息。而获得休息之前必须完成的某项任务中的步骤数量则逐渐增加。

此项策略成功的关键在于首先要产生足够数量水平(比如,频率、次数、持续时间等)、适当质量或者熟练性水平的行为,然后缓慢地改变前奏事件和结果的提供,这样,它们仍旧将在间歇的、正常化的水平下发生(Dunlap & Kern, 1993)。

教调节策略

此项策略的目标在于教学生自我调节或者自我调整的方法,这样,他们能够在不同的情境和情景中应用。调节策略包括一致性训练(Guevremont et al., 1986；Paniagua, 1998)、问题解决(Mastropieri & Scruggs, 2000；Slaby, Roedell, Arezzo, & Hendrix, 1995；Zirpoli & Melloy, 2001)、自我记录、自我指导和自我强化(Friend & Bursuck, 2002；Koegel, Koegel, & Parks, 1995；Lloyd et al., 1991；Sugai & Rowe, 1984)、向其他人要求强化(Baer, 1981)、矛盾解决(Walker et al., 1995),以及行为放松法(Roppin, 1988)。

学会了调节策略的学生能够在没有提供一致的、外部的前奏事件和结果的情境和情景中实施这些策略。例如,迪诺(Dino)被他的英语老师转介到学校心理学家那里,因为他常常拒绝参加测验,并在这些情境中产生神经质的抽搐。学校心理学家教迪诺在他不得不完成英语测验的时候应用行为放松的方法。这大大减少了他的神经质抽搐及拒绝完成英语测验的行为。在其他课上,当迪诺被要求完成测验和小测试的时候,他也能够使用行为放松法。这样,行为放松法成为了迪诺可以应用于调节他自己行为的策略。调节策略不仅减少了对外部变量的依赖,而且它们也提供了可自我发放的用于适当行为的前奏事件和支持。

将熟练性标准具体化

一些研究者推测,迁移之所以没有发生是因为行为没有在干预的习得阶段充分习得

(Baer, 1981；Chandler, 1992；Kazdin, 1975；Strain, 1981)。这一策略通过确定学生必须在渐隐和/或者结束干预之前行为表现要达到的程度，来解决这一问题。一致并熟练地表现出来的行为更有可能在其他情境中出现，也将在干预结束后继续被使用。它也更有可能被不同情境和干预后的多位人员所强化(Sauders & Sauders, 1998)。

对熟练性的测量可以着重在行为的持续时间、频率、次数、潜伏期、质量以及适当性上。例如，一个学生也许能够指出进入同伴小组时要遵循的步骤，但是当使用这些技能的机会来临的时候，学生却不使用它们或者只是耳语说出他的要求。学生可能也可以重述矛盾解决的策略，并给出案例，但是，当矛盾出现的时候，他们仍旧求助于攻击行为而非矛盾解决策略。很明显，这些都是熟练性很差的例子。虽然学生能够指出他们要做什么，但他们在将技能应用于自然情境中时却很不熟练。通过在多个情境中提供许多练习技能的机会、提供有用的反馈，以及让他们经常接触强化物等途径，熟练性可以得到促进。哈林(Haring, 1987, 1988a, 1988b)建议，为了确保熟练性得到处理，小组要将熟练性标准加入到个别化计划中的迁移目标中。当熟练性达到以后，才可以开始转向间歇、自然的强化。

采用序列矫正

这一策略包括了在迁移或者维持还未发生的情景或情境中实施干预。例如，如果学生在干预实施的情境中表现出了适当行为，但是继续在其他情境中使用挑战性行为，那么，干预也要在其他情境中被采用。比如，我们工作过的一个学生名叫亚历山德丽亚(Alexandria)，她在教室、家和基于社区的情境(如教堂或者公园、区里的游泳池)等地方都表现出自我虐待和攻击行为。我们在教室里实施了一项干预，包括注意适当行为、注意她攻击行为的"牺牲品"或者目标，忽视自我虐待行为等。虽然亚历山德丽亚停止在教室里表现出自我虐待和攻击，但是她继续在家里和社区情境中表现出这些行为。然后，小组里的社会工作者与其家庭讨论了干预策略，他们在家里，然后在基于社区的情境中实施了干预。只有在这个时候，亚历山德丽亚的挑战性行为才在家里和基于社区的情境中减少了。

在另外一个例子中，佩科彼得森、德尔比、哈尔丁、韦德尔和巴莱托(Peck Peterson, Derby, Harding, Weddle, & Barretto, 2002)报告了两个案例研究。在他们的研究中，学生的行为没有从家里迁移到学校、从学校迁移到家里或者在学校的不同课堂活动中迁移。一个儿童表现出骂人和攻击行为，另一个儿童的挑战性行为包括打头、扔物品、发脾气。虽然干预成功地减少了一个情境中的行为，但是没有出现跨情境的迁移。因此，他们实施了跨其他情境的干预(即家或者学校)。只有这么做的时候，学生的挑战性行为才减少了。

序列矫正从技术上说不是一种促进迁移的策略，这是因为我们实际上在迁移还未发生的情境中实施了干预。但是，它应该在迁移还未发生时就被应用，这是因为它确保了行为在这些另外的情境中将被应用。此外，当干预在第二种、第三种情境中被实施时，迁移到其他情境中的情况就可能发生了（Chandler，Lubeck，et al.，1992；Odom et al.，1985）。

实施策略以促进迁移和维持

很少有指导原则可用于确定哪些特殊的迁移和维持策略可以被应用，什么时候应用这些特殊的策略，或者一次要应用多少种策略（Chandler，Lubeck，et al.，1992；Liberty，White，Billingsley，Haring，Lynch，et al.，1988；McMahon et al.，1994，1998）。在这些指导原则提供之前，小组要考虑本章中所描述的这些策略并应用这些策略，这些策略都是（a）对小组来说是可接受的，（b）在学校（和家里）情境中进行应用是可行的，（c）处理了每个学生的个别需要。

即使迁移和维持被认为是功能评估的第二阶段，在习得阶段及当学生使用适当行为越来越熟练时，还是应该试试一些促进迁移和维持的策略（Baer，1981；Chandler，1991，1992；Stokes & Osnes，1988）。因此，要将许多促进迁移的策略混合到教学策略中，在干预开始时就成为干预计划的一部分。例如，要将提供前奏事件刺激或者强化适当行为的教育人员（比如，小学教师、辅助专职人员、资源教室教师）的多样性纳入干预的最初阶段，而不是在干预结束时才引入。而且，自然的前奏事件和结果也要在干预的开始阶段与"人为"的刺激进行配对，而不是在干预结束的时候。迁移和维持是行为改变的有机组成部分，而不应该是干预的事后考虑（Chandler，Lubeck，et al.，1992；Green，1990；Stokes & Osnes，1988；Wolery & Gast，1990）。

虽然干预的习得和迁移、维持阶段是有联系的，但小组要想到迁移和维持阶段的持续时间要比习得阶段更长（Walker，2000）。这是因为它要花费时间从强化的连续时间模式转向间歇的时间模式和不可辨别的强化形式，因为学生需要充分的练习才能发展熟练的适当替代行为。然而，应用于促进迁移和维持的持续时间和精力，将随着适当行为的增加而成为学生行为技能的一部分，以及在许多情况下干预策略被纳入日常活动和常规中而相应减少（Walker，2000）。另外，我们要在习得阶段结束之后的最初维持阶段继续定期性地监控行为。定期的进展监控可以让小组能够评估干预的长期效果。许多研究发现，他们获得了短期的迁移和维持效果（比如，跨6周甚至6个月的时间）。但是，长期的维持则很少被评估或者被记录。如果学生再次表现出挑战性行为，可能是诱发和支持恰当行为的事件不再起效果或者不再是有效，也可能是有新的更强的刺激物诱发和支持了挑战性行为。当这种情况发生时，小组也许需要开展一项另外的功能评估以确定行为为什么再次发生，并对干预计划进行调整（Lane & Beebe-Frankenberg，2004）。

总之，虽然适当替代行为的习得是功能评估重要的第一步，但这不是唯一的一步或者基础的一步,它不是功能评估的目标(Baer,Wolfe, & Risley,1968,1987)。卡尔及其同事(1994)确定了功能评估的基础目标是正常化的生活方式的改变:适当行为的跨刺激迁移、跨功能性行为的迁移和适当行为的跨时间维持。如果我们没有达到行为的迁移和维持目标,那么,对学生来说,整体受益就会很少,我们也不应该将我们的干预看作是成功的或者完整的(Baer,1982;Carr et al.,1994;Chandler,Lubeck,et al.,1992;Guess,1990;Kazdin,1975;Liberty,White,Billingsley, & Haring,1988;Schroeder,Oldenquist, & Rojahn,1990)。这是因为学生在环境改变、干预结束或者随着时间推移将不再继续应用适当行为,他们有可能重新回到以前的成功的挑战性行为,以便获得期望的功能。综合性的干预计划必须主动地处理行为所有阶段的改变:习得、熟练性、迁移和维持。

预防策略

功能评估的两个目标是预期和预防挑战性行为的发展和/或发生,以及矫正已定型的挑战性行为。通常矫正是教育人员和家庭最先焦虑的问题。挑战性行为会干扰教学和学习,造成对表现出挑战性行为的学生及其他人的伤害,以及破坏或者阻碍与同伴和成人的积极的社会关系的发展(Abrams & Segal,1998;Carr et al.,1991;Horner et al.,2002;Kern et al.,1994;Reynaud,1999;Soodak & Podell,1993)。因为这些原因,教育人员常常强调将矫正作为功能评估的首要目标,当这种情况发生时,他们就会设计干预去处理挑战性行为(即撤销支持挑战性行为的结果,提供支持适当替代行为的结果和/或者提供惩罚挑战性行为的结果)。

然而,我们认为,作为教育人员和父母,所付出的大多数努力都应该在预防。预防可以被分为两大类。首先,我们能够预防挑战性行为的发展。其次,我们能够预防挑战性行为的再次发生。这两类预防建立在积极行为支持方法和全校范围的积极行为支持方案(第十二章将介绍)所拥护的哲学观点上,即处理挑战性行为的最佳时间在于其还未发生的时候(Bushbacher Fox,2003;Carr et al.,1999,2002;Lucyshyn,Dunlap, & Albin,2002;Reeve & Carr,2000)。挑战性行为的发展或者发生常常可以被预期或预测;如果它能被预测,那么,就可以阻止其发生或者阻止其发展为一种定型的行为模式(Carr,Langdon,et al.,1999;Chandler & VanLaarhoven,2004;Horner et al.,2002)。矫正已定型的挑战性行为要比预防它更加困难(Rhode et al.,1993)。如果我们能够阻止挑战性行为的发展,或是在其成为儿童的行为模式的一部分之前,就停止挑战性行为的发生,我们将不需要应用那些很耗费时间并要求额外精力的矫正策略(McGee,1988;Munk & Karsh,1999;Repp,1999)。

预防的目标可以通过安排环境来达到,这样它就诱发和支持了适当行为(Carr et al.,

1994；Krantz & Risley，1974；McGee & Daly，1999；McIntosh，Herman，Sanford，McGraw，& Florence，2004；Neilsen et al.，1998；Repp，1999；Scott et al.，2005）。在这个过程中，我们操纵与挑战性行为有关的、特别是诱发和支持挑战性行为的前奏事件和结果。我们也引入了新的将诱发和支持适当替代行为的结果和前奏事件（Haring & Kennedy，1990；Kennedy，1994；Kennedy & Itkonen，1993；Kern & Dunlap，1999）。例如，过去，当列维斯（Lewis）抱怨他不想做学习任务单时，卡特（Carter）先生常常与他争论。现在，卡特先生在分发作业时告诉列维斯，当他完成了前面的 10 道题目之后，他可以有一次休息，那时他可以做他选择的事情。卡特也对其与学习任务单有关的适当行为提供了经常性的反馈和强化，并在必要时给予辅助。现在，列维斯可以做特定数量的题目，然后获得一次休息。这个基于前奏事件和结果的干预成功地阻止了列维斯和卡特先生之间争论的开始。

通常为了引发适当行为，情境事件可以被引入、改变或者撤销（Horner et al.，1991；Horner et al.，1996；Kennedy & Mayer，1998）。例如，我们可以引入一个情境事件，比如，为学生提供一份视觉日程表，以表明每日将发生的活动，以及一天天可能改变的那些内容。通过关门、让完成小测验的学生去图书馆等方式，我们可以减少小测验过程中作为情境事件的听觉方面的分心因素。或者，我们可以通过改变座位安排，为两名常常互相干扰或者打架的同学撤销情境事件。

当存在的情境事件不能被改变或者撤销的时候（比如，父母离婚、疾病），我们可以通过改变班级或者活动的日程表、作业要求、与学生的互动，以及对学生的期望，来减少情境事件对行为的影响（参见第六章）。比如，有一名学生对家里所发生的问题感到很心烦意乱，在让这个学生开始学习之前，我们可以通过与其谈话来减少情境事件的影响。

正如前面所提到的，考虑两种类型的预防是很有帮助的。首先，投入的精力可以着重在预防挑战性行为的发展上。其次，投入的精力也可以针对预防已定型的挑战性行为发生或者预防其被纳入到儿童的行为模式中（Carr et al.，1990；Kern & Dunlap，1999；Nelson，Crabtree，Marchand-Martella，& Martella，1998）。这两类预防的关键是在挑战性行为有机会发生之前预料问题并对环境进行结构化。

在第三章和第十章中，我们讨论了在活动转衔过程中常常发生的问题。学生们可能在活动转衔过程中奔跑、吼叫、戏弄、打架、扔物品、离开教室等等（Lawry et al.，2000；Strain & Hemmeter，1997）。在教室这个学生当前在转衔过程中表现出挑战性行为的地方，可以通过改变当前存在的诱发挑战性行为的前奏事件（比如，宽松的结构和很少的物品提供），以及引入将为更适当行为创设一个场合的前奏事件（比如，有关转衔开始和结束的提示信号和警告信号，转衔的行为规则及监督）这两种方式来达到预防。类似这样的策略增加了学生不再在转衔期间表现出挑战性行为而表现出适当行为的可能性。例如，麦金托什（McIntosh）等人（2004）推荐了一些促进有效转衔的策略，包括教适当的转衔行为和期望、确定适当行为的提前纠正措施(提示信号)、对适当行为的强化,以及主动的监督。

在转衔期间,通过预料挑战性行为发生的可能性和从有结构的、受到监督的转衔开始这个学年(即学年开始于为适当行为发生创设了场合的前奏事件,同时也为适当的转衔行为提供了积极的结果),预防挑战性行为的发展就可以达成。

预防可预测的挑战性行为的步骤

许多挑战性行为及它们发生的情境是可以被预测的。在这些行为发生之前,对环境进行设计和安排可以预防挑战性行为的发展,以及已定型的挑战性行为的继续发生(Dunlap et al., 1990；Dunlap & Fox, 1996；Repp, 1999)。预防可预测的挑战性行为,可依照 5 个步骤进行,这些步骤被列举在表 11-1 中。计划制定过程中的第一步将是确定挑战性行为何时易发生或者最被期望发生。如果这是针对已建立的挑战性行为,那么,使用散点图(参见第四章)来确定行为最常发生的每日时间模式是很有帮助的(Touchette et al., 1985)。或者你也许能够基于以往对学生和挑战性行为的经验,来预料或者预测挑战性行为发生的时间(Strain & Hemmeter, 1997)。

有时候,确定要被处理的挑战性行为的先兆是有可能的(Smith & Churchill, 2002)。例如,一个儿童在其跑出教室之前会在椅子上前后摇晃,或者一个儿童在撕掉作业之前会叹气并摇头表示"不"。当这种情况发生时,就可以通过在先兆出现时候的介入来预防挑战性行为的发生。奈多夫斯基、威尔士、埃尔斯沃思、麦克阿里斯和克兰弗兰德(Najdowski, Wallace, Ellsworth, MacAleese, & Cleveland)曾经做了一项研究。他们为 3 名障碍者(5岁、8 岁和 45 岁)确定了先兆行为。有 2 名儿童表现出攻击行为,其中一名儿童的先兆行为是发出呜呜声、抱怨和威胁。另一名儿童的先兆则是发出呜呜声、哭叫、抓住玩具,以及对玩具的主权做出陈述。45 岁这个人则是在手淫之前会出现不适当的有关性的评论。奈多夫斯基及其同事教他们每个人适当的替代行为,当先兆行为出现时提供使用适当行为的提示。这大大减少了被确定的挑战性行为及先兆行为。

栏目 11-1　预防可预测的挑战性行为的步骤

1. 确定挑战性行为最常发生或者可能被预期发生的时间。
2. 确定挑战性行为的先兆。
3. 确定与挑战性行为有关的前奏事件、情境事件和结果。
4. 安排前奏事件、情境事件和结果,这样,它们将不再诱发和支持挑战性行为。
5. 安排前奏事件、情境事件和结果,这样,它们将为适当行为发生创设一个场合,并对其提供支持。

表 11-2 在开展预防分析时要考虑的变量

活动或者任务	类型(阅读、书写、精细或者粗大动作、计算机、娱乐或者自由游戏、测验等)、持续时间、特殊的科目(数学、科学、购物等)、困难水平、偏好的/不偏好的、以往的成功、错误频率、活动和任务的顺序或者序列
座位安排	课桌安排(排成行、小组围坐等)、课桌的地点、谁坐在谁的旁边、偏好的座位位置、熟悉的/不熟悉的同伴
学生分组	大型小组、小型小组、两人搭档、个人学习、偏好的/不偏好的分组、搭档选择或者小组选择、熟悉的/不熟悉的同伴
同伴互动	积极的、消极的、言语的、身体的、频率、没有互动、以往与同伴的经验
材　　料	数量和类型、地点和可获得性、感觉特征、发展或者学业水平、操作性的/静态的、熟悉的/新颖的、分享的/自己的材料、困难水平、偏好的/不偏好的、给予选择机会
结　　构	教师导向、学生导向、督导、选择机会和变化结构、被张贴和让回顾的规则、常规变化、活动和常规的可预测性
活动水平	主动型的、被动型的、主动型的或者被动型的任务持续时间、移动的机会、感觉输入方面的多样性、活动水平顺序或者序列的多样性
成　　人	数量、与身体的位置接近、眼神接触、熟悉的/不熟悉的、偏好的/不偏好的、注意学生的频率、对适当行为反应的类型和频率、对挑战性行为反应的类型和频率、提示(警告信号和提示信号)、所应用的强化物和惩罚物类型、学生—成人比率
物理环境	地点(教室、午餐室、操场、卫生间、走廊、图书馆等)、噪音水平、拥挤程度、封闭的空间、照明、视觉输入、温度、熟悉的/不熟悉的、可接触性
转　　衔	结构化的、持续时间、被提示的、转衔任务、伙伴作业、基于转衔的教学
教　　学	全班讲课、大型小组或者小型小组讨论、合作性小组、录像带或者录音带或者电影、教学节奏、持续时间、一致性反应、反应的机会、清晰的指令和要求、教学方式(视觉的、课本的、听觉的等等)
生理状态	药物、疾病、过敏、饥饿、月经、疲劳、被过度刺激、过少被刺激、疼痛、醉酒、吸毒状态
背景因素	家里的问题或者变化(如父母离婚、无家)、心境或者情绪状态、抑郁、学校休假、晚会、假期、关键事件(如校车上的打架)、一天中的时间

备注:表中的信息反映了我们自己在开展功能评估方面的经验,并参考了以下文献:Chandler, Fowler, & Lubeck(1992);Jenson, Rhode, & Reavis(1994);McGee & Daly(1999);Munk & Karsh(1999);以及 Munk & Repp(1994b)。

预防过程的下一步是确定与挑战性行为有关的前奏事件、情境事件和结果。你在做这个分析时可以考虑几类变量。这几类变量呈现在表 11-2 中。这张表没有列举出需要考虑的所有变量。但是,它在指导对环境的观察和分析时是很有用的。例如,当我们观察学生、分析教室或者其他环境时,我们考虑到这些变量的状态和安排,我们分析它们是否及如何影响当前的行为。事实上,在我们的一张观察表中,各类要在观察过程中被检核的项目都被列举出来(当然,是缩写的形式)。如果你在观察和分析过程中确定了其他变量,我们鼓励你的小组将这些项目加入到这张表中。

预防可预测的挑战性行为的第四、第五步是安排前奏事件和结果,这样,它们将不再诱发和支持挑战性行为;相反,它们将为适当行为的发生创设一个场合,并提供支持。这5个步骤将在之后的案例中进行说明。麦吉和戴利(McGee,Daly,1999)报告了一项研究,在这项研究中,他们确定了,指向同伴的言语和身体攻击行为最常发生在自由游戏时间(预防第一步)。自由游戏活动中有一些儿童熟悉的玩具,它们都被放在儿童可以拿到的儿童规格的架子上。作者表示,许多学生已经对这些熟悉的玩具感到厌倦,但一些学生仍不知道怎么玩这些可获得的玩具(预防3)。为了预防言语和身体攻击行为的继续出现,他们制定了一项干预策略,通过引入玩具流转计划(维持物品的新颖性)来减少玩具的熟悉性,并对收纳可用于处理个别学生独特需要的玩具的爱好箱进行了个别化(预防4和5)。当儿童没有参与的时候,爱好箱就分发给他们。这些干预措施预防了言语和身体攻击行为的进一步发生,增加了适当和互动游戏的频率。这个研究说明了预防过程,以及检查当前环境并安排这一环境以诱发和支持适当替代行为的重要性。

操纵情境事件和前奏事件

在制定和应用策略以预防挑战性行为的发展和发生时,我们必须考虑 ABC 序列中的每一项内容(前奏事件、情境事件、行为及结果)(Horner,1994)。挑战性行为可以通过操纵这些发生在挑战性行为之前或者同时发生的情境事件和前奏事件来预防其发展和发生(Cuvo & Davis,1998;Kennedy & Meyer,1998)。情境事件和前奏事件也可以在每项功能(正强化、负强化及感觉调整/感觉刺激)内安排(Munk & Karsh,1999)。

正强化功能

在正强化功能中,前奏事件和/或情境事件可以被引入或者是已经存在的前奏事件和情境事件可以被改变,这样,它们将为适当行为的发生创设一个场合(Dunlap & Kern,1993;Mace et al.,1998)。例如,在一个活动开始的时候,老师可以告诉所有学生,当他们知道答案的时候要举手。治疗师也可以告诉她的学生,在打开壁橱门之前要先请求想要的物品。或者老师可以全天为学生提供与同伴互动的机会(这样可以使他们能够获得来自同伴的关注),以预防不适当时段的同伴互动(比如,在个人阅读时间讲笑话或者讲话)。

当学生开始表现出挑战性行为时,前奏事件也可以用于重新引导他们表现出适当的替代行为。例如,在早晨的语音意识活动中,萨琳娜(Serina)常常离开座位,在教室里游逛,玩教室里的物品。过去,萨琳娜的老师塔尔(Tull)夫人尝试了多种反应性的基于结果的策略,包括批评她的行为、拿走奖励品、让萨琳娜陈述课堂行为规则、让萨琳娜为其破坏性行为向全班道歉和与萨琳娜个别地讲她的行为。这些策略没有一个起效果。塔尔夫人假设,萨琳娜离开座位这一行为的功能是正强化。她的观察表明,萨琳娜通常在其离开座位时获得某些形式的教师和/或同伴关注。而且,萨琳娜在她与同伴在小型小组中学习、一对一地与老师学习的时候,以及在语音意识活动中她是帮助者的那些日子里,都表现出适当的行为。萨琳娜主要在教师向全班讲话或者要求轮到的学生回答问题时表现出挑战性行为。

处理萨琳娜挑战性行为的干预着重在引入前奏策略以诱发适当行为上。在语音意识活动开始的时候,塔尔夫人告诉全班"在活动中坐在座位上的每一个人都会在结束时获得一张彩票"(Rhode et al.,1993)。她也经常请萨琳娜回答问题或者在活动中请其提供辅助。她也让学生互相告诉答案,这样可以提供给萨琳娜同伴关注及教师关注。这些前奏策略与适当行为之后提供的表扬和彩票,以及挑战性行为之后的消退联合起来,增加了早晨语音意识活动中萨琳娜坐在座位上的行为和活动参与。

前奏事件和情境事件	行　　为	结　　果	功　　能
圆圈活动,教师关注整个小组	离开座位,游逛,玩物品	批评,向全班道歉、与老师说话、同伴大笑	正强化:获得关注
圆圈活动,教师关注整个小组和萨琳娜,警告信号,告诉同伴答案	在座位上,参与,辅助教师,与同伴说话	表扬,1 对 1 的教师互动,彩票,同伴互动,忽视挑战性行为	正强化:获得关注

负强化功能

当挑战性行为的功能是负强化时,前奏事件也可以被安排,以用来为适当行为创设一个场合。例如,提示信号或者警告信号可以提供有关活动持续时间、活动还剩余多长时间、所要求的行为或者活动结束之前还剩余的行为数量和类型(Kennedy & Itkonen,1993;Rhode et al.,1993;Sulzer-Azaroff & Mayer,1986,1991)。比如,一个辅助教师可以告诉学生,当他完成 8 道题目之后他可以休息一下。又如,教师可以告知学生,还剩下 10 分钟来完成他们的学习任务单了。

在另一个案例中,我们区域内的许多初中和高中在课堂转衔过程中应用了全校范围的前奏事件策略,以处理学生上课迟到或者转衔结束后仍留在过道里的问题。这一策略的目标在于提供前奏线索,用信号提示转衔将结束而下一节即将开始。现在,这些学校在转衔期间用高音喇叭播放音乐。只要音乐在响,学生们就被允许在学校的过道里进行互动和"闲逛"。当转衔只剩下一分钟的时候,音乐就停止。这个前奏线索用信号提示学生准时去上下一节课,从而促进了学生的准时行为(这样就预防了他们拖沓的行为)。这一全校范围的策略与对准时行为的绩点奖励措施相结合,大大增加了学生的准时行为,因而预防了他们的拖沓行为(即挑战性行为)。

前奏事件和情境事件	行　　为	结　　果	功　　能
转衔结束	留在过道,上课迟到	同伴互动,能够做自己的事情,放学留校	负强化:回避上课
转衔结束,转衔过程中音乐信号提示,转衔只剩1分钟时音乐停止	去上课,准时到达	绩点	正强化:因上课获得绩点

前奏事件和情境事件也可以用来减少负强化功能中已存在的变量的厌恶性。学生常常逃避或者回避他们不喜欢的、无聊乏味的、教师导向的、压力巨大的、长时间的、很难完成的或者与以往失败经历有关的活动、任务和材料。为了减少困难任务的厌恶性性质,教师可以辅助学生完成部分任务。或者教师可以向学生展示如何做家庭作业本上第一道题,提供一个已做完的题目样例,该样例已经分解了重要的解题步骤。撤销厌恶性的前奏条件或者减少前奏变量的厌恶性性质,增加了学生使用材料、参与任务、参与活动的可能性,而不再表现出受逃避和回避激发的行为(Butler & Luiselli, 2007；Kern & Dunlap, 1998)。

感觉调整/感觉刺激功能

在感觉调整/感觉刺激功能中,情境事件和前奏事件可以用来预防过度刺激或者过少刺激,以及对感觉输入的消极反应。此项功能中,可以通过在挑战性行为发生之前提供学生期望的或者需要的感觉类型和水平,以及提供学生可获得的多样化的感觉刺激水平和类型,来达到预防的效果(Chicago Public Schools, 1998；Favell et al., 1982；Flannery & Horner, 1994；Horner, 1980；Reisman & Scott, 1991；Tustin, 1995；Walker et al., 1995；Wodrich, 1994)。

例如,爱德华多(Eduardo)是一名患有自闭症的学生,就读于一个普通教育的幼儿园/一年级班级。爱德华多喜欢早晨的圆圈活动、小组朗读活动和独立的课堂作业,他愿意参与这些活动。但不幸的是,他不愿意参加其他活动。当学生们被告知要选择学习中心或者被安置到合作性小组中时,爱德华多常常努力离开教室。如果他被引导着去参加一个活动,他就开始拍打手、咬手,并尖叫。当他这么做的时候,他的教师拉蒂廷(Rattikin)先生常常告诉他停止,并试图提供身体辅助,以便使爱德华多参与活动。这常常持续到任务结束或者拉蒂廷先生放弃并让爱德华多去教室里的一个隔离区域为止。

小组假设,爱德华多不喜欢吵闹的、常常拥挤的活动。因此,拉蒂廷先生改变了教室的环境,以便预防爱德华多对吵闹的、拥挤的中心的消极反应,并在中心时间增加其参与。拉蒂廷先生设计了几个中心选择项,包括安静的和更被动型的活动,以及每次可以容纳少量学生的活动。他也让爱德华多在其自己的课桌上用一些材料独立完成任务,这些材料通常是那些很吵闹、很拥挤的中心的一部分。在中心时间开始的时候,拉蒂廷先生也提供给爱德华多符合其感觉需求的中心清单,并提示他从这些中心里选择一个。这些前奏策略减少了爱德华多的挑战性行为，并增加了适当的参与行为。

前奏事件和情境事件	行　为	结　果	功　能
中心，拥挤、增加了的噪音、言语提示、身体提示	离开课堂、拍打手、咬手、尖叫	其他言语和身体提示，被单独留下	感觉调整/感觉刺激：减少听觉输入和拥挤
中心，安静的、被动型的、不拥挤的中心选择、言语、身体，以及视觉提示	选择一个中心，参与	表扬	感觉调整/感觉刺激：减少听觉输入和拥挤

　　表 11-3 列举了能被应用于预防挑战性行为的常见前奏事件策略。这些策略中有很多包括了操纵与挑战性行为相关的特殊的前奏刺激。其他策略则是让学生参与、继而预防挑战性行为的简单有效的前奏教学方法。

表 11-3　可应用于预防挑战性行为的前奏策略

1. 给予适当的、清晰的指令和要求（指令应该是简短的、简单的、容易理解的、匹配学生的语言能力的、当学生注意力集中的时候给予、被分解为多个步骤等等）
2. 构建有效的转衔或者娱乐时间（比如，在娱乐时间有可获得的物品或者活动，在转衔开始或者结束时信号提示，提供结构，减少转衔时间，使用基于转衔的教学（Wolery，Doyle，Gastric，Ault，& Lichtenberg，1991），在转衔中分配搭档或者伙伴，布置转衔过程中的任务或者工作）
3. 提供警告信号和提示信号。
4. 提示适当行为。
5. 角色扮演表现出适当行为并遵循规则。
6. 告诉学生要做什么，而不是不要做什么。给予启动某个行为的要求，而不是结束的要求（Walker & Sylwester，1998）（比如，"当你需要休息的时候告诉我"而不是"不要离开座位"）。
7. 提供选择和学生导向的活动。
8. 呈现指令及要求，而不是隐含了选择项的问题（比如，"拿出你的书，读第五章"，而不是"你准备好读科学那一章了吗？"）
9. 张贴并回顾有关适当行为的规则。
10. 建立行为契约（Alberto & Troutman，1999；Friend & Bursuck，2002；Sulzer-Azaroff & Mayer，1991）
11. 提供经常性的关注、督导和身体靠近。
12. 提供辅助、安排成功。
13. 改变活动、任务、材料及同伴。
14. 打断挑战性行为并进行重新引导。
15. 示范适当行为。
16. 对表现出适当行为的同伴进行强化。
17. 注意适当行为——"抓住表现好的时候"和"良好行为游戏"（Barrish，Saunders，& Wolf，1969）

（续表）

18. 减少等待，提供反应的机会，应用一致性反应。
19. 交替进行主动型和被动型的任务。
20. 提供教学风格和材料的变化。
21. 告知学生偏好的活动将跟随在较少偏好的活动完成之后（Homme，deBaca，Devine，Steinhorst，& Rickert，1976；Premack，1959）。
22. 设计并复习社会故事（Gray，1994；Gray & Garland，1993）。
23. 提供被动型的低刺激的区域、活动和材料。
24. 使用行为契约（比如 Lassman，Jolivette，& Wehby，1999）。
25. 教并支持社会技能，问题解决，以及矛盾解决。

备注：表中信息反映了我们自己在开展功能评估中的经验，并参考了以下文献：Cangelosi(1993)；Chandler & Dahquist(1999b)；Chandler，Dahquist，Repp，& Feltz(1999)；Munk & Karsh(1999)；Munk & Repp(1994b)；Simonsen，Sugai，& Negron(2008)；Strain & Hemmeter(1997)；Walker(1998)；Zirpoli(2008)。

操纵支持适当行为的结果

除了安排前奏刺激和情境事件以预防挑战性行为之外，我们必须在适当行为发生时提供能支持它的结果。例如，还记得那个常常在早晨的语音意识活动中离开座位、在教室里游逛、玩物品的萨琳娜吗？她的行为结果通常包括批评、让她向全班道歉、与教师说话等等，虽然塔尔夫人使用这些结果，试图减少萨琳娜的挑战性行为，但是，这些结果实际上通过提供关注支持了萨琳娜的挑战性行为。因此，这些结果要被改变，这样它们将支持适当的而不是挑战性行为。当萨琳娜参与活动的时候，塔尔夫人表扬了她并提供了彩票。塔尔夫人也忽视了萨琳娜的游逛、不参与的行为，只有当她参与活动时，她才与萨琳娜进行互动。这些策略改变了结果，并与前奏策略相结合，增加了萨琳娜的适当行为，同时预防了未来挑战性行为的发生。

非常重要的是，要记住结果可以加强、维持或者减弱行为（Skinner，1953，1974）。正如第四章中所讨论的，积极的或者期望的结果（从学生的角度）将加强或者维持行为。惩罚或者不希望的结果（从学生的角度）将减弱或者减少它们所跟随的行为。第四章中的表 4-5 列举了学校情境中常用的结果，它们可以同时支持挑战性和适当行为。

早点开始预防并建立适当行为的规则

预防的目标就是预防挑战性行为的发展或者已定型挑战性行为的使用。因此，它遵循的原则即是预防策略越早应用越有效（Dunlap et al.，1990）。例如，我们学校系统中的主动积极的预防策略应该在儿童进入学前学校就开始（McGee，1988）。这能防止那些年幼的学生发展并练习挑战性行为,比如攻击、不服从,这些行为会干扰他们在学前的学习和发展,且很有可能继续在小学发生并对他们在小学的学习和发展造成不利影响(Dunlap & Fox, 1996；Dunlap et al., 1990；McGee, 1988；McGee & Daly, 1999；Sprague & Walker, 2000)。

相同的概念要应用于整个学年。学年中预防策略应用得越早,预防效果则越成功。这是因为预防策略及他们支持的适当行为将不需要与已定型的挑战性行为和对这些行为的支持进行对抗。例如,许多教育人员建议,要在学年开始时就建立一套全班范围的行为规则(Cangelosi, 1993)。规则应该张贴在教室里,在学年的第一周就要经常被讨论。然后规则要在整个学年中定期地被回顾。学生也要因为他们遵循已建立的规则而被强化(比如表扬、绩点和代币)。例如,用于合作性小组活动的规则可以包括以下内容:

1. 轮流。

2. 互相听对方的观点和评论。

3. 做布置给你的工作。

4. 当被请求的时候帮助你的同伴。

5. 分享材料。

6. 注意力保持在任务上。

罗德(Rhode)及其同事(1993)将规则描述为预防策略的支柱。他们及其他研究者为建立规则提供了一些建议。这些建议包括:

1. 让学生参与到建立规则中。

2. 确保规则反映了可观察的行为。

3. 确保规则确定了适当的行为;使用"做"而非"不做"的规则。

4. 确保规则为所有学生所理解。在制定规则时考虑了学生的认知水平和年龄。

5. 验证学生知道了规则及遵循或者违法规则之后的结果。教遵循规则的行为。

6. 选择最少数量的规则。

7. 张贴规则。

8. 定期以及在行为被预料到的某个活动之前回顾规则。

有关建立全班范围的规则和促进遵循规则的行为的更多信息,可参见以下资源:阿尔伯特和特劳特曼(Alberto & Troutman, 1999)、达奇和卡梅艾钮(Darch & Kame'enui, 2004)、克尔和尼尔森(Kerr & Nelson, 1998)、罗德等人(Rhode et al., 1993)、索尔泽-阿扎罗夫和梅耶(Sulzer-Azaroff & Mayer, 1986, 1991),以及沃尔克等人(Walker et al., 1995)。在学年开始时就建立规则并定期地回顾这些规则,比起那些常用的策略,即针对个别挑战性行为,一次只形成一条规则和结果,它们在预防挑战性行为方面要有效得多。

总结

预防是功能评估的一个重要目标。虽然功能评估过程中最初的努力都是着重矫正已定型的挑战性行为,但长期的目标应该是预防挑战性行为的发展和预防已定型的挑战性行为的发生。预防挑战性行为的发展可以通过安排可为适当行为的发生创设一个场合或者诱发适当行为的前奏事件和情境来实现。随后,在适当行为之后可提供期望的或者积极的结果,来加强和维持这一行为。

预防已定型的挑战性行为的发生或者产生可以通过检查当前环境来达到。当前为挑战性行为发生创设了场合的前奏事件、与挑战性行为紧密联系的情境事件,以及支持挑战性行为的结果必须被改变或者撤除,并且将被诱发和支持适当行为的情境事件、前奏事件和结果所代替。

除了强调预防之外,小组必须处理行为的迁移和维持。当行为跨非干预的背景和情境、跨行为发生时,迁移就发生了。当行为在干预策略停止之后仍旧继续发生(即行为跨时间继续发生),那么,维持就发生了。对许多学生来说,迁移和维持不是干预的一种自动的或者被保证的效果,他们反而必须是要通过实施特殊的策略被主动地促进的。

迁移在行为分析和特殊教育领域并不是一个新的概念(比如,Skinner,1953,1974)。在贝尔等人有关行为分析的开创性文章中,他们(1968)将迁移确定为行为分析的主要目标之一。但是,用于促进迁移的精力以及获得迁移和维持的成功仍旧继续落后于习得阶段(Baer et al.,1987;Chandler,Lubeck et al.,1992;Haring,1987)。斯托克斯和奥斯尼斯(Stokes & Osnes,1988)提到了教育人员要主动处理迁移和维持的道德义务。如果我们想达到改变长期生活方式的这一目标,那么,迁移和维持必须被纳入为综合性干预计划的一部分。利伯蒂及其同事(Liberty & Billingsley,1988;Liberty et al.,1988a,1988b)建议,小组要写下有关特别处理迁移和维持的目标,并将这些目标加入到学生的个别化教育计划中(Haring,1988a,1988b)。他们为书写这些目标提供了特殊的指导,他们的研究支持了目标在于将教师的精力集中到促进、获得迁移和维持方面的干预的有效性。最后,我们也要在习得阶段之后开展定期的进展情况的监控,以确保行为继续迁移和维持了明显的一段时间。

案例研究:确定迁移、维持及预防的策略,确定其他可应用的策略

案例研究由埃德沃德·卡恩西奥(Edward Cancio)提供

● 詹姆斯(James)

詹姆斯是一个三年级学生,就读于普尔特华盛顿小学。他是一名被鉴定为情绪和行为

障碍(E/BD)的学生。詹姆斯在一个专门为情绪行为障碍学生设置的封闭的教室中接受特殊教育服务。

　　詹姆斯一直挣扎于学业类任务中,不喜欢学校和教师。他的认知在平均水平。他成功的时间通常都是一对一的情境,此时他是服从的,并能够完成他的作业。他的其他优势还包括运动能力,在特殊教育教室外(比如,体育课、午餐室活动、集会和休息时间)与同伴积极互动,当他在学业上很专注时,他能够忽视其他学生的不适当行为。詹姆斯最喜欢的课是体育课、艺术课和音乐课。

　　除了情绪和行为障碍,詹姆斯曾经被诊断为学习障碍(LD)以及注意力缺陷多动障碍(混合类型)。詹姆斯获得的相关服务是社会工作和校医服务。他所在教室里的工作人员是一个全职的特殊教育教师和一个全职的辅助专职人员。这一方案服务了 13 名情绪和行为障碍学生。詹姆斯的主教老师波特克(Butke)女士要求行为咨询员更加有效地处理詹姆斯的破坏性和攻击性行为。波特克女士表示,詹姆斯在一天中的不同时段表现出以下挑战性行为:

- 在因为不适当行为被批评时,打成人、踢成人
- 不服从行为
- 作业分心行为
- 绕着房间咆哮,试图让学生的注意力从他们的学业类活动中离开,以破坏课堂
- 在课上扔物品
- 破坏财物

波特克女士很担心教室里其他人的安全(包括学生和工作人员),以及詹姆斯行为对他及其同伴教学时间缺失的影响。波特克女士感到,如果工作人员能够教詹姆斯更多的自我控制,辅助其在需要时请求帮助,他的攻击性、不服从、破坏性和作业分心行为将大量减少。

　　学区的行为咨询员在不同情境中观察了詹姆斯,能够观察到波特克女士所确定的许多行为。咨询员能够观察到主动的社会性行为。另外,咨询员注意到,詹姆斯出现挑战性行为的场景(前奏事件和情境事件),以及支持这些行为的可能结果。这些内容都在以下的 ABC 记录表中进行了描述。

前奏事件和情境事件	行　为	结　果
詹姆斯报告,阅读课晚了 20 分钟(阅读课跟随在午餐后)	在教师解释詹姆斯需要做什么之后,他在那里 20 分钟	教师没有对其作业分心行为进行反应
坐在椅子上,阅读课上	20 分钟离座行为后,詹姆斯在教室里游逛	教师没有对其离座行为进行反应

（续表）

前奏事件和情境事件	行　　　为	结　　　果
阅读课	从教师桌子上拿走标记笔,在教师的阅读书上乱画	教师忽视行为
阅读课	从教师桌子上拿走尺,走到布告栏那里,从张贴的课堂规则最上端将尺滑下,然后在最底端接住尺	教师没有对该行为进行反应
阅读课	从布告栏里撕下张贴的课堂规则,撕掉它,将碎片扔得满房间都是	被告知回到座位
被告知回到座位	拒绝	教师告诉他必须去办公室
被告知他要去办公室	推倒教室分隔物	教师叫办公室来辅助,助理校长将詹姆斯带离教室,被停学5天
书面语课,与老师一起学习	专注于任务,服从	表扬,得到额外奖励绩点
小组中矫正书面语作业	与小组一起合作性学习	对小组表扬,小组获得5分钟自由时间
自由时间获得	与同伴玩棋盘游戏	表扬
数学作业,独立学习	将揉成一团的纸扔向同学	被告知他将失去数学课后的班级电影
数学作业,独立学习	离开课桌,走向教师的桌子将教室分隔物推翻在教师身上	被移出教室,停学7天

对 ABC 记录表的分析表明,当詹姆斯表现出适当行为时,起作用的前奏条件是那些他理解课程概念的情境、当他一对一地与老师和辅助专职人员学习的时候、当他在小组活动中的时候或者当他参与到与同伴的社会性活动中的时候。

相反,在他挑战性行为之前的典型环境包括他不理解教学过程中呈现的概念的情境、当他独立学习的时候、当他被单独留下一段时间的时候或者当他因为不适当的行为被批评的时候(比如,作业分心行为、绕着教室咆哮)。

詹姆斯挑战性行为的功能是负强化。他的行为导致了逃避和回避学业类活动或者作业。负强化功能之所以被选择是因为詹姆斯在与学业有关的任务上表现出挑战性行为。詹姆斯有长期的学业失败的历史。对詹姆斯来说,困难的学业类任务是具有厌恶性的,在呈现这些任务的时候他表现出挑战性行为。他的行为的结果(比如,与工作人员的矛盾,然后被独自留下)有效地结束了厌恶性的前奏任务、活动或者作业。

负强化功能之所以被确定,也是因为詹姆斯在社会性和与学业无关的活动(比如,与同伴的社会性互动、体育课、午餐、音乐课和艺术课)中没有表现出挑战性行为。反而,在非学业的前奏条件下,他表现出了主动的社会性行为。因而在诱发主动的社会性行为与挑战性行为的前奏事件/情境事件类型方面存在明显的不同。

除了负强化功能之外,詹姆斯的挑战性行为也受到正强化功能的维持。支持主动社会性行为和挑战性行为的结果通常提供了来自同伴、教师及辅助专职人员的某些形式的关注。在詹姆斯挑战性行为之前的状况常常包括他被期望要独立学习的情境,虽然是困难的任务,但教师的关注并没有指向他,当他被忽视的时候,他在这些困难、独立的学习活动过程中表现出挑战性行为。他同时受到了来自教师或者辅助专职人员积极的(表扬、绩点、活动性强化物或者奖励)和消极的(重新引导、批评)关注。

詹姆斯的挑战性行为不是感觉刺激/感觉调整增加或者减少的功能。这一结论是基于这样的事实,即前奏条件的刺激水平没有一致性,以及挑战性行为之后的刺激水平没有一致的变化。詹姆斯在高刺激性的及刺激增加的活动中,有时在刺激减少的情境(比如,阅读课、午餐、艺术和体育课)中都会表现出挑战性行为。挑战性行为之后缺乏一致的刺激水平和不适当行为之后刺激水平没有一致变化的事实,也表明他的行为不是感觉刺激/调整的功能。

行为咨询员和教学小组制定了以下干预以处理詹姆斯的行为。他们确定了之后的适当的替代行为:

1. 被要求时请求帮助。

2. 服从教师的指令。

3. 当要求辅助时,举手并安静地等待教师知道。

4. 遵循班级规则。

5. 说明怒气控制策略。

为了消除詹姆斯的挑战性行为(不服从、破坏性及攻击行为),并增加适当的替代行为。工作人员以连续强化的时间模式对他专注于任务及其他适当行为提供了表扬、绩点、活动性强化物和可接触的强化物(替代行为的区别强化)。当适当行为一致地表现出来以后,强化物的发放转为间歇的时间模式。

在困难任务的独立学习时间,当詹姆斯表现出专注于任务行为达到一定的持续时间之后,就会获得表扬和简短的社会性休息。当他完成3项任务,就可以得到5分钟的休息。任务和休息被逐渐增加以延长詹姆斯能够学习的时间。另外,当詹姆斯赢得成人的关注或者以适当的方式要求辅助时他也会获得强化。

为了改变前奏条件以诱发困难任务过程中适当的主动社会性的行为,工作人员试图分析詹姆斯感到挫折的时候的激动水平。这减少了危机状况发生的可能性。比如,如果詹姆斯不理解作业或者任务,教师或者辅助专职人员向詹姆斯提供辅助(比如,"詹姆斯,做这份作业你需要做什么吗?让我们练习几道数学题目"),或者让詹姆斯与一个可以在困难学业类任务中提供辅助的同伴结对。

除了强化适当行为之外,矫正型的教学及精确的要求技术也可用于教其适当行为,减少不服从、破坏性和攻击性行为。矫正型教学策略(Davis, Kutsick, & Black, 1985;Young,

West，Morgan，& Mitchem，1997)如下所示：

　　1. 说一些积极的事情。

　　2. 描述问题行为。

　　3. 给出表现主动社会性行为的理论依据。

　　4. 操练期望的行为。

　　5. 表扬合作和学习。

　　精确的要求这一策略(Rhode et al.，1993)如下所示：

　　1. 给一个令人愉快的要求。

　　2. 等待5—10秒。

　　3. 如果服从,强化。

　　4. 如果不服从,提供一个"你需要去"的要求。

　　5. 等待5—10秒。

　　6. 如果服从,强化。

　　7. 如果不服从,使用简化技巧。

　　几种干预策略相结合减少了詹姆斯挑战性行为的频率和强度,增加了适当的替代行为。这一干预计划包含了许多促进行为迁移和维持的策略,以及预防挑战性行为再次发生的策略。

　　1. 确定干预过程中应用于促进迁移和维持的策略。

　　2. 确定应用于预防詹姆斯挑战性行为再次发生的策略和支持适当替代行为发展的策略。

　　3. 有什么其他策略可以应用于促进迁移和维持?

案例研究:制定促进迁移、维持及预防的策略

案例研究由埃德沃德·卡恩西奥(Edward Cancio)提供

● 佩顿(Payton)

　　佩顿是一名患有自闭症(艾斯伯格综合征)的三年级学生,他在一个特殊教育多类别的资源教室接受特殊教育服务。佩顿喜欢来学校,也与老师发展了很强的关系。佩顿的主要优势是他的认知能力、非言语技能、学业技能和工作道德。其他优势还包括:他想取悦成人,他有强烈动机要求成功,他在结构化的、一致情境中学习得很好,他能够忽视其他学生的不适当行为。佩顿最喜欢的课是阅读和数学。

　　除了自闭症,佩顿还被诊断为情绪紊乱,以及言语和语言迟滞。佩顿接受社会工作、言

语和语言治疗、职业治疗服务。教室里的工作人员有一个全职的教师、两个兼职的教师及三个辅助专职人员。其中一个辅助专职人员是佩顿的一对一的助教。这个方案中还有 33 个轻度障碍的学生。佩顿的主教老师威廉姆斯（Williams）先生要求行为咨询员更加有效地处理佩顿的破坏性和攻击性行为。威廉姆斯先生表示，佩顿在一天中的各个时段表现出了以下挑战性行为：

> 打、踢成人和同伴
>
> 打自己
>
> 打、踢物品和建筑物
>
> 受到挫折或者被激怒的时候，朝工作人员尖叫
>
> 在课上扔东西
>
> 破坏财物
>
> 接受建设性批评很困难
>
> 当对任务和家庭作业感到挫折的时候，表现出不服从

　　威廉姆斯先生对于佩顿行为对他缺失的教学时间数量的影响感到非常担心。他也对佩顿行为对其他同学集中注意力在课上的能力的影响感到担心。威廉姆斯感到，如果工作人员教佩顿更多自我控制及接受建设性批评，那么，他的学业功能会显著改善。

　　学区的行为分析师在不同情境中观察了佩顿，观察到了许多由其特殊教育教师所确定的行为。行为分析师也观察到了一些适当行为的例子。另外，行为分析师确定了佩顿挑战性行为发生的情境（前奏事件和情境事件），以及支持这些行为的结果。这些内容都在以下 ABC 记录表中进行了描述。

前奏事件和情境事件	行　为	结　果
阅读指令，需要辅助	安静地等待辅助	教师表扬
教师提供矫正型的反馈	改正作业	教师对其接受反馈和改正作业进行了表扬
科学作业，不理解作业	跺脚，用张开的手掌打头，揉掉作业并扔到房间各处	批评，被告知要冷静下来
科学作业继续	行为继续，扔笔，拍打教师胳膊	从教室移到社会工作者办公室去冷静下来
社会工作者办公室	冷静下来	回到教室
普通教育教室，数学教学	突然大声说出答案	忽视脱口说话，表扬同伴举手
普通教育教室，数学，没有正确回答问题，被告诉答案错了	扭脸，敲桌子，尖叫他的答案是对的	教师使用不同的术语再次提问
普通教育班级，数学，教师再次提问	正确回答问题	表扬其适当答案

对 ABC 记录表的分析表明,当佩顿表现出适当行为时,起作用的前奏条件是那些他理解课程概念的情境、他能够正确完成布置的任务(作业上 100% 正确)的时候、教学过程中他被教师叫到参与的时候或者他能马上获得对任务/家庭作业的辅助的时候。相反,出现在他挑战性行为之前的典型环境包括他不理解教学过程中所呈现的概念的情境、他没有在课堂讨论时被叫到的时候、他没有获得他在作业上期望获得的分数的时候或者他被给予了来自课堂教师或者辅助专职人员的矫正型反馈。

不管是适当还是挑战性行为,其结果通常提供了来自教师或者辅助专职人员某些形式的关注。佩顿所获得的关注类型是没有关联的。他同时受到来自教师或者辅助专职人员积极的(比如对任务和家庭作业的辅助,表扬)和消极的(比如矫正型反馈)关注。他的挑战性行为受到正强化的维持。

佩顿的挑战性行为的功能不是负强化。在佩顿的优势中有他的学业技能和工作道德。他喜欢学校,也很热衷于完成课堂作业和活动。他没有一致地表现出逃避某项特殊类型的教学活动。实际上,有时,当他被命令结束他喜欢的教学活动时,他就会变得很有破坏性和攻击性。如果他的行为是逃避功能,他将受到结束教学活动的激励。

佩顿的挑战性行为也不是感觉刺激/感觉调整增加或者减少的功能。因为前奏条件的刺激水平没有一致性,而且挑战性行为之后的刺激水平没有一致的变化。佩顿在高刺激性的及刺激增加的活动中,有时在刺激减少的情境(如阅读课、体育课)中都会表现出挑战性行为。挑战性行为之后缺乏一致的刺激水平及不适当行为之后刺激水平没有一致变化的事实,表明他的行为不是感觉刺激/调整的功能。

在制定干预计划以处理佩顿的行为的过程中,很重要的是要运用积极的干预策略去匹配他的行为功能。干预计划也要处理,如果挑战性行为被禁止那么什么情况将会发生。最后,除了处理适当替代行为之外,很重要的是要考虑如何改变前奏条件,以预防佩顿表现出挑战性行为。他们制定了下面介绍的综合性干预计划。首先,小组确定了将被强化的适当的替代行为。它们包括:

被要求时请求辅助。

接受建设性批评。

服从教师要求转衔去另一个教学活动的指令。

在参与课堂讨论时举手并安静等待教师知道。

每次佩顿表现出任何一个已被确定的适当行为时,工作人员都提供表扬和奖励绩点。为了改变前奏条件以减少挑战性行为发生的可能性,在缺乏关注及佩顿可能需要辅助的情境中教师和辅助专职人员提供更频繁的关注。他们也提供警告信号以提醒他适当地请求帮助,并在活动中提供书面和图片的指令。

他们也分析了佩顿在其行为升级为挑战性行为时的激动水平。比如,如果佩顿不理解一个概念,教师或者辅助专职人员叫其探讨问题,以帮助佩顿正确回答问题,或者提供矫正型反馈,同时结合着重对犯错误之后他学会正确完成任务的行为进行描述性表扬这一策略。工作人员希望佩顿明白犯错误是可以的,而且这是一个寻求辅助的"机会",而辅助可以将帮助他学习并且获得成功,这不是一个让他变得心烦意乱并表现出挑战性行为的机会。

如果攻击性和破坏性行为发生了,那么就可以采用想想—时间(Think-Time)的策略(Nelson, Crabree, et al., 1998)。想想—时间是一种全校范围的策略,在这一策略中,学生被要求去房间内的一个安静区域对其挑战性行为进行反思。经过特定时间段后,教师或者辅助专职人员让学生参与到询问阶段的活动,这个阶段将包括对以下问题的讨论:

什么行为导致你进入想想—时间阶段?

未来如果你面临相同情境时,学生将做什么?

他们能够按照计划进行吗?

这套干预减少了佩顿的挑战性行为,并增加了适当行为。他开始适当地对矫正型反馈做出反应,并用适当的方式寻求帮助。这个时候,工作人员决定拓展干预计划,以促进迁移和维持,并加入其他预防策略。假设你在与这个小组一起工作。

1. 制定一个计划以促进迁移和维持,包括宽松地训练、将熟练性标准具体化和间歇强化等策略。

2. 讨论自我管理的策略或者其他调节策略、建立规则及契约制怎样能够被纳入这一计划中。

第四部分　学校情境中的功能评估

第十二章　方案实施和咨询的指导原则

第十二章

方案实施和咨询的指导原则

目标

1. 描述危机情境中所要遵循的步骤。
2. 提供将家庭纳入到功能评估的理论依据。
3. 确定将家庭纳入到功能评估的策略。
4. 描述在学校情境中实施功能评估的其他策略及干预程序。
5. 解释挑战性行为在干预开始时增加并定期回复的原因，以及处理这些问题的策略。
6. 描述在干预过程中监控行为之所以重要的原因。
7. 解释应用全班范围的策略的理论依据，并描述全班和全校范围策略的例子。
8. 确定抗拒功能评估的常见原因。
9. 描述提供咨询的策略。
10. 描述教其他人开展功能评估的模式。

关键术语和概念

全班和全校范围的干预计划	监控行为
一致性	定期回复
危机情境	对参与功能评估的抗拒
干预的准确性/治疗的诚实性	自然恢复

本章处理了方案实施。让我们从这里开始，即认识到本书所介绍的功能评估和干预模式并不是一个在学校和家庭情境中很简单的容易实施的模式。观察适当行为、挑战性行为及当前环境，访谈关键人员、分析挑战性之所以发生的原因，都需要时间、精力和技能。随后，制定和实施策略以减少挑战性行为、增加适当替代行为，还需要另外的时间、精力和技能

(Walker，1998)。

但是，在我们的经验中，投入功能评估的时间和精力一般比当前教育人员应用于应对挑战性行为所花的时间和精力是相同的或者要更少。另外，通过功能评估模式所应用的干预比应对挑战性行为所应用的要有更多的成本效益。当我们继续采用干预，为适当行为提供支持的时候，所要求的时间和精力则将减少，虽然它可能不会完全消失，因为我们要继续监控行为并对适当行为进行强化(Walker，1998)。除了时间和精力减少之外，我们的经验告诉我们，用于开展功能评估及选择并实施干预策略的技能将随着实践而增加。

我们自己的经验和研究，以及其他研究者的研究，都记录了功能评估、干预和基于学校情境中用于处理挑战性行为的积极行为支持的有效性(Carr et al.，1994；Chandler et al.，1999；Drasgow，Halle，Ostrosky，& Harbors，1996；Ellingson et al.，2000；Ingram，Lewis-Palmer，& Sugai，2005；Journal of Applied Behavior Analysis，1994；Kern et al.，1994；Netzel & Eber，2003；Repp，1999；Repp et al.，1988；Scott，Liaupsin，Nelson，& Jolivette，2003；Warren et al.，2003)。但是，功能评估的成功并不被担保。当你在基于学校的情境中实施功能评估和实施干预这一模式时，当你为教育人员、工作人员及家庭提供咨询时，你要考虑几条指导原则。这些指导原则将增加成功的可能性。我们将从讨论开展功能评估以及实施干预的技巧这一内容来开始这一章，接着我们将介绍许多最常被问到的问题或者抗拒的问题。然后，我们将在讨论用于教功能评估和提供咨询的指导原则那里结束本章。

用于开展功能评估和实施干预的指导原则

有关用于开展功能评估、选择并实施基于功能的策略这一方面的技巧和指导原则在整本书中都有提供，在第五、第六章中还特别介绍了许多内容。我们在本章介绍的指导原则是前面没有讨论过的内容，它们列举在表 12-1 中。第一条指导原则实际上与功能评估并没有直接联系；但是，这一指导原则处理了那些不可预测的、严重的、常常很危险的、发生挑战性行为的危机情境。

表 12-1　用于开展功能评估和实施干预的指导原则

1. 学会如何在危机期间进行反应。	4. 预料到挑战性行为的增加和行为的定期回复。
2. 让家庭参与进来。	5. 将干预看作为动态的、演变的过程。
3. 要有耐心。	6. 在全班和全校范围内应用干预和预防策略。

学会如何在危机期间进行反应

许多教育人员愿意实施基于功能评估的干预,但并不清楚在危机情境中要做什么。他们常常诉诸以前所应用的保守的、常常是惩罚性的结果。危机管理这一原则就是:你不能在危机时刻去教。在危机期间,干预的即时目的是打断和停止挑战性行为,并重新引导学生表现出更适当的行为。用于减少挑战性行为及增加适当替代行为的长期干预应该在危机情境之后才能实施,而且要以对与挑战性行为有关的前奏事件、情境事件和结果,以及行为功能的理解为基础。卡尔及其同事(1994)和沃尔克及其同事(1995)确定了危机情境中可依照的几个步骤:

1. 有可能时,忽视挑战性行为。它可以让行为在没有来自工作人员的直接干预的情况下缓解。这一策略可以用于比较细微的挑战性行为,它们常常在引起教师或者同伴的关注后导致更严重的挑战性行为。

2. 保护学生和其他人员免受伤害。这可以包括去保护和用身体保护"受害者",而不是与表现出挑战性行为的学生互动、告诉同伴转移到教室里的另一个区域、将枕头放在学生的头下面以保护他或者她免受因其打头而造成的伤害、将危险的物体移开等等。

3. 如果需要,马上限制学生。当行为的形式和严重性可能导致对学生或者其他人的伤害时,就要使用限制。若之前没有培训过,限制程序就不应该被使用。如果限制使用不正确,很容易伤害到你自己和学生。因此,务必要学习你的学区或者合作团体允许使用的那些限制程序类型,参加有关如何在危机情境中使用限制措施的在职培训。

4. 将同伴和成人从危机情境中转移出来。有时,有必要让所有学生离开教室,直到危机情境结束。例如,在本书第二作者工作的一个教室里,当杰瑞(Jerry)开始扔垃圾桶、并用身体攻击同伴和教师时,主教老师告诉其他学生和助教,在走廊里等待或者去体育馆。他们在危机和危险的挑战性行为结束之后才回到教室。

5. 引入前奏线索以激发适当的或者令人冷静的行为。不要争论、威胁、指责、谈判或者与学生谈其危机时候的行为(参见 Kerr & Nelson, 2002)。这些行为会使危机升级,而且没有确定适当的替代行为。相反,(a)使用冷静的声音,确定适当的行为;(b)使用身体提示以激发适当行为;(c)有可能时,重新引导学生表现出与挑战性行为不相容(即在相同反应组中)的适当行为。比如,如果学生在尖叫并骂人,让学生用吸管吮吸冰水。或者,如果学生在扔垃圾桶,就让学生完成书写其名字、整理物品之类的精细动作或者粗大动作任务。

如果无法选择与挑战性行为不相容的适当替代行为,那么,要着重于帮助学生完成一项被动型的任务上,比如智力玩具或者做一道学习任务单上的题目等等。除了帮助学生表现出适当行为之外,本书的第二作者也推荐使用故意捣乱这一方式。故意捣乱是一项常常与偶然地教学有关的策略,在这一策略中,教育人员表现出不可预测的行为或者阻止某个活动的发生(如 Ostrosky & Kaiser, 1991)。例如,教师可以在学生写他的名字时提供辅助,但是将名字拼写错误或者使用尺去写学生的名字。或者她可以将儿童的大衣放在其背包里,或将儿童的大衣穿在自己身上。当学生寻求去纠正教师的错误时,这类故意捣乱就常常有效地打断了挑战性行为。

　　6. 恢复正常的活动和常规。当学生冷静下来、不再是对他或者她自己及其他人产生威胁之后,就要回到之前的或者已经计划好了的课堂活动和常规。沃尔克及其同事(1995)建议在这个阶段开展个人学习,而不是小组或者互动性的活动。为这一阶段所选择的活动类型要以学生的需要为基础。

　　7. 提供任务报告。这最后阶段是与学生一起回顾挑战性危机行为的诱发刺激物及要采取的其他行为的时间。学生可以练习其他行为并参与到为未来的危机情境制定计划的过程中。任务报告阶段应该仅仅在学生已经冷静、并参与到正常的课堂活动或者常规、表现出适当和冷静的行为至少半小时的时候才开始。

危机情境不是一个教适当替代行为的机会。你在危机情境中的目标是打断和停止行为,并确保学生和成人的安全。但是,要对危机情境进行检查,以便确定为危机情境出现创设了场合或者诱发其发生的前奏事件、情境事件,确定在危机中可能支持挑战性行为的结果。一旦有可能,这些事件都要被改变,以便预防未来的危机情境。行为支持计划要在危机情境之后进行制定,并以对挑战性行为的功能、有关诱发它的前奏事件,以及支持挑战性行为的结果等方面的认识为基础,以便预防未来的危机情境。

让家庭参与进来

虽然本书绝大多数内容是在学校情境中处理挑战性行为,但是在实施干预的时候,考虑家庭并让他们参与进来也是很重要的(Buschbacher & Fox, 2003; Fairbanks, Simonsen, & Sugai, 2008; Lucyshyn, Dunlap, et al., 2002; Lucyshyn, Horner, et al., 2002; Moes & Frea, 2000; Walker, 1998; Walker et al., 1995)。发生在家里、社区及学校里的挑战性行为,会对家庭的生活质量产生严重的影响(Smith-Bird & Turnbull, 2005)。当有障碍的孩子或者孩子们表现出挑战性行为的时候,家庭可能遭遇到一些困难,包括经济紧张、增加的压力、与家族及朋友隔绝、被打断的生活常规和娱乐/家庭活动、家庭成员之间减少交流和对家庭关系的破坏、有关如何应对挑战性行为的不一致意见、家庭和学校之间糟糕的交流等(Chapman, 2000; Fox, Benito, & Dunlap, 2002; Fox, Vaughn, Llanes, Wyatt, & Dunlap, 2002; Hieneman, Childs, & Sergay, 2006; Lucyshyn, Albin, & Nixon, 2002; Lucyshyn, Blumberg, & Kayser, 2000; Worcester, Nesman, Raffaele Mendez, & Keller,

2008；Snell，2004）。

要让家庭参与进来，并处理他们在儿童挑战性行为方面的需要，在此有几条建议，如下所示：

1. 与家庭建立信任、合作的关系。有时教育人员不愿意让家庭成员作为小组的一员平等参与进来，当父母提供一些信息、做出决定等等的时候，他们会感到不太舒服。这常常导致了教育人员命令家庭而不是与家庭合作这样一边倒的关系（Dunlap，Fox，Vaughn，Bucy，& Clarke，1997；2004；Muscott et al.，2008；Snell，2004）。

2. 承认并使用家庭有关儿童的知识。家庭成员可以成为小组中很具生产性的成员。他们也许能够提供对诱发和支持挑战性行为的前奏事件和结果的洞察，也许能够指出教育人员还未知道或者未确定的情境事件（比如，疾病、父母离婚、探望分开的父母）（Eber，Breen，Rose，Unizycki，& London，2008；Turnbull et al.，2002）。他们也可能确定过去曾经成功的或者已经失败的干预策略（Arndorfer，Miltenberger，Woster，Rortvedt，& Gaffaney，1994；Boulware et al.，1999）。

3. 讨论适当行为和优势，以及学生的挑战性行为。对于父母及其他家庭成员来说，参加会议并收到仅仅着重在"负面"的信息是件很困难的事情。例如，一个母亲表示，她害怕家校—联系册和来自孩子老师的电话，因为它们通常都是强调她孩子的挑战性行为，而且也只在她孩子出现"坏日子"的时候才出现；他们从来没有提到适当行为或者"好日子"（Chapman，2000）。

4. 将相关家庭成员包括进来并考虑家庭价值观、对儿童和家庭的目标，以及家庭的日常活动和常规。如果家庭成员正在家里和社区里观察行为并实施干预策略时，这一点尤其重要（Eber et al.，2008；Fisher，2000；Fox，Vaughn，Dunlap，& Bucy，2004；Weiss & Knoster，2008）。让家庭可接受的、对家庭成员来说有应用的可行性的干预策略更有可能被准确地实施。将相关家庭成员纳入进来的一条途径是规划父母（以及其他相关个体）都可以参与的会议（Johnson，2000）。

5. 用可理解的术语为家庭提供信息。许多家庭发现，有关他们孩子的挑战性行为及处理这类行为的策略这一方面，要获得正确的和有帮助的信息是很困难的。因此，他们可能从网络、家庭及朋友那里获得矛盾的、常常没有事实基础的信息，也可能应用与学校不相容的策略（Worcester et al.，2008）。

6. 在合适的时候及被家庭期望时，在家里开展功能评估并实施干预。如果儿童在学校、家里和社区里都表现出挑战性行为，那么，干预就要在这些情境中进行（Fox，Vaughn，Wyatt，et al.，2002；Lucyshyn et al.，2000；Vaughn，Dunlap，Fox，Clarke，& Bucy，1997；2004）。在家里和社区中实施干预将促进行为在多个情境中的变化，因而可以促进迁移和维持（Schreibman，1988）。还记得亚历山德丽亚（在第十一章中序列矫正迁移促进策略中讨论过)在学校、家里及基于社区的情境中表现出自我虐待以及攻击行为吗？当干预减少了她在教室里的挑战性行为并增加了适当行为之后,她的家庭在家里和社区情境中实施了干预。这一做法减少了她在家里及其他社区情境中的攻击和自我虐待行为,并增加了适当的游戏和沟通行为。

　　7.当合适的时候及被家庭期望的时候,让家庭参与到学校的干预计划中,并与家庭沟通儿童的进展情况。家庭成员也许可以作为干预计划中的一部分参与进来。比如,他们可以以固定时间间隔的方式完成有关学生做家庭作业的检核表。或者,他们可以根据儿童在学校的适当行为表现提供一些结果(学生被允许租借收音机)。这一策略也增加了家庭和学校之间的沟通,当他们为儿童的行为改变做出贡献时,也授予了家庭权力(Sugai, Simonsen, & Horner, 2008)。

　　许多研究表明,当家庭参与进来,并在家里和社区里实施干预策略时,干预的积极效果将得到增加(如 Dunlap & Fox, 1996；Fox, Benito, & Dunlap, 2002；Kaiser, Hancock, & Nietfeld, 2000；Koegel, Koegel, Kellegrew, & Mullen, 1996；Ozonoff & Cathart, 1998；Scandariato, 2002)。但是,这并不意味着所有家庭都能够并将参与到他们孩子的方案中,也不意味着更多参与会产生更好的效果(Sandall, McLean, & Smith, 2000；Turnbull & Turnbull, 1997)。家庭在哪一点上参与到干预,以及参与的类型和数量如何,要与家庭进行讨论。有关参与的最后决定在于家庭,这一决定会根据他们的时间、所要求的精力,以及他们对处理他们孩子行为的兴趣而发生变化(Lucyshyn et al., 2000)。一些家庭可能想理解功能评估过程并开始在观察和分析阶段参与。另一些家庭可能想在家里或者学校里实施干预之前先理解干预的理论依据。另一些家庭,就像亚历山德丽亚的父母,可能希望他们在教室里表现出了成功的行为改变之后才实施。还有一些家庭可能仅仅希望被告知在他们孩子身上所实施的功能评估和干预计划的内容。

　　在最少参与的水平,家庭要被告知将对他们孩子的行为开展功能评估,然后,他们也将被告知在学校里将实施哪些干预策略。在一些学区或者情境中,父母也许被要求在干预策略被应用之前提供允许功能评估的同意书。障碍者教育法案(1997；2004)要求,当行为干预被纳入学生的个别化教育计划中时(事实上,父母被认为是 IEP 小组的成员),学区要制定父母参与的条款并告知家庭有关儿童进展情况的程序(Turnbull et al., 2002)。当家庭被告知将启动功能评估时,要提供给他们一张有关参与项目的清单,他们也要被允许往这一清单中加入选择项。参与项目可以包括以下内容:

　　1.参与到有关我的孩子的访谈中。

　　2.在学校里观察我的孩子。

　　3.在家里观察我的孩子。

4. 在家里和其他社区情境中收集有关我孩子行为的资料。

5. 参加功能评估(或者其他训练项目)的工作坊。阅读有关功能评估和积极行为支持的材料。席尼曼、蔡尔兹和塞尔杰(Hieneman, Childs & Sergay, 2006)写了一本书,用来帮助父母理解和制定积极行为支持,从而处理挑战性行为。

6. 参加有关我孩子行为的小组会议。

7. 被告知有关教室中用来处理我孩子行为的干预策略。

8. 回顾功能评估资料,在决定行为功能及为我的孩子制定行为干预计划上进行合作。

9. 接收我孩子功能评估及行为干预计划的书面资料。

10. 被告知我孩子行为的进展和/或变化。

11. 在家里和社区里实施干预策略以处理我孩子的行为。

12. 教其他个体(比如,照料者、家庭教师)在家里和社区里去实施干预策略。

13. 成为全校范围积极行为支持小组的一员。

14. 成为其他有挑战性行为孩子的家庭的支持者。

家庭参与的最后一个选择项已经被纳入密歇根积极行为支持行动的一部分(Ballard-Krishnan et al., 2003)。在开展功能评估和制定、实施积极行为干预计划的过程中,这个小组将父母作为学校工作人员的共同训练员和咨询员(请参见 Fairbanks, Simonsen, & Sugai, 2008;Simonsen, Sugai, & Negron, 2008)。

在基于学校的功能评估中,很少有研究是关于家庭参与的内容。但是,有几项研究记录了教家庭在家里应用基于功能的干预策略,以处理他们孩子的挑战性行为(Boulware et al., 1999;Dunlap & Fox, 1996;Koegel et al., 1996;Timm, 1993;Wacker et al., 1996)。这些研究表明了对儿童和家庭的益处,以及让家庭参与到功能评估过程的有效性。肯萨斯大学的比奇中心(BEACH Center)设计了一份可用于确定与挑战性行为和积极行为支持有关的家庭及儿童效益的家庭生活质量调查问卷(BEACH Center, nd;Summers et al., 2005)。他们建议将这一调查问卷用作功能评估和干预过程的一部分(Smith-Bird & Turnbull, 2005)。

要有耐心

教育人员常常期望行为可以快速改变(即一个阶段或者几天)。不幸的是,这种情况很少发生。虽然你可能看到,行为在实施干预之后有一些变化,但通常要花一些时间,适当的替代行为才会增加到所期望的水平,挑战性行为才会结束(Mace, 1994;Skinner, 1953;Sulzer-Azaroff & Mayer, 1991)。学生需要多种机会去经历新的或者改变了的强化关系才能建立新的、稳定的行为模式。要记住的是,一些学生有着长时间使用挑战性行为的历史。他们可能应用挑战性行为已经有数月或者甚至数年之久。他们需要时间去建立新的历史(Kazdin,2001)。因此,我们不应该期望行为马上、完全的改变。它可能要花几天、几周,有时甚至几个月的时间,才能让行为减少并让适当的替代行为增加到可接受和期望的水平。

　　例如,表现出自我虐待和攻击行为的小女孩亚历山德丽亚,在我们实施功能评估之前,她有这样的行为已经长达一年半的时间。当我们实施干预时,她的挑战性行为缓慢地减少,适当的替代行为(玩玩具和交流)也缓慢增加。当经过4周的干预之后,亚历山德丽亚表现出玩玩具、交流的行为与表现出自我虐待和攻击行为在一样的水平。当我们继续采用干预,相比挑战性行为,亚历山德丽亚开始更加频繁地使用适当行为。经过12周的干预之后,亚历山德丽亚就总是表现出适当行为,而很少出现挑战性行为了。三个月的干预看起来似乎很长;但是,亚历山德丽亚的自我虐待和攻击行为成功地产生正强化(成人关注)已经有一年半的时间。亚历山德丽亚需要时间和练习去学会(a)这些行为将不再产生关注,(b)新的行为将产生关注。

　　除了希望行为快速改变之外,教育人员常常希望干预能比较容易实施。不幸的是,这通常是不可能的。对许多学生来说,临时打断课堂常规或者在课堂中有"另外一只手",以便监控行为和实施干预,可能是很有必要的。对于这些学生,我们常常建议,小组或者教师要从小处开始。他们可以选择一天中的某个时间或者某个情境开始实施干预。这将较少全面打断课堂活动及常规。然后,当行为改变时,干预就能够在其他情境或者一天中的其他时间里实施。

　　在决定是全天还是仅仅一天中的某部分时间来实施干预的时候,重要的是,要考虑当前用于反应挑战性行为所花费的时间和精力。如果你总是在打断课堂活动和常规去处理挑战性行为,那么,全天去实施干预可能是比较理想的。干预应用的强度及与此相关的课堂活动和常规的打断将随着时间和适当行为的增加而减少。

预料到挑战性行为的增加和行为的定期回复

　　虽然挑战性行为将随着时间而减少,但是对许多学生来说,你将观察到,在干预开始的时候挑战性行为会有即时增加的情况。这是因为他们的行为不再产生期望的功能,他们可能还不知道如何使用适当的替代行为来产生期望的功能。由于挑战性行为在过去产生了期望的功能,他们试图更加努力地让这个行为起作用。这么做之后,挑战性行为的强度、持续时间或者频率就有可能增加。

　　例如,亚历山德丽亚在干预开始的很长一段时间里更加频繁地打她自己(当我们忽视她的自我虐待、仅仅注意她的玩玩具及口语形式的交流的时候)。当看到挑战性行为最初的增加时,会倾向于认为干预失败了。毕竟,学生的行为正在变坏,不是更好。但是,这个最初的增加实际上可能预示着你正走在正确的路上；你已经正确地确定了功能。例如，我们知道已经正确地确定了教师和父母的关注是亚历山德丽亚自我虐待行为的功能，因为当我们不再对自我虐待给予关注之后，她更加努力地去获得关注。正如前面所报告的，当我们继续注意其玩玩具和言语交流行为的时候，亚历山德丽亚的虐待和攻击行为减少了。小组要预料到并应准备好对挑战性行为的临时增加进行反应。然后，小组也要预料到挑战性行为的缓慢减少。

作为小组，我们也要预料到或者准备好行为的定期回复或者自然恢复(Skinner，1953)。虽然挑战性行为将减少，而适当行为将占据产生期望的功能的位置，但是，挑战性行为可能不会完全地从学生的行为模式中消失。因此，如果适当行为没有产生期望的行为或者挑战性行为被其他未知的因素(比如疾病等)所诱发，那么，它也许会替代适当行为。记住，旧习惯很难灭亡。如果挑战性行为再一次成功地产生了期望的功能，它可能会回复到以前的强度、持续时间或者频率水平(Carr et al.，1994)。当这种情况发生时，非常重要的是要坚持一致地实施干预策略。例如，杰尼(Janey)在课堂上没有说脏话已经有四个月了，但是当巴贝拉(Barbera)女士替代了因怀孕离开的戈恩(Gain)女士时，杰尼又开始在课堂骂人了。巴贝拉女士不太熟悉之前的干预策略，不经意地强化了杰尼说脏话的行为。结果他说脏话的行为快速地回到了以前的水平。此时，小组恢复了以前的干预，教巴贝拉女士应用这些干预策略。这快速且成功地减少了杰尼骂人的行为。当自然恢复发生时，并不意味着干预失败了；它仅仅意味着我们需要去确认干预策略被应用于挑战性行为和适当行为，它们也正在被一致地实施。如果挑战性行为继续发生，即使干预策略正在被一致地应用，一个新的功能评估可能还是有必要的。

将干预看作为动态的、演变的过程

就如我们在第十一章中所讨论过的，干预并没有随着适当的替代行为的习得而结束。我们也必须促进熟练性、迁移和维持。这么做的时候，我们将继续监控行为和干预，需要时我们将调整干预策略和目标(Darch & Kame'enui，2004；Horner，1994)。

监控和调整密切相关。首先，我们监控行为以确定行为改变是否已经发生，且如果是，那么有多少。例如，我们可以收集有关行为的频率、次数、持续时间、潜伏期(前奏刺激的呈现与行为之间的时间量)及强度等资料。我们也可以在工作人员会议中讨论行为改变。有关行为改变的信息可以用于调整我们对行为的期望或者目标，以及改变行为的形式。例如，肖尔常常不能服从教师的要求，即使他服从，服从行为的平均潜伏期是要求之后15分钟。在干预期间，如果肖尔在要求之后10分钟以内进行服从，那么他将被允许选择可以匹配他宾果卡片的宾果数量(Rhode et al.，1993)。经过2周的干预，肖尔在要求之后的10分钟内服从了教师的要求。此时，小组调整了他们对行为的期望。新的目标是肖尔应在要求之后的 5 分钟内对教师的要求做出适当的反应。

我们监控行为也是为了做出有关迁移和维持促进策略的决定。例如，有关行为改变的信息可以用于决定(a)什么时候可以从人工的强化物转向更自然的强化物，(b)什么时候可以渐隐前奏提示，(c)什么时候可以从连续强化变化为间歇强化，(d)什么时候可以引入新的例子(即充分的范例)或者在其他情境中进行训练(即序列矫正)，以及(d)什么时候可以让家庭或者其他个体参与到干预中等等。

除了监控学生的行为之外，我们也要监控干预的准确性/治疗的完整性。换句话说，我们观察个体应用干预策略，以确保他们正在正确、一致地实施策略。从这些观察所获得的信息可以用于限制工作人员，并调整干预策略。当行为干预计划由一个咨询员或者其他不在策略被实施的情境中的人员所书写的时候，这一点尤其重要。例如，第一作者与一个学校小组进行了合作，制定了一份计划以处理一名存在严重障碍的二年级学生的咬手和攻击行为。之后的观察表明，一些工作人员停止实施了之前同意的干预策略，而代之以开始使用实际上与基于儿童逃避功能相反的策略，这增加了她的挑战性行为。与工作人员进行讨论及更频繁的监控增加了治疗的准确性。迪杰纳罗和马腾斯(DiGennaro & Martens, 2007)报告，当教师收到有关学生表现的每日书面反馈时，教师更有可能准确地实施干预。教师除了收到有关学生表现的书面反馈之外，当他们收到有关他们实施干预策略的每日书面反馈时，实施的准确性就会进一步增加，如果他们已经 100％准确地实施干预，那么他们就能够避免咨询员的干预实践会议。他们进一步报告，治疗的准确性越高，学生作业分心行为就会越少(DiGennaro, Martens, & McIntyre, 2005)。

最后，当情境和环境改变，并且正式的干预策略已经结束之后，我们还应该继续监控行为和环境(有时要几年或者不定期)(Carr et al., 1990；Walker, 2000)。这将表明当自然恢复发生的时候，随后就要有对挑战性行为的反应及前奏刺激、强化物偏好的改变等等。

例如，对在学前机构就读的利亚(Leah)开展的功能评估表明，利亚很容易在主动型活动中(如自由游戏、粗大动作及其他的室外活动)变得过度刺激。当利亚被过度刺激时，她就不能适当地参加比较被动的活动，比如读书和圆圈活动。她在被动型活动中很具有破坏性。小组实施了干预策略以帮助利亚将刺激水平全天都维持在一个平稳的水平。这些策略在整个学前阶段都实施了。不幸的是，当利亚转衔到幼儿园阶段时，它们没有被实施下去。正如预料的那样，利亚常常被过度刺激，这导致了其课堂破坏行为，并干扰了利亚在被动型活动中的学习。因此，利亚被转介去进行案例研究咨询。小组回顾了利亚以前的记录，在教室里观察了利亚，决定实施已经在学前机构被成功应用的策略。这些策略再次帮助利亚维持在一个平稳的刺激水平，她在整个幼儿园阶段都非常成功。这个例子揭示出跨时间监控行为的重要性。

在全班和全校范围内应用干预和预防策略

你也许已经注意到，来自于在个别学生上开展的功能评估的策略有许多可以被应用到整个班级。我们常常发现，比起将策略应用于个别学生，更容易将策略应用于整个班级。比如，所有儿童都可以被允许在圆圈时间拿一个小熊，即使这一干预策略是为处理某个学生的行为而特殊设计的。或者，所有学生都可以得到一张已完成一道例题的学习任务单、学习指导册、书面的及口头的指令。

我们也发现，为个别学生所设计的干预，实际上对其他学生也会是有帮助的。例如，我们报告过，当我们将个别的功能评估用于教室里的所有学生时，他们的挑战性行为及不参与行为显著减少，主动性参与及积极的社会交往明显增加（Chandler et al.，1999）。这些结果在3个危机学生的教室里和8个为特殊教育需要学生提供的隔离教室里都得到了复制。另外，蒙克和卡尔斯（Munk & Karsh，1999）报告，当特殊的预防性的教学策略应用于全班范围时，学生的挑战性行为减少了60%（参见 Repp & Karsh，1990，1992）。

全校范围的积极行为支持

有一些研究者和教师倡导使用全校范围（scool-wide）及全班范围的干预计划、政策与实践作为预防和处理挑战性行为的一种方式（Conroy，Sutherland，Snyder，& Marsh，2008；Jenson et al.，1994；McGee & Daly，1999；McIntosh et al.，2004；Nelson，Roberts，Mathur，& Rutherford，1998；Netzel & Eber，2003；Ryan，Ormand，Imwold & Rotunda，2002；Safran & Oswald，2003；Schmidt，1998；Sprague，Walker，2000；Walker，1998，2000；Walker et al.，1995；Warren et al.，2003）。全校范围处理行为的模式常常指的是全校范围的积极行为支持（SWPBS）。苏盖（Sugai）及其同事（1998）将 SWPBS 定义为"建立一系列有效行为实践及系统的由资料驱动、基于小组的框架或者方法，这一实践及系统（a）阻止问题行为发展或者变得更糟糕，（b）鼓励所有教职员工在所有环境中向所有学生对积极主动的期望和行为进行教学和强化"（P.5）。

SWPBS 有多种模式。最低水平的全校范围干预要为所有学生确定行为的期望，应用一组策略教这些行为，并对之进行支持。它们也包括当挑战性行为发生时用于反应挑战性行为的策略（Muscott et al.，2008；Sugai，Simonsen，& Horner，2008）。例如，尼尔森、克拉布特里（Crabtree）及其同事（1998）描述了一个全校范围的系统，在这个系统中，他们确定了在学校常规中被期望的适当行为，并且设计了一组课堂行为规则。然后，他们直接教学生遵守这些规则和产生被期望的行为。他们也安排了环境，这样就为适当行为的发生创设了一个场合，也对学生使用适当行为和遵守规则进行了强化。当挑战性行为发生时，学校也实施想想—时间的策略来处理挑战性行为，在这一策略中，一旦挑战性行为发生，教师就要通过提示或者重新引导学生表现出适当的替代行为来对破坏性行为进行反应。如果学生不能服从前奏提示，教师要将学生带到一间教室里，在这间教室，学生要花时间考虑其挑战性行为。

在学生离开想想—时间这一教室之前,学生要完成一份任务报告,在这份任务报告中,他或她实质上要(a)确定挑战性行为,(b)表明挑战性行为的功能,(c)表明挑战性行为在获得期望的功能方面的成功,(d)确定适当的替代行为。在回到教室之前,学生与老师及主教老师在想想—时间教室里一起回顾这张表格。

全校范围的积极行为支持与对干预的反应之间的关系

许多SWPBS方案都是以多层级的干预框架为基础的,这一干预框架与许多学校用来处理学生学业需要的对干预的反应这一方法是相一致的。对干预的反应(Response to Intervention,简称RTI),就如IDEA2004年修正版中所描述的,是被设计用于预防高危学生学业失败,以及辅助确定存在学业障碍的学生的一种主动积极的、基于资料的模式。RTI的目的在于确定不能在普通教育课程中获得足够进展的学生,并提供额外的支持以处理他们的需要,而不是等待学生学业失败到某一点上。到这一点,学生的学业成就与智力障碍之间表现出的明显差距将耽误学习障碍的诊断(Bradley, Danielson, & Doolittle, 2007; Kame'enui, 2007)。IDEA在第614(b)(6)(B)部分强调,学校"应该使用一个决定一名儿童是否对科学的、基于研究的干预有所反应的过程,作为评估过程的一部分",以决定学生是否存在一种特殊的学习障碍。它假设,许多可能被鉴定为存在学习障碍的学生,将积极地对另一种干预支持起反应,并不需要特殊教育服务。它更进一步假设,继续挣扎的学生可能存在学习障碍,要求特殊教育服务(Fuchs & Fuchs, 2007)。

对不能获得足够进展的学生提供另一种干预和支持的做法已经让许多教师、学区及州所采纳,这一做法现在被认为是一种在所有年级水平支持所有学生学业需求的被推荐的做法(Chandler et al., 2008; Coleman, Buysse, & Neitzel, 2006; Council for Exceptional Children, 2007; Sandemierski, Kincaid, & Algozzine, 2007; TEACHING Exceptional Children, 2007)。另外,RTI框架已经被纳入到全校范围的积极行为支持方案中,以处理所有学生的行为需要。SWPBS已经在全国超过4300所的学校中实施(Horner, Sugai, & Lewis-Palmer, 2005),被准确实施的这些方案都被报告取得了积极的效果,包括挑战性行为的减少、纪律转介的减少、更少学生被停学或开除、学业效果增加,以及积极的学校氛围等(Franzen & Kamps, 2008; Hemmeter, Fox, Jack, & Broyles, 2007; Horner et al., 2008; Muscott et al., 2008; Peshak George & Kincaid, 2008; Safran & Oswald, 2003; Scott, 2001; Simonsen et al., 2008)。例如,特恩布尔等人(Turnbull et al., 2000)对一所初中开展SWPBS的经验进行了案例研究。经过2年的实施,纪律转介减少了19%,校内行为会议减少了23%,学校办公室中的隔离减少了30%,校内停课减少了12%,停学减少了60%。黑梅特尔(Hemmeter)及其同事(2007)描述了一个SWPBS模式,这一模式被设计用于处理挑战性行为和促进学龄前水平的社会情感能力。他们报告了行为/心理健康咨询转介及危机干预数量的减少,隔离作为干预策略的减少使用,增加了工作人员在处理挑战性行为方面的自信,以及更加重视预防和对适当行为的关注。

多层级框架和全校范围的积极行为支持系统

绝大多数 SWPBS/RTI 方案都纳入了多层级的干预,并且每个层级之后的都会提供更加深入和个别化的支持(Benedict,Horner& Squires,2007;Bradley et al.,2007;Dwyer et al.,2000;Stecker,2007)。通常用的是三个层级,它们常常被称为是预防和支持的初级(层级 1)、次级(层级 2)和第三级(层级 3)水平(The Technical Assistance Center on Positive Behavioral Interventions and Supports,2008;Simonsen,Sugai,& Negron,2008)。当干预的强度随着层级而增加,每一层级中被预料接受服务的学生数量则减少。

层级 1 提供全面的或者初级的预防,它是在全校范围实施的。通常在层级 1 中所包含的内容如下所示:

1. 确定并定义对所有学生和工作人员而言的适当行为和社会技能期望,确定并定义不可接受的或者挑战性行为。通常,制定了少量的积极陈述的行为规则,比如"安全"、"有准备"、"尊重人"(有一个方案使用了这些规则,在这一部分的最后介绍了该案例)。

2. 告知学生和工作人员有关行为期望、适当以及挑战性行为的结果。

3. 教工作人员如何实施 SWPBS 系统,并在工作人员实施这一系统时支持他们。

4. 系统地教学生使用所期望的行为,并教学生如何应对厌恶性或者困难情境的技能(比如,问题解决和矛盾解决)。

5. 提供环境的安排和前奏提示,从而为适当行为的发生创设场合。

6. 对学生使用的适当行为进行强化。

7. 制定并应用于反应挑战性行为的策略。

8. 监控行为并使用资料去确定危机学生,以及决定层级之间的流动。

用于教适当行为并对之提供支持的策略包括:(a)提供视觉和言语的提示,(b)角色扮演适当行为,(c)提供学生练习适当行为的机会,(d)示范适当行为,(e)提供紧密的督导,(f)提供可告知信息的反馈、表扬,以及其他强化系统,(g)应用小组强化策略,(h)教社会技能(Conroy et al.,2008;Dwyer,Osher,& Hoffman,2000;Walker,2000;Zirpoli,2008)。层级 1 的策略在为绝大多数学生预防挑战性行为和支持适当行为方面一般是很有效的(Crone,Hawken,& Bergstrom,2007;Simonsen et al.,2008)。估计有 80—90% 的学生将在他们接受层级 1 的策略时表现出适当行为。

本书第一作者加入的一个融合性学校——普莱瑞儿童学前机构,应用了 SWPBS 模式,这一模式包括了三个如上陈述的行为规则:"有准备"、"尊重人"、"安全"(Shiels,Snow,Miller Young & Chandler,2008)。这些很普通的陈述可以解释成不同常规和活动中被期望的具体规则。例如,"有准备"这一规则在课堂活动期间可包括眼睛看说话者、手脚安静、跟从指令,以及请求帮助。"尊重人"这一规则在课堂活动期间可包括使用我的内部声音、整理、轮流和分享、使用亲切的话语。当行走在走廊里,"尊重人"这一规则包括听老师和让手安静。学校采用了积极行为支持(PBS)课程,这样所有教师都习惯于教儿童遵守规则。另外,他们使用各种组合式的策略去促进儿童遵守规则,包括社会故事、描述规则的图片、言语提示,以及经常性的回顾。他们也在儿童遵守规则时提供经常性的强化,并将家庭作为全校范围的积极行为支持的主动参与者。层级 1 的这些干预提供了积极的、主动的方法,在学校和家里支持了适当行为,增加了绝大多数儿童的适当行为,并减少了他们的挑战性行为。

对层级 1 没有反应的学生和表现出不可接受的挑战性行为水平或者类型的学生要接受层级 2 中的另一种行为支持,这种支持是以基于事实的干预为目标,并经常性地对进展情况进行监控(Fairbanks, Simonsen, & Sugai, 2008; Simonsen et al., 2008)。层级 2 的干预一般向小型小组的学生提供,通常很容易管理,要求有限的教师时间和精力(Sandomeirski et al., 2007)。可以应用于层级 2 的策略包括怒气管理训练、行为放松训练、小组社会技能和情绪能力训练与咨询、重复教学、搭脚手架,以及层级 1 中定义的技能和行为的练习(比如,问题解决、矛盾解决)、自我监控、家校合作、行为契约、经常性的可告知信息的反馈、增加结构同伴助教(Lewis & Sugai, 1999; Mehas et al., 1998; Netzel & Eber, 2003; Putnam, Handle, Ramirez-Platt, & Luiselli, 2003; Schmid, 1998; Skiba & Peterson, 2000; Sprague & Walker, 2000; Walker, 1998, 2000; Walker & Walker, 1991; Walker et al., 1995)。估计有 5%—15% 的学生将需要有针对性干预措施的另一种行为支持(Crone et al., 2007)。

有效的层级 2 的干预的一个例子是进入—退出(Check In-Check Out,简称 CICO)方案(Crone, Horner, & Hawken, 2003; Fairbanks, Simonsen, & Sugai, 2008; Fairbanks, Sugai, Guaidino, & Lathrop, 2007; Hawken & Horner, 2003; Hawken, McLeod, & Raw-lins, 2007)。在这一方案中,一个学生一张卡,这张卡确定了少量行为目标,比如"完成我的作业"、"跟随指令"。学生在到校后一开始就向老师登记进入,回顾卡片上的行为目标。老师则提供可交换特别时间段或者活动的绩点,以表明学生达到行为目标的程度。学生在一天结束后向老师登记退出,总结所获得的绩点数量,并用绩点交换一些强化物。陶德、坎贝尔、梅耶和霍纳(2008)最近评估了 CICO 方案对四名幼儿园及一、二、三年级教室里学生挑战性行为的效果。每个学生都在一天开始的时候向老师登记进入,然后,每天与老师见三次面,老师使用三点评分表对其行为进行评分:1=遵守规则有点困难,2=可以遵守规则,3=非常好地遵守了规则。如果学生获得纪律转介,将没有绩点。每个学生在一天结束的时候与老师见面,回顾所获得的绩点,并用绩点交换强化物。老师也会将卡片送到家里以便让学生的父母回顾和签名。他们发现,每个儿童的挑战性行为的频率、可变性及纪律转介的次数都随着 CICO 方案的引入而减少。这个系统提供了增加结果、前奏视觉提示、反馈及对适当行为的强化等措施,很容易对进入层级 2 干预的少量学生进行实施。

层级 3 用于 1—5％的无法受益于层级 2 所提供的密集干预的学生。接受层级 3 干预的学生常常表现出很严重的行为,以致对学生自己或其他学生造成危险,或是干扰了学习和社会关系。层级 3 的干预通常处理个别学生的行为,开展基于功能的评估、基于事实及功能的行为干预计划,并经常性地对进展进行监控(Eber,Nelson,& Miles,1977;Sugai,Sprague,Horner,& Walker,2000;Walker,1998,2000;Zirpoli,2008)。因此,功能评估和积极行为干预成为多水平地预防和矫正挑战性行为的方法的一部分(Dwyer et al.,2000;Fairbanks et al.,2008)。层级 3 的策略可包括第七至十章中所描述过的任何一条干预策略。

没有单一的 SWPBS 模式可应用于所有年级和学校(Sandomierski et al.,2007)。然而,有几个已经出版的有效的方案(比如积极行为支持杂志、特殊儿童、应用行为分析杂志、儿童教育和治疗、预防学业失败、学校心理学评论等杂志),以及一些网站(参见下面内容)提供了有价值的信息,学校可以在制定自己的 SWPBS 方案时使用。正如积极行为干预和支持技术辅助中心的网站上所介绍的,一个有效的 SWPBS 必须由小组制定和实施,提供用于处理学校独特的需要和特征的清晰的、被接受的结构和程序。这一网站推荐了学校在制定SWPBS 方案时可以遵循的 6 个步骤:

1. 建立全校范围的领导者或者行为支持小组,以指导和领导整个过程。这个小组应该由一名管理者、年级水平的代表、提供支持的工作人员及父母组成。

2. 保证管理者同意主动支持和参与。

3. 保证至少 80％的工作人员承诺并同意主动支持和参与。

4. 开展对当前全校范围纪律系统的自我评估。

5. 创建一个以基于资料的决策为基础的实施行动计划。

6. 建立一套定期地收集办公室转介及其他资料的方式,以评估全校范围 PBS 努力的有效性。

全校范围的积极行为支持还提供了其他用于制定 SWPBS 方案的指导:苏盖及其同事(2005)制定的实施蓝图和自我评估,佩舍克、乔治和金凯德(Peshak,George,& Kincaid,2008)通过描述特殊的活动、评估及制定计划的工具对实施蓝图进行了设计,并作为了弗洛里达州 SWPBS 系统的一部分。有关 SWPBS 的其他信息、有效模式的例子和有用的一些工具也可从以下网站获得:

http://www.pbis.org

http://www.beachcenter.org

http://www.chanllengingbehavior.org

http://www.uoregon.edu/~proj5csd/

http://www.vanderbilt.edu/csefel

http://www.pbismaryland.org

http://www.flpbs.fmhi.usf.edu

http://www.apbs.org

http://www.pbsillinois.org

http://www.kipbs.org

小结

这一部分所描述的 6 条指导原则将辅助小组开展功能评估和实施干预。它们应该与本书中提供的其他用于制定综合性干预的指导原则结合起来使用。下一部分确定了潜在的工作人员和家庭对功能评估及行为干预的反对意见或者担忧，并描述了用于处理这些反对意见或者担忧的策略。

对干预的常见反对意见或者抗拒理由

作为开展功能评估和推荐干预策略的咨询员或者小组的一员，你可能会遭遇到对参与功能评估的抗拒(resistance to participate in functional assessment)。抗拒可能来自于功能评估小组中的其他成员，也可能来自于被期望实施干预的工作人员和家庭成员。这一部分介绍了 7 个最常见的反对意见或者担忧，这些也是我们在与教育人员一起工作时遇到过的，它们已被列举在表 12-2 中。在我们的观点中，有一些担忧是合理的，但是另一些则不是。但这不是谁对谁错的问题。

表 12-2　对干预的常见反对意见或者抗拒理由

1. 学生应该是自我激励的。
2. 学生应该是负有责任的或者是要被惩罚的。
3. 我没有时间做这个。
4. 这不是我的工作。
5. 有差异地对待学生是不公平的。
6. 这不是我的错。
7. 这不会起作用，或者我已经试过它了，但是它不起作用。

作为一名咨询员和小组的成员，你的工作是要用积极的方式去处理已被声明过(有时是未声明过的)的担忧，并劝说工作人员在功能评估过程中进行合作。这一部分也将提供一些我们用于处理教育人员反对意见和担忧的策略。

学生应该是自我激励的

许多教育人员感到，学生们应该受内部激励而适当地表现和学习，正如马洛特(Malott)等人(2000)所描述的，他们感到学生们应该想学习、想适当地表现。这些个体感到，学生们不应该要求外部其他形式的强化，当我们提供积极的结果时，我们就是在"贿赂"学生做他们应该已经在做的事情。他们也担心，学生不会适当地表现或者学习，除非有其他强化物(即他们将变得依赖于外部强化物)(Alberto & Troutman, 1990)。

对这一反对意见的反应必须建立在实际水平上。不要去争论自由意志和强化的"罪恶"

或者贿赂技术性地出现在行为发生之前这一事实(Malott et al.，2000)。这是一种哪一边都不可能赢的争论，这也将引起小组成员之间更多的分歧。

当教育人员对我们说出这一担忧之后，我们同意，如果学生能够受自我激励而适当地表现，并在没有使用人工的强化物情况下学习，那么，这将是非常棒的。我们表示，如果可能，这就是我们长期的目标。我们也指出，不幸的是，学生们通常不是受自我激励的，他们当然也不会马上就被自我激励。与学生谈论并争辩自我激励可能不会改变他们的行为，特别是当环境当前正在支持他们的挑战性行为的时候。然后，我们同意自我激励是干预的最终目标，我们讨论处理自我激励以及渐隐外部强化物的策略。例如，我们讨论要将外部强化物与自然强化物进行匹配作为教授自我激励的第一步。然后，当学生们开始对自然强化物进行反应时，外部形势的强化或者动机就可以渐隐，甚至可以完全地消失。

对这些抗拒使用任何形式的外部强化的教育人员来说，我们跟他们讨论这样一个事实，即许多行为是习得的，并且受外部形式的正强化维持的。例如，我们可以确定潜在的正强化物，比如薪水、恭维、与同伴的互动、好分数、表扬、微笑、笑脸、击掌或者跷大拇指、良好的评估结果和偏好的活动。类似这些强化物都是我们生活及学生生活中很正常的一部分。它们将继续存在，并影响教室中的行为。因此，我们的目标不应该是消除强化物(自我激励的行为毕竟不是自我强化的行为)。我们的目标应该是使用强化物让学生受益，以促进适当的、功能性的行为。第二个目标应该是从人工形式的外部强化(比如，代币和贴纸)转向自然形式的强化(比如，告诉你自己你在测验上做得很不错或者轮到了一次要求的机会)，以及教育情境中正常化的那部分强化物(比如，良好的分数、来自父母或者教师的表扬)。

学生应该是负有责任的或者是要被惩罚的

持有此项反对意见的教育人员或者父母常常认为，学生是主动计划并选择做出错误行为的。由于学生做"错误"的选择(从教师的角度)，他或者她的行为应该被惩罚。当服务提供者、家庭不理解或者不能接受有关匹配功能及教适当替代行为的观点时，这一反对意见也会出现。

例如，正如前面所提到的，第一作者和学校工作小组设计了一项干预以处理二年级学生咬手和攻击性行为。这个学生的行为受到负强化的维持。当学生表现出咬手这一行为时，她最初获得了成人的关注。但是，当她变得更具攻击性时，成人关注和任务要求很快就结束了。干预包括(a)当她适当表现的时候，对儿童提供经常性的关注，(b)减少任务的难度和持续时间，(c)提供身体提示以辅助儿童完成任务，(d)在适当行为结束任务(即使行为是受身体提示来促进的)。有一个工作成员抗拒这些积极的预防策略，因为她感到儿童是需要被惩罚的。因此，当她对儿童进行工作时，她就实施隔离程序。当儿童攻击或者咬她的手的时候，大人就将她的轮椅转向，远离任务5分钟。这一程序强化了儿童的自我虐待和攻击行为,而且她绝大多数的上课时间都花在了隔离上。

当这类反对意见出现时,争论惩罚的优缺点是毫无帮助的。我们发现,解释根据匹配功能选择特殊干预的理论依据和讨论支持适当的替代行为的需要,可以帮助减少抗拒。另外,我们也请小组成员先尝试小组所选择的干预特定的一段时间,同时,我们提供更多经常性的观察和辅导。当这段时间结束时,我们用图表表示行为的效益或者将它们放在一张表上以提供客观的有关进展的数据。

我没有时间做这个

发表这一反对意见的教育人员很希望挑战性行为可以被改变,但是他们希望行为改变只需要他们这边付出很少的努力(Rogers,2001;Scott et al.,2003)。如果从许多学校工作人员的工作负担来看,这个担忧是可以理解的。对工作人员来说,很难理解他们如何将更多的任务插入到他们忙碌的日程表中。处理这一反对意见的一个方法是与教育人员谈论他们当前应对行为所花费的时间和精力。你可以让他们描述当前所花费的时间和精力。你也可以呈现来自功能评估观察的资料。通常当教育人员认识到,他们已经在上面花费了相当宝贵的时间和精力,他们就会愿意用更加主动积极的方式去做。让教育人员知道,干预的最初阶段被要求的时间和精力将随着时间而减少,最终所要求的时间和精力将少于他们当前所应用的,这是非常有帮助的。

正如前面部分所讨论的,你也可以让教师在一天中的某个时间或者一节课、一个活动中实施干预,而非一整天。这将减少教师在干预过程中需要花费的时间和精力。接着,当行为在那个比较短的时间段内开始改善时,干预就可以拓展到其他时间段了。

这不是我的工作

班级教师及其他学校工作人员常常感到,行为专家、社会工作者或者学校心理学家应该改变学生的行为。他们相信教师的工作是教学生学业类科目,而改变行为则是社会工作者、行为专家或者学校心理学家的工作。不幸的是,行为并不是在真空中发生的,它必须在其发生的环境中由处在这个环境中的那些人去处理。这样,挑战性行为才会成为每个人工作的一部分。

过去,表现出挑战性行为的学生常常被转介到为特殊教育需要学生提供的隔离教室(Fuchs,Fuchs,& Bahr,1990;McMahon & McNamarra,2000)。这不是现在学校里使用的一般模式。挑战性行为不会自动地导致安置的变化。实际上,根据障碍者教育法案(1997),学校有责任表明在安置可能永久地改变之前,他们已经开展功能评估并实施积极干预策略来处理挑战性行为(Armstrong & Kauffman,1999;Katsiyannis & Maag,1998;Turnbull et al.,2002)。不管学生在融合性教室还是在隔离的教室,这都是被要求的。就如本书前面所介绍过的，挑战性行为并不是一个人的责任。它是与学生进行互动的每个个体的责任。学校心理学家、行为分析师或者教学策略小组中的成员可以联合学生的老师一起开展功能评估和干预模式中的部分评估工作。但是，所有与学生一起工作的个体（比如教师、助教、治疗师）或者有与学生互动的个体（比如管理人员、校车司机、图书馆人员）都要对应用适当的干预策略负责。弗利尔和沃森（Freer & Watson，1999）报告，教师和父母偏好一个全面的、小组参与的方法去处理挑战性行为，这一小组包括与学生一起工作的咨询员、教师和父母。克劳恩、霍肯和伯格斯特龙（Crone，Hawken，& Bergstrom，2004）报告，由合作性小组制定的干预计划比单独由咨询员制定的计划更容易被接受，实施也更可行。

有差异地对待学生是不公平的

一些教师感到，所有学生都应该被平等对待。他们感到，对学生有不同的期望或者给予不同学生不同的前奏事件和结果是不公平的。这是一个很困难的议题。在对这一担忧进行反应时，我们有时与老师讨论教室里学生没有被同等对待的案例。例如，是所有的学生都被要求留在午餐室直到最后一个学生吃完饭，或者坐在位置上直到最后一个学生完成测验吗？是所有学生都被要求做一个相同的艺术作品或者写相同的故事吗？或者，所有的学生都需要一个学习小组以便学习小组可以被计划？类似这样的讨论能够让我们敞开大门去讨论当前发生在教室里的个别化及对行为目标和干预的个别化进行的拓展。

另外，我们有时也建议向所有学生应用前奏事件和结果。例如，许多学生希望在被动型活动中有动作式的休息，即使他们没有"要求"这样的休息，也能将注意力留在任务上，但是，当这一措施被应用时，他们的功能会发挥得更好。所有学生都可受益于完成阅读网络图或者参与对每日日程表的回顾，即使这些干预是针对某一个学生的行为而被制定的。

拉沃（LaVoie，1985）对公平的概念进行了讨论，他指出公平意味着每个学生获得其需要学会的内容。它并不意味着每个学生要被同样对待。为了学习，一些学生需要处理挑战性行为、诱发和支持适当行为的个别化干预。个别化干预的使用被障碍者教育法案（1997）所强调，后者要求对满足学生学习和行为需要的个别化支持和服务进行档案记录。

有时教师也疑惑，他们应该如何告诉那些希望知道原由的学生：为什么有一个学生拿到另一个学生拿不到的东西，或者为什么一个学生不必做另一个学生正在做的事情。在我们的经验中，学生常常比教师更少反对个别化。但是，当学生提出这样的问题时，我们建议在儿童理解的水平诚实地回答。

麦克尤恩和戴默（McEwan & Damer，2000）建议，与所有学生谈论有关个体优势和需要的话题，然后解释应用于某个学生或处理某个特定学生的需要的干预策略。这样，当他们被问到个别学生时，他们就能够做许多老师（所有年龄学生的老师）曾经告诉他们那些正在做的事情；他们只是简单地告诉全班或者某个学生，问题中的那个学生需要 x、y 或者 z，而其他学生不需要。这些老师也报告，这类解释通常就足够了。

这不是我的错

　　常常，教育人员相信，如果叫他们去改变他们的行为或者改变他们自己的教学策略和常规，那么，他们就是犯错了。他们觉得，"我们"认为他们是糟糕的老师，并引起了挑战性行为。他们也可能认为，正如我们在第二章中所讨论的，学生应该为挑战性行为负责。你可能听到这样的评论，比如"他做这个毫无理由"、"他是有意做这个的"、"他做这个就是为了报复我"、"我已经做了我能帮助这个学生的每一件事"。朱娜和麦克杜格尔（Zuna & McDougall, 2004）将类似这样的陈述看作为警告性陈述，表明教师并不理解行为的功能，而且他们感到很有挫折。当一个观察者进入他们的教室时，感到有挫折并认为他们将因学生的挑战性行为而受到指责的教师也可能感觉受到威胁（Rogers, 2001；Stephenson et al., 2000）。他们相信观察的目的是确定他们在做什么错事。这不是我们希望教师思考的事情，当然不是功能评估的内容。我们建议，确定教师正在做得好的、有效的事情，并指出他们正在做的对教室里的绝大多数学生起作用，但是对这个学生，还需要一些不同的事情。将重心放在行为、行为的功能及能做出的改变上，以便支持这个学生的适当行为，这是很有帮助的。

这不会起作用，或者我已经试过它了，但是它不起作用

　　另一些警告性的陈述反映出教育人员因没有能够改变学生的行为而产生的挫折感（Zuna & McDougall, 2004）。你也许听到工作人员的抱怨，比如，他们已经尝试了一个或者多个策略，但没有什么对这个学生起作用。当这种情况发生时，我们常常发现，这些教育人员是真的尝试了某项干预，但他们不是经常地或者一致地实施那项干预，又或者他们只是实施了一天或两天，然后转向了另一项干预。这一反对意见也会在行为改变很缓慢、教育人员可能没有注意到微小的（尽管是积极的）行为改变时出现。当这种情况发生时，让教育人员解释他们做了什么、他们实施这项干预多长时间及它是如何起作用的。然后，承认他们的努力，并让他们再次尝试。很重要的是要让他们同意制定具体的时间表来实施这项干预。在实施过程中，应该观察行为的改变，监控干预的准确性，工作人员应该为他们的努力而获得反馈和强化，小组要与他们见面，讨论行为改变，需要时调整干预或者设置新的实施时间表。

　　你也可能在老教师那里发现这一反对意见，这些老教师已经教了很多年的书，经历了最近的每一个教育思潮。这些教师有权利质疑。再者，很重要的是为挑战性行为之所以发生、策略为什么被选择，以及干预为什么被期望改变行为等提供一个良好的非技术性的理论依据。花时间在教室里观察和实施干预、给教师提供反馈和强化、需要时调整策略等也是很重要的。表明功能评估的有效性是对这一反对意见最好的答案。

这一部分确定了几个与功能评估有关的常见的反对意见或者担忧、我们用于处理这些担忧的策略，及增加工作人员和父母在教室及其他情境中参与功能评估与实施功能性干预的意愿的策略。这就把我们领到了本章的最后一部分。下一部分我们将介绍提供咨询和作为功能评估小组成员的一些技巧。

提供功能评估咨询的技巧

作为行为分析师，我们的作用常常是向个别教师或者教育小组提供咨询。我们也发现，良好的合作和督导技能对于咨询的成功是非常重要的（Friend & Cook，2006；Hundert & Hopkins，1992；Scott et al.，2005）。一个熟练的咨询员将预料到反对意见，在他们变为严重问题前处理它们，确定并应用咨询行为以引导小组成员之间的积极互动和合作。最后这一部分提供了 10 个最有用的技巧，我们发现在向个别教师及我们作为功能评估小组成员的个体提供咨询时，这些技巧是很有用的。它们也被列举在表 12-3 中。就有效的团队和合作进行深入的讨论超出了本书的范畴。有关咨询、合作和有效的团队的更多信息，请参考以下文献：巴伯和巴伯（Barbour & Barbour，1997），弗雷德和库克（Friend & Cook，2006）；霍夫（Hoff，1992），苏盖和廷德尔（Sugai & Tindal，1993），以及特恩布尔和特恩布尔（Turnbull & Turnbull，1997）。

表 12-3　提供功能评估咨询的技巧

---

1. 从一个愿意参加并传播成功消息的老师开始。
2. 减少术语。
3. 强调功能评估/干预只是许多工具中的一种。
4. 不要指责或者批评。
5. 承认你正在咨询的教育人员的专长和技能。
6. 表达对影响工作人员的变量的理解。
7. 预料并做好应对抗拒问题的准备。
8. 与工作人员头脑风暴，而不是告诉他们做什么。
9. 直接管理和监控干预策略。
10. 教其他人如何做功能评估，以及制定积极干预计划。

从一个愿意参加并传播成功消息的老师开始

当学校里或者学区内普遍存在抗拒的时候，这是一条很有帮助的策略。通常一个老师愿意尝试功能评估，可能是因为他或者她以前听过这方面的课程或者工作坊，也可能是因为他或者她已经对教室里正在发生的事情感到绝望。当这个教师在教室里获得成功的行为改变时，他或者她将告诉其他教师有关改变的事情。这第一位教师将成为你的功能评估和干预模式的倡导者。带有个人经验的语言或者解释可以是你的服务的最好的广告。当其他教师观察到或者听到成功和教师的满足时,他们也将邀请你进入他们的教室。

我们也建议你庆祝大大小小的成功,并告知其他人这些成功。要告知管理者干预的成功,并指出教育人员在达成目标方面所开展的卓越工作。在工作人员会议(和工作人员一起,如果他们将参加的话)上进行报告,以表明功能评估的成功。为学校的新闻栏写一些小文章。这不仅让你能够强化参与功能评估的工作人员,而且也成为一种广告形式,将吸引其他教育人员来尝试功能评估(Simonen, Sugai, & Negron, 2008)。

减少术语

我们发现一件有趣的事情,就是对绝大多数的教师来说,功能评估背后的哲学观和功能评估的做法并不是令人讨厌的。但是,用于描述应用行为分析、功能评估及背后的哲学观的语言常常是令人讨厌的,会立即导致抗拒(Chandler, 2000; Guess, 1990; Malott et al., 2000)。正如伊里亚德(Elliot)等人(1991)所指出的,对干预的评价和接受度随着干预名称的功能及用于描述干预策略的语言而发生变化。例如,教育人员反对一些术语,比如,行为管理、行为矫正、治疗计划、对变量的控制、控制变量以及教适当行为。类似这样的术语常常引发教师消极的情绪反应,他们将这些术语翻译成这样的意思,即我们的目标是控制学生,是通过减少学生的选择或者自由来控制行为(Malott, 1973; Sulzer-Azaroff & Mayer, 1991)。这是不幸的,因为功能评估实际上通过促进另一种达成学生期望的功能的行为来为学生增加选择。

有些教育人员也相信,技术性的行为术语暗示着学生是坏的、存在某种像疾病那样必须被治疗的状况或者学生所采用的行为本质上是坏的或者变态的(Malott et al., 2000)(而不是着重在支持功能性行为的环境上)。一些教育人员和家庭成员也反对类似这样的术语,比如,有挑战性的、不适当的、偏离常态的、非正常的、异常的以及适应不良的行为,因为他们感到这些术语暗示着学生正在做坏事,而不是着重在支持这些行为的环境上。

我们认为这些术语可能会误导人,常常暗示着学生的行为是坏的,而不是指向特殊情境中行为的功能性。我们继续使用术语挑战性行为,不仅仅是因为它是一个很常用的术语,而是因为我们发现它是描述性的,正如第一章中所讨论的那样。学生的行为表现出对学习和发展的一种挑战。换句话说,它干扰了或者成为学习和发展的阻碍物。注意,这一观点回到了我们最初对挑战性行为的定义,即它必须从学生的角度去考虑。如果学生的行为干扰了学习和发展,那么,它就可以被确定为是有挑战性的。

我们发现,当我们提供功能评估的工作坊及与工作人员一起工作时,不使用这些引起消极情绪反应的或者可能被错误解释的术语是很有用的。例如,我们通常说的促进行为而不是教行为,干预而不是治疗计划,改变或者改变变量和策略去改变环境以支持适当行为,而不是改变不适当行为。在一些情况中,当我们必须使用可能被误解的术语(类似挑战性行为)时,我们努力解释我们用这些术语的意思是什么。

我们也发现,一些个体不理解或者不能记住功能评估和行为分析中那些技术性术语的定义,比如情境事件、前奏事件、正强化、负强化、消退、区别强化、动态平衡、辨别性刺激(我们不再在职前和在职训练中使用的术语)。例如,个体常常会混淆负强化和惩罚。因此,我们也用非技术性的术语来替代技术性的术语,或者我们将非技术性的术语与技术性术语配对使用(Malott et al.,2000)。例如,我们可以将负强化功能称作为逃避和回避负强化。另外,我们也将正强化功能称作为获得,以及正强化。我们使用忽视这一术语替代或者联合消退这一术语使用。我们也将术语诱发因素或者情景与术语情境事件及前奏刺激联合使用。在描述行为及功能评估时,虽然我们的偏好可以适合所有个体使用和理解这些恰当的术语,但是,如果非技术性术语的使用增加了个体理解和实施我们的干预的可能性,那么,这只是一个很小的代价。

强调功能评估/干预只是许多工具中的一种

这一技巧反映了部分作者很难学会的教训(许多行为分析师)。过去,我们常常发现自己与那些对行为有着不同(即非行为的)哲学观,以及相信用不同类型的干预模式来处理挑战性行为的教育人员进行争论。这些争论常常围绕哪一种干预模式和相关的哲学观最好或者正确(比如,游戏治疗、功能评估、感觉统合治疗)。许多研究者所做的假设是,如果他们接受了功能评估模式,那么,这就意味着他们自己的信念系统是错误的,他们所拥护的模式是无用的。类似这样的争论是毫无用处的。作为咨询员,我们的工作不是要让教育人员相信我们是对的而他们是错的。学生必须始终是我们关注的重心。

现在,我们告诉有着不同信念及受到其他干预模式(以及哲学方法)训练的教育人员,他们应该将功能评估看作另一种模式,而不是替代模式。我们常常用工具带这个比喻。功能评估就是他们的干预带上的一个工具。我们不去争论或者不给出我们个人有关他们所偏好的干预模式的观点,当然,除非,它们是那种实际上可能伤害到学生或者不合法的模式(例如,第一作者曾经被一位教师告知,他们将学生安置在看门人的衣橱内进行隔离,每次一小时。这是她与教师讨论过的一些事情)。

我们建议告诉教育人员,功能评估不需要成为所采用的唯一的一种干预模式。例如,一名学生也许会从感觉统合治疗、咨询、隔离或者反应代价干预,甚至是药物中受益,也可以包括来自功能评估的干预。我们之所以采纳这一策略是因为我们已经知道,如果我们声明功能评估是唯一应该被采用的模式,我们将疏远小组中的其他重要成员(Chandler,2000)。我们之所以采纳这一策略也是因为我们认识到,基于在公立学校的经验,其他干预模式在处理挑战性行为及学生问题方面可以是有效的。

不要指责或者批评

这一策略反映出之前部分所讨论过的一个反对意见。通常干预策略涉及让教育人员、治疗师、工作人员或者父母改变他们的行为或采纳新的行为，或者是改变环境、每日的活动和常规。这是非常具有威胁性的，特别是当我们首先通过告诉教师他们正在做的事情是坏的或者是错的，来介绍这种干预措施时。没有必要去指责，但是有必要去改变环境，这样才支持适当行为（Skinner，1971）。如果教师感到他们正在被指责，你将会失去合作。

当讨论干预措施时，要清楚这不是一个谁对谁错的问题；而是一个匹配策略以满足学生需要的问题，是为了改变行为而选择策略去改变环境的问题。这一技巧应该与下一个技巧相结合，在这一技巧中，我们指出了积极的行为及教师当前在他们的教室里所使用的教学策略。

承认你咨询的教育人员的专长和技能

这一策略建立在卡耐基（Carnegie，1994）所拥护的"如何赢得朋友和影响人们"的哲学观基础上。他建议，在讨论某个应该改变的领域之前，首先要确定优势。在讨论干预策略之前，我们应该确定教师积极的教学实践及所表现出来的其他优势，并指出他们在课上与绝大多数学生工作时的策略。然后，我们开始讨论对这些策略可以做怎样的调整，以满足它们已不起作用的学生的需要。我们也将当前存在的优势作为干预的一部分（比如，"你真的很擅长表扬学生。如果你对巴里（Barry）能更经常地这么做的话，我认为它真的会让其行为产生不同"）。当与教育人员一起工作时，很重要的是要维持确定优势和就干预期间所做的改变进行工作这两者之间的平衡。

表达对影响工作人员的变量的理解

干预对那些被期望实施它们的人员来说必须是可行的、可接受的（Horner，1994；Johnson & Pugach，1990；Odom et al.，1992）。作为咨询员，我们必须清楚并尊重那些将影响干预实施的变量，比如，时间、师生比、每日的常规和日程表，以及材料。有关这些变量的信息可以在评估阶段的教室观察中获得，也可来自干预设计期间与工作人员的讨论。正如我们在第六章中所讨论的，不可接受的或者不可行的干预，实施的可能性很低，或者它们也许会被不适当地或者不一致地实施。我们必须在教室的资源范围内工作（McMahon & McNamarra，2000；O'Brien & Karsh，1990）。

预料并做好应对抗拒问题的准备

之前部分已介绍了几条有关功能评估的常见反对意见和担忧，以及解决这些反对意见的策略(比如,没有足够的时间、不是我的工作、公正的问题等等)。你应该能够通过良好的咨询实践,比如这一部分及其他资源上列举出来的这些策略,来阻止某些反对意见的发展。但是,你应预料到,有些担忧和反对意见会在你咨询的某些时间点上出现。因此,你要计划在它们出现的时候将如何反应。用计划好的反应措施进行应对要比临场反应更加容易一些。

当你这么反应的时候,很重要的是要以积极的方式来做,而不要是防御型的。如果你是防御型的,工作人员将也是防御型的,他们的抗拒将增加,引发持久的较量。

记住要主动积极,确定工作人员的优势,承认他们的感情,不要威胁,不要争论,但是要合作(除了前面已经在特殊的担忧部分介绍过的特殊策略之外)。

与工作人员头脑风暴而不是告诉他们做什么

弗雷德和库克(2006)揭示,有效的咨询要求来自所有参与者(即咨询员和将实施干预的那些人员)的主动参与。如果教育人员是干预计划的消极接受者,他们就会更少可能地正确、一致地实施这些计划。当教育人员和父母被看作为不平等的伙伴,或者就如伊里亚德等人(1991)所说的,如果他们被看作"下属的次要搭档",他们也许会抗拒咨询或者过于依赖咨询员。基于来自负责每日实施计划的这些人员的信息而制定的计划将增加他们对计划的主导权。很重要的是要考虑他们的信息和观察,以及你自己的观察和分析。

另一个要与工作人员进行头脑风暴的理由是要改善他们的观察和分析技能。咨询的一个目标应该是改善教育人员的知识和技能,以及改变学生的行为(Elliot et al., 1991; Mc-Mahon & McNamarra, 2000)。斯科特和马蒂尼克(Scott & Martinek, 2006)指出,"教练的作用不是解救,而是以在学校内创造能力的方式提供支持"。越多的工作人员主动参与到功能评估的过程中,就会有更多的人成为独立的、熟练的工作人员。例如,我们一起工作过的一名教师,她以前为了其班上的一名学生参与到了功能评估中,在我们开始正式的观察之前,她常常就能对之后学生的行为功能提出假设。在评估阶段之后,他们也更能够并且更加愿意去确定和实施干预策略。

直接管理和监控干预策略

我们建议,在最初阶段,咨询员要在教室里和其他情境中管理干预策略、监控干预,并在必要时与小组一起工作,对干预策略进行调整。干预期间我们使用的监控和咨询模式包括以下步骤:

1. 在回顾功能评估信息,并与小组进行头脑风暴之后,对小组所选择的干预进行书面和言语描述,介绍这些干预措施如何处理行为功能的理论依据。

2. 在教室情境中示范对学生的干预。这可以让工作人员看到干预策略的应用,这样就可通过观察提供培训。它促进了互动,因为你可以与工作人员谈论策略。我们发现,工作人员不仅受益于观察策略的实施,而且他们也受益于看到即使是我们(专家)也会有困难或者需要调整策略。当第一作者与婴儿及其家庭一起工作时,她的经验是"我不会让父母做我不能做或者我不愿意做的任何事情"。我们认为,对咨询员来说这是一条很好的建议。我们也发现,如果我们已经亲身经历过干预,那么,判断在教室里应用干预策略的可行性,以及提供反馈和修改的建议就要更加容易得多。

3. 观察工作人员实施干预。我们之所以建议观察工作人员是出于两个理由。首先,证实工作人员有能力正确实施干预策略是很重要的。当他们在应用干预策略过程中有麻烦的时候或者没有正确应用的时候,我们就有机会与他们讨论他们的焦虑,并提供矫正型的反馈(即指出他们做的什么是很好的,以及他们能做什么进行改善,而不是告诉他们做错什么了)。第二个观察工作人员的理由是这样做之后,我们就能够通过向他们的努力提供正强化来支持他们。

4. 需要时调整干预计划。在小组计划制定会议中、在教室里观察时或者直接地在教室里对学生进行工作时,也许要对干预计划进行调整(Chandler et al.,1999)。当干预出现问题时(比如,没有足够的行为改变、策略难以实施或者助教退出),就要做出调整。当我们改变了行为目标或者纳入了促进熟练性、迁移和维持的策略时,也要做出调整。干预策略的调整要进行口头和书面的讨论,这样小组中的所有成员就可知道这些被提出要改变的内容(Bahr, Whitten, Dieker, Kocarek, & Manson, 1999)。

5. 在最初干预之后维持常规的接触。与实施干预策略的人员的接触最初要频繁(比如,每周面对面或者电话联系),然后可以渐隐至需要的水平。工作人员要感到,当他们需要时,可以自由地与咨询员进行交流,即使正式的咨询已经结束(Barbour & Barbour,997)。这增加了你被告知并即时处理潜在问题、行为退化等等事情的可能性(Bahr et al., 1999)。渐隐与工作人员的接触,然后在咨询后维持接触,这一模式将依赖于你的案例数量和资源。功能评估咨询的最终目标是要让工作人员独立地实施干预策略。他们不应该依赖于咨询员。然而,咨询员应该继续成为重要问题或者难题出现时的支持者。

教其他人如何做功能评估及制定积极干预计划

我们一致地发现,比起之前没有任何培训的教师,在功能评估方面受过初级培训的教师在功能评估阶段以及选择干预策略时更能提供辅助(Chandler, Munk, & Smith, 2004)。这是因为他们对功能评估的目标、评估中所用的方法、行为的三种功能和选择干预措施的理论依据有着基本的了解。他们也更有可能参与到功能评估的过程,因为他们在职前培训或在职培训中阅读过或者看到过其有效性(Chandler, 2000)。他们也更加愿意实施耗时间、费精力的干预,促进行为的迁移和维持。

在家庭、教育人员和其他服务提供者、大学里的学生身上开展的职前或者在职培训(Ballard-Krishnan et al., 2003;Iwata Wallace et al., 2000;Moore et al., 2002;Wallace, Doney, Mintz-Resudek, & Tarbox, 2004;Williams & Hieneman, 2002)时间跨度有一天或者几天(如,Chandler et al., 1999;Vaugn, Hales, Bush, & Fox, 1998),也有作为大学课程的一部分、长达一个学期的培训(如,Iwata et al., 2000;McEvoy, Reichle, & Davis, 1995;McMahon & McNamarra, 2000;Northrup, Wacker, Berg, Kelly, Sasso, & Deradd, 1994;Semmel, Abernathy, & Butera, 1991;Stephenson et al., 2000)。培训目标可以集中在知识与意识、态度改变、技能获得和熟练性上(Friend & Cook, 2006;McCollum & Catlett, 1997)。很明显,时间短的培训将强调意识和态度改变,而更深入、时间更长的培训则将着重在技能发展和熟练性上。

我们应用于学校的一个模式是提供1—2天的工作坊,其目标是增加参与者对功能评估的意识和知识。然后,当我们与这些教师在他们的情境中就他们自己的学生进行咨询时,我们的工作目标就是功能评估技能的获得和优化。在我们的工作坊中,我们着重在功能评估的应用(即非理论的)上。我们讨论(a)功能评估的假设和目标,(b)为什么挑战性行为会发生,以及关于挑战性行为发生的原因的错误理解,(c)确定情境事件、前奏事件和结果的过程,(d)行为的功能,(e)与行为三个功能有关的策略。我们通过录像中的案例来介绍功能评估,并用案例研究来补充这一形式。我们也通过小型小组活动的形式让参与者练习功能评估的不同部分。

在短期培训中,我们的首要目标是让参与者获得对功能评估方法及过程的基本理解(意识水平),认同功能评估的方法(态度改变)。之后来自参与者的非正式反馈显示,当这类工作坊结束时,一些参与者能够在他们的教室里开展功能评估。绝大多数参与者能够实施这一模式的部分内容;他们从不同的角度考虑挑战性行为和干预策略,少数参与者仅仅是愿意与功能评估咨询员一起工作。重要的是,要指出我们并不期待教师在参加这类短期的培训课程之后能够开展功能评估,并制定和实施积极的干预策略。为了让其更加有效,在短期培训之后应该跟随的是来自咨询专家的课内咨询及支持(Scott et al., 2005)。课内咨询和支持可以由独立的咨询员提供,但是,在我们的经验中,能够在整个过程中支持教师的基于学校的小组人员是最有效的(Crone, Hawken, & Bergstrom, 2007;Horner et al., 2008;Scott et al., 2005;Sugai, Lewis-Palmer, & Hagan, 1998)。

最近,本书的第一作者为一个由教师、学校心理学家、社会工作者和教学策略协调员组成的基于学校的小组提供了拓展性培训。在这6个阶段的项目中,参与者阅读有关功能评估方面的材料、课上在小型小组活动中合作、在他们自己的学校开展访谈及自然的观察,然后制定并实施基于评估信息的积极干预计划。这一模式强调深入的知识和技能,以及意识和态度改变。

我们也在大学里提供了长达一个学期的功能评估职前培训。拓展性的培训项目不仅重视功能评估的过程,也重视功能评估的理论和历史渊源。这些课程也可以教功能分析及模拟、自然主义的功能评估程序。学生们通常阅读很多有关功能评估的文章和章节,完成一个或者多个功能评估的项目,撰写并报告这些项目应用于教室内同伴的成功性。我们也发现,在拓展性培训中讨论和咨询与抗拒有关的问题也是很有帮助的。在我们的拓展性培训中(特别是在职培训),许多参与者都是那些将成为行为分析师或者功能评估咨询员的人。他们常常有关于如何让另一个教师实施干预、如何在他们自己的学区内教功能评估,以及在他们遇到对功能评估的抗拒时要做什么等等之类的问题。类似这样的问题不应该在拓展性培训课程中被忽视。

没有什么正确的或者错误的功能评估教学模式。许多模式都曾经在职前和在职培训中被成功应用(Iwata et al.,2000;Moore et al.,2002;Scott et al.,2005;Vaugn et al.,1998;Wallace,Doney,Mintz-Resudek,& Tarbox,2004)。培训的形式和持续时间依赖于培训的目标和培训者、教育人员以及学校系统可获得的资源。在我们的观念中,任何水平的功能评估培训都比没有要好,功能评估培训应该是所有为普通教育教师、特殊教育教师、行为分析师、其他教育人员(比如,治疗师、学校心理学家以及咨询员),以及管理人员提供的职前和在职培训项目中的一部分。

总结

本章提供了用于辅助咨询员和小组实施功能评估和干预模式的信息。我们通过认识功能评估不是一个简单、容易的过程开始。开展分析、制定并实施干预都要花费时间、合作和精力。但是,我们和其他人都感到,这些时间和精力的花费是值得的,因为功能评估最终将我们的努力集中在理解和处理适当行为上,而不是对挑战性行为的反应上(如,Arndorfer & Miltenberger,1993;Carr,Langdon,et al.,1999;Davis,1998;McGee & Daly,1999;Reichle et al.,1996;Repp,1999)。

本章的第一部分提供了有关干预实施及与家庭一起工作、对危机情境进行反应等方面的指导原则。之后,我们讨论了最常出现的反对意见或者对功能评估的抗拒来源,以及处理这些问题的建议。本章的结束部分则介绍了有关向个别教育人员和向功能评估小组成员提供咨询的技巧。当你开始与其他人员一起工作,成为功能评估小组中的一名成员或者功能评估的咨询员,你可以将某些技巧和指导原则添加到这些表格中。关于如何使用功能评估的知识,以及开展功能评估和制定干预过程中的技能,只有当教师和其他教育人员实施这些干预时才会是有用的。功能评估的知识和技能必须与良好的咨询和合作技能相配合。

案例研究：减少抗拒

这一案例研究呈现了一个情境，在这个情境中，教师不希望让你进入她的教室去做功能评估观察，之后对实施你推荐的干预措施也很抗拒。但是，她也希望做些事情。你在这个案例研究中的工作是描述你可以用来减少抗拒、增加合作、与这名教师建立合作性关系的策略。当你制定可能的策略时，要思考这名教师为什么会抗拒，并努力去处理她的抗拒来源。

● 莱昂（Leon）

柯林斯（Collins）女士是一名约翰肯尼迪初级中学的 8 年级教师，她转介了列昂进行特殊教育服务的评估。列昂在教室里表现得并不是很好，在绝大多数领域刚刚得了不及格的分数。另外，柯林斯女士表示，他很具破坏性，常去干扰其他学生。她在转介表格中列举了以下挑战性行为：

> 不听。
>
> 常常用尖刻的评论来打断事情。
>
> 在开始活动方面存在问题。
>
> 不断地问问题或者寻求同伴的帮助。
>
> 抱怨功课太多。
>
> 离开座位。
>
> 用手接连不断地敲桌面。
>
> 提问为什么这些材料是重要的。
>
> 作业分心。
>
> 不交家庭作业。
>
> 与同伴争论。
>
> 与教师争论。
>
> 不完成布置的功课。
>
> 不带上课材料到教室。
>
> 当他进房间时，常常很拖沓，而且有破坏性。

助教小组开会，回顾了转介表格，决定在教室里进行观察，并推荐了在建议由多学科小组进行全面的个案评估之前处理学生问题行为的策略。

你是这个助教小组的一个成员，你已经被分配了一项任务是与这名教师一起工作。当你让柯林斯女士确定一个时间在她的教室里开展功能评估观察时，她说，"我可以告诉你所有你想知道的关于列昂的事情；没有必要进来观察以致打断我的课，"她继续说，"我将所有有关他的行为的信息都已经写在转介报告中了，你没有看这些内容吗？"柯林斯女士让你知道,她在担心如果有新的人进入她的班级,她将什么事情也做不成。她告诉你,"你进入我的班级,所有学生将做的事情就是看你,与你说话。他们就不会将注意力放在我这里,而这是一年中相当关键的时候。我必须让他们为测验做好准备,否则他们将无法通过8年级。"

1. 为了减少柯林斯女士对观察的抗拒,以及让她允许你进入她的教室,你将对她说什么或者做什么? 在制定与柯林斯女士一起工作的计划过程中,考虑曾经有过的一些错误也许可以帮助你,这些错误最有可能帮助形成了她的抗拒。

2. 现在,假设你刚确定的用于减少对课堂观察的抗拒的策略是成功的,柯林斯女士让你进入了教室。现在你完成了观察。你已经能够确定列昂行为的功能,并制定了几条你希望柯林斯女士实施的策略,以减少列昂的挑战性行为,并增加其适当行为。

在与柯林斯女士会面的时候,你总结了你的观察资料,确定了列昂的行为功能,描述了你想让柯林斯女士实施的策略。在这个时候,柯林斯女士告诉你,你的建议不会起什么好的效果。她说,"我已经试过了这些将要做的每一件事情,没有一件对这个孩子起作用。"她说,她已经尝试你正在推荐的许多策略好几次了,但是都没有效果。她还告诉你,"另外,我没有时间做你说的每一件事情。还有26个孩子在我班上,要将所有时间花在一个学生身上是不公平的。"她继续说,"看,我已经转介了特殊教育,以便让列昂离开我的班级。他需要在特殊教室,这样会对他好一些。我没有转介要这个,这样,像你这样的人将告诉我,我是一个坏老师"。

在此时,为了减少她的抗拒、增加其合作,你将做些什么或者对这个老师说些什么? 在制定未来与柯林斯女士互动的计划中,确定这个案例中这部分已经出现的一些错误,也是有帮助的。这些错误也许导致了她继续抗拒。

案例研究:为茱莉亚制定并实施干预

案例研究来自埃德沃德·卡恩西奥

● 茱莉亚(Julia)

茱莉亚是一名8年级学生,被鉴定为情绪和行为障碍(E/BD)和对立违抗性障碍。茱莉亚就读于一个隔离的班级,在与成人的互动上一直有困难。她常常在教室里使用脏话,这一行为会升级为不服从、与成人的争论,以及拒绝完成任务和作业。茱莉亚也常常在小组活动中不举手就脱口说话。茱莉亚的教师要求进行行为咨询,以便处理茱莉亚的挑战性行为。下面是ABC观察表中某个行为的例子。这是茱莉亚多种学业活动中常见的一个行为表现。

前奏事件和情境事件	行　为	结　果	功　能
阅读课	举手,要求帮助	教师提供辅助	正强化:获得辅助
阅读课	作业专注,提交作业	表扬其完成作业	正强化:获得关注
教师归还作业,让她改正,回到座位	告诉教师她不改这"f...ing"的作业	教师与其争论,重复指令,转向另一学生	正强化:获得关注
教师与另一名学生一起学习	撕掉纸,扔向教师	被给了新的纸,送去办公室	正强化:获得关注
校长办公室,问她做了什么	骂人	批评,被告诉去完成功课	正强化:获得关注
被告诉去完成功课	与办公室里的人说话,完成功课	与同伴、成人对话	正强化:获得关注
校长办公室,功课完成	将作业给校长看	谈她的下流话	正强化:获得关注
教室	给老师看已完成的作业,并道歉	对其功课进行表扬,讨论其下流话	正强化:获得关注

茉莉亚的挑战性行为功能是正强化。不管是适当的还是挑战性行为,其结果通常提供了来自成人的某些形式的关注。从茉莉亚的角度来说,积极的(比如表扬)和消极的关注(比如争论)都是具有强化性的结果。当她表现出挑战性行为的时候,她不仅获得了来自成人的关注和互动,而且她在出现挑战性行为之后所获得的关注常常比她表现出适当行为时所获得的更多。小组最初认为,茉莉亚的行为可能是负强化的功能,因为她常常被送去校长办公室。他们假设,她在试图逃避学业类任务。但是,对前奏事件和结果的分析表明,茉莉亚的行为没有导致对学业类作业的逃避或回避。实际上,茉莉亚一般都完成了任务,即使她在校长办公室,然后会征求别人对其功课的反馈意见。

1. 制定一个计划以减少茉莉亚不适当的语言,并增加适当沟通和寻求关注的方式。

2. 现在检查下你的计划,并确定当你开始并继续实施你的干预计划时,你可以预料到什么,当你实施你的计划时你将使用什么指导原则(复习实施干预的指导原则)。

参考文献

Aber, M. E., Bachman, B., Campbell, P., & O'Malley, G. (1994). Improving instruction in elementary schools. *TEACHING Exceptional Children, 26*(3), 42–50.

Abrams, B. J., & Segal, A. (1998). How to prevent aggressive behavior. *TEACHING Exceptional Children, 30*(4), 10–15.

Alberto, P. A., & Troutman, A. C. (1999). *Applied behavior analysis for teachers* (5th ed.). Upper Saddle River, NJ: Merrill/Prentice Hall.

Albin, R. W., & Horner, R. H. (1988). Generalization with precision. In R. H. Horner, G. Dunlap, & R. L. Koegel (Eds.), *Generalization and maintenance: Life-style changes in applied settings* (pp. 99–120). Baltimore: Paul H. Brookes.

American Academy of Pediatrics Committee on Children with Disabilities. (2001). Policy statement: Developmental surveillance and screening of infants and young children. *Pediatrics, 108*(1), 192–196.

Anderson, E., & Emmons, P. (1996). *Unlocking the mysteries of sensory dysfunction: A resource for anyone who works with, or lives with, a child with sensory needs.* Arlington, TX: Future Horizons.

Anderson, S. R., Taras, M., & Cannon, B. C. (1996). Teaching new skills to young children with autism. In C. Maurice, G. Green, & S. Luce (Eds.), *Behavioral interventions for young children with autism: A manual for parents and professionals* (pp. 195–217). Austin, TX: Pro-Ed.

Armstrong, S. W., & Kauffman, J. M. (1999). Functional behavioral assessment: Introduction to the series. *Behavior Disorders, 24*(2), 167–168.

Arndorfer, R. E., & Miltenberger, R. G. (1993). Functional assessment and treatment of challenging behavior: A review with implications for early childhood. *Topics in Early Childhood Special Education, 13*(1), 82–105.

Arndorfer, R. E., Miltenberger, R. G., Woster, S. H., Rortvedt, A. K., & Gaffaney, T. (1994). Home-based descriptive and experimental analysis of problem behavior in children. *Topics in Early Childhood Special Education, 14*(1), 64–87.

Ayllon, T., & Azrin, N. H. (1968). Reinforcer sampling: A technique for increasing the behavior of mental patients. *Journal of Applied Behavior Analysis, 1,* 13–20.

Ayres, J. A. (1972). *Sensory integration and learning disorders.* Los Angeles: Western Psychological Services.

Ayres, J. A. (1979). *Sensory integration and the child.* Los Angeles: Western Psychological Services.

Baer, D. M. (1970). A case for the selective reinforcement of punishment. In C. Neuringer & J. L. Michaels (Eds.), *Behavior modification in clinical psychology* (pp. 243–249). New York: Appleton-Century-Crofts.

Baer, D. M. (1981). *How to plan for generalization.* Lawrence, KS: H & H Enterprises.

Baer, D. M. (1982). The role of current pragmatics in the future analysis of generalization technology. In R. B. Stuart (Ed.), *Adherence, compliance, and generalization in behavioral medicine* (pp. 192–212). New York: Brunner/Mazel.

Baer, D. M., Wolfe, M. M., & Risley, T. R. (1968). Some current dimensions of applied behavior analysis. *Journal of Applied Behavior Analysis, 1,* 91–97.

Baer, D. M., Wolfe, M. M., & Risley, T. R. (1987). Some still-current dimension of applied behavior analysis. *Journal of Applied Behavior Analysis, 20,* 313–327.

Bahr, M. W., Whitten, E., Dieker, L., Kocarek, C. E., & Manson, D. (1999). A comparison of school-based intervention teams: Implications for educational and legal reform. *Exceptional Children, 66,* 67–83.

Bailey, D. B., & Wolery, M. (1992). *Teaching infants and preschoolers with disabilities* (2nd ed.). Upper Saddle River, NJ: Merrill/Prentice Hall.

Ballard-Krishnan, S. A., McClure, L., Schmatz, B., Travinker, B., Friedrich, G., & Nolan, M. (2003). The Michigan PBS Initiative: Advancing the spirit of collaboration by including parents in the delivery of personnel development opportunities. *Journal of Positive Behavior Interventions, 5*(2), 122–127.

Bambara, L. M., Dunlap, G., & Schwartz, I. S. (2004). Preface. In L. M. Bambara, G. Dunlap, & I. S. Schwartz (Eds.), *Positive behavioral support: Critical articles on improving practices for individuals with severe disabilities* (pp. 1–2). Austin, TX: Pro-Ed and TASH.

Bandura, A. (1965). Behavior modification through modeling procedures. In L. Krasner & L. P. Ullman (Eds.), *Research in behavior modification*. New York: Holt, Rinehart & Winston.

Baranek, G. T. (2002). Efficacy of sensory and motor interventions for children with autism. *Journal of Autism and Developmental Disorders, 32*(5), 397–422.

Baranek, G. T., Foster, L. G., & Berkson, G. (1997). Tactile defensiveness and stereotyped behaviors. *American Journal of Occupational Therapy, 51,* 91–95.

Barbour, C., & Barbour, N. H. (1997). *Families, schools, and communities: Building partnerships for educating children.* Upper Saddle River, NJ: Merrill/Prentice Hall.

Barrish, H. H., Saunders, M., & Wolf, M. M. (1969). Good behavior game: Effects of individual contingencies for group consequences on disruptive behavior in a classroom. *Journal of Applied Behavior Analysis, 2,* 119–124.

Bateman, B. D., & Linden, M. A. (1998). *Better IEPs: How to develop legally correct and educationally useful programs* (3rd ed.). Longmont, CO: Sopris West.

BEACH Center (nd) *Family Quality of Life Survey.* Retrieved August 9, 2008 from http://www.beachcenter.org/resource_library/beach_resource_detail_page.aspx?intResourceID=2391

Benedict, E. A., Horner, R. H., & Squires, J. K. (2007). Assessment and implementation of positive behavior support in preschools. *Topics in Early Childhood Special Education, 27,* 174–192.

Berg, W., & Sasso, G. (1993). Transferring implementation of functional assessment procedures from the clinic to natural settings. In J. Reichle & D. P. Wacker (Eds.), *Communication alternatives to challenging behavior: Integrating functional assessment and intervention strategies* (pp. 343–362). Baltimore: Paul H. Brookes.

Berkson, G., & Mason, W. A. (1965). Stereotyped movements of mental defectives: 4. The effects of toys and the character of the acts. *American Journal of Mental Deficiency, 70,* 511–524.

Berkson, G., McQuiston, S., Jacobson, J. W., Eyman, R., & Borthwick, S. (1985). The relationship between age and stereotyped behaviors. *Mental Retardation, 23,* 31–33.

Berkson, G., & Tupa, M. (2000). Early development of stereotyped and self-injurious behaviors. *Journal of Early Intervention, 23*(1), 1–19.

Bijou, S. W., Peterson, R. F., & Ault, M. H. (1968). A method to integrate descriptive and experimental field studies at the level of data and empirical concept. *Journal of Applied Behavior Analysis, 1,* 175–191.

Billingsley, F. (1988). Writing objectives for generalization. In N. Haring (Ed.), *Generalization for students with severe handicaps: Strategies and solutions* (pp. 123–129). Seattle: University of Washington Press.

Bissel, J., Fisher, J., Owens, C., & Polsyn, P. P. (1988). *Sensory motor handbook: A teacher's guide for implementing and modifying activities in the classroom.* Torrence, CA: Sensory Integration International.

Blair, K., Umbreit, J., & Bos, C. S. (1999). Using functional assessment and children's preferences to improve the behavior of young children with behavior disorders. *Behavior Disorders, 24*(2), 151–166.

Blair, K., Umbreit, J., & Eck, S. (2000). Analysis of multiple variables related to a young child's aggressive behavior. *Journal of Positive Behavior Interventions, 2*(1), 33–39.

Boggs, E. M. (1985). Whose head is in the clouds? In H. R. Turnbull & A. P. Turnbull (Eds.), *Parents speak out: Then and now* (pp. 55–64). Columbus, OH: Merrill/Prentice Hall.

Bondy, A., & Frost, L. (2001). *PECS and other visual communication strategies in autism.* Bethesda, MD: Woodbine House.

Borthwick, S. A., Meyers, C. E., & Eyman, R. K. (1981). A comparison of adaptive and maladaptive behavior of mentally retarded clients of five residential settings in three western states. In R. H. Bruininks, C. E. Meyers, B. B. Sigford, & K. C. Lakin (Eds.), *Deinstitutionalization and community adjustment of mentally retarded people* (Monograph 4, pp. 351–359). Washington, DC: American Association on Mental Deficiency.

Borthwick-Duffy, S. A., Eyman, R. K., & White, J. F. (1987). Client characteristics and residential placement patterns. *American Journal of Mental Deficiency, 92,* 24–30.

Bosch, S., & Fuqua, W. R. (2001). Behavioral cusps: A model for selecting target behaviors. *Journal of Applied Behavior Analysis, 34,* 123–125.

Boulware, G., Schwartz, I., & McBride, B. (1999). Addressing challenging behavior at home: Working with families to find solutions. *Young Exceptional Children, 3*(1), 21–27.

Bouxsein, K. J., Tiger, J. H., & Fisher, W. W. (2008). A comparison of general and specific instructions to promote task engagement and completion by a young man with Asperger syndrome. *Journal of Applied Behavior Analysis, 41*(1), 113–116.

Bradley, R. (2007, October). Key issues in discipline (Module 10). *Building the legacy: IDEA 2004 training curriculum.* Washington, DC: National Dissemination Center for Children with Disabilities. Retrieved from: www.nichcy.org/training/contents.asp

Bradley, R., Danielson, L., & Doolittle, J. (2007). Responsiveness to intervention: 1197–2007. *TEACHING Exceptional Children, 39*(5), 8–13.

Brandenberg, N. A., Friedman, R. M., & Silver, S. E. (1990). The epidemiology of childhood psychiatric disorders: Prevalence findings from recent studies. *Journal of the American Academy of Child and Adolescent Psychiatry, 29*(1), 76–83.

Brockman, L. M., Morgan, G. A., & Harmon, R. J. (1988). Mastery motivation and developmental delay. In T. D. Wachs & R. Sheehan (Eds.), *Assessment of young developmentally disabled children* (pp. 267–284). New York: Plenum Press.

Buschbacher, P. W., & Fox, L. (2003). Understanding and intervening with the challenging behavior of young children with autism spectrum disorder. *Language, Speech, and Hearing Services in Schools, 34,* 217–227.

Butler, L. R., & Luiselli, J. K. (2007). Escape-maintained problem behavior in a child with autism: Antecedent functional analysis and intervention evaluation of noncontingent escape and instructional fading. *Journal of Positive Behavior Interventions, 9*(3), 195–202.

Cangelosi, J. (1993). *Classroom management strategies: Gaining and maintaining students' cooperation* (2nd ed.). White Plains, NY: Longman.

Carnegie, D. (1994). *How to win friends and influence people.* New York: Pocket Books.

Carnine, D. (1976). Effects of two teacher presentation rates on off-task behavior, answering correctly, and participation. *Journal of Applied Behavior Analysis, 9,* 199–206.

Carr, E. G. (1977). The motivation for self-injurious behavior: A review of some hypotheses. *Psych Bulletin, 84,* 800–816.

Carr, E. G. (1988). Functional equivalence as a mechanism of response generalization. In R. H. Horner, G. Dunlap, & R. L. Koegel (Eds.), *Generalization and maintenance: Life-style changes in applied settings* (pp. 221–241). Baltimore: Paul H. Brookes.

Carr, E. G. (1994). Emerging themes in the functional analysis of problem behavior. *Journal of Applied Behavior Analysis, 27,* 393–400.

Carr, E. G. (1997). The evolution of applied behavior analysis into positive behavior support. *The Association for Persons with Severe Handicaps, 22*(4), 208–209.

Carr, E. G. (2002). Foreword. In J. M. Lucyshyn, G. Dunlap, & Albin (2002). *Families and positive behavior support; Addressing problem behavior in family contexts* (pp. xi–xii). Baltimore: Paul H. Brookes.

Carr, E. G. (2007). The expanding vision of positive behavior support: Research perspectives on happiness, helpfulness, hopefulness. *Journal of Positive Behavior Interventions, 9*(1), 3–14.

Carr, E. G., Dunlap, G., Horner, R. H., Koegel, R. L., Turnbull, A. P., Sailor, W., et al. (2002). Positive behavioral support: Evolution of an applied science. *Journal of Positive Behavioral Interventions, 4*(1), 4–16, 20.

Carr, E. G., & Durand, V. M. (1985). Reducing behavior problems through functional communication training. *Journal of Applied Behavior Analysis, 18,* 111–126.

Carr, E. G., Horner, R. H., Turnbull, A. P., Marquis, J. G., Magito-McLaughlin, D., McAfee, M. L., et al. (1999). *Positive behavior support for people with developmental disabilities.* Washington, DC: American Association on Mental Retardation Monograph Series.

Carr, E. G., Langdon, N. A., & Yarbrough, S. C. (1999). Hypothesis-based intervention for severe problem behavior. In A. C. Repp & R. H. Horner (Eds.), *Functional analysis of problem behavior: From effective assessment to effective support* (pp. 9–31). Belmont, CA: Wadsworth Publishing Company.

Carr, E. G., Levin, L., McConnachie, G., Carlson, J. I., Kemp, D. C., & Smith, C. E. (1994). *Communication-based intervention for problem behavior*. Baltimore: Paul H. Brookes.

Carr, E. G., Levin, L., McConnachie, G., Carlson, J. I., Kemp, D. C., Smith, C. E., et al. (1999). Comprehensive multisituational intervention for problem behavior in the community: Long-term maintenance and social validation. *Journal of Positive Behavior Interventions, 1*(1), 5–25.

Carr, E. G., & Lindquist, J. C. (1987). Generalization processes in language acquisition. In T. L. Layton (Ed.), *Language and treatment of autistic and developmentally disordered children* (pp. 129–153). Springfield, IL: Charles C. Thomas.

Carr, E. G., & McDowell, J. J. (1980). Social control of self-injurious behavior of organic etiology. *Behavior Therapy, 11*, 402–409.

Carr, E. G., & Newsom, C. D. (1985). Demand-related tantrums: Conceptualization and treatment. *Behavior Modification, 9*, 403–426.

Carr, E. G., Newsom, C. D., & Binkoff, J. A. (1980). Escape as a factor in the aggressive behavior of two retarded children. *Journal of Applied Behavior Analysis, 13*, 101–117.

Carr, E. G., Reeve, C. E., & Magito-McLaughlin, D. (1996). Contextual influences on problem behavior in people with disabilities. In L. K. Koegel, R. L. Koegel, & G. Dunlap (Eds.), *Positive behavioral support: Including people with difficult behavior in the community* (pp. 403–423). Baltimore: Paul H. Brookes.

Carr, E. G., Robinson, S., & Palumbo, L. W. (1990). The wrong issue: Aversive vs. nonaversive treatment. The right issue: Functional vs. nonfunctional treatment. In A. C. Repp & N. N. Singh (Eds.), *Perspectives on the use of nonaversive and aversive interventions for persons with developmental disabilities* (pp. 361–380). Sycamore, IL: Sycamore Press.

Carr, E. G., Taylor, J. C., & Robinson, S. (1991). The effects of severe behavior problems on the teaching behavior of adults. *Journal of Applied Behavior Analysis, 24*, 523–535.

Carr, E. G., Yarborough, S. C., & Langdon, N. A. (1997). Effects of idiosyncratic stimulus variables on functional analysis outcomes. *Journal of Applied Behavior Analysis, 30*, 673–686.

Carta, J. J., Sideridis, G., Rinkel, P., Guimaraes, S., Greenwood, C., Bagget, K., et al. (1994). Behavioral outcomes of young children prenatally exposed to illicit drugs: Review and analysis of experimental literature. *Topics in Early Childhood Special Education, 14*, 184–216.

Cataldo, M. F., & Harris, J. (1982). The biological basis for self-injury in the mentally retarded. *Analysis and Intervention in Developmental Disabilities, 2*, 21–39.

Chandler, L. K. (1991). Strategies to promote physical, social, and academic integration in mainstreamed programs. In G. Stoner, M. R. Shinn, & H. M. Walker (Eds.), *Intervention for achievement and behavior problems* (pp. 305–331). Washington, DC: National Association for School Psychologists.

Chandler, L. K. (1992). Promoting children's social/survival skills as a strategy for transition to mainstreamed kindergarten programs. In S. L. Odom, S. R. McConnell, & M. A. McEvoy (Eds.), *Social competence of young children with disabilities* (pp. 245–276). Baltimore: Paul H. Brookes.

Chandler, L. K. (1998). *Challenging behavior: A parent and provider dialogue on effective discipline for young children with special needs*. Two-day workshops and panel facilitation for the Wisconsin Personnel Development Project, Madison and Eau Claire, WI.

Chandler, L. K. (2000). A training and consultation model to reduce resistance and increase educator knowledge and skill in addressing challenging behavior. *Special Education Perspectives, 9*(1), 3–13.

Chandler, L. K., & Dahlquist, C. M. (1999a). Integration in the preschool for children with mild or moderate disabilities. In M. J. Coutinho & A. C. Repp (Eds.), *Inclusion: The integration of students with disabilities* (pp. 206–235). Belmont, CA: Wadsworth Publishing Company.

Chandler, L. K., & Dahlquist, C. M. (1999b). The effects of functional assessment on the challenging and appropriate behavior of children in preschool classrooms. In S. Irwin (Ed.), *Challenging the challenging behaviors: A sourcebook based on the SpeciaLink Institute* (pp. 27–30, 73–79). Cape Breton Island, CA: Breton Books.

Chandler, L. K., & Dahlquist, C. M. (2002). *Functional assessment: Strategies to prevent and remediate challenging behavior in school settings*. Upper Saddle River, NJ: Merrill/Prentice Hall.

Chandler, L. K., Dahlquist, C. M., Repp, A. C., & Feltz, C. (1999). The effects of team-based functional assessment on the behavior of students in classroom settings. *Exceptional Children, 66*(1), 101–121.

Chandler, L. K., Fowler, S. A., & Lubeck, R. C. (1986). Assessing family needs: The first step in providing family-focused intervention. *Diagnostique, 11,* 233–245.

Chandler, L. K., Fowler, S. A., & Lubeck, R. C. (1992). An analysis of the effects of multiple setting events on the social behavior of preschool children with special needs. *Journal of Applied Behavior Analysis, 25,* 249–264.

Chandler, L. K., Frich, D. M., Hein, C., & Burke, M. (1979). *Leisure activities and their effects on the behavior of retarded individuals.* Poster presented at the Association for Behavior Analysis Conference, Dearborn, MI.

Chandler, L. K., & Loncola, J. (2008). Rationale for a blended education. In M. LaRocque & S. M. Darling (Eds.), *Blended curriculum in the inclusive K-3 classroom: Teaching all young children* (pp. 1–31). Boston, MA: Pearson Education.

Chandler, L. K., Lubeck, R. C., & Fowler, S. A. (1992). Generalization and maintenance of preschool children's social skills: A critical review. *Journal of Applied Behavior Analysis, 25,* 415–428.

Chandler, L. K., Munk, D., & Smith, T. (2004). *Perspectives and practices of school personnel who conduct functional assessment.* Unpublished manuscript.

Chandler, L. K., & Van Laarhoven, T. (2004). *Functional behavioral assessment.* White paper published by the Illinois Autism Project, Springfield, IL.

Chapman, C. M. (2000). Celebrate the positive, eliminate the negative. *Journal of Positive Behavioral Interventions, 2*(2), 119–120.

Chicago Public Schools. (1998). *Attention deficit hyperactivity disorder manual: Providing successful educational interventions for students with ADHD.* Chicago: Author.

Cipani, E. (2008). *Classroom management for all teachers: Plans for evidence-based practice* (3rd Ed.). Columbus, OH: Merrill/Prentice Hall.

Clarke, S., Worcester, J., Dunlap, G., Murray, M., & Bradley-Klug, K. (2002). Using multiple measures to evaluate positive behavior support. *Journal of Positive Behavioral Interventions, 4*(3), 131–145.

Colby Trott, M., Laurel, M. K., & Windeck, S. L. (1993). *SenseAbilities: Understanding sensory integration.* Tucson, AZ: Therapy Skill Builders.

Coleman, M. R., Buysse, V., & Neitzel, J. (2006). *Recognition and Response: An early intervening system for young children at-risk for learning disabilities. Research synthesis and recommendations.* Chapel Hill, NC: Child Development Institute

Conyers, C., Doole, A., Vause, T., Harapiak, S., Yu, D. C. T., & Martin, G. L. (2002). Predicting the relative efficacy of three presentation methods for assessing preferences of persons with developmental disabilities. *Journal of Applied Behavior Analysis, 35,* 49–58.

Corbett, J. A., & Campbell, H. J. (1981). Causes of self-injurious behavior. In P. Mittler (Ed.), *Frontiers of knowledge in mental retardation: Vol. 2. Biomedical aspects* (pp. 285–292). Baltimore: University Park Press.

Council for Exceptional Children. (1999, Winter). *Research connections in special education: Positive behavioral support. ERIC/OSEP Special Project, The ERIC Clearinghouse on Disabilities and Gifted Education.* Reston, VA.

Council for Exceptional Children, (2007). *Council for Exceptional Children's position on response to intervention (RTI): The unique role of special education and special educators.* Retrieved from http://www.cec.sped.org/AM/Template.cfm?Section=Home&CONTENTID=9237&TEMPLATE=/CM/ContentDisplay.cfm

Council for Exceptional Children. (2004). *The new IDEA: CEC's summary of significant issues.* Arlington, VA: CEC. Retrieved from: www.dec-sped.org

Council for Exceptional Children. (2006). *CEC's comparison of IDEA 2004 regulations to 1997 regulations.* Arlington, VA: CEC. Retrieved from: www.dec-sped.org

Cowdery, G. E., Iwata, B. A., & Pace, G. M. (1990). Effects and side effects of DRO as treatment for self-injurious behavior. *Journal of Applied Behavior Analysis, 23,* 497–506.

Coyne, M. D., Simonsen, B., Faggella-Luby, M. (2008). Cooperating initiatives: Supporting behavioral and academic improvement through a systems approach. *TEACHING Exceptional Children, 49*(6), 54–59.

Crawford, J., Brockel, B., Schauss, S., & Miltenberger, R. G. (1992). A comparison of methods for the functional assessment of stereotypic behavior. *Journal of the Association for Persons with Handicaps, 17*, 77–86.

Crimmins, D., Farrell, A. F., Smith, P. W., & Bailey, A. (2007). *Positive strategies for students with behavior problems.* Baltimore: Paul H. Brookes.

Crone, D. A., Hawken, L. S., & Bergstrom, M. K. (2007). A demonstration of training, implementing, and using functional behavioral assessment in 10 elementary and middle school settings. *Journal of Positive Behavioral Interventions, 9*(1), 15–29.

Crone, D. A., Horner, R. H., & Hawken, L. (2003). *Responding to problem behavior in the school: The behavior education program.* NY: Guilford.

Cuvo, A. J., & Davis, P. K. (1998). Establishing and transferring stimulus control: Teaching people with developmental disabilities. In J. K. Luiselli & M. J. Cameron (Eds.), *Antecedent control: Innovative approaches to behavioral support* (pp. 347–372). Baltimore: Paul H. Brookes.

Daly, P. M., & Randall, P. (2003). Using Countoons to teach self-monitoring skills. *TEACHING Exceptional Children, 35*(5), 30–35.

Darch, C. B., & Kame'enui, E. J. (2004). *Instructional classroom management: A proactive approach to behavior management* (2nd ed.). Columbus, OH: Merrill/Prentice Hall.

Davis, C. A. (1998). Functional assessment: Issues in implementation and applied research. *Preventing School Failure, 43*(1), 34–36.

Davis, C. A., Brady, M. P., Williams, R. E., & Hamilton, R. (1992). Effects of high probability requests on the acquisition and generalization of responses to requests in young children with behavior disorders. *Journal of Applied Behavior Analysis, 25*, 905–916.

Davis, J. C., Kutsick, K., & Black, D. D. (1985). The teaching interaction: A systematic approach to developing social skills in disruptive students. *Techniques, 1*, 304–310.

Day, H. M., & Horner, R. H. (1986). Response variation and the generalization of a dressing skill: Comparison of single instance and general case instructions. *Applied Research in Mental Retardation, 7*, 189–202.

Day, H. M., Horner, R. H., & O'Neill, R. E. (1994). Multiple functions of problem behaviors: Assessment and intervention. *Journal of Applied Behavior Analysis, 27*, 279–290.

DeLeon, I. G., Neidert, P. L., Anders, B. M., & Rodriguez-Catter, V. (2001). Choice between positive and negative reinforcement during treatment for escape-maintained behavior. *Journal of Applied Behavior Analysis, 34*, 521–525.

Digennaro, F. D., & Martens. B. K. (2007). A comparison of performance feedback procedures on teachers' treatment implementation integrity and students' inappropriate behavior in special education classrooms. *Journal of Applied Behavior Analysis, 40*, 447–461.

Digennaro, F. D., Martens. B. K., & McIntyre, L. L. (2005). Increasing treatment integrity through negative reinforcement: Effects on teacher and student behavior. *School Psychology Review, 34*, 220–231.

Deitz, D. E., & Repp, A. C. (1983). Reducing behavior through reinforcement. *Exceptional Education Quarterly, 3*(4), 34–47.

Deitz, S. M., & Repp, A. C. (1973). Decreasing classroom misbehavior through the use of DRL schedules of reinforcement. *Journal of Applied Behavior Analysis, 6*, 457–463.

Deitz, S. M., Repp, A. C., & Deitz, D. E. (1976). Reducing inappropriate classroom behavior of retarded students through three procedures of differential reinforcement. *Journal of Mental Deficiency, 20*, 155–170.

DeLeon, I. G., Neidert, P. L., Anders, B. M., & Rodriguez-Carter, V. (2001). Choices between positive and negative reinforcement during treatment for escape-maintained behavior. *Journal of Applied Behavior Analysis, 34,* 521–526.

Derby, K. M., Hagopian, L., Fisher, W. W., Richman, D., Augustine, M., Fahs, A., et al. (2000). Functional analysis of aberrant behavior through measurement of separate response topographies. *Journal of Applied Behavior Analysis, 33*, 113–118.

Derby, K. M., Wacker, D. P., Peck, S., Sasso, G., DeRaad, A., Berg, W., et al. (1994). Functional analysis of separate topographies of aberrant behavior. *Journal of Applied Behavior Analysis, 27*, 267–278.

Derby, K. M., Wacker, D. P., Sasso, G., Steege, M., Northup, J., Cigrand, K., et al. (1992). Brief functional assessment techniques to evaluate aberrant behavior in an outpatient setting. *Journal of Applied Behavior Analysis, 25*, 713–721.

Donnellan, A. M., & LaVigna, G. W. (1990). Myths about punishment. In A. C. Repp & N. N. Singh (Eds.), *Perspectives on the use of nonaversive and aversive interventions for persons with developmental disabilities* (pp. 33–58). Sycamore, IL: Sycamore Press.

Dopp, J., & Block, T. (2004). High school peer mentoring that works! *TEACHING Exceptional Children, 37*(1), 56–63.

Doyle, P. M., Gast, D. L., Wolery, M., Ault, M. J., & Farmer, J. A. (1990). Use of constant time delay in small group instruction: A study of observable and incidental learning. *The Journal of Special Education, 23*(4), 363–385.

Drabman, R. S., Hammer, D., & Rosenbaum, M. S. (1979). Assessing generalization in behavior modification with children: The generalization map. *Behavioral Assessment, 1,* 203–219.

Drasgow, E., Halle, J. W., Ostrosky, M., & Harbors, H. (1996). Using behavioral indication and functional communication training to establish an initial sign repertoire with a young child with severe disabilities. *Topics in Early Childhood Special Education, 16,* 500–521.

Dunlap, G., Foster-Johnson, L., & Robbins, F. R. (1990). Preventing serious behavior problems through skill development and early interventions. In A. C. Repp & N. N. Singh (Eds.), *Perspectives on the use of nonaversive and aversive interventions for persons with developmental disabilities* (pp. 272–286). Sycamore, IL: Sycamore Press.

Dunlap, G., & Fox, L. (1996). Early intervention and serious problem behaviors: A comprehensive approach. In L. K. Koegel, R. L. Koegel, & G. Dunlap (Eds.), *Positive behavioral support: Including people with difficult behavior in the community* (pp. 31–50). Baltimore: Paul H. Brookes.

Dunlap, G., Fox, L., Vaughn, B.J., Bucy, M., & Clarke, S. (1997; 2004). In quest of meaningful perspectives and outcomes: A response to five commentaries. *The Association for Persons with Severe Handicaps, 22*(4), 221–223. Reprinted in L. M. Bambara, G. Dunlap, & I. S. Schwartz (Eds.), *Positive behavioral support: Critical articles on improving practices for individuals with severe disabilities* (pp. 300–302). Austin, TX: Pro-Ed and TASH.

Dunlap, G., & Kern, L. (1993). Assessment and intervention for children within the instructional curriculum.

In J. Reichle & D. P. Wacker (Eds.), *Communication alternatives to challenging behavior: Integrating functional assessment and intervention strategies* (pp. 177–204). Baltimore: Paul H. Brookes.

Dunlap, G., Kern-Dunlap, L., Clarke, S., & Robbins, F. R. (1991). Functional assessment, curricular revision, and severe behavior problems. *Journal of Applied Behavior Analysis, 24,* 387–397.

Dunlap, G., Koegel, R. L., Johnson, J., & O'Neill, R. E. (1987). Maintaining performance of autistic clients in community settings with delayed contingencies. *Journal of Applied Behavior Analysis, 20,* 185–191.

Dunlap, G., & Plienis, A. J. (1988). Generalization and maintenance of unsupervised responding via remote contingencies. In R. H. Horner, G. Dunlap, & R. L. Koegel (Eds.), *Generalization and maintenance: Life-style changes in applied settings* (pp. 121–142). Baltimore: Paul H. Brookes.

Dunn, W. (1999). *Sensory profile.* San Antonio, TX: The Psychological Corporation.

Dunst, C. J., McWilliam, R. A., & Holbert, K. (1986). Assessment of preschool classroom environments. *Diagnostique, 11,* 212–232.

Durand, V. M., Bertoli, D., & Weiner, J. S. (1993). Functional communication training: Factors affecting effectiveness, generalization, and maintenance. In J. Reichle & D. P. Wacker (Eds.), *Communication alternatives to challenging behavior: Integrating functional assessment and intervention strategies* (pp. 317–342). Baltimore: Paul H. Brookes.

Durand, V. M., & Carr, E. G. (1987). Social influences on "self-stimulatory" behavior: Analysis and treatment application. *Journal of Applied Behavior Analysis, 20,* 119–132.

Durand, V. M., & Carr, E. G. (1992). An analysis of maintenance following functional communication training. *Journal of Applied Behavior Analysis, 23,* 777–794.

Durand, V. M., & Crimmins, D. B. (1988). Identifying the variables maintaining self-injurious behavior. *Journal of Autism and Developmental Disabilities, 18,* 99–117.

Dwyer, K. P., Osher, D., & Hoffman, C. C. (2000). Creating responsive schools: Contextualizing early warning, timely response. *Exceptional Children, 66*(3), 347–365.

Dyer, K., Dunlap, G., & Winterling, V. (1990). Effects of choice making on the serious problem behaviors of students with severe handicaps. *Journal of Applied Behavior Analysis, 23,* 515–524.

Eber, L., Breen, K., Rose, J., Unizycki, R. M., & London, T. H. (2008). Wraparound as a tertiary level intervention for students with emotional/behavioral needs. *TEACHING Exceptional Children, 49*(6), 16–22.

Eber, L., Nelson, C. M., & Miles, P. (1977). School-based wrap around for students with emotional and behavioral challenges. *Exceptional Children, 63*(4), 539–555.

Edelson, S. M., Goldberg, M., Edelson, M. G., Kerr, D. C., & Grandin, T. (1999). Behavioral and physiological effects of deep pressure on children with autism: A pilot study evaluating the efficacy of Grandin's Hug Machine. *American Journal of Occupational Therapy, 53,* 145–152.

Egnor, D. (2003). *IDEA reauthorization and the student discipline controversy.* Denver, CO: Love Publishing Co.

Ellingson, S. A., Miltenberger, R. G., Stricker, J. M., Garlinghouse, M. A., Roberts, J., Galenski, T. L., et al. (2000). Effects of increased response effort of self-injury and object manipulation. *Journal of Applied Behavior Analysis, 33,* 41–52.

Elliott, S. N., Witt, J. C., & Kratochwill, T. R. (1991). Selecting, implementing, and evaluating classroom interventions. In G. Stoner, M. R. Shinn, & H. M. Walker (Eds.), *Interventions for achievement and behavior problems.* Silver Springs, MD: National Association of School Psychologists.

Epstein, R., & Skinner, B. F. (1982). *Skinner for the classroom: Selected papers.* Champaign, IL: Research Press.

Fairbanks, S., Simonsen, B., & Sugai, G. (2008). Class-wide secondary and tertiary tier practices and systems. *TEACHING Exceptional Children, 40*(6), 44–52.

Fairbanks, S., Sugai, G., Guardine, D., & Lathrop, M. (2007). Response to intervention: Examining the classroom behavior support in second grade. *Exceptional Children, 73*(3), 288–310.

Falcomata, T. S., Roane, H. S., Hovanetz, A. N., Kettering, T. L., & Keeney, K. M. (2004). An evaluation of response cost in the treatment of inappropriate vocalizations maintained by automatic reinforcement. *Journal of Applied Behavior Analysis, 37,* 83–87.

Favell, J. E., McGimsey, J. F., & Schell, R. M. (1982). Treatment of self-injury by providing alternate sensory activities. *Analysis and Intervention in Developmental Disabilities, 2,* 83–104.

Favell, J. E., & Reid, D. H. (1988). Generalizing and maintaining improvement in problem behavior. In R. H. Horner, G. Dunlap, & R. L. Koegel (Eds.), *Generalization and maintenance: Life-style changes in applied settings* (pp. 171–196). Baltimore: Paul H. Brookes.

Fidura, J. G., Lindsey, E. R., & Walker, G. R. (1987). A special behavior unit for treatment of behavior problems of persons who are mentally retarded. *Mental Retardation, 25,* 107–111.

Fink, B. (1990). *Sensory-motor integration activities.* Tucson, AZ: Therapy Skill Builders.

Fisher, C. (2000). Ripple or tidal wave: What can make a difference? *Journal of Positive Behavioral Interventions, 2*(2), 120–122.

Fisher, A. G., Murray, E. A., & Bundy, A. C. (1991). *Sensory integration, theory and practice.* Philadelphia, PA: Davis.

Fisher, W., DeLeon, I. G., Rodriguez-Catter, V., & Keeney, K. M. (2004). Enhancing the effects of extinction on attention-maintained behavior through noncontingent delivery of attention or stimuli identified via a competing stimulus assessment. *Journal of Applied Behavior Analysis, 37,* 171–184.

Fisher, W., Kuhn, E., & Thompson, R. H. (1998). Establishing discriminative control of responding using functional and alternative reinforcers during functional communication training. *Journal of Applied Behavior Analysis, 31,* 543–560.

Fisher, W., Lindauer, S. E., Alterson, C. J., & Thompson, R. H. (1998). Assessment and treatment of destructive behavior maintained by stereotypic object movement. *Journal of Applied Behavior Analysis, 31,* 543–560.

Fisher, W., Piazza, C., Cataldo, M., Harrell, R., Jefferson, G., & Conner, R. (1993). Functional communication training with and without extinction and punishment. *Journal of Applied Behavior Analysis, 26,* 22–36.

Flannery, K. B., & Horner, R. H. (1994). The relationship between predictability and problem behavior for students with severe disabilities. *Journal of Behavioral Education, 4,* 157–176.

Foster-Johnson, L., & Dunlap, G. (1993). Using functional assessment to develop effective, individualized interventions for challenging behavior. *TEACHING Exceptional Children, 25*(3), 44–50.

Fouse, B., & Wheeler, M. (1997). *A treasure chest of behavioral strategies for individuals with autism.* Los Angeles, CA: Future Horizons.

Fowler, S. A., & Baer, D. M. (1981). "Do I have to be good all day?" The timing of delayed reinforcement as a factor in generalization. *Journal of Applied Behavior Analysis, 14,* 13–24.

Fox, L., Benito, N., & Dunlap, G. (2002). Early intervention with families of young children with autism and behavior problems. In J. M. Lucyshin, G. Dunlap, & R. W. Albin (Eds.), *Families and positive behavior support: Addressing problem behaviors in family contexts* (pp. 251–270). Baltimore: Paul H. Brookes.

Fox, L., Vaughn, B. J., Dunlap, G., & Bucy, M. (1997; 2004). Parent-professional partnership in behavioral support: A quantitative analysis on one family's experience. *The Association for Persons with Severe Handicaps, 22,* 198–207. Reprinted in L. M. Bambara, G. Dunlap, & I. S. Schwartz (Eds.), *Positive behavioral support: Critical articles on improving practices for individuals with severe disabilities* (pp. 277–286). Austin, TX: Pro-Ed and TASH.

Fox, L., Vaughn, B. J., Llanes Wyatt, M., & Dunlap, G. (2002). "We can't expect other people to understand": Family perspectives on problem behavior. *Exceptional Children, 68*(4), 437–450.

Fox, L., Vaughn, B. J., Wyatte, M. L., & Dunlap, G. (2002). "We can't expect other people to understand": Family perspectives on problem behavior. *Exceptional Children, 68,* 437–450.

Franzen, K., & Kamps, D. (2008). The utilization and effects of positive behavior support strategies on an urban school playground. *Journal of Positive Behavior Interventions, 10*(3), 150–161.

Freeland, J. T., & Noell, G. H. (1999). Maintaining accurate math responses in elementary school students: The effects of delayed intermittent reinforcement and programming common stimuli. *Journal of Applied Behavior Analysis, 32,* 211–216.

Freer, P., & Watson, T. S. (1999). A comparison of parent and teacher acceptability ratings of behavioral and conjoint behavioral consultation. *School Psychology Review, 28*(4), 672–684.

Friend, M., & Bursuck, W. D. (2002). *Including students with special needs: A practical guide for classroom teachers* (3rd ed.). Boston: Allyn & Bacon.

Friend, M., & Cook, L. (2006). *Interactions: Collaboration skills for school professionals* (5th ed.). New York: Longman.

Fuchs, L., & Fuchs, D. (2007). A model for implementing responsiveness to intervention. *TEACHING Exceptional Children, 39*(5), 14–23.

Fuchs, D., Fuchs, L. S., & Bahr, M. W. (1990). Mainstream assistance teams. *Exceptional Children, 57,* 128–139.

Gill, J. (1993). *Jim Gill sings the sneezing song and other contagious tunes.* Oak Park, IL: Jim Gill Music.

Goh, H., & Iwata, B. A. (1994). Behavioral persistence and variability during extinction of self-injury maintained by escape. *Journal of Applied Behavior Analysis, 27,* 173–174.

Goh, H., Iwata, B. A., Shore, B. A., DeLeon, I. G., Lerman, D. C., Ulrich, S. M., et al. (1995). An analysis of the reinforcing properties of hand mouthing. *Journal of Applied Behavior Analysis, 28,* 269–283.

Goldstein, H. (2002). Communication intervention for children with autism: A review of treatment efficacy. *Journal of Autism and Developmental Disorders, 32*(5), 373–396.

Goldstein, H., & Wickstrom, S. (1986). Peer intervention effects on communicative interaction among handicapped and nonhandicapped preschoolers. *Journal of Applied Behavior Analysis, 19,* 209–214.

Golonka, Z., Wacker, D., Berg, W., Derby, K. M., Harding, J., & Peck, S. (2000). Effects of escape to alone versus escape to enriched environments on adaptive and aberrant behavior. *Journal of Applied Behavior Analysis, 33,* 243–246.

Gray, C. (1994). *The new social stories book.* Los Angeles, CA: Future Horizons.

Gray, C., & Garland, J. (1993). Social stories: Improving responses of students with autism with accurate social information. *Focus on Autistic Behavior, 8,* 1–10.

Green, G. (1990). Least restrictive use of reductive procedures: Guidelines and competencies. In A. C. Repp & N. N. Singh (Eds.), *Perspectives on the use of nonaversive and aversive interventions for persons with developmental disabilities* (pp. 479–494). Sycamore, IL: Sycamore Press.

Greenspan, S. I., & Wieder, S. (1997). Developmental patterns and outcomes in infants and children with disorders in relating and communicating: A chart review of 200 cases of children with autistic spectrum diagnoses. *Journal of Developmental and Learning Disorders, 1,* 87–141.

Greenwood, C. R. (1991). Longitudinal analysis of time, engagement, and achievement in at-risk versus non-risk students. *Exceptional Children, 57,* 521–535.

Greenwood, C. R., Dinwiddie, G., Bailey, V., Carta, J. J., Dorsey, D., Kohler, F. W., Nelson, C., Rotholz, D., & Schultz, D. (1987). Field replication of classwide peer tutoring. *Journal of Applied Behavior Analysis, 20,* 151–160.

Griffen, J. C., Williams, D. E., Stark, M. T., Altmeyer, B. K., & Mason, M. (1986). Self-injurious behavior: A state-wide prevalence survey of the extent and circumstances. *Applied Research in Mental Retardation, 7,* 105–116.

Guess, D. (1990). Transmission of behavior management technologies from researchers to practitioners: A need for professional self-evaluation. In A. C. Repp & N. N. Singh (Eds.), *Perspectives on the use of nonaversive and aversive interventions for persons with developmental disabilities* (pp. 157–174). Sycamore, IL: Sycamore Press.

Guess, D., & Carr, E. (1991). Emergence and maintenance of stereotypy and self-injury. *American Journal on Mental Retardation, 96,* 299–319.

Guevremont, D. C. (1991). Truancy and school absenteeism. In G. Stoner, M. R. Shinn, & H. M. Walker (Eds.), *Interventions for achievement and behavior problems* (pp. 581–593). Silver Springs, MD: National Association of School Psychologists.

Guevremont, D. C., Osnes, P. G., & Stokes, T. F. (1986). Programming maintenance after correspondence training interventions with children. *Journal of Applied Behavior Analysis, 19,* 215–219.

Hagopian, L. P., Fisher, W. W., Sullivan, M. T., Acquisto, J., & LeBlanc, L. A. (1998). Effectiveness of functional communication training with and without extinction and punishment: A summary of 21 inpatient cases. *Journal of Applied Behavior Analysis, 31,* 211–236.

Hains, A. H., Fowler, S. A., & Chandler, L. K. (1988). Planning school transitions: Family and professional collaboration. *Journal of the Division for Early Childhood, 12*(2), 108–115.

Haldy, M., & Haack, L. (1995). *Making it easy: Sensorimotor activities at home and school.* San Antonio, TX: Therapy Skill Builders.

Halle, J., & Spradlin, J. (1993). Identifying stimulus control of challenging behavior. In J. Reichle & D. P. Wacker (Eds.), *Communication alternatives to challenging behavior: Integrating functional assessment and intervention strategies* (pp. 83–109). Baltimore: Paul H. Brookes.

Hanley, G. P., Iwata, B. A., & McCord, B. E. (2003). Functional analysis of problem behavior: A review. *Journal of Applied Behavior Analysis, 36,* 147–185.

Hanley, G. P., Piazza, C. C., & Fisher, W. W. (1997). Noncontingent presentation of attention and alternative stimuli in the treatment of attention-maintained destructive behavior. *Journal of Applied Behavior Analysis, 30,* 229–237.

Haring, N. (1987). *Investigating the problem of skill generalization: Literature review III.* Seattle: Washington Research Organization.

Haring, N. (1988a). A technology for generalization. In N. Haring (Ed.), *Generalization for students with severe handicaps: Strategies and solutions* (pp. 5–12). Seattle: University of Washington Press.

Haring, N. (Ed.). (1988b). *Generalization for students with severe handicaps: Strategies and solutions.* Seattle: University of Washington Press.

Haring, T. G., & Kennedy, C. H. (1990). Contextual control of problem behavior in students with severe disabilities. *Journal of Applied Behavior Analysis, 23,* 235–243.

Harrower, J. K., Fox, L., Dunlap, G., & Kincaid, D. (1999). Functional assessment and comprehensive early intervention. *Exceptionality, 8,* 189–204.

Hawken, L.S., & Horner, R.H. (2003). Evaluation of a targeted intervention within a schoolwide system of behavior support. *Journal of Behavioral Education, 12,* 225–240.

Hawken, L.S., McCleod, K.S., & Rawlins, L. (2007). Effects of the behavior education program on office discipline referrals of elementary school students. *Journal of Positive Behavior Interventions, 9*(2), 94–101.

Heineman, M., Childs, K., Sergay, J. (2006). *Parenting with positive behavior support: A practical guide to resolving your child's difficult behavior.* Baltimore: Paul H. Brookes.

Hemmeter, M. L., Fox, L., Jack, S., & Broyles, L. (2007). A program-wide model of positive behavior support in early childhood settings. *Journal of Early Intervention, 29*(4), 337–355.

Hendrickson, J. M., Strain, P. S., Tremblay, A., & Shores, R. E. (1982). Interactions of behaviorally handicapped children: Functional side effects of peer social initiations. *Behavior Modification, 6*(3), 323–353.

Hill, B., & Bruniks, R. H. (1984). Maladaptive behavior of mentally retarded individuals in residential facilities. *American Journal of Mental Deficiency, 88,* 380–387.

Hoff, R. (1992). *I can see you naked.* Kansas City, MO: Universal Press Syndicate.

Homme, L. E., deBaca, P. C., Devine, J. V., Steinhorst, R., & Rickert, E. J. (1976). Use of the Premack principle in controlling the behavior of nursery school children. *Journal of the Experimental Analysis of Behavior, 6,* 544–548.

Horner, R. H. (1980). The effects of an environmental "enriched" program on the behavior of institutionalized profoundly retarded children. *Journal of Applied Behavior Analysis, 13,* 473–491.

Horner, R. H. (1994). Functional assessment: Contributions and future directions. *Journal of Applied Behavior Analysis, 27,* 401–404.

Horner, R. H. (1997). Encouraging a new applied science: A commentary on two papers addressing parent-professional partnerships in behavioral support. *The Association for Persons with Severe Handicaps, 22*(4), 210–212.

Horner, R. H., & Billingsley, F. F. (1988). The effect of competing behavior on the generalization and maintenance of adaptive behavior in applied settings. In R. H. Horner, G. Dunlap, & R. L. Koegel (Eds.), *Generalization and maintenance: Life-style changes in applied settings* (pp. 197–220). Baltimore: Paul H. Brookes.

Horner, R. H., & Carr, E. G. (1997). Behavioral support for students with severe disabilities: Functional behavioral assessment and comprehensive intervention. *Journal of Special Education, 31,* 84–104.

Horner, R. H., Carr, E. G., Strain, P. S., Todd, A. W., & Reed, H. K. (2002). Problem behavior interventions for young children with autism: A research synthesis. *Journal of Autism and Developmental Disabilities, 32*(5), 423–446.

Horner, R. H., & Day, H. M. (1991). The effects of response efficiency on functionally equivalent competing behaviors. *Journal of Applied Behavior Analysis, 24,* 719–732.

Horner, R. H., Day, H. M., Sprague, J. R., O'Brien, M., & Heathfield, L. T. (1991). Interspersed requests: A nonaversive procedure for reducing aggression and self-injury during instruction. *Journal of Applied Behavior Analysis, 24,* 265–278.

Horner, R. H., Dunlap, G., & Koegel, R. L. (Eds.). (1988). *Generalization and maintenance: Life-style changes in applied settings.* Baltimore: Paul H. Brookes.

Horner, R. H., McDonnell, J. J., & Bellamy, G. T. (1986). Teaching generalized skills: General case instruction in simulation and community settings. In R. H. Horner, L. H. Meyer, & H. D. Fredericks (Eds.), *Education of learners with severe handicaps: Exemplary service strategies* (pp. 289–314). Baltimore: Paul H. Brookes.

Horner, R. H., Sprague, J., & Wilcox, B. (1982). General case programming for community activities. In B. Wilcox & G. T. Bellamy (Eds.), *Design of high school programs for severely handicapped students* (pp. 61–98). Baltimore: Paul H. Brookes.

Horner, R. H., Sugai, G., & Lewis-Palmer, T. (2005). *School-wide positive behavior support evaluation template.* Retrieved from http://www.pbis.org/files/Evaluation%20Template%2010-05.doc

Horner, R. H., Sugai, G., Smolkowski, K., Eber, L., Nakasato, J., Todd, A., et al. (2008). The effects of school-wide PBS within a randomized control effectiveness trial. Retrieved on July 31, 2008 from http://wwwpbis.org/files/2008apbs/hornerrandomizedcontrol.pdf

Horner, R. H., Vaugn, B. J., Day, H. M., & Ard, W. (1996). The relationship between setting events and problem behavior: Expanding our understanding of behavior support. In L. K. Koegel, R. L. Koegel, & G. Dunlap (Eds.), *Positive behavioral support: Including people with difficult behavior in the community* (pp. 381–402). Baltimore: Paul H. Brookes.

Hundert, J., & Hopkins, B. (1992). Training supervisors in a collaborative team approach to promote peer interaction of children with disabilities in integrated preschools. *Journal of Applied Behavior Analysis, 25,* 385–400.

Hutchinson, S. W., Murdock, J. Y., Williamson, R. D., & Cronin, M. E. (2000). Self-recording plus encouragement equals improved behavior. *TEACHING Exceptional Children, 32*(5), 54–58.

Individuals with Disabilities Education Act. (1997). 20 U.S.C. 1401 et seq.

Ingram, K., Lewis-Palmer, T., & Sugai, G. (2005). Function-based intervention planning: Comparing the effectiveness of FBA function-based and non-function-based intervention plans. *Journal of Positive Behavior Interventions, 7*(4), 224–236.

Iwata, B. A. (1994). Functional analysis methodology: Some closing comments. *Journal of Applied Behavior Analysis, 27,* 413–418.

Iwata, B. A. (1995). *Functional analysis screening tool.* Gainesville, FL: The Florida Center on Self-Injury.

Iwata, B. A., Dorsey, M., Slifer, K., Bauman, K., & Richman, G. (1982/1994). Toward a functional analysis of self-injury. *Analysis and Intervention in Developmental Disabilities, 2,* 3–20. [Reprinted in *Journal of Applied Behavior Analysis, 27,* 197–209.]

Iwata, B. A., Pace, G., Cowdery, G. E., & Miltenberger, R. G. (1994). What makes extinction work: An analysis of procedural form and function. *Journal of Applied Behavior Analysis, 27,* 131–144.

Iwata, B. A., Pace, G., Dorsey, M., Zarcone, J., Vollmer, T., Smith, R. G., et al. (1994). The functions of self-injurious behavior: An experimental-epidemiological analysis. *Journal of Applied Behavior Analysis, 27,* 215–240.

Iwata, B. A., Pace, G. M., Kalsher, M. J., Cowdery, G. E., & Cataldo, M. F. (1990). Experimental analysis and extinction of self-injurious escape behavior. *Journal of Applied Behavior Analysis, 23,* 11–28.

Iwata, B. A., Smith, R. G., & Michael, J. (2000). Current research on the influence of establishing operations on behavior in applied settings. *Journal of Applied Behavior Analysis, 33,* 411–418.

Iwata, B. A., Vollmer, T. R., & Zarcone, J. R. (1990). The experimental (functional) analysis of behavior disorders: Methodology, applications, and limitations. In A. C. Repp & N. N. Singh (Eds.), *Perspectives on the use of nonaversive and aversive interventions for persons with developmental disabilities* (pp. 301–330). Sycamore, IL: Sycamore Press.

Iwata, B. A., Wallace, M. D., Kahng, S. W., Lindberg, J. S., Roscoe, E. M., Conners, J., et al. (2000). Skill acquisition in the implementation of functional analysis methodology. *Journal of Applied Behavior Analysis, 33,* 181–194.

Jenkins, J. R., & Jenkins, L. M. (1981). *Cross age and peer tutoring: Help for children with learning problems.* Reston, VA: Council for Exceptional Children.

Jenson, W. R., & Reavis, H. K. (1996a). Contracting to enhance motivation. In H. K. Reavis, M. Sweaten, W. R. Jenson, D. P. Morgan, D. J. Andrews, & S. Fister (Eds.), *Best practices: Behavioral and educational strategies for teachers* (pp. 65–76). Longmont, CO: Sopris West.

Jenson, W. R., & Reavis, H. K. (1996b). Using group contingencies to improve academic achievement. In H. K. Reavis, M. Sweaten, W. R. Jenson, D. P. Morgan, D. J. Andrews, & S. Fister (Eds.), *Best practices: Behavioral and educational strategies for teachers* (pp. 77–86). Longmont, CO: Sopris West.

Jenson, W. R., Rhode, G., & Reavis, H. K. (1994). *The tough kid tool box.* Longmont, CO: Sopris West.

Johnson, C. (2000). What do families need? *Journal of Positive Behavioral Interventions, 2*(2), 115–117.

Johnson, J. M., & Pennypacker, H. S. (1980). *Strategies and tactics of human behavioral research.* Hillsdale, NJ: Erlbaum Associates.

Johnson, L. J., & Pugach, M. C. (1990). Classroom teachers' views of intervention strategies for learning and behavior problems: Which are reasonable and how frequently are they used? *Journal of Special Education, 24*(1), 69–84.

Johnson, R. T., & Johnson, D. W. (1981). Building friendships between handicapped and nonhandicapped students: Effects of cooperative and individualistic instruction. *American Education Research Journal, 18,* 415–423.

Journal of Applied Behavior Analysis. (1994). Vol. 27 Special issue on functional analysis approaches to behavioral assessment and treatment. Bloomington, IN: Dept. of Psychology, Indiana University.

Kahng, S., Iwata, B. A., Fischer, S. M., Page, T. J., Treadwell, K. R. H., Williams, D. E., et al. (1998). Temporal distributions of problem behavior based on scatter plot analysis. *Journal of Applied Behavior Analysis, 31,* 593–604.

Kaiser, A. P., Hancock, T. B., & Nietfeld, J. P. (2000). The effects of parent-implemented enhanced milieu teaching on the social communication of children who have autism. *Early Education and Development, 11*(4), 423–446.

Kalish, H. I. (1981). *From behavioral science to behavioral modification.* New York: McGraw-Hill.

Kaplan, P. S. (1996). *Pathway for exceptional children: School, home, and culture.* St. Paul, MN: West.

Kame'enui, E. J. (2007). A new paradigm: Responsiveness to intervention. *TEACHING Exceptional Children, 39*(5), 6–8.

Katsiyannis, A., & Maag, J. W. (1998). Disciplining students with disabilities: Issues and considerations for implementing IDEA '97. *Behavioral Disorders, 23*(4), 276–289.

Kauffman, J. M., Mostert, M. P., Trent, S. C., & Hallahan, D. P. (1993). *Managing classroom behavior: A reflective case-based approach* (2nd ed.). Boston: Allyn & Bacon.

Kazdin, A. E. (1975). *Behavior modification in applied settings.* Homewood, IL: Dorsey Press.

Kazdin, A. E. (1980). *Behavior modification in applied settings* (2nd ed.). Homewood, IL: Dorsey Press.

Kazdin, A. E. (1981). Acceptability of child treatment techniques: The influence of treatment efficacy and adverse side effects. *Behavior Therapy, 12,* 493–506.

Kazdin, A. E. (1982). *Single case research designs: Methods for clinical and applied settings.* New York: Oxford University Press.

Kazdin, A. E. (2001). *Behavior modification in applied settings* (6th ed.). Belmont, CA: Wadsworth/Thomson Learning.

Keeney, K. M., Fisher, W. W., Adelinis, J. D., & Wilder, D. A. (2000). The effects of response cost in the treatment of aberrant behavior maintained by negative reinforcement. *Journal of Applied Behavior Analysis, 33,* 255–258.

Kelley, M. E., Lerman, D. C., & Van Camp, C. M. (2002). The effects of competing reinforcement schedules on the acquisition of functional communication. *Journal of Applied Behavior Analysis, 35,* 59–64.

Kennedy, C. H. (1994). Manipulating antecedent conditions to alter the stimulus control of problem behavior. *Journal of Applied Behavior Analysis, 27,* 161–170.

Kennedy, C. H., & Itkonen, T. (1993). Effects of setting events on the problem behavior of students with severe disabilities. *Journal of Applied Behavior Analysis, 26,* 321–327.

Kennedy, C. H., & Meyer, K. A. (1998). Establishing operations and the motivation of challenging behavior. In J. K. Luiselli & M. J. Cameron (Eds.), *Antecedent control: Innovative approaches to behavioral support* (pp. 329–346). Baltimore: Paul H. Brookes.

Kennedy, C. H., & Souza, G. (1995). Functional analysis and treatment of eye poking. *Journal of Applied Behavior Analysis, 28,* 27–37.

Kern, L., Childs, K. E., Dunlap, G., Clarke, S., & Falk, G. P. (1994). Using assessment-based curricular interventions to improve the classroom behavior of a student with emotional and behavioral challenges. *Journal of Applied Behavior Analysis, 27,* 7–20.

Kern, L., & Dunlap, G. (1998). Curricular modifications to promote desirable classroom behavior. In J. K. Luiselli & M. J. Cameron (Eds.), *Antecedent control: Innovative approaches to behavioral support* (pp. 289–308). Baltimore: Paul H. Brookes.

Kern, L., & Dunlap, G. (1999). Assessment-based interventions for children with emotional and behavioral disorders. In A. Repp & R. H. Horner (Eds.), *Functional analysis of problem behavior: From effective assessment to effective support* (pp. 197–218). Belmont, CA: Wadsworth.

Kern, L., Dunlap, G., Clarke, S., & Childs, K. E. (1994). Student-assisted functional assessment interview. *Diagnostique, 19,* 29–39.

Kerr, M. M., & Nelson, C. M. (1998). *Strategies for managing behavior problems in the classroom* (3rd ed.). Upper Saddle River, NJ: Merrill/Prentice Hall.

Kerr, M. M., & Nelson, C. M. (2002). *Strategies for addressing behavior problems in the classroom.* Columbus, OH: Merrill/Prentice Hall.

Kientz, M. A., & Dunn, W. (1997). A comparison of the performance of children with and without autism on the sensory profile. *American Journal of Occupational Therapy, 51,* 530–537.

Kirby, K. C., & Bickel, W. K. (1988). Toward an explicit analysis of generalization: A stimulus control interpretation. *The Behavior Analyst, 11,* 115–129.

Kodak, T., Lerman, D. C., Volkert, V. M., & Trosclair, N. (2007). Further examination of factors that influence preference for positive versus negative reinforcement. *Journal of Applied Behavior Analysis, 40,* 25–44.

Koegel, L. K., Koegel, R. K., & Dunlap, G. (Eds.). (1996). *Positive behavioral support: Including people with difficult behavior in the community.* Baltimore: Paul H. Brookes.

Koegel, L. K., Koegel, R. L., Kellegrew, D., & Mullen, K. (1996). Parent education for prevention and reduction of severe problem behaviors. In L. K. Koegel, R. L. Koegel, & G. Dunlap (Eds.), *Positive behavioral support: Including people with difficult behavior in the community* (pp. 3–30). Baltimore: Paul H. Brookes.

Koegel, R. L., Koegel, L. K., Frea, W. D., & Smith, A. E. (1995). Emerging interventions for children with autism: Longitudinal and lifestyle implications. In R. L. Koegel & L. K. Koegel (Eds.), *Teaching children with autism: Strategies for initiating positive interactions and improving learning opportunities* (pp. 1–16). Baltimore: Paul H. Brookes.

Koegel, R. L., Koegel, L. K., & Parks, D. R. (1995). "Teach the individual" model of generalization: Autonomy through self-management. In R. L. Koegel & L. K. Koegel (Eds.), *Teaching children with autism: Strategies for initiating positive interactions and improving learning opportunities* (pp. 67–98). Baltimore: Paul H. Brookes.

Koegel, R. L., & Rincover, A. (1977). Research on the differences between generalization and maintenance in extra-therapy responding. *Journal of Applied Behavior Analysis, 10,* 1–12.

Kohler, L. J., Iwata, B. A., Roscoe, E. M., Rolider, N. U., & O'Steen, L. E. (2005). Effects of stimulus variation on the reinforcing capability of nonpreferred stimuli. *Journal of Applied Behavior Analysis, 38,* 469–484.

Koomar, J., Kranowitz, C. S., Szklut, S., Balzar-Martin, L., Haber, E., & Sava, D. I. (2001). *Answers to questions teachers ask about sensory integration.* Las Vegas, NV: Sensory Resources.

Koomar, J., Stock Kranowitz, C., Szklut, S., Balzer-Martin, L., Haber, E., & Sava, D. I. (2004). *Answers to questions teachers ask about sensory integration.* Las Vegas; NV: Sensory Resources.

Kranowitz, C. S. (1998). *The out-of-sync child: Recognizing and coping with sensory integration dysfunction.* New York: Perigee Press.

Krantz, P. J., & Risley, T. R. (1974). Behavioral ecology in the classroom. In K. D. O'Leary & S. G. O'Leary (Eds.), *Classroom management: The successful use of behavior modification* (2nd ed., pp. 349–367). New York: Pergamon Press.

Kurtz, P. F., Chin, M. D., Huetz, J. M., Tarbox, R. S. F., O'Connor, J. T., Paclawsky, T. R., et al. (2003). Functional analysis and treatment of self-injurious behavior in young children: A summary of 30 cases. *Journal of Applied Behavior Analysis, 36,* 205–219.

Lalli, J. S., Browder, D., Mace, F. C., & Brown, D. K. (1993). Teacher use of descriptive analysis data to implement interventions to decrease student's problem behaviors. *Journal of Applied Behavior Analysis, 26,* 227–238.

Lalli, J. S., Vollmer, T. R., Progar, P. R., Wright, C., Borrero, J., Daniel, D., et al. (1999). Competition between positive and negative reinforcement in the treatment of escape behavior. *Journal of Applied Behavior Analysis, 32,* 285–296.

Lane, K. L., & Beebe-Frankenberger, M. (2004). *School-based interventions: The tools you need to succeed. Boston, MA: Pearson Education.*

Lassman, K. A., Jolivette, K., & Wehby, J. H. (1999). Using collaborative behavior contracting. *TEACHING Exceptional Children, 31,* 12–18.

LaVoie, R. (1985). *FAT City: How difficult can this be?* Washington, DC: WETA TV, National Public Television.

Lawry, J., Danko, C. D., & Strain, P. S. (2000). Examining the role of the classroom environment in the prevention of problem behavior. *Young Exceptional Children, 4*(1), 11–18.

Lazarus, B. D. (1998). Say cheese! Using personal photographs as prompts. *TEACHING Exceptional Children, 30,* 4–6.

Lennox, D. B., & Miltenberger, R. G. (1989). Conducting a functional assessment of problem behavior in applied settings. *The Association for Persons with Severe Handicaps, 14*(40), 304–311.

Lenz, B. K., Ellis, E. S., & Scanlon, D. (1996). *Teaching learning strategies to adolescents and adults with learning disabilities.* Austin, TX: Pro-Ed.

Lerman, D. C., & Iwata, B. A. (1993). Descriptive and experimental analyses of variables maintaining self-injurious behavior. *Journal of Applied Behavior Analysis, 26,* 293–319.

Lerman, D. C., & Iwata, B. A. (1996). Developing a technology for the use of operant extinction and clinical settings: An examination of basic and applied research. *Journal of Applied Behavior Analysis, 29,* 345–382.

Lerman, D. C., Kelley, M. E., Vondran, C. M., Kuhn, S. A. C., & LaRue, R. H. (2002). Reinforcement magnitude and responding during treatment with differential reinforcement. *Journal of Applied Behavior Analysis, 35,* 29–48.

Lewandowski, L. (April, 1996). Personal Communication.

Lewis, M. H., Baumeister, A. A., & Mailman, R. B. (1987). A neurological alternative to the perceptual reinforcement hypothesis of stereotyped behavior: A commentary on "self-stimulatory behavior and perceptual reinforcement." *Journal of Applied Behavior Analysis, 20,* 253–258.

Lewis, T. J., & Sugai, G. (1999). Effective behavior support: A systems approach to proactive school wide management. *Focus on Exceptional Children, 31*(6), 1–24.

Liberty, K., & Billingsley, F. (1988). Strategies to improve generalization. In N. Haring (Ed.), *Generalization for students with severe handicaps: Strategies and solutions* (pp. 143–176). Seattle: University of Washington Press.

Liberty, K., White, O., Billingsley, F., & Haring, N. (1988). Effectiveness of decision rules for generalization. In N. Haring (Ed.), *Generalization for students with severe handicaps: Strategies and solutions* (pp. 101–120). Seattle: University of Washington Press.

Liberty, K., White, O., Billingsley, F., Haring, N., Lynch, V., & Paeth, M. A. (1988). Decision rules in public school settings. In N. Haring (Ed.), *Generalization for students with severe handicaps: Strategies and solutions* (pp. 73–100). Seattle: University of Washington Press.

Lloyd, J. W., Landrum, T. J., & Hallahan, D. P. (1991). Self-monitoring applications for classroom intervention. In G. Stoner, M. R. Shinn, & H. M. Walker (Eds.), *Intervention for achievement and behavior problems* (pp. 201–214). Washington, DC: National Association for School Psychologists.

Lord, C., & McGee, J. P. (Eds.). (2001). *Educating children with autism.* Committee on Educational Interventions for Children with Autism. National Research Council. Division of Behavioral and Social Sciences and Education. Washington, DC: National Academy Press.

Lucyshyn, J. M., Albin, R. W., & Nixon, C. D. (2002). Family implementation of comprehensive behavioral support: An experimental, single case study analysis. In J. M. Lucyshyn, G. Dunlap, & R. Albin (Eds.), *Families and positive behavioral support: Addressing problem behavior in family contexts* (pp. 391–416). Baltimore: Paul H. Brookes.

Lucyshyn, J. M., Blumberg, E. R., & Kayser, A. T. (2000). Improving the quality of support to families of children with severe behavior problems in the first decade of the new millennium. *Journal of Positive Behavioral Interventions, 2*(2), 113–115.

Lucyshyn, J. M., Dunlap, G., & Albin, R. (Eds.). (2002). *Families and positive behavioral support: Addressing problem behavior in family contexts.* Baltimore: Paul H. Brookes.

Lucyshyn, J. M., Horner, R. H., Dunlap, G., Albin, R. W., & Ben, K. R. (2002). Positive behavior support with families. In J. M. Lucyshyn, G. Dunlap, & R. Albin (Eds.), *Families and positive behavioral support: Addressing problem behavior in family contexts* (pp. 3–43). Baltimore: Paul H. Brookes.

Luiselli, J. K. (1990). Recent developments in nonaversive treatment: A review of rationale, methods, and recommendations. In A. C. Repp & N. Singh (Eds.), *Perspectives on the use of nonaversive and aversive interventions for persons with developmental disabilities* (pp. 73–87). Sycamore, IL: Sycamore Press.

Mace, A. B., Shapiro, E. S., & Mace, F. C. (1998). Effects of warning stimuli for reinforcer withdrawal and task onset on self-injury. *Journal of Applied Behavior Analysis, 31,* 679–682.

Mace, F. C. (1994). The significance and future of functional analysis methodologies. *Journal of Applied Behavior Analysis, 27,* 385–392.

Mace, F. C., & Belfiore, P. (1990). Behavioral momentum in the treatment of escape-motivated stereotypy. *Journal of Applied Behavior Analysis, 23,* 507–514.

Mace, F. C., Lalli, J., & Lalli, E. (1991). Functional assessment and treatment of aberrant behavior. *Research in Developmental Disabilities, 12,* 155–180.

Mace, F. C., & Mauk, J. E. (1999). Biobehavioral diagnosis and treatment of self-injury. In A. C. Repp & R. H. Horner (Eds.), *Functional analysis of problem behavior: From effective assessment to effective support* (pp. 78–97). Belmont, CA: Wadsworth.

Mahur, S. R., & Rutherford, R. B. (1991). Peer-mediated interventions promoting social skills of children and youth with behavioral disorders. *Education and Treatment of Children, 14,* 227–242.

Maloney, M. (1997). *The reauthorization of IDEA: What are your responsibilities?* Knoxville, TN: The Weatherly Law Firm.

Malott, R. W. (1973). *Humanistic behaviorism and social psychology.* Kalamazoo, MI: Behaviordelia.

Malott, R. W., Malott, M. E., & Trojan, E. A. (2000). *Elementary principles of behavior* (4th ed.). Upper Saddle River, NJ: Prentice Hall.

March, R. E. (2002, Fall). Feasibility and contributions of functional behavioral assessment in schools. *Journal of Emotional and Behavioral Disorders,* 1–15.

March, R. E., Horner, R. H., Lewis-Palmer, T., Brown, D., Crone, D. A., Todd, A. W., & Carr, E. G. (2000). *Functional assessment checklist for teachers and staff (FACTS).* Eugene: University of Oregon.

Martin, G., & Pear, J. (1999). *Behavior modification: What it is and how to do it* (6th ed.). Upper Saddle River, NJ: Prentice Hall.

Mason, S., & Egel, A. (1995). What does Amy like? Using a mini-reinforcer assessment to increase student participation in instructional activities. *TEACHING Exceptional Children, 28*(1), 42–45.

Mason, S. A., & Iwata, B. A. (1990). Artificial effects of sensory-integrative therapy on self-injurious behavior. *Journal of Applied Behavior Analysis, 23,* 361–370.

Mastropieri, M. A., & Scruggs, T. E. (2000). *The inclusive classroom: Strategies for effective instruction.* Upper Saddle River, NJ: Merrill/Prentice Hall.

Matson, J. L., Bamburg, J. W., Cherry, K. E., & Paclawskyj, T. R. (1999). A validity study on the questions about behavioral function (QABF) scale: Predicting treatment success for self-injury, aggression, and stereotypies. *Research in Developmental Disabilities, 20*(2), 163–175.

Matson, J. L. & Vollmer, T. R., (1995). *User's guide: Questions about behavioral function (QABF).* Baton Rouge, LA: Scientific Publishers, Inc.

Mazaleski, J. L., Iwata, B. A., Vollmer, T. R., Zarcone, J., & Smith, R. G. (1993). Analysis of the reinforcement and extinction components of CRO contingencies with self-injury. *Journal of Applied Behavior Analysis, 26,* 143–156.

McClannahan, L. E., & Krantz, P. J. (1999). *Activity schedules for children with autism: Teaching independent behavior.* Bethesda, MD: Woodbine House.

McCarthy, M. R., & Soodak, L. (2007). The politics of discipline: Balancing school safety and rights of students with disabilities. *Exceptional Children, 73*(4), 456–474.

McIntosh, K., Borgmeier, C., Anderson, C. M., Horner, R. H., Rodriguez, B. J., & Tobin, T. J. (2008). Technical adequacy of the functional assessment checklist: Teachers and staff (FACTS) FBA interview measure. *Journal of Positive Behavior Interventions, 10*(1), 33–45.

McCollum, J. A., & Catlett, C. (1997). Designing effective personnel preparation in early intervention: Theoretical frameworks. In P. J. Winton, J. A. McCollum, & C. Catlett (Eds.), *Reforming personnel preparation in early intervention: Issues, models, and practical strategies.* Baltimore: Paul H. Brookes.

McConnell, M. E. (1999). Self-monitoring, cueing, recording, and managing: Teaching students to manage their own behavior. *TEACHING Exceptional Children, 32*(2), 14–21.

McCord, B. E., Iwata, B. A., Galensky, T. L., Ellingson, S. A., & Thomson, R. J. (2001). Functional analysis and treatment of problem behavior evoked by noise. *Journal of Applied Behavior Analysis, 34,* 447–462.

McDougall, D. (1998). Research on self-management techniques used by students with disabilities in general education settings: A descriptive review. *Remedial and Special Education, 19,* 310–320.

McEvoy, M. A., Nordquist, V. M., Twardosz, S., Heckaman, K. A., Wehby, J. H., & Denny, R. K. (1988). Promoting autistic children's peer interaction in an integrated early childhood setting using affection activities. *Journal of Applied Behavior Analysis, 21,* 193–200.

McEvoy, M. A., & Reichle, J. (2000). Further consideration of the role of the environment on stereotypic and self-injurious behavior. *Journal of Early Intervention, 23*(1), 22–23.

McEvoy, M. A., Reichle, J., & Davis, C. A. (1995). *Proactive approaches to managing challenging behavior in preschoolers.* Minneapolis, MN: Minnesota Behavioral Support Project, University of Minnesota.

McEwan, E. K., & Damer, M. (2000). *Managing unmanageable students: Practical solutions for administrators*. Thousand Oaks, CA: Corwin Press/Sage Publications.

McGee, G. (1988). Early prevention of severe behavior problems. In R. Horner & G. Dunlap (Eds.), *Behavior management and community integration. Monograph of proceedings of a symposium invited by Madeline Will, Assistant Secretary, Office of Special Education and Rehabilitative Services*. U.S. Department of Education, Washington, DC.

McGee, G., & Daly, T. (1999). Functional assessment in preschool and school. In A. C. Repp & R. H. Horner (Eds.), *Functional analysis of problem behavior: From effective assessment to effective support* (pp. 169–196). Belmont, CA: Wadsworth.

McIntosh, K., Borgmeier, C., Anderson, C. M., Horner, R. H., Rodriguez, B. J., & Tobin, T. J. (2008). Technical adequacy of the functional assessment checklist: Teachers and staff (FACTS) FBA interview measure. *Journal of Positive Behavior Interventions, 10*(1), 33–45.

McIntosh, K., Herman, K., Sanford, A., McGraw, K., & Florence, K. (2004). Teaching transitions: Techniques for promoting success between lessons. *TEACHING Exceptional Children, 37*(1), 32–39.

McMahon, C. M., Lambros, K. M., & Sylva, J. A. (1998). Chronic illness in childhood: A hypothesis-testing approach. In T. S. Watson & F. M. Gresham (Eds.), *Handbook of child behavior therapy* (pp. 311–334). New York: Plenum Press.

McMahon, C. M., & McNamarra, K. (2000). *Leading a horse to water? Teacher preparation for problem-solving consultation*. Paper presented at the Annual Meeting of the National Association of School Psychologists, New Orleans, LA.

McMahon, C. M., Wacker, D. P., Sasso, G. M., & Melloy, K. J. (1994). Evaluation of the multiple effects of a social skill intervention. *Behavior Disorders, 20*(1), 35–50.

Mehas, K., Boling, K., Sobieniak, S., Sprague, J., Burke, M. D., & Hagan, S. (1998). Finding a safe haven in middle school. *TEACHING Exceptional Children, 30*(4), 20–25.

Meyer, K. (1999). Functional analysis and treatment of problem behavior exhibited by elementary school children. *Journal of Applied Behavior Analysis, 32*, 229–232.

Michael, J. (1982). Distinguishing between discriminative and motivational function of stimuli. *Journal of the Experimental Analysis of Behavior, 37*(1), 149–155.

Michael, J. (1993). Establishing operations. *The Behavior Analyst, 16*, 191–206.

Michael, J. (2000). Implications and refinements of the establishing operation concept. *Journal of Applied Behavior Analysis, 33*, 401–410.

Miller Young, R., Chandler, L. K., Shields, L., Laubenstein, P., Butts, J., & Black, K. (2008). Project ELI: Improving early literacy outcomes. *Principle, 87*(5), 14–20.

Miltenberger, R. (1997). *Behavior modification: Principles and procedures*. Pacific Grove, CA: Brooks/Cole.

Miltenberger, R. G. (2006). Antecedent intervention for challenging behavior maintained by escape from instructional activities. In J. K. Luiselli (Ed.), *Antecedent assessment and intervention: Supporting children and adults with developmental disabilities in community settings* (pp. 101–124). Baltimore: Paul H. Brookes.

Mirenda, P. (1997). Functional communication training and augmentative communication: A research review. *Augmentative and Alternative Communication, 13*, 207–225.

Moes, D. R., & Frea, W. D. (2000). Using family context to inform intervention planning for the treatment of a child with autism. *Journal of Positive Behavior Interventions, 2*(1), 40–46.

Montes, F., & Risley, T. R. (1975). Evaluating traditional day care practices: An empirical approach. *Child Care Quarterly, 4*, 208–215.

Moore, J. W., Edwards, R. P., Sterling-Turner, H. E., Riley, J., DuBard, M., & McGeorge, A. (2002). Teacher acquisition of functional analysis methodology. *Journal of Applied Behavior Analysis, 35*, 73–78.

Mullen, K. B., & Frea, W. D. (1996). A parent-professional consultation model for functional analysis. In R. L. Koegel & L. K. Koegel (Eds.), *Teaching children with autism: Strategies for initiating positive interactions and improving learning opportunities* (pp. 175–188). Baltimore: Paul H. Brookes.

Munk, D. D., & Karsh, K. G. (1999). Antecedent curriculum and instructional variables as classwide interventions for preventing or reducing problem behaviors. In A. C. Repp & R. H. Horner (Eds.), *Functional analysis of problem behavior: From effective assessment to effective support* (pp. 259–276). Belmont, CA: Wadsworth.

Munk, D. D., & Repp, A. C. (1994a). Behavioral assessment of feeding problems of individuals with severe disabilities. *Journal of Applied Behavior Analysis, 27,* 241–250.

Munk, D. D., & Repp, A. C. (1994b). The relationship between instructional variables and problem behavior: A review. *Exceptional Children, 60*(5), 390–401.

Muscott, H. S., Szczesiul, S., Berk, B., Staub, K., Hoover, J., & Perry-Chisholm, P. (2008). Creating home-school partnerships by engaging families in schoolwide positive behavior supports. *TEACHING Exceptional Children, 40*(6), 6–14.

Najdowski, A. C., Wallace, M. D., Ellsworth, C. L., MacAleese, A. N., & Cleveland, J. M. (2008). Functional analysis and treatment of precursor behavior. *Journal of Applied Behavior Analysis, 41*(1), 97–105.

National Association of State Directors of Special Education. (1997). *IDEA information: A reauthorized IDEA is enacted: Comparison of previous law and PL 105-17 (1997 Amendments).* Unpublished document.

Neef, N. A., Lensbower, J., Hockersmith, I., DePalma, V., & Gray, K. (1990). In vivo versus simulation training: An interactional analysis of range and type of training exemplars. *Journal of Applied Behavior Analysis, 23,* 447–458.

Neef, N. A., Shafer, M. S., Egel, A. L., Cataldo, M. F., & Parrish, J. M. (1983). The class specific effect of compliance training with "do" and "don't" requests: Analogue analysis and classroom application. *Journal of Applied Behavior Analysis, 16,* 81–101.

Neilsen, S., & McEvoy, M. (2004). Functional behavioral assessment in early education settings. *Journal of Early Intervention, 26*(2), 115–131.

Neilsen, S., McEvoy, M., & Reichle, J. (2001). Extending positive behavioral support to young children with challenging behavior. Cited in Neilson, S., & McEvoy, M. (2004). Functional behavioral assessment in early education settings. *Journal of Early Intervention, 26*(2), 115–131.

Neilsen, S. L., Olive, M. L., Donovan, A., & McEvoy, M. (1998). Challenging behaviors in your class? Don't react—teach instead. *Young Exceptional Children, 2*(1), 2–10.

Nelson, J. R., Roberts, M. L., & Smith. D. J., (1998). *Conducting functional behavioral assessment: A practical guide.* Longmont, CO: Sopris West.

Nelson, R. J., Crabtree, M., Marchand-Martella, N., & Martella, R. (1998). Teaching behavior in the whole school. *TEACHING Exceptional Children, 30*(4), 4–9.

Nelson, R. J., Roberts, M. L., Mathur, S. R., & Rutherford, R. B. (1998). *Has public policy exceeded our knowledge base? A review of the functional behavioral assessment literature.* Unpublished manuscript.

Nelson, R. J., & Rutherford, R. B. (1983). Time out revisited: Guidelines for its use in special education. *Exceptional Education Quarterly, 3*(4), 56–67.

Netzel, D. M., & Eber, L. (2003). Shifting from reactive to proactive discipline in an urban school district: A change of focus through PBIS. *Journal of Positive Behavior Interventions, 5*(2), 71–79.

Newcomer, L. L., & Lewis, T. J. (2004). Functional behavioral assessment: An investigation of assessment reliability and effectiveness of function-based interventions. *Journal of Emotional and Behavioral Disorders, 12,* 168–181.

Northup, J., George, T., Jones, K., Broussard, C., & Vollmer, T. (1996). A comparison of reinforcement methods: The utility of verbal and pictorial choice procedures. *Journal of Applied Behavior Analysis, 29,* 201–212.

Northup, J., Wacker, D. P., Berg, W. K., Kelly, L., Sasso, G., & Deradd, A. (1994). The treatment of severe behavior problems in school settings using a technical assistance model. *Journal of Applied Behavior Analysis, 27,* 33–47.

O'Brien, S., & Karsh, K. (1990). Treatment acceptability: Consumer, therapist, and society. In A. C. Repp & N. N. Singh (Eds.), *Perspectives on the use of nonaversive and aversive interventions for persons with developmental disabilities* (pp. 503–516). Sycamore, IL: Sycamore Press.

Odom, S. L., Chandler, L. K., Ostrosky, M., McConnell, S. R., & Reaney, S. (1992). Fading teacher prompts from peer-initiation interventions for young children with disabilities. *Journal of Applied Behavior Analysis, 25,* 307–317.

Odom, S. L., Hoyson, M., Jamieson, B., & Strain, P. S. (1985). Increasing handicapped preschoolers' peer social interactions: Cross-setting and component analysis. *Journal of Applied Behavior Analysis, 18,* 3–16.

Odom, S. L., McConnell, S. R., & Chandler, L. K. (1994). Acceptability and feasibility of classroom-based social interaction interventions for young children with disabilities. *Exceptional Children, 60*(3), 226–236.

Odom, S. L., McConnell, S. R., McEvoy, M. A., Peterson, C., Ostrosky, M., Chandler, L. K., et al. (1999). Relative effects of interventions supporting the social competence of young children with disabilities. *Topics in Early Childhood Special Education, 19*(2), 75–91.

Odom, S. L., Strain, P. S., Karger, M., & Smith, J. (1986). Using single and multiple peers to promote social interaction of young children with behavioral handicaps. *Journal of the Division for Early Childhood, 10,* 53–64.

Oliver, C., Murphy, G. H., & Corbett, J. A. (1987). Self-injurious behavior in people with mental handicaps: A total population study. *Journal of Mental Deficiency Research, 31,* 147–162.

O'Neill, R. E., Horner, R. H., Albin, R. W., Sprague, J., Storey, K., & Newton, J. S. (1997). *Functional assessment and program development for problem behavior: A practical handbook.* Pacific Grove, CA: Brooks/Cole.

O'Neill, R. E., Horner, R. H., Albin, R. W., Storey, K., & Sprague, J. (1990). *Functional analysis of problem behavior: A practical assessment guide.* Sycamore, IL: Sycamore Press.

O'Reilly, M. F. (1995). Functional analysis and treatment of escape-maintained aggression correlated with sleep deprivation. *Journal of Applied Behavior Analysis, 28,* 225–226.

O'Reilly, M. F. (1997). Functional analysis of episodic self-injury correlated with recurrent otitis media. *Journal of Applied Behavior Analysis, 30,* 165–168.

Osnes, P. G., Guevremont, D. C., & Stokes, T. F. (1986). If I say I'll talk more then I will: Correspondence training to increase peer-directed talk by socially withdrawn children. *Behavior Modification, 10*(3), 287–299.

Ostrosky, M., Drasgow, E., & Halle, J. W. (1999). How can I help you get what you want? A communication strategy for students with severe disabilities. *TEACHING Exceptional Children, 31,* 56–61.

Ostrosky, M., & Kaiser, A. P. (1991). Preschool classroom environments to promote communication. *TEACHING Exceptional Children, 23,* 6–11.

Ozonoff, S., & Cathcart, K. (1998). Effectiveness of a home program intervention for young children with autism. *Journal of Autism and Developmental Disorders, 28*(1), 25–32.

Pace, G. M., Ivancic, M. T., & Jefferson, G. (1994). Stimulus fading as treatment for obscenity of a brain-injured adult. *Journal of Applied Behavior Analysis, 27,* 301–306.

Pace, G. M., Iwata, B. A., Cowdery, G. E., Andree, P. J., & McIntyre, T. (1993). Stimulus (demand-frequency) fading during extinction of self-injurious escape behavior. *Journal of Applied Behavior Analysis, 26,* 205–212.

Paclawskyj, T. R., Matson, J. L., Rush, K. S., Smalls, Y., & Vollmer, T. R. (2001). Assessment of the convergent validity of the questions about behavioral function scale with analogue functional analysis and the motivation assessment scale. *Journal of Intellectual Disability Research, 45*(6), 484–494.

Paisey, T. J., Whitney, R. B., & Hislop, P. M. (1990). Client characteristics and treatment selection: Legitimate influences and misleading inferences. In A. C. Repp & N. N. Singh (Eds.), *Perspectives on the use of nonaversive treatment of maladaptive behaviors of persons with developmental disabilities* (pp. 175–197). Sycamore, IL: Sycamore Press.

Paniagua, F. A. (1998). Correspondence training and verbal mediation. In J. K. Luiselli & M. J. Cameron (Eds.), *Antecedent control: Innovative approaches to behavioral support* (pp. 223–244). Baltimore: Paul H. Brookes.

Parrish, J., Cataldo, M. F., Kolko, D. J., Neef, N. A., & Egel, A. L. (1986). Experimental analysis of response covariation among compliant and inappropriate behaviors. *Journal of Applied Behavior Analysis, 19,* 241–254.

Parrish, J., & Roberts, M. L. (1993). Interventions based on covariation of desired and inappropriate behavior. In J. Reichle & D. P. Wacker (Eds.), *Communication alternatives to challenging behavior: Integrating functional assessment and intervention strategies* (pp. 135–176). Baltimore: Paul H. Brookes.

Patel, M., Piazza, C. C., Martinez, C. J., Volkert, V. M., & Santana, C. M. (2002). An evaluation of two differential reinforcement procedures with escape extinction to treat food refusal. *Journal of Applied Behavior Analysis, 35,* 363–374.

Patterson, G. R. (1982). *Coercive family process.* Eugene, OR: Castalia Press.

Peshak George, H., & Kincaid, D. K. (2008). Building district-level capacity for positive behavior support. *Journal of Positive Behavior Interventions, 10*(1), 20–32.

Peck, J., Sasso, G. M., & Stambaugh, M. (1998). Functional assessment in the classroom: Gaining reliability without sacrificing validity. *Preventing School Failure, 43*(1), 14–18.

Peck Peterson, S. M., Derby, K. M., Harding, J. W., Weddle, T., & Barretto, A. (2002). Behavioral support for school-age children with developmental disabilities and problem behavior. In J. M. Lucyshyn, G. Dunlap, & R. Albin (Eds.), *Families and positive behavioral support: Addressing problem behavior in family contexts* (pp. 287–304). Baltimore: Paul H. Brookes.

Pelios, L., Morren, J., Tesch, D., & Axelrod, S. (1999). The impact of functional analysis methodology on treatment choice for self-injurious and aggressive behavior. *Journal of Applied Behavior Analysis, 32,* 185–195.

Piazza, C. C., Adelinis, J. D., Hanley, G. P., Goh, H., & Delia, M. D. (2000). An evaluation of matched stimuli on behaviors maintained by automatic reinforcement. *Journal of Applied Behavior Analysis, 33,* 13–27.

Piazza, C. C., Fisher, W. W., Hanley, G. P., LeBlanc, L. A., Worsdell, A. S., Lindauer, S. E., et al. (1998). Treatment of Pica through multiple analyses of its reinforcing functions. *Journal of Applied Behavior Analysis, 31,* 165–189.

Piazza, C. C., Fisher, W. W., Hanley, G. P., Remick, M. L., Contrucci, S. A., & Aitken, T. L. (1997). The use of positive and negative reinforcement in the treatment of escape-maintained destructive behavior. *Journal of Applied Behavior Analysis, 30,* 279–297.

Piazza, C. C., Patel, M. R., Gulotta, C. S., Sevin, B. M., & Layer, S. A. (2003). On the relative contributions of positive reinforcement and escape extinction in the treatment of food refusal. *Journal of Applied Behavior Analysis, 36,* 309–324.

Poling, A., & Normand, M. (1999). Noncontingent reinforcement: An inappropriate description of time-based schedules that reduce behavior. *Journal of Applied Behavior Analysis, 32,* 237–238.

Polloway, E. A., & Patton, J. R. (1993). *Strategies for teaching learners with special needs.* Upper Saddle River, NJ: Merrill/Prentice Hall.

Polsgrove, L., & Reith, H. J. (1983). Procedures for reducing children's inappropriate behavior in special education settings. *Exceptional Education Quarterly, 3*(4), 20–33.

Poppin, R. (1988). *Behavioral relaxation training and assessment.* New York: Pergamon Press.

Powers, R. B., & Osborne, J. G. (1975). *Fundamentals of behavior.* St. Paul, MN: West.

Premack, D. (1959). Toward empirical behavior laws: I. Positive reinforcement. *Psychology Review, 66,* 219–233.

Prizant, B. M., & Wetherby, A. M. (1987). Communicative intent: A framework for understanding social-communicative behavior in autism. *Journal of the American Academy of Child and Adolescent Psychiatry, 26,* 472–479.

Progar, P., North, S. T., Bruce, S. S., DiNovi, B. J., Nau, P. A., Eberman, E. M., et al. (2001). Putative behavioral history effects and aggression maintained by escape from therapists. *Journal of Applied Behavior Analysis, 34,* 69–72.

Putnam, R. F., Handler, M. W., Ramirez-Platt, C. M., & Luiselli, J. K. (2003). Improving student bus-riding behavior through a whole-school intervention. *Journal of Applied Behavior Analysis, 36,* 583–590.

Rapp, J. T., Miltenberger, R. G., Galensky, T. L., Ellington, S. A., & Long, E. S. (1999). A functional analysis of hair pulling. *Journal of Applied Behavior Analysis, 32,* 329–337.

Reavis, H. K., Sweaten, M., Jenson, W. R., Morgan, D. P., Andrews, D. J., & Fister, S. (Eds.). (1996). *Best practices: Behavioral and educational strategies for teachers.* Longmont, CO: Sopris West.

Reed, H., Thomas, E., Sprague, J., & Horner, R. (1997). The student guided functional assessment interview: An analysis of student and teacher agreement. *Journal of Behavioral Education, 7*(1), 33–45.

Reeve, C. E., & Carr, E. G. (2000). Prevention of severe behavior problems in children with developmental disorders. *Journal of Positive Behavior Interventions, 2,* 144–160.

Reichle, J., McEvoy, M., Davis, C., Rogers, E., Feeley, K., Johnston, S., et al. (1996). Coordinating preservice and inservice training of early interventionists to serve preschoolers who engage in challenging behaviors. In L. K. Koegel, R. L. Koegel, & G. Dunlap

(Eds.), *Positive behavioral support: Including people with difficult behavior in the community* (pp. 227–264). Baltimore: Paul H. Brookes.

Reichle, J., & Wacker, D. P. (Eds.). (1993). *Communication alternatives to challenging behavior: Integrating functional assessment and intervention strategies.* Baltimore: Paul H. Brookes.

Reid, J. B., & Patterson, G. R. (1991). Early prevention and intervention with conduct problems: A social interaction model for the integration of research and practice. In G. Stoner, M. R. Shinn, & H. M. Walker (Eds.), *Interventions for achievement and behavior problems* (pp. 715–739). Silver Springs, MD: National Association of School Psychologists.

Reimers, T. M., Wacker, D. P., Cooper, L. J., Sasso, G. M., Berg, W. K., & Steege, M. W. (1993). Assessing the functional properties of noncompliant behavior in an outpatient setting. *Child and Family Behavior Therapy, 15,* 1–15.

Reisman, J., & Scott, N. (1991). *Learning about learning disabilities: Viewers guide and video.* Bellevue, WA: Therapy Skill Builders.

Repp, A. C. (1994). Comments on functional analysis procedures for school-based behavior problems. *Journal of Applied Behavior Analysis, 27,* 409–412.

Repp, A. C. (1999). Naturalistic functional assessment with regular and special education students in classroom settings. In A. C. Repp & R. H. Horner (Eds.), *Functional analysis of problem behavior: From effective assessment to effective support* (pp. 238–258). Belmont, CA: Wadsworth.

Repp, A. C., & Barton, L. E. (1980). Naturalistic observations of retarded persons: A comparison of licensure decisions and behavioral observations. *Journal of Applied Behavior Analysis, 13,* 333–341.

Repp, A. C., & Deitz, S. M. (1974). Reducing aggressive and self-injurious behavior of institutionalized retarded children through reinforcement of other behaviors. *Journal of Applied Behavior Analysis, 7,* 313–325.

Repp, A. C., Deitz, S. M., & Deitz, D. E. (1976). Reducing inappropriate classroom and prescriptive behaviors through DRO schedules of reinforcement. *Mental Retardation, 14,* 11–15.

Repp, A. C., Felce, D., & Barton, L. E. (1988). Basing the treatment of stereotypic and self-injurious behaviors on hypotheses of their causes. *Journal of Applied Behavior Analysis, 21,* 281–290.

Repp, A. C., & Horner, R. H. (Eds.). (1999). *Functional analysis of problem behavior: From effective assessment to effective support.* Belmont, CA: Wadsworth.

Repp, A. C., & Karsh, K. G. (1990). A taxonomic approach to the nonaversive treatment of maladaptive behavior of persons with developmental disabilities. In A. C. Repp & N. N. Singh (Eds.), *Perspectives on the use of nonaversive treatment of maladaptive behaviors of persons with developmental disabilities* (pp. 331–348). Sycamore, IL: Sycamore Press.

Repp, A. C., & Karsh, K. G. (1992). An analysis of a group teaching procedure for persons with developmental disabilities. *Journal of Applied Behaviors Analysis, 25,* 701–712.

Repp, A. C., & Karsh, K. G. (1994). Hypothesis-based interventions for tantrum behaviors of persons with developmental disabilities. *Journal of Applied Behavior Analysis, 27,* 21–31.

Repp, A. C., Karsh, K. G., Deitz, D. E. D., & Singh, N. N. (1992). A study of the homeostatic level of stereotypy and other motor movements of persons with mental handicaps. *Journal of Intellectual Disabilities Research, 36,* 61–75.

Repp, A. C., Karsh, K. G., Munk, D., & Dahlquist, C. M. (1995). Hypothesis-based interventions: A theory of clinical decision making. In W. O'Donohue & L. Krasner (Eds.), *Theories in behavior therapy* (pp. 585–608). Washington, DC: American Psychological Association.

Repp, A. C., & Munk, D. (1999). Threats to internal and external validity of three functional assessment procedures. In A. C. Repp & R. H. Horner (Eds.), *Functional analysis of problem behavior: From effective assessment to effective support* (pp. 147–166). Belmont, CA: Wadsworth.

Reynaud, S. (1999). Behavior has no secret formula, it's just hard work. *TEACHING Exceptional Children, 31,* 5.

Rhode, G., Jenson, W. R., & Reavis, H. K. (1993). *The tough kid book: Practical classroom management strategies.* Longmont, CO: Sopris West.

Rincover, A., Cook, R., Peoples, A., & Packard, D. (1979). Sensory extinction and sensory reinforcement principles for programming multiple adaptive behavior change. *Journal of Applied Behavior Analysis, 12,* 221–233.

Rincover, A., & Devaney, J. (1982). The application of sensory extinction procedures to self-injury. *Analysis and Intervention in Developmental Disabilities, 2,* 67–81.

Ringdahl, J. E., Vollmer, T. R., Marcus, B. A., & Roane, H. S. (1997). An analogue evaluation of environmental enrichment: The role of stimulus preference. *Journal of Applied Behavior Analysis, 30,* 203–216.

Risley, T. R. (1999a). Forward: Positive behavioral support and applied behavior analysis. In E. G. Carr, R. H. Horner, A. P. Turnbull, J. G. Marquis, D. Magito-McLaughlin, M. L. McAtte, et al. (1999). Positive behavioral support for people with disabilities: A research synthesis. *Monograph of the American Association on Mental Retardation.*

Risley, T. R. (1999b). The effects and side-effects of punishing the autistic behaviors of a deviant child. *Journal of Applied Behavior Analysis, 1,* 21–24.

Rogers, E. L. (2001). Functional behavioral assessment and children with autism: Working as a team. *Focus on Autism and Other Developmental Disabilities, 16*(4), 228–231.

Romanczyk, R. G. (1997). Behavioral analysis and assessment: The cornerstone to effectiveness. In C. Maurice, G. Green, & S. Luce (Eds.), *Behavioral interventions for young children with autism: A manual for parents and professionals* (pp. 195–217). Austin, TX: Pro-Ed.

Romaniuk, C., Miltenberger, R., Conyers, C., Jenner, N., Jurgens, M., & Ringenberg, C. (2002). The influence of activity choice on problem behaviors maintained by escape versus attention. *Journal of Applied Behavior Analysis, 35,* 349–362.

Rose, T. L. (1983). A survey of corporal punishment of mildly handicapped students. *Exceptional Education Quarterly, 3*(4), 9–19.

Rosenblatt, J., Bloom, P., & Koegel, R. L. (1995). Overselective responding: Descriptions, implications, and intervention. In R. L. Koegel & L. K. Koegel (Eds.), *Teaching children with autism: Strategies for initiating positive interactions and improving learning opportunities* (pp. 33–42). Baltimore: Paul H. Brookes.

Ryan, S., Ormond, T., Imwold, C., & Rotunda, R. J. (2002). The effects of a public address system on the off-task behavior of elementary physical education students. *Journal of Applied Behavior Analysis, 35,* 305–308.

Safron, S. P., & Oswald, K. (2003). Positive behavior supports: Can school reshape disciplinary practices? *Exceptional Children, 69*(3), 361–373.

Sailor, W., Goetz, L., Anderson, J., Hunt, P., & Gee, K. (1988). Research on community intensive instruction as a model for building functional, generalized skills. In R. H. Horner, G. Dunlap, & R. L. Koegel (Eds.), *Generalization and maintenance: Life-style changes in applied settings* (pp. 121–142). Baltimore: Paul H. Brookes.

Sandall, S., McLean, M., & Smith, B. J. (2000). *Division for early childhood recommended practices in early intervention/early childhood special education.* Longmont, CO: Sopris West.

Sandomierski, T., Kincaid, D., & Algozzine, B. (2007). Response to intervention and positive behavior support: Brothers from different mothers or sisters with different misters? *Positive Behavioral Interventions and Supports Newsletter, 4*(2). Retrieved August 15, 2008, from http://www.pbis.org/news/New/Newsletters/Newsletter4-2.aspx

Sasso, G. M., Conroy, M. A., Stitcher, J. P, & Fox, J. J. (2001). Slowing down the bandwagon: The misapplication of functional assessment for students with emotional or behavioral disorders. *Behavioral Disorders, 26,* 282–296.

Sasso, G. M., Reimers, T. M., Cooper, L. J., Wacker, D., Berg, W., Steege, M., et al. (1992). Use of descriptive and experimental analysis to identify the functional properties of aberrant behavior in school settings. *Journal of Applied Behavior Analysis, 25,* 809–821.

Saunders, R. R., & Saunders, M. D. (1998). Supported routines. In J. K. Luiselli & M. J. Cameron (Eds.), *Antecedent control: Innovative approaches to behavioral support* (pp. 245–272). Baltimore: Paul H. Brookes.

Scandariato, K. (2002). They're playing our song: Our family's involvement in the Individualized Support Project. In J. M. Lucyshin, G. Dunlap, & R. W. Albin (Eds.), *Families and positive behavior support: Addressing problem behaviors in family contexts* (pp. 243–250). Baltimore: Paul H. Brookes.

Schepis, M. M., Reid, D. H., Ownbey, J., & Parsons, M. B. (2001). Training support staff to embed teaching within natural routines of young children with disabilities in an inclusive preschool. *Journal of Applied Behavior Analysis, 34,* 313–328.

Schloss, P. J., Miller, S. R., Sedlacek, R. A., & White, M. (1983). Social performance expectations of professionals for behavior disordered youth. *Exceptional Children, 50,* 70–72.

Schloss, P. J., & Smith, M. (1998). *Applied behavior analysis in the classroom* (2nd ed.). Needham Heights, MA: Allyn & Bacon.

Schmid, R. E. (1998). Three steps to self-discipline. *TEACHING Exceptional Children, 30*(4), 36–39.

Schrader, C., & Gaylord-Ross, R. (1990). The eclipse of aversive technology: A triadic approach to assessment and treatment. In A. C. Repp & N. N. Singh (Eds.), *Perspectives on the use of nonaversive and aversive interventions for persons with developmental disabilities* (pp. 403–420). Sycamore, IL: Sycamore Press.

Schreibman, L. (1988). Parent training as a means of facilitating generalization in autistic children. In R. H. Horner, G. Dunlap, & R. L. Koegel (Eds.), *Generalization and maintenance: Life-style changes in applied settings* (pp. 21–40). Baltimore: Paul H. Brookes.

Schroeder, S. R., Oldenquist, A., & Rojahn, J. (1990). A conceptual framework for judging the humaneness and effectiveness of behavioral treatment. In A. C. Repp & N. N. Singh (Eds.), *Perspectives on the use of nonaversive and aversive interventions for persons with developmental disabilities* (pp. 103–118). Sycamore, IL: Sycamore Press.

Scott, T. M. (2001). A school-wide example of positive behavioral support. *Journal of Positive Behavior Interventions. 3,* 88–94.

Scott, T. M., Liaupsin, C. J., Nelson, C. M., & Jolivette, K. (2003). Ensuring student success through team-based functional behavioral assessment. *TEACHING Exceptional Children, 35,* 16–21.

Scott, T. M., & Martinek, G. (2006). Coaching positive behavior support in school settings: Tactics and data-based decision making. *Journal of Positive Behavior Interventions, 8*(3), 165–173.

Scott, T. M., McIntyre, J., Liaupson, C., Nelson, C. M., Conroy, M., & Paine, L. D. (2005). An examination of the relation between functional behavioral assessment and selected intervention strategies with school-based teams. *Journal of Positive Behavioral Interventions, 7*(4), 205–215.

Semmel, M. I., Abernathy, T. V., & Butera, G. (1991). Teacher perceptions of the regular education initiative. *Exceptional Children, 58,* 9–24.

Shields, L., Snow, L., Miller Young, R., & Chandler, L. K. (2008). *Developing and implementing a comprehensive preschool RtI/problem solving model.* Presentation at the Illinois Alliance of Administrators of Special Education. Tinley Park, IL.

Shirley, M. J., Iwata, B. A., & Kahng, S. (1999). False positive maintenance of self-injurious behavior by access to tangible reinforcement. *Journal of Applied Behavior Analysis, 32,* 201–204.

Shore, B., & Iwata, B. A. (1999). Assessment and treatment of behavior disorders maintained by nonsocial (automatic) reinforcement. In A. C. Repp & R. H. Horner (Eds.), *Functional analysis of problem behavior: From effective assessment to effective support* (pp. 117–146). Belmont, CA: Wadsworth.

Shore, B., Iwata, B. A., DeLeon, I. G., Kahng, S., & Smith, R. G. (1997). An analysis of reinforcement substitutability using object manipulation and self-injury as competing responses. *Journal of Applied Behavior Analysis, 30,* 21–41.

Shore, B., Iwata, B. A., Lerman, D. C., & Shirley, M. (1994). Assessing and programming generalized behavioral reduction across multiple stimulus parameters. *Journal of Applied Behavior Analysis, 27,* 371–384.

Shores, R. E., Wehby, J. H., & Jack, S. L. (1999). Analyzing behavior disorders in classrooms. In A. C. Repp & R. H. Horner (Eds.), *Functional analysis of problem behavior: From effective assessment to effective support* (pp. 219–237). Belmont, CA: Wadsworth.

Simonsen, B., Sugai, G., & Negron, M. (2008). Schoolwide positive behavior supports: Primary systems and practices. *TEACHING Exceptional Children, 40*(6), 32–54.

Singer, G. H. S., Singer, J., & Horner, R. H. (1987). Using pretask requests to increase the probability of compliance for students with severe disabilities. *Journal of the Association for Severely Handicapped, 12,* 287–291.

Singh, N. N., Donatelli, L. S., Best, A., Williams, D. E., Barerra, F. J., Lenz, M. W., et al. (1993). Factor structure of the motivational assessment scale. *Journal of Intellectual Disabilities Research, 37,* 65–74.

Skiba, R. J., & Peterson, R. L. (2000). School discipline at a crossroads: From zero tolerance to early response. *Exceptional Children, 66*(3), 335–346.

Skinner, B. F. (1953). *Science and human behavior.* New York: Macmillan.

Skinner, B. F. (1971). *Beyond freedom and dignity.* New York: Knopf.

Skinner, B. F. (1974). *About behaviorism.* New York: Knopf.

Skinner, B. F. (1989). *Recent issues in the analysis of behavior.* Columbus, OH: Merrill.

Slaby, R. G., Roedell, W. C., Arezzo, D., & Hendrix, K. (1995). *Early violence prevention: Tools for teachers of young children.* Washington, DC: National Association for the Education of Young Children.

Smith, R. G., & Iwata, B. A. (1997). Antecedent influences on behavior disorders. *Journal of Applied Behavior Analysis, 30,* 343–375.

Smith, T. E. C., Polloway, E. A., Patton, J. R., & Dowdy, C. A. (1998). *Teaching students with special needs in inclusive settings* (2nd ed.). Boston: Allyn & Bacon.

Smith-Bird, E., & Turnbull, A. P. (2005). Linking positive behavior support to family quality0if0life outcomes. *Journal of Positive Behavior Interventions, 7*(3), 174–180.

Snell, M. E. (2004). Parent-professional partnerships, the critical ingredient: A response to Vaughn et al. and Fox et al. In L. M. Bambara, G. Dunlap, & I. S. Schwartz (Eds.), *Positive behavioral support: Critical articles on improving practices for individuals with severe disabilities* (pp. 218–220). Austin, TX: Pro-Ed and TASH.

Snider, L. M. (1991). *Sensory integration therapy: Instructors booklet.* Tucson, AZ: Therapy Skill Builders.

Sobsey, D. (1990). Modifying the behavior of behavior modifiers: Arguments for counter-control against aversive procedures. In A. C. Repp & N. N. Singh (Eds.), *Perspectives on the use of nonaversive and aversive interventions for persons with developmental disabilities* (pp. 420–434). Sycamore, IL: Sycamore Press.

Soodak, L. C., & Podell, D. M. (1993). Teacher efficacy and student problem as a factor in special education referral. *The Journal of Special Education, 27*(1), 66–81.

Sprague, J. R., & Horner, R. H. (1984). The effects of single instance, multiple instance, and general case training on generalized vending machine use by moderately and severely handicapped students. *Journal of Applied Behavior Analysis, 17,* 273–278.

Sprague, J. R., & Horner, R. H. (1992). Co-variation within functional response classes: Implications for treatment of severe problem behavior. *Journal of Applied Behavior Analysis, 25,* 735–745.

Sprague, J. R., & Horner, R. H. (1999). Low-frequency high-intensity problem behavior: Toward an applied technology of functional assessment and intervention. In A. C. Repp & R. H. Horner (Eds.), *Functional analysis of problem behavior: From effective assessment to effective support* (pp. 98–116). Belmont, CA: Wadsworth.

Sprague, J. R., & Walker, H. M. (2000). Early identification and intervention for youth with antisocial and violent behavior. *Exceptional Children, 66*(3), 367–380.

Stahr, B., Cushing, D., Lane, K., & Fox, J. (2006). Efficacy of a function-based intervention in decreasing off-task behavior exhibited by a student with ADHD. *Journal of Positive Behavior Interventions. 8*(4), 201–211.

Stecker, P. M. (2007). Tertiary intervention: Using progress monitoring with intensive services. *TEACHING Exceptional Children, 39*(5), 50–57.

Steege, M. W., & Watson, T. S. (2008). Best practices in functional behavioral assessment. In A. Thomas & J. Grimes (Eds.) *Best practices in school psychology V.* Bethesda, MD: National Association for School Psychologists.

Stephenson, J., Linfoot, K., & Martin, A. (2000). Dealing with problem behavior in young children: Teacher use and preferences for resources and support. *Special Education Perspectives, 8*(1), 3–15.

Stokes, T. F., & Baer, D. M. (1977). An implicit technology of generalization. *Journal of Applied Behavior Analysis, 10,* 349–367.

Stokes, T. F., & Osnes, P. G. (1986). Generalizing children's social behavior. In P. S. Strain, M. J. Guralnick, & H. M. Walker (Eds.), *Children's social behavior: Development, assessment, and modification* (pp. 407–443). Orlando, FL: Academic Press.

Stokes, T. F., & Osnes, P. G. (1988). The developing applied technology of generalization and maintenance. In R. H. Horner, G. Dunlap, & R. L. Koegel (Eds.), *Generalization and maintenance: Life-style changes in applied settings* (pp. 5–19). Baltimore: Paul H. Brookes.

Stokes, T. F., & Osnes, P. G. (1989). An operant pursuit of generalization. *Behavior Therapy, 20,* 337–355.

Strain, P. S. (1981). Peer-mediated treatment of exceptional children's social withdrawal. *Topics in Early Childhood Special Education, 1,* 94–105.

Strain, P. S., & Hemmeter, M. L. (1997). Keys to being successful when confronted with challenging behaviors. *Young Exceptional Children, 1*(1), 2–8.

Sugai, G., Horner, R. H., Sailor, W., Dunlap, G., Eber, L., Lewis, T., Kinciad, D., Scott, T., Barrett, S., Algozzine, R., Putnam, R., Massanari, C., & Nelson, M. (2005). *School-wide positive behavior support: Implementers' blueprint and self-assessment.* Eugene, OR: University of Oregon.

Sugai, G., & Lewis, T. J. (2004). Social skills instruction in the classroom. In C. B. Darch & E. J. Kame'enui (Eds.), *Instructional classroom management: A proactive approach to behavior management* (2nd ed., pp. 153–173). Columbus, OH: Merrill/Prentice Hall.

Sugai, G., Lewis-Palmer, T., & Hagan, S. (1998). Using functional assessment to develop behavior support plans. *Preventing School Failure, 43*(1), 6–13.

Sugai, G., Simonsen, B., & Horner, R. H. (2008). Schoolwide positive behavior supports: A continuum of positive behavior supports for all students. *TEACHING Exceptional Children, 40*(6), 5.

Sugai, G., Sprague, J. R., Horner, R. H., & Walker, H. M. (2000). Preventing school violence: The use of office discipline referrals to assess and monitor school-wide discipline interventions. *Journal of Emotional and Behavioral Disorders, 8*(2), 94–102.

Sugai, G., & Rowe, P. (1984). The effect of self-recording on out of seat behavior in an EMR student. *Education and Training of the Mentally Retarded, 19,* 23–28.

Sugai, G., & Tindal, G. A. (1993). *Effective school consultation: An interactive approach.* Pacific Grove, CA: Brooks/Cole.

Sulzer-Azaroff, B., & Mayer, G. R. (1977). *Applying behavioral analysis procedures with children and youth.* New York: Holt Rinehart.

Sulzer-Azaroff, B., & Mayer, G. R. (1986). *Achieving educational excellence: Using behavioral strategies.* New York: Holt, Rinehart, and Winston.

Sulzer-Azaroff, B., & Mayer, G. R. (1991). *Behavior analysis for lasting change.* Fort Worth, TX: Holt, Rinehart, and Winston.

Summers, J. A., Poston, D. J., Turnbull, A. P., Marquis, J., Hoffman, L., Mannan, H., & Wang, H. (2005). Conceptualizing and measuring family quality of life. *Journal of Intellectual Disability Research, 49*(10), 777–783.

Tang, J., Kennedy, C. H., Koppekin, A., & Caruso, M. (2002). Functional analysis of stereotypical ear covering in a child with autism. *Journal of Applied Behavior Analysis, 35,* 95–98.

TEACHING Exceptional Children, (2007). Special Issue on Responsiveness to Intervention, *39*(5).

Thompson, T. (2007). *Making sense of autism.* Baltimore: Paul H. Brookes.

Thompson, R. H., & Iwata, B. A. (2007). A comparison of outcomes from descriptive and functional analyses of problem behavior. *Journal of Applied Behavior Analysis, 40,* 333–338.

Timm, M. (1993). The regional intervention program: Family treatment by family members. *Behavior Disorders, 19,* 34–43.

Tobin, T. J., & Sugai, G. M. (1999). Discipline problems, placements, and outcomes for students with serious emotional disturbance. *Behavior Disorders, 24*(2), 109–121.

Touchette, P. E., MacDonald, R. F., & Langer, S. N. (1985). A scatter plot for identifying stimulus control of problem behavior. *Journal of Applied Behavior Analysis, 18,* 343–351.

Tremblay, A., Strain, P. S., Hendrickson, J. M., & Shores, R. E. (1980). Social interactions of normally developing preschool children: Using normative data for subject and target behavior selection. *Behavior Modification, 5*(2), 237–253.

Turnbull, A., Edmonson, P. G., Wickham, D., Sailor, W., Freeman, R., Guess, D., et al. (2002). A blueprint for schoolwide PBS: Implementations of three components. *Exceptional Children, 68*(3), 377–402.

Turnbull, A. P., & Turnbull, H. R. (1997). *Families, professionals, and exceptionality: A special partnership* (3rd ed.). Upper Saddle River, NJ: Merrill/Prentice Hall.

Turnbull, H. R., & Cilley, M. (1999). *Explanations and implications of the 1997 amendments to IDEA.* Upper Saddle River, NJ: Merrill/Prentice Hall.

Turnbull, H. R., Turnbull, A. P., & Wilcox, B. L. (2002). Family interests and positive behavior support: Opportunities under the Individuals with Disabilities Education Act. In J. M. Lucyshin, G. Dunlap, & R. W. Albin (Eds.), *Families and positive behavior support: Addressing problem behaviors in family contexts* (pp. 57–74). Baltimore: Paul H. Brookes.

Tustin, R. D. (1995). The effects of advance notice of activity transitions on stereotypical behavior. *Journal of Applied Behavior Analysis, 21,* 91–92.

Twardosz, S. A., Nordquist, V. M., Simon, R., & Botkin, D. (1983). The effect of group affection activities on the interaction of socially isolate children. *Analysis and Intervention in Developmental Disabilities, 3*(4), 311–338.

Umbreit, J., Lane, K. K., & Dejud, C. (2004). Improving classroom behavior by modifying task difficulty: Effects of increasing the difficulty of too easy tasks. *Journal of Positive Behavior Interventions, 6*(1), 13–20.

Van Camp, C. M., Lerman, D. C., Kelley, M. E., Roane, H. S. Contrucci, S. A., & Vorndran, C. M. (2000). Further analysis of idiosyncratic antecedent influences during the assessment and treatment of problem behavior. *Journal of Applied Behavior Analysis, 33,* 207–223.

Vaughn, B. J., Dunlap, G., Fox, L., Clarke, S., & Bucy, M. (1997; 2004). Parent-professional partnership in behavioral support: A case study of community-based intervention. *The Association for Persons with Severe Handicaps, 22*(4), 186–197. Reprinted in L. M. Bambara, G. Dunlap, & I. S. Schwartz (Eds.), *Positive behavioral support: Critical articles on improving practices for individuals with severe disabilities* (pp. 265–276). Austin, TX: Pro-Ed and TASH.

Vaughn, M. E., & Michael, J. L. (1982). Automatic reinforcement: An important but ignored concept. *Behaviorism, 10,* 217–228.

Vaugn, D. K., Hales, C., Bush, M., & Fox, J. (1998). East Tennessee State University's "Make a difference" project: Using a team-based consultative model to conduct functional behavioral assessments. *Preventing School Failure, 43*(1), 24–30.

Vollmer, T. R. (1999). Noncontingent reinforcement: Some additional comments. *Journal of Applied Behavior Analysis, 32,* 239–240.

Vollmer, T. R., Iwata, B. A., Zarcone, J. R., Smith, R. G., & Mazaleski, J. L. (1993). The role of attention in the treatment of attention-maintained self-injurious behavior: Noncontingent reinforcement (NCR) and differential reinforcement of other behavior (DRO). *Journal of Applied Behavior Analysis, 26,* 9–26.

Vollmer, T. R., & Matson, J. L. (1996). *Questions about behavioral function.* Baton Rouge, LA: Scientific Publishers, Inc.

Vollmer, T. R., Progar, P. R., Lalli, J. S., Van Camp, C. M., Sierp, B., Wright, C. S., et al. (1998). Fixed-time schedules attenuate extinction-induced phenomena in the treatment of severe aberrant behavior. *Journal of Applied Behavior Analysis, 31,* 529–542.

Wacker, D. P., & Berg, W. K. (2002). PBS as a service delivery system. *Journal of Positive Behavioral Support, 4*(1), 25–28.

Wacker, D. P., Berg, W. K., Harding, J. W., Derby, K. M., Asmus, J. M., & Healy, A. (1998). Evaluation and long-term treatment of aberrant behavior displayed by young children with disabilities. *Journal of Developmental and Behavioral Pediatrics, 19*(4), 260–266.

Wacker, D. P., Cooper, L. J., Pech, S. M., Derby, K. M., & Berg, W. K. (1999). Community-based functional assessment. In A. C. Repp & R. H. Horner (Eds.), *Functional analysis of problem behavior: From effective assessment to effective support* (pp. 238–257). Belmont, CA: Wadsworth.

Wacker, D. P., Peck, S., Derby, K. M., Berg, W., & Harding, J. (1996). Developing long-term reciprocal interactions between parents and their young children with challenging behavior. In L. K. Koegel, R. L. Koegel, & G. Dunlap (Eds.), *Positive behavioral support: Including people with difficult behavior in the community* (pp. 51–80). Baltimore: Paul H. Brookes.

Wacker, D. P., & Reichle, J. (1993). Functional communication training as an intervention for problem behavior: An overview and introduction to our edited volume. In J. Reichle & D. P. Wacker (Eds.), *Communication alternatives to challenging behavior: Integrating functional assessment and intervention strategies* (pp. 1–10). Baltimore: Paul H. Brookes.

Wacker, D., Steege, M., Northup, J., Reimers, T., Berg, W., & Sasso, G. (1990). Use of functional analysis and acceptability measures to assess and treat severe behavior problems: An outpatient clinic model. In A. C. Repp & N. N. Singh (Eds.), *Perspectives on the use of nonaversive and aversive interventions for persons with developmental disabilities* (pp. 349–360). Sycamore, IL: Sycamore Press.

Wacker, D., Steege, M., Northup, J., Sasso, G., Berg, W., Reimers, T., et al. (1990). A component analysis of functional communication training across three topographies of severe behavior problems. *Journal of Applied Behavior Analysis, 23,* 417–429.

Wahler, R. G., & Dumas, J. E. (1986). Maintenance factors in coercive mother-child interactions: The compliance and predictability hypothesis. *Journal of Applied Behavior Analysis, 19,* 13–22.

Wahler, R. G., & Fox, J. J. (1981). Setting events in applied behavior analysis of behavior. *Journal of Applied Behavior Analysis, 14,* 327–338.

Walker, H. M. (1998). First steps to prevent antisocial behavior. *TEACHING Exceptional Children, 30*(4), 16–19.

Walker, H. M. (2000). Reflections on a research career: Investigating school-related behavior disorders: Lessons learned from a thirty-year research career. *Exceptional Children, 66*(2), 151–162.

Walker, H. M., & Bullis, M. (1991). Behavior disorders and the social context of regular class integration: A conceptual dilemma? In J. W. Lloyd, N. N. Singh, & A. C. Repp (Eds.), *The regular education initiative: Alternative perspectives on concepts, issues, and models* (pp. 75–93). Sycamore, IL: Sycamore Press.

Walker, H. M., Colvin, G., & Ramsey, E. (1995). *Antisocial behavior in schools: Strategies and best practices.* Pacific Grove, CA: Brooks/Cole.

Walker, H. M., Shea, T. M., & Bauer, A. M. (2004). *Behavior management: A practical approach for education.* Columbus, OH: Merrill/Prentice Hall.

Walker, H. M., & Sylwester, R. (1998). Reducing students' refusal and resistance. *TEACHING Exceptional Children, 30*(6), 52–58.

Walker, H. M., & Walker, J. E. (1991). *Coping with noncompliance in the classroom: A positive approach for teachers.* Austin, TX: Pro-Ed.

Walker, J. E., & Shea, T. M. (1999). *Behavior management: A practical approach for educators* (7th ed.). Upper Saddle River, NJ: Merrill/Prentice Hall.

Wallace, M. D., Doney, J. K., Mintz-Resudek, C. M., & Tarbox, R. S. F. (2004). Training educators to implement functional analyses. *Journal of Applied Behavior Analysis, 37,* 89–92.

Warren, J. S., Edmonson, H. M., Griggs, P., Lassen, S. R., McCart, A., Turnbull, A., et al. (2003). Urban applications of school-wide positive behavior support: Critical issues and lessons learned. *Journal of Positive Behavior Interventions, 5*(2), 80–91.

Watkins, K. P., & Durant, L. (1992). *Complete Early Childhood behavior management guide.* West Nyack, NY: The Center for Applied Research in Education.

Weeks, M., & Gaylord-Ross, R. (1981). Task difficulty and aberrant behavior in severely handicapped students. *Journal of Applied Behavior Analysis, 14,* 19–36.

Wehby, J. H., & Hollahan, M. S. (2000). Effects of high-probability requests on the latency to initiate academic tasks. *Journal of Applied Behavior Analysis, 33,* 259–262.

Wehby, J. H, Symons, F., & Shores, R. (1995). A descriptive analysis of aggressive behavior in classrooms for children with emotional and behavioral disorders. *Behavioral Disorders, 20*(2), 87–105.

Weiss, N. R., & Knoster, T. (2008). It may be nonaversive, but is it a positive approach? Relevant questions to ask throughout the process of behavioral assessment and intervention. *Journal of Positive Behavior Interventions, 10*(1), 72–78.

White, O. R. (1988). Probing skill use. In N. Haring (Ed.), *Generalization for students with severe handicaps: Strategies and solutions* (pp. 143–176). Seattle: University of Washington Press.

White, O. R., Liberty, K. A., Haring, N. G., Billingsley, F. F., Boer, M., Burrage, A., et al. (1988). Review and analysis of strategies for generalization. In N. Haring (Ed.), *Generalization for students with severe handicaps: Strategies and solutions* (pp. 13–52). Seattle: University of Washington Press.

Wielkiewicz, R. M. (1986). *Behavior management in the schools: Principles and procedures.* New York: Pergamon Press.

Wilbarger, R., & Wilbarger, J. L. (1991). *Sensory defensiveness in children, ages 2–12: An intervention guide for parents and other caretakers*. Santa Barbara, CA: Avanti Educational Programs.

Will, M. C. (1984). Educating children with learning problems: A shared responsibility. *Exceptional Children, 52,* 411–415.

Wilder, D. A., Harris, C., Reagan, R., & Rasey, A. (2007). Functional analysis and treatment of noncompliance by preschool children. *Journal of Applied Behavior Analysis, 40,* 173–177.

Wilder, D. A., Zonneveld, K., Harris, C., Marcus, A., Reagan, R. (2007). Further analysis of antecedent interventions on preschoolers' noncompliance. *Journal of Applied Behavior Analysis, 40,* 535–539.

Williams, M., & Shellenberger, S. (1996). *How does your engine run? A leader's guide to the alert program for self-regulation*. Albuquerque, NM: TherapyWorks.

Williams, T., & Hieneman, M. (2002). Team-based training in positive behavior support: A parent's perspective on the process. In J. M. Lucyshin, G. Dunlap, & R. W. Albin (Eds.), *Families and positive behavior support: Addressing problem behaviors in family contexts* (pp. 305–308). Baltimore: Paul H. Brookes.

Winterling, V., Dunlap, G., & O'Neill, R. (1987). The influence of task variation on the aberrant behavior of autistic students. *Education and Treatment of Students, 10,* 105–119.

Wodrich, D. L. (1994). *Attention deficit hyperactivity disorder: What every parent wants to know*. Baltimore: Paul H. Brookes.

Wolery, M., Doyle, P. M., Ault, M. J., Gast, D. L., & Lichtenberg, S. (1991). Effects of presenting incidental information in consequent events on future learning. *Journal of Behavioral Education, 1,* 79–104.

Wolery, M., Doyle, P. M., Gast, D. L., Ault, M. J., & Lichtenberg, S. (1991). Comparison of progressive time delay and transition-based teaching with preschoolers who have developmental delays. *Exceptional Children, 57*(5), 462–474.

Wolery, M., & Gast, D. L. (1990). Re-framing the debate: Finding middle ground and defining the role of social validity. In A. C. Repp & N. N. Singh (Eds.), *Perspectives on the use of nonaversive and aversive interventions for persons with developmental disabilities* (pp. 129–144). Sycamore, IL: Sycamore Press.

Wolf, M. (1978). Social validity: The case of subjective measurement or how applied behavior analysis is finding its heart. *Journal of Applied Behavior Analysis, 11,* 203–214.

Wolfe, B. (2003). *Twenty ways to spruce up your lectures and teaching with your mouth shut*. Presentation at the Natural Allies Conference, Chapel Hill, NC.

Wolfensberger, W. (1972). *Normalization: The principle of normalization in human services*. Toronto: National Institute on Mental Retardation.

Wood, F. H., & Braaten, S. (1983). Developing guidelines for the use of punishing interventions in the schools. *Exceptional Education Quarterly, 3*(4), 68–75.

Worcester, J. A., Nesman, T. M., Raffaele Mendez, L. M., & Keller, H. R. (2008). Giving voice to parents of young children with challenging behavior. *Exceptional Children, 7*(4), 509–525.

Yak, E., Aquilla, P., & Sutton, S. (2004). *Building bridges through sensory integration: Therapy for children with autism and other pervasive developmental disorders*. Las Vegas, NV: Sensory Resources.

Young, K. R., West, R. P., Morgon, C. J., & Mitchem, K. (1997). *Prevention plus: teacher implementation guide*. Logan, UT: Institute for the Study of Children, Youth, and Families at-risk.

Zarcone, J. R., Iwata, B. A., Hughes, C. E., & Vollmer, T. R. (1993). Momentum versus extinction effects in the treatment of self-injurious escape behavior. *Journal of Applied Behavior Analysis, 26,* 135–136.

Zarcone, J. R., Iwata, B. A., Smith, R. G., Mazaleski, J. L., & Lerman, D. C. (1994). Reemergence and extinction of self-injurious escape behavior during stimulus (instructional) fading. *Journal of Applied Behavior Analysis, 27,* 307–316.

Zarcone, J. R., Iwata, B. A., Vollmer, T. R., Jagtiani, S., Smith, R. G., & Mazaleski, J. L. (1993). Extinction of self-injurious escape behavior with and without instructional fading. *Journal of Applied Behavior Analysis, 26,* 353–360.

Zarcone, J. R., Rodgers, T. A., Iwata, B. A., Rourke, D. A., & Dorsey, M. F. (1991). Reliability analysis of the MAS: A failure to replicate. *Research in Developmental Disabilities, 12,* 349–360.

Zentall, S. S., & Zentall, T. R. (1983). Optimal stimulation: A model of disordered activity and performance in normal and deviant children. *Psychological Bulletin, 94*, 446–471.

Zhou, L., Goff, G. A., & Iwata, B. A. (2000). Effects of increased response effort on self injury and object manipulation as competing responses. *Journal of Applied Behavior Analysis, 33*, 29–40.

Zirpoli, T. J. (2005). *Behavior management: Applications for teachers* (4th ed.). Upper Saddle River, NJ: Merrill/Prentice Hall.

Zirpoli, T. J. (2008). *Behavior management: Applications for teachers* (5th ed.). Upper Saddle River, NJ: Merrill/Prentice Hall.

Zirpoli, T. J., & Melloy, K. J. (2001). *Behavior management: Applications for teachers* (3rd ed.). Upper Saddle River, NJ: Merrill/Prentice Hall.

Zuni, N., & McDougall, D. (2004). Using positive behavioral support to manage avoidance of academic tasks. *TEACHING Exceptional Children, 37*(1), 18–24.

图书在版编目(CIP)数据

学生挑战性行为的预防和矫正:第3版/(美)钱德勒(Chandler,L.K.),(美)达尔奎斯特(Dahlquis,C.M.)著;昝飞译.—上海:上海人民出版社,2016
(特殊教育系列丛书)
书名原文:Functional Assessment:Strategies to Prevent and Remediate Challenging Behaviors in School Settings THIRD EDITION
ISBN 978-7-208-13610-6

Ⅰ.①学… Ⅱ.①钱… ②达… ③昝… Ⅲ.①特殊教育-教学研究-教材 Ⅳ.①G760

中国版本图书馆 CIP 数据核字(2016)第 026474 号

责任编辑　李　莹
封面设计　陈　酌

· 特殊教育系列丛书 ·
学生挑战性行为的预防和矫正(第三版)
[美]利奈特·K.钱德勒　[美]卡罗尔　M.达尔奎斯特 著
昝　飞 译
世 纪 出 版 集 团
上海人民出版社出版
(200001　上海福建中路 193 号　www.ewen.co)

世纪出版集团发行中心发行　常熟市新骅印刷有限公司印刷
开本 720×1000　1/16　印张 19.75　插页 2　字数 392,000
2016 年 10 月第 1 版　2016 年 10 月第 1 次印刷
ISBN 978-7-208-13610-6/G·1779
定价 68.00 元